Common Telecommunications-Network Fraudulent Crimes and
the Prevention Against Them

常见电信网络诈骗与防范

田宏杰　阮柏云　孙利国　编著

目　　录

下　编　《中华人民共和国反电信网络诈骗法》释义

前　言

　　电信网络诈骗，是指以非法占有为目的，利用电信网络技术手段，通过远程、非接触等方式，诈骗公私财物的行为。电信网络诈骗犯罪具有科技化、隐蔽化、蔓延化、团伙化、跨境化等特点。近年来，电信网络诈骗及其关联的网络黑产犯罪呈多发态势，严重影响人民群众安全感，严重污蚀网络环境，影响社会和谐稳定，人民群众反响强烈。据统计，2021年，检察机关起诉电信网络诈骗犯罪近4万人，起诉帮助信息网络犯罪活动罪12.9万人。① 党的十八大以来，以习近平同志为核心的党中央高度重视打击治理电信网络诈骗工作。2021年4月，习近平总书记作出重要指示强调，"坚持齐抓共管、群防群治，全面落实打防管控各项措施和金融、通信、互联网等行业监管主体责任"，坚持以人民为中心，全面落实打防管控措施，坚决遏制电信网络诈骗犯罪多发高发态势。自习近平总书记作出重要指示以来，电信网络诈骗犯罪快速上升势头得到有力、有效遏制。截至2022年4月，全国立案同比下降17.6%，特别是2022年1至4月立案同比下降29.8%，取得重要积极进展。自2021年6月起，单月立案数已经连续11个月呈同比下降态势，在发案数连续下降的同时，破案率同比上升，这两方面数据显示出在严打震慑态势下，电信网络诈骗犯罪持续上升势头得到有效遏制。② 2022年4月18日，中央办公厅、国务院办公厅印发《关于加强打击治理电信网络诈骗违法犯罪工作的意见》，加强顶层制度设计，为做好今后一段时期打击治理工作提供了重要遵循。2022年12月1日《中华人民共和国反电信网络诈骗法》（以下简称《反电信网络诈骗法》）生效实施。《反电信网络诈骗法》坚持以人民为中心，统筹发展和安全，立足各

---

① 参见孙风娟：《最高检第四检察厅负责人就发布打击治理电信网络诈骗及关联犯罪典型案例答记者问》，载《检察日报》2022年4月27日第1版。

② 参见特稿：《王晨副委员长赴公安机关调研反电信网络诈骗立法工作》，载《中国人大》2022年6月22日。

环节、全链条防范治理电信网络诈骗,精准发力,为反电信网络诈骗工作提供有力法律支撑,治理电信网络诈骗自此有了专门立法。在此背景下,全面梳理电信网络诈骗犯罪的特点,总结电信网络诈骗的惩治成功经验,对于有效实施《反电信网络诈骗法》,更好防治电信网络诈骗犯罪,维护人民群众的合法权益具有重要意义。

一、电信网络诈骗犯罪的特点

一是组织化程度高。当下,有组织犯罪已经渗透到各种新型电信网络诈骗犯罪之中。多数案件的犯罪主体具有集团化特征,其往往采取"分工严密、层级分明、流程有序的公司化运营模式"。[①] 为了谋求更大的犯罪利益,越来越多的诈骗分子告别过去的"单兵作战",开启了新的"抱团战斗"模式。从破获的案例来看,犯罪的实施通常是以公司的形式来进行,对诈骗窝点实行封闭管理,要求从事诈骗者不得随意外出,并由专人负责保障集团成员的生活、饮食等;规定成员之间以绰号相称,不得相互询问真实身份;定期组织培训、开会等。就一般流程而言,诈骗犯罪一般是由诈骗投资者、诈骗实施者、洗钱者、技术支持者等部分组成。犯罪信息的传递是以信息通信技术为基础的,从犯罪意图发起,到犯罪窝点建立、各类犯罪工具购买,再到将虚假信息传递至受害人处,受害人受骗将资金转账至"安全账户",配合进行所谓的"资金检查"等,洗钱团伙通过互联网金融技术、结合为洗钱提供个人账号的个人将赃款清洗完毕,交至金主,再由金主向各个诈骗群体发放工资和收益提成。电信网络诈骗犯罪在此过程中以产业链形态存在和运行,犯罪结构远比传统侵财犯罪结构复杂,从各类犯罪源头,比如卡商、号商、码商等提供电信网络诈骗的技术性和基础性条件的制作、申请、养号、分发和销售的产业群体,到实施诈骗犯罪的话务员产业群体,而再到诈骗资金转账、清洗的资金转移群体,呈现出一种典型的基于互联网背景形成的犯罪利益共生群体。[②] 不仅如此,犯罪链条的每一个环节之间一般都是单线联系,犯罪分子之间相互隐藏真实身份,即便公安机关抓获某一层级的犯罪分子,也很难直接发现全部的犯罪组织成员。

二是犯罪类型多样。电信网络诈骗最初的诈骗方式是中奖诈骗,发展到

[①] 吴加明:《电信网络诈骗的概念界定与立法运用》,载《学海》2021年第3期。

[②] 参见徐永胜、许韬:《跨境电信网络诈骗犯罪规律特征与对策研究》,载《青少年犯罪》2021年第4期。

今天犯罪手法已经极为多样化。数字经济新业态、新模式加速涉电信网络诈骗案件滋生蔓延，电信网络诈骗手段迭代升级加速，打击难度不断加大，涉电信网络诈骗犯罪呈现新趋势。公安部刑事侦查局局长刘忠义介绍，随着打击治理工作的不断深入，电信网络诈骗犯罪出现了一些新变化、新特点，诈骗集团针对不同群体，根据非法获取的精准个人信息，量身定制诈骗剧本，实施精准诈骗。公安机关发现的诈骗类型现在已经超过 50 种，其中网络刷单返利、虚假投资理财、虚假网络贷款、冒充客服、冒充公检法是 5 种主要的诈骗类型。① 其中，新的交友型诈骗数量较多且不同于其他直接冒充领导、同事等身份进行的假冒诈骗，此类诈骗行为人通过化名，假冒性别身份、添加好友等形式，经过一定程度、一段时间与他人"交往"后，再以各种名目骗取被害人财物，其"好友"身份系行为人从无到有"经营"出来的。② 从通讯网络通道看，利用虚假 APP 实施诈骗已占全部发案的 60%，开始大量利用秒拨、VPN、云语音呼叫以及国外运营商的电话卡、短信平台、通讯线路实施诈骗；从资金通道看，传统的三方支付、对公账户洗钱占比已减少，大量利用跑分平台加数字货币洗钱，尤其是利用 USDT（泰达币）危害最为突出。③ 诈骗分子还会认真研究国家政策、法律法规、警方动态以及被害心理，紧跟社会热点，每过一段时间就会有新的骗术出现，或者一种诈骗手法被识破后接着就会翻新花样，让人防不胜防。④

三是智能化趋势明显。数据时代人类虽然享受着无与伦比的福利，但是人工智能技术的介入也无可避免地对法律、哲学、伦理等领域范畴带来极大的冲击和影响。近年来，电信网络诈骗犯罪也在不断地朝着这一趋势发展。诈骗分子充分利用了信息数据的庞大性与复杂性，不断更新换代作案工具，通过数据爬虫与信息定位等黑客技术破解各类验证码、软件平台系统，甚至是官方通讯系统、公开渠道，获取大量的公民基本个人信息和企事业单位的重要信

① 参见彭景晖：《打击治理电信网络诈骗犯罪战果创历史新高》，载《光明日报》2022 年 4 月 15 日第 4 版。
② 参见江西省高级人民法院刑二庭课题组：《江西法院审理网络诈骗案件情况的调研报告》，载《刑事审判参考》（第 130 辑），人民法院出版社 2022 年版。
③ 参见王春霞：《反电信网络诈骗法："小快灵"立法重预防管要害》，载《中国妇女报》2022 年 9 月 14 日第 5 版。
④ 参见陈晓娟：《我国电信网络诈骗犯罪的犯罪学分析》，载《山东警察学院学报》2017 年第 5 期。

息,从而实施诈骗犯罪。一方面,"互联网+"与大数据高速发展催生数字经济新业态、新模式快速创新,但部分创新领域仍处监管薄弱环节,易被不法分子利用。例如,各类虚假 APP 被广泛应用于电信网络诈骗,不法分子通过虚构理财、借贷等项目,诱使受害人绕过"应用商店"安装采用免杀木马、APP 封装等技术的恶意程序,专业性和隐匿性极强。另一方面,电信网络诈骗作案技术持续进化,隐蔽手段升级翻新。在犯罪预备环节,犯罪分子通过暗网、"阅后即焚"类软件等加密通讯工具进行隐秘联络;在犯罪实行环节,利用 GOIP、多卡宝等群呼手段实现远程控制、人机分离;在资金转移环节,利用四方支付聚合平台、虚拟货币等方式增加账户层级。同时,犯罪分子不再局限于某个单一的平台引流,利用新媒体拓宽诈骗信息的发布渠道,比如利用抖音、快手等短视频平台、闲鱼网站等二手交易平台、soul 等社交工具平台,实现跨平台引流实施犯罪,在平台的分流上也呈现出链条化的特征。此外,各平台风控业务部不互通且风控能力不一致,仅仅凭在己方平台上业务风险点加以识别,往往难以有效控制,使得各个平台风控策略相继被突破。

四是隐蔽性强,追责难。电信网络诈骗犯罪在世界各国呈现迅猛增长态势,已成为全球性的打击治理难题。电信网络诈骗行为人通过电话、网络进行非接触性诈骗,且证据多存储在电子介质中,而电子证据保管时限短,容易修改或灭失。由于电信网络诈骗犯罪主要运用了电话、短信、互联网等技术手段,诈骗行为多发生在虚拟空间内,信息流转速度快,影响范围广泛,使得案件中的证据呈现出电子化程度较高的特点,涉案电子证据不仅数量多,而且类型多样,对于证据的收集、审查、认定及运用都有着不容忽视的影响。从司法实践情况来看,电信网络诈骗案件中的间接证据数量较多,成为影响案件事实审查与认定的关键材料。[1] 比如,诈骗分子使用伪基站发送诈骗短信、拨打诈骗电话,利用先进的技术实现数据即时清零,物证痕迹较少。加之其行为在空间上往往跨区域、跨境实施,在关联度上又涉及多个行业,行为人的真实踪迹往往难以查找。而司法管控的技术在某种程度上还无法紧跟技术发展的脚步,侦查机关侦查成本非常高。根据 Cyber ROAD 项目在欧洲国家的调查,只有8%的网络诈骗犯罪被成功起诉。[2] 因此,电信网络诈骗惩治主要存在五大难

① 参见智嘉译:《电信网络诈骗案件中的证据问题研究》,载《法律适用》2022 年第 9 期。
② 参见周鑫淼:《电信网络诈骗的特点及法律应对》,载《网络安全技术与应用》2022 年第 5 期。

题:一是电子证据调取难。犯罪分子利用"伪基站"发送诈骗短信,设置专门程序将发送日志即时清零,或者租用境外网络服务器,被发现或查处后即刻关闭服务器,导致公安机关很难提取到系统数据证实发送信息数量。二是侦查破案难。电信网络诈骗犯罪的被害人遍布全国甚至全球各地,公安机关要收集全部证言非常困难,也难以将被害人陈述、犯罪嫌疑人供述等证据与待证事实完全一一对应。近年来,为了逃避司法打击,犯罪分子往往隐匿在境外设置的诈骗窝点,主要证据均在境外,需要跨境取证、抓捕和引渡。三是案件管辖难。犯罪分子借助网络平台发布诈骗信息,利用网络支付工具转移赃款,"犯罪行为发生地"和"犯罪结果发生地"均有别于传统犯罪,容易引起管辖争议。四是认定处理难。大多数电信网络诈骗犯罪单笔数额不大,有的报案数额只有几百、几千元,定罪处理很困难。五是关联犯罪和共同犯罪认定难。围绕电信网络诈骗犯罪已经形成了一条灰色产业链和利益链,其上下游犯罪涉及侵犯公民个人信息犯罪、信用卡犯罪、扰乱无线电通讯关联秩序犯罪等多个犯罪行为,既可能多个行为侵害多个法益,也可能一个行为同时侵害不同法益,电信网络诈骗犯罪及其关联犯罪罪数和罪名认定处断难。[①]

五是跨国组织性明显。我国电信网络诈骗犯罪大约是 1997 年从我国台湾地区兴起,在 2003 年前后进入大陆东南沿海一带,且发展迅速;在 2004 年至 2009 年间,此类犯罪主要形成诈骗窝点与诈骗对象跨地区的"两岸隔岸诈骗"的特点;2010 年以后,随着网络的发展,这些诈骗团伙陆续将窝点搬到东南亚各国,尤其近五年来,缅甸北部逐渐成为这些诈骗团伙首选的栖身之地,整个缅北有十几万人从事电信网络诈骗。[②] 境外诈骗集团组织严密、分工明确,其多行业支撑、产业化分布、集团化运作、精细化分工等特征日趋明显,目前电信网络诈骗境外作案占比达 80%,跨境电信网络诈骗犯罪案件社会危害更为严重,侦查难、取证难、认定难、追赃难,打击难度更大。正是由于境外作案占比极大,境外取证成为绕不开的坎。电信网络诈骗团伙成员之间广泛使用具有端到端加密、阅后即焚、私密聊天等功能的加密通信软件,且多为远程操控、上下单线联系。囿于软件服务器往往在境外,关键电子数据如聊天记

---

① 参见黄河、张庆彬、刘涛:《破解打击电信网络诈骗犯罪的五大难题》,载《人民检察》2017 年
第 11 期。

② 参见杨曜宁:《电信网络诈骗发展趋势与新特性分析研究》,载《法制博览》2022 年 6 月
(中)。

录、用户数据会出现调取不能、不复存在的情况。目前境外执法取证受多种客观因素制约,存在境外证据特别是相关物证不移交,或者移交不全面、不及时、不规范等问题,给后期诉讼带来后遗症,影响打击效果。① 2016 年以来,相关法院审理了一批特大跨境电信网络诈骗犯罪案件,一批跨境电信网络诈骗犯罪的主犯被判处重刑。其中,四川法院 2021 年审理的"5.09"特大跨境电信网络诈骗案,590 名被告人中有 241 名被告人被判处 5 年以上有期徒刑,重刑率超过 40%。②

六是社会危害巨大。据新华社报道,2020 年,全国共立案电信网络诈骗案件 92.7 万起,案件造成群众损失 353.7 亿元,同比分别增长了 18.6% 和68.7%,此类犯罪警情占全部刑事警情的比例超过 40%。2021 年 1 月至 8 月,电信网络诈骗立案已经达到了 65.5 万起,同比上升了 12.3%。③ 2020 年,全国共抓获电信网络诈骗犯罪嫌疑人 36.1 万名,有 870 万名民众得到有效劝阻免于被骗,破获的案件共计 32.2 万起,涉案金额共冻结或止付 2720 余亿元,累计 1870 余亿元的经济损失得到挽回,捣毁境内诈骗窝点 1.1 万个,打掉"两卡"违法犯罪团伙 1.2 万个,封堵涉诈域名、网址 182 万个,很好地维护了人民群众的合法权益和财产安全。④ 时任全国人大常委会副委员长王晨指出,要清醒地看到,当前电信网络诈骗犯罪活动形势依然严峻复杂,相关案件高发多发。在我国犯罪总体数量特别是重大犯罪案件不断下降的情况下,电信网络诈骗犯罪仍高位运行,已成为主流犯罪,发案数、损失数都很高,2021 年造成财产损失高达 492.8 亿元,严重危害人民群众切身利益,影响社会和谐稳定,损害国家良好形象,是人民群众反映强烈的突出问题。⑤ 诈骗分子采用冒充政府机关、公检法、国有企业工作人员等方式,造成广大群众对政府管理行为的信任度大跌,加之破案难度极大、财产损失难以追回,给党和政府形象造成极大破坏。电信网络诈骗采取的网购诈骗、冒充客服、招工诈骗、投资理财、网

① 参见刘金林:《构建多维治理电信网络诈骗体系》,载《检察日报》2022 年 8 月 31 日,第 3 版。
② 参见徐艳红:《最高法:电信网络诈骗犯罪境外作案占比达 80%》,载《人民政协报》2022 年 9 月 9 日,第 012 版。
③ 参见李倩文:《专门立法,筑牢反电信网络诈骗"防火墙"》,载《中国人大》2022 年 1 月 20 日。
④ 参见《全国打击治理电信网络诈骗违法犯罪取得明显成效 2020 年共破获案件 32.2 万起为群众挽回经济损失 1870 余亿》,载《中国防伪报道》2021 年第 5 期。
⑤ 参见特稿:《王晨副委员长赴公安机关调研反电信网络诈骗立法工作》,载《中国人大》2022 年 6 月 22 日。

络游戏等诈骗手段,致使人民群众对正常的商业行为抱有怀疑心态,导致社会信任度降低。同时也使各网站平台投入巨资进行安全防范,变相增加商业成本,严重扰乱我国社会主义市场经济秩序。①

七是关联犯罪增长迅速。检察机关的最新调研显示,2021 年电信网络诈骗犯罪起诉人数虽有所回落,但与之关联的网络黑产犯罪增长较快,主要涉及帮助信息网络犯罪活动罪,掩饰隐瞒犯罪所得、犯罪所得收益罪,侵犯公民个人信息罪,妨害信用卡管理罪,买卖国家机关公文、证件、印章罪,偷越国(边)境罪,非法利用信息网络罪等。其中,2021 年起诉帮助信息网络犯罪活动罪近 13 万人,同比上升超 8 倍。从涉案人员看,低龄、低学历、低收入"三低"现象较为突出。起诉的电信网络诈骗犯罪及其关联犯罪中,35 岁以下的占 85%,其中,未成年人 2200 余人,约占 2%,同比增长 18%;初中及以下学历的占 70%;无固定职业的占 94%。检察机关发现,年轻人尤其在校学生涉案问题严重,突出表现为不少年轻人沉溺于出售电话卡、银行卡,帮助诈骗分子转移资金所带来的物质回报,甚至以此为业,深陷犯罪泥潭。年轻人尤其是在校学生一旦背负犯罪前科劣迹,不仅严重影响个人学习生活,导致融入社会难,也给社会治理带来"后遗症"。更为令人担忧的是,未成年人和老年人受骗案件多发,涉及领域相对集中。未成年人主要集中在直播打赏、网络游戏、网络购物等;老年人主要集中在养老投资、养生保健以及独居老人情感交友等。2021 年,检察机关起诉侵犯公民个人信息犯罪 9800 余人,同比上升 64%。公民个人信息泄露成为电信网络诈骗犯罪的源头行为。犯罪分子通过非法获取的公民个人信息注册手机卡、银行卡,作为诈骗犯罪的基础工具;或利用这些信息对诈骗对象进行"画像",实施精准诈骗。办案中发现,有不少行业"内鬼"泄露个人信息。2021 年,检察机关起诉泄露公民个人信息的"内鬼"500余人,涉及通信、银行保险、房产、酒店、物业、物流等多个行业。②

二、电信网络诈骗的治理原则

一是坚持从严惩处。全国公安机关深入开展"云剑""长城""断卡""断

① 孙建光:《浅谈当前形势下电信网络诈骗犯罪治理》,载《信息网络安全》2021 年增刊。
② 《检察机关全链条惩治电信网络诈骗犯罪 2021 年起诉 4 万人》,载最高人民检察院官方公众号,https://mp.weixin.qq.com/s/6kpr8oDr61N4TSu_kJC8Ew,最后访问日期:2022 年 11 月 4 日。

流""5·10"等专项行动,先后组织开展150次全国集群战役。2021年4月至
2022年4月,共破获电信网络诈骗案件39.4万起,抓获犯罪嫌疑人63.4万
名,同比分别上升28.5%和76.6%。根据最新统计,电信网络诈骗立案数连
续9个月同比下降,打击治理工作取得显著成效。① 2017年至2021年,全国
法院一审审结电信网络诈骗犯罪案件10.3万件,22.3万名被告人被判处刑
罚,案件数和被判处刑罚人数在2018年至2020年连续三年同比上升后,2021
年同比下降17.55%;2022年上半年,全国法院一审审结电信网络诈骗犯罪案
件1.1万件,2.1万名被告人被判处刑罚,同比又有所下降。② 最高人民法院
会同最高人民检察院、公安部出台指导意见,规定电信网络诈骗公私财物价值
3千元以上即满足入罪的数额标准,实行最低入罪门槛。而从严惩处的"重中
之重",则是跨境电信网络诈骗犯罪。2016年以来,北京、浙江、江苏、四川、河
南等省市相关法院审理了"长城行动"等一批特大跨境电信网络诈骗犯罪案
件,一批跨境电信网络诈骗犯罪的主犯被判处重刑。山东法院审理的被告人
杜某禹侵犯公民个人信息案,杜某禹非法获取并为陈某辉电信网络诈骗团伙
提供当年参加高考的女学生徐某玉的相关个人信息,陈某辉等人骗取徐某玉
家人多方筹措的学费,致徐某玉极端悲愤之下猝死。杜某禹被以侵犯公民个
人信息罪判处有期徒刑6年,并处罚金6万元。直接实施诈骗的主犯陈某辉
被以诈骗罪、侵犯公民个人信息罪数罪并罚,判处无期徒刑,剥夺政治权利终
身,并处没收个人全部财产。③

　　2022年4月以来,最高人民检察院、公安部持续加大对重大电信网络诈
骗犯罪案件的督办,向社会传递依法从严惩处的强烈信号:

　　浙江"12·30"电信网络诈骗案。2020年12月,浙江公安机关对境外电
信网络诈骗团伙线索开展集中研判,深挖出一个盘踞在柬埔寨的电信网络诈
骗集团。公安机关初步查明,该诈骗集团在境外搭建虚假投资平台对我国公
民实施诈骗。现已抓获诈骗窝点及关联犯罪人员400余名,涉案金额人民币

① 参见张天培:《打好反诈人民战争　维护群众财产安全》,载《人民日报》2022年4月15日第
7版。
② 参见王丽丽:《最高法发布依法惩治电信网络诈骗犯罪工作情况》,载《人民法院报》2022年
9月7日第1版。
③ 参见王丽丽:《坚持依法严惩电信网络诈骗犯罪,切实维护人民群众合法权益》,载《人民法
院报》2022年9月7日第1版。

1.5 亿余元。

福建"4·09"电信网络诈骗案。2021 年 4 月,福建公安机关从本省人员偷渡案件线索入手,深挖出一个盘踞在缅北地区的电信网络诈骗集团。公安机关初步查明,该诈骗集团先后在东南亚一些国家设置窝点,对我国公民实施虚假投资理财、刷单等电信网络诈骗。现已抓获诈骗窝点及关联犯罪人员 80 余名,涉案金额人民币 6000 万余元。

河南"6·20"电信网络诈骗案。2021 年 6 月,河南公安机关根据被害人报案线索,深挖出一个盘踞在缅北地区的电信网络诈骗集团。公安机关初步查明,2019 年 2 月至 2021 年 7 月,该诈骗集团先后在缅北地区多处设置窝点对我国公民实施电信网络诈骗。现已抓获诈骗窝点及关联犯罪人员 100 余名,涉案金额人民币 1.2 亿余元。

湖南"8·07"电信网络诈骗案。2021 年 8 月,湖南公安机关从"断卡"行动线索入手,深挖出一个盘踞在缅北地区的电信网络诈骗集团,以及一个在省内贩卖银行卡的犯罪团伙。公安机关初步查明,该诈骗集团多次组织人员偷渡到境外从事诈骗活动,并在境外搭建虚假投资平台对我国公民实施诈骗;该贩卡团伙长期组织境内人员非法买卖银行卡。现已抓获诈骗窝点、贩卡团伙人员 70 余名,涉案金额人民币 3000 万余元。

重庆"6·15"电信网络诈骗案。2021 年 6 月,重庆公安机关在核查有关案件线索时,深挖出一个盘踞在境外的电信网络诈骗集团。公安机关初步查明,该诈骗集团先后在缅甸等地,通过设立虚假投资交易平台对我国公民实施诈骗。现已抓获诈骗窝点及关联犯罪人员 100 余名,涉案金额人民币 1.2 亿余元。①

二是坚持全链条打击。自 2021 年 4 月至 2022 年 7 月,全国共破获电信网络诈骗案件 59.4 万起。② 坚决斩断其帮助链条,铲除周边"黑灰产"。2017 年至 2021 年,全国法院一审审结帮助信息网络犯罪活动犯罪案件 6.7 万件,10.2 万名被告人被判处刑罚;审结侵犯公民个人信息犯罪案件 1.3 万件,2.7 万名被告人被判处刑罚。2022 年上半年,全国法院一审审结帮助信息网络犯罪活动犯罪案件 3.9 万件,6.8 万名被告人被判处刑罚;审结侵犯公民个人信

---

① 参见孙风娟:《最高检公安部联合挂牌督办 5 起特大跨境电信网络诈骗犯罪案件》,载《检察日报》2022 年 4 月 13 日第 1 版。

② 参见韩永军:《当好反电信网络诈骗"看门人"》,载《人民邮电报纸》2022 年 9 月 7 日第 1 版。

息犯罪案件 2300 余件,4800 余名被告人被判处刑罚。人民法院最大限度追赃挽损,在审判过程中依法彻查、全力追缴赃款赃物,加大对犯罪分子适用财产刑的力度,积极动员被告人退赃退赔,将追缴的涉诈资金及时返还给被骗群众,最大限度为被骗群众挽回经济损失。根据最高人民检察院官网公布的全国检察机关 2021 年 1 月至 9 月的主要办案数据看,因帮助信息网络犯罪活动罪被起诉的人数已达 7.9 万余人,比上年同期增长 21.3 倍。近年来,经过多方全链条打击,电信网络诈骗犯罪持续上升势头得到有效遏制。公安部近期公布的数据显示,自 2021 年 4 月至 2022 年 7 月,全国公安机关共破获电信网络诈骗案件 59.4 万起。公安部会同工信部、人民银行等部门,紧急拦截止付涉案资金 5518 亿元,避免 1.09 亿名群众受骗。[①]

三是坚持依法打击。2015 年 6 月,国务院批准建立由公安部牵头,整合包括中国人民银行、当时的银监会、工业和信息化部、中央网信办、外交部、安全部、国台办、工商总局、海关总署、司法部、最高人民法院、最高人民检察院等;同年共计 23 个部门的打击、治理电信网络新型违法犯罪工作部际联席会议制度。2016 年 3 月 3 日,"公安部电信诈骗案件侦办平台"上线运行;同年 3 月 18 日,中国人民银行、工业和信息化部、公安部、工商总局联合下文,一套与侦办平台相配套的工作机制正式建立:涉案账户的紧急止付和快速冻结机制。2016 年 6 月 1 日"公安部电信诈骗案件侦办平台"与中国人民银行"电信诈骗交易风险管理平台"完成对接,侦办平台全面升级。新平台让公安的止付操作直接嵌入银行系统,止付指令不再需要后台人工填写,而是由人民银行的系统向各个商业银行自动发出。[②] 为解决打击治理电信网络诈骗犯罪及其关联犯罪的法律适用问题,最高人民法院会同最高人民检察院、公安部等相关部门先后制定出台了 9 部司法解释、指导意见等规范性文件,进一步明确法律标准,统一执法尺度。其中,2016 年制定出台的《关于办理电信网络诈骗等刑事案件适用法律若干问题的意见》,规定了十项"从重处罚"情节,进一步确定了诈骗"数额巨大"和"数额特别巨大"的标准,采取了数额标准和数量标准并行的定罪方式,坚持了全面惩处关联犯罪的原则,依法明确了案件的管辖、赃款和赃物的处理规则,从入罪门槛、刑罚处罚、合理适用刑事推定、关联犯罪及帮

---

① 参见白鸥:《反电诈升级》,载《检察日报》2022 年 10 月 10 日第 3 版。

② 参见孙少石:《电信网络诈骗协同治理的制度逻辑》,载《治理研究》2020 年第 1 期。

助犯打击、依法确定案件管辖等方面予以全方位规定,是我国第一个对办理电信网络诈骗及相关刑事案件进行全面指导的刑事司法文件,有助于依法有力打击电信网络诈骗等犯罪活动,切实维护人民群众的合法权益,实现法律效果和社会效果的统一,①有效解决了司法实践中存在的侦查难、取证难、管辖难、认定难、追赃难等问题。2021 年制定出台的《关于办理电信网络诈骗等刑事案件适用法律若干问题的意见(二)》,进一步完善电信网络诈骗犯罪案件管辖,明确境外电信网络诈骗案件办理的法律适用问题,严密对电信网络诈骗上下游关联犯罪的刑事规制,明确涉"两卡"案件适用帮助信息网络犯罪活动罪的相关标准,明确宽严相济刑事政策的适用,是贯彻落实习近平总书记关于打击电信网络诈骗重要指示的重要举措,对进一步做好电信网络诈骗犯罪惩治具有重要意义。

在依法惩治电信网络诈骗犯罪过程中,要贯彻落实好宽严相济刑事政策。宽严相济刑事政策是我国的基本刑事政策,贯穿于刑事立法、刑事司法和刑罚执行的全过程,是惩办与宽大相结合政策在新时期的继承、发展和完善,是司法机关惩罚犯罪、预防犯罪、保护人民、保障人权、正确实施国家法律的指南。新中国成立以后,刑事政策经历了从镇压与宽大相结合、惩办与宽大相结合到"严打"的曲折过程。进入 21 世纪特别是自 2004 年全国政法工作会议起,为了适应社会主义和谐社会建设需要,迎接犯罪现实形势的挑战,在总结历史经验的基础上,我们对刑事政策进行了系统反思,提出了宽严相济的刑事政策,并将其确立为我国的基本刑事政策,回归了历史主流。② 最高人民法院、最高人民检察院、公安部先后出台的《关于办理电信网络诈骗等刑事案件适用法律若干问题的意见》《关于办理电信网络诈骗等刑事案件适用法律若干问题的意见(二)》都充分体现了宽严相济刑事政策的基本要求,是这一基本刑事政策在惩治电信网络诈骗犯罪领域的科学运用和大力践行。③ 实践中,特别是在打击治理电信网络诈骗专项行动中,一些基层司法机关机械理解适用法

① 参见王春晖:《〈关于办理电信网络诈骗等刑事案件适用法律若干问题的意见〉的六大亮点》,载《中国信息安全》2017 年第 2 期。
② 参见孙万怀:《宽严相济刑事政策应回归为司法政策》,载《法学研究》2014 年第 4 期。
③ 参见李艳:《宽严相济刑事政策在惩治电信网络诈骗犯罪中的科学运用》,载《法律适用》2017 年第 9 期;刘太宗、赵玮、刘涛:《〈关于办理电信网络诈骗等刑事案件适用法律若干问题的意见(二)〉解读》,载《人民检察》2021 年第 13 期。

律,简单快捕快诉,除在校生、未成年人外,其他电信网络诈骗犯罪和关联犯罪嫌疑人原则上都予逮捕;一些地区基层法院仍然凡涉电信网络诈骗案件一律不判缓刑,这反映出个别司法机关加大刑事惩处力度的方式仍然机械守旧,对刑事司法政策理解不到位,或向有关部门传导司法理念不足。要准确把握宽与严的关系,对严重影响人民群众安全感的电信网络诈骗、养老诈骗、非法集资犯罪的首要分子,落实当严则严,依法追诉,从重打击;对主观恶性较小、发挥作用不大的初犯偶犯,特别是针对在校大学生、老年人、民营企业负责人、科技人才等特殊群体,依法当宽则宽,体现区别对待,最大限度减少社会对立面。

四是注重综合治理。党的十八届三中全会提出:"坚持系统治理,加强党委领导,发挥政府主导作用,鼓励和支持社会各方面参与,实现政府治理和社会自我调节、居民自治良性互动。"打击治理电信网络诈骗违法犯罪是一个复杂的社会治理问题,当前金融、电信、互联网等行业常被不法分子利用作为诈骗渠道,重点地区综合治理也有待加强,亟需在全面总结近年来打击治理工作成功经验的基础上做好顶层设计。中央层面制定出台《关于加强打击治理电信网络诈骗违法犯罪工作的意见》,积极推动构建"党委领导、政府主导、部门主责、行业监管、有关方面齐抓共管、社会各界广泛参与"的工作格局,有效提升打击治理能力,坚决遏制电信网络诈骗违法犯罪多发高发态势,使人民获得感、幸福感、安全感更加充实、更有保障、更可持续。[①] 2021 年,金融系统识别拦截资金能力明显上升,成功避免大量群众受骗,月均涉诈单位银行账户数量降幅 92%,个人银行账户户均涉诈金额下降 21.7%。人民银行建立支付体系反诈防控制度,精准阻断涉诈资金转移,最大限度为群众追赃挽损,协助公安机关打击买卖账户行为,并坚持风险防控和优化服务两手抓、两手硬,在金融行业"资金链"治理方面取得显著成效,金融行业常态化反诈治理格局基本形成。工业和信息化部将继续加强行业治理,持续巩固深化"断卡 2.0""打猫"工作成效,组织开展互联网领域和跨境电信业务专项治理;不断提升技术能力,加强反诈技术手段建设,提升监测、预警、处置一体化技防能力;坚持多维综合施策,聚焦解决群众痛点推出"反诈名片",实现对主叫号码的权威标记,有效甄别号码真伪。人民法院继续坚持对电信网络诈骗犯罪依法严惩不动

---

① 参见《打击治理电信网络诈骗违法犯罪,有了顶层设计国务院联席办有关负责人解读中办国办〈意见〉》,载《新华每日电讯》2022 年 4 月 19 日第 4 版。

摇，继续抓好案件审理，提升审判质效。特别是要会同公安、检察机关进一步加大追赃挽损力度，最大限度维护群众合法权益。在依法从严打击的同时，检察机关将更加重视能动履职，加强案件反向审视，协同推动网络诉源治理，为社会治理发出"检察预警"提供"检察方案"；更加重视全面履行刑事、民事、行政和公益诉讼四大检察职能，开展全流程监督，加强司法全面保护。①

五是加强法治宣传。2016年8月19日，山东临沂的准大学生徐某玉碰巧接听了一通电话，电话里的人声称自己是给大学生发助学金的财政局工作人员。无巧不成书，8月16日，徐某玉恰好向教体局申请了一笔助学金，当然信以为真。在对方的步步诱导下，徐某玉非但没有收到所谓的助学金，反倒转出去了9900元。在意识到自己被骗后，她伤心欲绝，心脏骤停，两天后去世了。花季少女被骗不到一万元，失去了生命，消息一出，举国震惊。可以说，正是这件案子将打击电信网络诈骗推向高潮。积极编发典型案例，充分发挥典型案例的警示教育作用，对于进一步做好电信网络诈骗的预防惩治工作意义重大。一是可以有效警示犯罪分子。通过揭露犯罪行为本质和严重社会危害，表明国家政法机关依法从严惩治的坚定立场，正告那些正在实施或者准备实施电信网络诈骗及其关联犯罪的人员要迷途知返，绝不能有任何侥幸心理。二是引导社会公众。通过揭示犯罪方式手段，戳穿犯罪分子设计的骗局，引导社会公众增强识骗防骗的意识和能力。就调查样本而言，近80%的群体接受反诈宣传的意愿比较强烈，且接受反诈宣传的意愿随着年龄群体高位分布先增强再减弱。同时，居民对反诈宣传内容的理解程度随着年龄群体的增大而降低。在居民识别能力（主观感受和客观检验）中，从主观感受上，"提高很多"随着年龄群体高位分布先增强再减弱；在客观检验上，"能精准识别出"显示，年龄越大识别能力越低。未来应加强各部门间的合作，形成反诈宣传工作合力、创新宣传方式、宣传内容和创新宣传手段，提高宣传力度和效率。② 三是推动社会治理。司法机关及时总结办案经验，通过反映办案中所发现的行业监管、社会治理的风险漏洞，提出相关的意见建议，会同相关部门加强源头治理、综合治理。

---

① 参见彭景晖：《打击治理电信网络诈骗犯罪战果创历史新高》，载《光明日报》2022年4月15日第4版。

② 参见张文昊、陈奇、胡人斌、齐婉亦：《公安机关反诈宣传效果实证分析》，载《网络空间安全》2022年6月第3期。

三、《反电信网络诈骗法》的主要特点

近年来,尽管电信网络诈骗打击治理工作取得了明显成效,案件快速上升的势头得到了有效遏制,但犯罪形势依然严峻复杂,从打击治理实践看,电信网络诈骗不是简单的社会治安问题,而是复杂的社会治理难题。考虑到与电信网络诈骗相关的法律规定较为分散,不够明确,针对性不强,实践中一些好的经验做法和政策文件需要上升为法律规定,在行业治理和制度建设方面还需要进一步完善,形成协同打击治理合力,"急需有一部专门立法满足实践需要"。[①] 2022 年 9 月 2 日《中华人民共和国反电信网络诈骗法》(以下简称《反电信网络诈骗法》)公布,并于 2022 年 12 月 1 日实施,《反电信网络诈骗法》共 7 章 50 条,包括总则、电信治理、金融治理、互联网治理、综合措施、法律责任、附则等。《反电信网络诈骗法》是"小快灵""小切口"立法的生动实践,其主要有以下特点:

一是突出从源头遏制。《反电信网络诈骗法》规定:基础电信企业和移动通信转售企业应当承担对代理商落实电话用户实名制管理责任。自实名制实施以来,电信运营商严格落实电话用户实名登记,确保人证一致性,避免冒用他人身份信息开卡用于电信网络诈骗。在入网环节,运营商面向用户进行反诈风险提醒,强调"实名实人"入网。中国联通网络与信息安全部负责人表示,中国联通在实体营业厅配置海报和提示单,在线上商城展示反诈公告,"实名开卡,实人使用"。实施分级分类入网管控,针对涉诈高风险用户,暂停新开卡入网,针对涉诈中低风险用户,进行入网弹窗。[②]"断卡行动"是部署反诈的第一道防线,工信部升级启动"断卡行动 2.0",联合公安部印发断卡通告,组织集中排查处置涉诈高风险电话卡 9700 多万张,清理关联互联网账号6197 万个,对全国物联网卡开展拉网式排查,一大批存量高危号卡被全面清理。"一证通查"便民服务便是公众防诈的第二道防线。开通"一证通查"服务后,用户凭借居民身份证便可查询个人名下登记的电话卡数量,如有异议可通过对应的电信企业查询明细并进行相应处理。"'一证通查'降低了不知情办卡风险,可有效助力打击电信网络诈骗工作。"工信部目前已为全国用户

---

① 王春霞:《反电信网络诈骗法:"小快灵"立法重预防管要害》,载《中国妇女报》2022 年 9 月 14 日第 5 版。
② 参见崔亮亮:《反电信网络诈骗:淬火数字之盾》,载《通信产业报》2022 年 9 月 19 日第 5 版。

提供查询服务 7600 多万次。在受话阶段,12381 涉诈预警劝阻短信系统构成了第三道防线。2021 年 7 月,工信部正式推出 12381 涉诈预警劝阻短信系统,首次实现对潜在涉诈受害用户进行实时预警。反诈中心在向受话用户推送预警短信的同时,还会给其亲情号同步发送,通过相互提醒提升劝阻效果。2021 年以来,累计发送预警短信和闪信 2.3 亿条,预警劝阻有效率达 60%,为群众织密织牢防护网。电信网络诈骗行为手段多、隐蔽性强,行业治理仍需持续深化针对电信网络诈骗的多个环节,从各个维度设计的不同反诈"利器"相互支撑、互为补充,共同构筑起反诈防诈"防火墙",助力打击电信网络诈骗取得显著成效。数据显示,2021 年累计拦截涉诈电话 20 亿次、短信 21 亿条,发送预警信息 1.7 亿条,排查涉诈高风险电话卡 9700 多万张,处置涉案域名网址 104 万个。[①]《反电信网络诈骗法》还明确,国家支持电信业务经营者研究开发有关电信网络诈骗反制技术,用于监测识别、动态封堵和处置涉诈异常信息、活动。因此,电信运营商的反诈工作不仅仅在于实名制、清卡等管理运营,加强科技攻关和技术创新已成为运营商未来反诈工作中的必选题。

二是突出加强金融治理。近年来,不法分子非法开立、买卖银行账户和支付账户,继而实施电信诈骗、非法集资、逃税骗税、贪污受贿、洗钱等违法犯罪活动案件频发。部分案件和监管实践显示,一些银行业金融机构和非银行支付机构在开户环节,客户身份识别制度落实不严,存在着一定的业务管理和风险防控漏洞,为不法分子非法开立账户提供了可乘之机;不少金融机构和支付机构在报送可疑交易报告后,未对报告涉及的客户、账户及资金采取必要控制措施,反而仍然提供无差别的金融服务,致使犯罪资金及其收益被顺利转移,洗钱等犯罪活动持续或最终发生。持续健全防范治理电信网络诈骗犯罪工作机制,进一步提升防控能力和防控水平,保护人民群众财产安全,是银行业金融机构必须践行的社会责任。[②]《反电信网络诈骗法》在金融治理一章中,对金融机构提出了加强开户核验、企业信息共享、交易异常监测等明确要求,从而为银行业金融机构在各项工作中进一步规范权责奠定了有法可依的基石,

---

① 参见韩鑫:《工信部等部门提升技术防范能力,助力治理电信网络诈骗》,载《人民日报》2022 年 7 月 8 日第 10 版。

② 参见苏洁:《金融反电信网络诈骗有法可依》,载《中国银行保险报》2022 年 9 月 19 日第 5 版。

推动银行金融机构综合客户、账户等多维度风险特征,构建风险账户分级分类管理体系,从资金出口角度主动防御,按分级进行限额管控,对金融账户的数量和异常开户进行限制,即及时监测识别异常账户、可疑交易,保证交易信息的真实、完整、一致,进而建立及时查询、紧急止付、快速冻结、资金返还制度。

三是突出全链条治理。反电信网络诈骗法从人员链、信息链、技术链、资金链等进行全链条治理,从前端宣传预防、中端监测处置、后端惩治进行全流程治理,强化部门监管主体责任,压实企业责任,对电信网络诈骗分子规定了有效预防惩处措施,严厉打击各类涉诈黑灰产行为,[1]特别是加强对公民个人信息的保护。电信网络诈骗案件中很多诈骗之所以得逞,在于其掌握了实施诈骗相关联的个人信息进行精准诈骗。所以,既要从上游阻断为实施电信网络诈骗提供信息源,也要防止在反电信网络诈骗工作中个人信息的二次泄露。《反电信网络诈骗法》与《个人信息保护法》衔接,规定个人信息处理者要建立个人信息被用于电信网络诈骗的防范机制。特别是对与实施电信网络诈骗密切相关的物流信息、贷款信息、交易信息、婚介信息等要予以重点保护。规定公安机关在办理电信网络诈骗案件时要对犯罪所利用的个人信息的来源进行查证溯源,对泄露、提供个人信息的依法追究法律责任等。检察机关高度重视公民个人信息保护,认真落实个人信息保护法,持续加大对侵犯公民个人信息犯罪的打击力度。2021 年,检察机关共起诉侵犯公民个人信息犯罪 9800 余人,同比上升 64%。特别是将行业内鬼作为打击重点,依法从严惩处,从重提出量刑建议,共审查起诉相关涉案人员 300 余件 500 余人。积极稳妥开展公益诉讼,2021 年共办理个人信息保护领域公益诉讼案件2000 余件。[2]

四是突出针对性宣传。反电信网络诈骗法还增强了宣传的针对性、精准性,对老年人、青少年等易受害群体作出专门规定,规定反诈宣传教育进学校、进企业、进社区、进农村、进家庭的"五进"活动。银行、电信企业等要对本领域新出现的各种诈骗手段及时向用户作出提醒,要在业务过程中对非法买卖

---

① 参见熊丰:《惩治电信网络诈骗,这部专门立法"精准出招"》,载《新华每日电讯》2022 年 9月 6 日第 2 版。

② 参见孙风娟:《最高检第四检察厅负责人就发布打击治理电信网络诈骗及关联犯罪典型案例答记者问》,载《检察日报》2022 年 4 月 27 日第 1 版。

"两卡"行为的法律责任作出警示。有关新闻单位要面向社会广泛开展宣传教育活动。鼓励群众举报,动员社会力量防范打击。公安机关会同有关部门、企业建立预警劝阻系统,及时采取相应劝阻措施,将工作做在受害人上当受骗之前等。①

田宏杰
2023 年于北京

---

① 　参见蒲晓磊:《打击遏制电诈变"亡羊补牢"为"未雨绸缪"解读反电信网络诈骗法》,载《法治日报》2022 年 9 月 6 日第 5 版。

上　编

电信网络诈骗典型案例与防范

第一章 "引诱型"电信网络诈骗

电信网络诈骗中"引诱型"的手段最为常见。违法犯罪分子往往利用人们趋利避害心理,以各种诱惑性信息吸引用户落入"圈套"。

一、兼职刷单类诈骗

(一)典型案例

案例1:孙某等人诈骗案。2018 年 10 月,陈先生看到一则招聘广告,内容为"招聘 539 个抖音、快手视频作品点赞员。点赞一单 0.5 至 2 元,日薪 80 至 150 元。时间自由,多劳多得"。陈先生心念一动,觉得试试也无妨。于是,陈先生通过广告上的联系方式,加入招聘 QQ 群。在群主的指导下,陈先生把同样的广告发布到自己的熟人圈,随后开始下载"微信息""微助手"软件进行注册。注册后,进入类似于直播间的"房间","房间"内分新手、挂机、高额任务等栏目,每个栏目都有接待人员。陈先生被接待人员告知需交纳 118 元会员费,因为对方表示"2 个小时便能赚回来",陈先生便同意了。做了一些兼职任务后,陈先生又被告知"这个级别的会员任务量少且有限制,成为钻石会员,就可以持续不断做任务,能赚更多",于是陈先生再次交纳了 98 元会员费。随后,陈先生做了视频点赞、软件下载等任务,获得 13.35 元,但因未达到平台规定的提现标准而无法提现。后来,陈先生发现平台里兼职任务长期不更新,向平台要求返还会员费也没人理,而提现标准也突然从原先的 30 元提高到了 500 元。至此,陈先生意识到受骗。随着公安机关的追踪摸排,一个总部位于山东青岛,成员分布在全国各地的特大网络诈骗集团逐渐显露,他们以数家网络科技公司为掩护,暗地里从事诈骗活动。公司具有较强的组织性,设有多个诈骗团队,团队内部又分为外宣部、培训部等,以高薪网络兼职进行虚假宣传,哄骗、引诱被害人缴纳会员费。据统计,2017年6月至2018年11月,受骗缴纳会员费的被害人近200万人,包括大学生和家庭主妇在内,被害人遍布全国各地,诈骗金额达3.16亿余元。截至案发,该诈骗集团成员达3000多人,在全国众多城市都设有分部,规模十分庞大。隐藏在背后的"操盘手"孙某,2010年曾遭遇过刷单诈骗,因此抓住"商机",2015年伙同他人注册多家公司,并自行开发语音、微聊、微信息、微助手等软件,为诈骗做准备。公司成员除亲戚外,还有众多被诈骗的会员,许多受害者为了挽回损失或逐利,成为了诈骗集团一员。法院审理后认为,被告人孙某以非法占有为目的,虚构事实、隐瞒真相,组织、领导犯罪集团,利用网络技术手段,骗取他人财物达3.16亿余元,数额特别巨大,其行为已构成诈骗罪。在共同犯罪中,被告人孙某系组织、领导犯罪集团的首要分子,应当按照集团所犯的全部罪行处罚。法院遂依法作出判决。此外,涉及该案已落网的160余名犯罪嫌疑人已另案处理,目前有30多人被判刑,其中8人被判处10年以上有期徒刑。

案例2:苏某文、苏某坤发布虚假招聘"刷信誉兼职"信息诈骗案。2014年3月至5月,被告人苏某文、苏某坤与他人(均另案处理)经共同计议,制作网站后通过"百度推广"功能发布虚假的招聘"刷信誉兼职"信息,并使用QQ账号及电话与被害人联系,以完成任务后即支付佣金并返还本金为诱饵,要求被害人用指定的手机号码在指定的网站购买手机充值卡,后将被害人购买的手机充值卡卡号及密码通过网络转售他人,非法获利,为欺骗被害人继续购买充值卡,又以网络不稳定致充值无效或充值业务延时,导致"卡单"需要激活任务等理由,让被害人反复充值或让被害人直接汇款到指定账户。苏某文、苏某坤等人通过上述手段骗得被害人88人共计人民币1832272.44元。本案经兴化市人民法院一审审理,判决现已生效。法院认为,被告人苏某文、苏某坤以非法占有为目的,采用虚构事实、隐瞒真相的方法骗取他人财物,数额特别巨大,其行为已构成诈骗罪,且系共同犯罪。苏某文、苏某坤如实供述自己的罪行,苏某坤在共同犯罪中作用相对较小,苏某文、苏某坤退出部分赃款。据此,以诈骗罪判处被告人苏某文有期徒刑11年6个月,并处罚金人民币15万元;以诈骗罪判处被告人苏某坤有期徒刑11年,并处罚金人民币14万元。①

案例3:被告人詹某琴等9人虚假网络兼职点赞平台诈骗案。2019年10

---

① 参见江苏省高级人民法院电信网络诈骗典型案例,2016年12月27日发布。

月至 2019 年 12 月,被告人詹某琴等人虚构"领跃传媒"是为商家及网红提高曝光率的兼职平台,以在平台完成发朋友圈、抖音点赞任务即可得到奖励,推荐新会员加入可以得到推荐佣金等为诱饵,诱使被害人注册加入兼职平台,向每人收取数百元至 1000 元不等的"入职费"。之后,詹某琴等人在网上购买他人微信账号并建立微信群,发布前述兼职点赞平台的虚假宣传资料进行广泛宣传,在平台注册人数达到一定规模后,以系统受到攻击等为由,宣布暂停经营,并立即解散微信群、关闭 APP 平台,骗取被害人"入职费"共计 1024 万余元。重庆市奉节县人民法院判决,被告人詹某琴等 9 人犯诈骗罪,对詹某琴判处有期徒刑 10 年,并处罚金 15 万元。对其余 8 名被告人分别判处有期徒刑 8 年至有期徒刑 1 年 6 个月不等的主刑,并处罚金。①

案例 4:刘某鑫等 19 人以发展微商为名实施诈骗案。被告人刘某鑫招聘员工进行话术培训,统一配备手机、手机号码、微信等,安排员工担任售前人员、售后人员等不同角色,以低价购入的"本草糖安茶"为诱饵,以微商人群为目标实施诈骗。具体方式为:先由"售前人员"通过微信寻找不特定被害人,让其帮忙在微信朋友圈发布"本草糖安茶"广告;然后"售后人员"咨询购买并伪造付款凭证、发货单据等,制造产品畅销、回报丰厚的假象。待骗取被害人信任后,诱使其做产品代理、升级代理并支付相应费用,该团伙共骗得 51 名被害人 86 万余元。本案由南京市玄武区人民法院一审,南京市中级人民法院二审,判决现已生效。一、二审法院认为,被告人刘某鑫等 19 人以非法占有为目的,虚构事实、隐瞒真相,骗取他人财物,数额特别巨大,其行为均构成诈骗罪,属于共同犯罪。在共同犯罪中,被告人刘某鑫起主要作用,系主犯。据此,以诈骗罪判处被告人刘某鑫有期徒刑 10 年 6 个月,对其他 18 名被告人以诈骗罪分别判处 7 年至 3 年不等的有期徒刑,对 19 名被告人均并处相应罚金。②

案例 5:被告人倪某某兼职刷单网络诈骗案。2018 年 1 月至 2019 年 5 月,被告人倪某某在互联网上散布有偿网络兼职的虚假信息,并通过 QQ、微信等社交软件与被害人联系,以兼职需要缴交会员费、马甲费等名义,骗取包含未成年在校生在内的 12 名被害人钱款共计人民币 84796 元。集美法院审理认为,被告人倪某某以非法占有为目的,通过电信网络发布虚假信息,对不

① 参见重庆市云阳县人民法院网络电信诈骗典型案例,2021 年 6 月 21 日发布。
② 参见江苏省高级人民法院电信网络典型案例,2020 年 12 月 1 日发布。

特定人实施诈骗,骗取包括未成年在校生在内的多人钱款共计人民币 84796 元,数额巨大,其行为已构成诈骗罪,依法判处被告人倪某某有期徒刑 4 年 2 个月,并处罚金人民币 8 千元。①

案例 6:董某某诈骗案。2016 年 4 月 8 日起,被告人董某某实际控制并经营的山西省某贸易公司(以下简称某贸易公司)与拉扎斯网络科技(上海)有限公司签订《城市合作代理协议》,约定由某贸易公司担任拉扎斯公司在闻喜地区的经销商,负责拉扎斯公司旗下"饿了么"订餐平台在闻喜地区的业务推广、市场拓展以及商户的网上订餐、配送服务。拉扎斯公司将收取该地区商户生成的营业额中有效交易额(含配送费、给予商户的补贴款)总数的 3.5% 后将剩余款项返还至商户。某贸易公司则与商户自行确定订单金额和配送服务费的抽成比例后,向商户收取平台服务费和配送服务费。同时,拉扎斯公司根据业绩考核指标给某贸易公司相应奖励。2016 年 5 月至 9 月,被告人董某某利用拉扎斯公司在"饿了么"平台给予商户交易补贴款(俗称"饿了么红包")的机制,以 7 名亲属的身份信息在平台上先后注册 81 家商户,并绑定相应亲属的 8 个银行账户,在没有真实交易的情况下,采用"刷单"的方法骗得拉扎斯公司的商户补贴款人民币 41104.46 元,另有人民币 32618.88 元因被告人意志以外的原因而未得逞。2017 年 11 月 9 日,被告人董某某接公安机关电话通知后主动投案,并如实供述了主要事实。法院判决被告人董某某犯诈骗罪,判处有期徒刑 2 年 6 个月,缓刑 2 年 6 个月,并处罚金人民币 1 万元。②

(二)骗术套路

在淘宝等电子商务平台上,良好的信誉是网络卖家提升业务量的重要保证。在兼职刷单类案件中,犯罪分子通过在互联网络、微信、兼职 QQ 群、聊天群等发布虚假招聘、兼职信息,寻找有意兼职刷单的应聘者,以兼职做网络刷单可以轻松赚取佣金、高额回报为借口。招聘广告往往突出"到账快、低付出、高回报"等诱惑信息,晒出虚假的高额收益截图记录,通过小额刷单成功返现骗取被害人的信任,诱导被害人按其要求进行扫码或付款操作,骗取被害

---

① 参见厦门市中级人民法院电信网络诈骗犯罪典型案例,2021 年 6 月 22 日发布。
② 参见上海市长宁区人民法院(2018)沪 0105 刑初 480 号判决书。

人钱财。当被害人请求退款或返还本金时,犯罪分子通常会以继续付款或再付相同金额方可退还本金等说辞诱骗被害人继续付款或转账,从而骗取被害人更多钱款,直到被害人发现自己中了圈套才会停止向犯罪分子转账、汇款。

(三)防范要点

面对层出不穷的"网络刷单"诈骗,防范上当受骗首先要杜绝产生不劳而获的心理,尤其不要轻信所谓的高额回报,天上不会掉"馅饼"。要谨慎点击陌生链接,通过正规的求职平台和公司找兼职或工作,并及时与用人或者用工单位签订劳动合同或者劳务合同。要警惕"轻轻松松赚大钱"的网络兼职神话,远离诈骗!在日常生活中,凡是涉及"缴纳定金""轻松日赚几万"此类的网络兼职信息,要做到"不听、不信、不传",切勿贪小便宜而吃大亏。要对不法分子"微商创业致富"的宣传保持高度警惕,不要轻信微商广告,在做微商代理前要进行全面了解。一旦发现被诈骗财产,应及时报案,向警方寻求帮助。保存好现有证据,留存转账记录或者聊天记录,及时向警方详细说明情况,配合公安机关调查。同时在必要情况下,还应当修改账户密码等及时止损。

(四)普法释义

网络刷单是指商家为了吸引更多顾客来自己网店购买商品,通过找人在自己网店进行假买卖和假评价,通过制造虚假高销售量和虚假高信誉度,以美化自己的网店来吸引顾客。从法律上来说,这种网络刷单行为本身就是一种违法行为。"刷单"只是在网络环境下的一个笼统的称呼,在不同领域应有不同的含义,其外延随着网络时代的发展在不断扩张。一般情况下,刷单行为可能触犯的罪名主要包括:

非法经营罪。网络交易亦属于市场交易,刷单的行为扰乱了市场交易秩序。最高人民法院、最高人民检察院2013年颁布的《关于办理利用信息网络实施诽谤等刑事案件适用法律若干问题的解释》第7条规定,违反国家规定,以营利为目的,通过信息网络有偿提供删除信息服务,或者明知是虚假信息,通过信息网络有偿提供发布信息等服务,扰乱市场秩序,达到相应数额标准的,以非法经营罪定罪处罚。

损害商业信誉、商品声誉罪。网店经营者雇用刷客对同行商家进行恶评刷单,损害他人商业信誉、商品声誉,造成的经济损失达到一定标准或者有其他严重情节的,可能构成《刑法》第221条规定的损害商业信誉、商品声誉罪。

破坏生产经营罪。根据《刑法》第276条规定,破坏生产经营罪是指由于泄愤报复或者其他个人目的,毁坏机器设备、残害耕畜或者以其他方法破坏生产经营的行为。网店经营者为了打击他人网店正常经营,雇用刷单人对其他网店进行恶意好评刷单,进而导致他人网店被监管部门认定为虚假交易受到处罚的,实际上就是破坏他人生产经营的行为。

虚假广告罪。根据《刑法》第222条规定,广告主、广告经营者、广告发布者违反国家规定,利用广告对商品或者服务作虚假宣传,情节严重的,构成虚假广告罪。网店经营者雇用刷单人对自己经营的商品进行好评刷单时,刷单人的评价难免会涉及商品性能、质量、售后服务等,这种好评刷单对消费者来说,实际上是一种广告宣传。如果刷单人对商品进行虚假评价,情节严重的,就可能构成虚假广告罪。

敲诈勒索罪。不少刷单人以举报商家刷单相要挟敲诈钱财,商家惧怕被封店,大多不敢通过电商平台解决,只能私下接洽刷单人同意其不法要求。职业刷单组织达到一定规模、具有相当的操作话语权时,会对网店以给予恶评相威胁,勒索钱财。这种以非法占有为目的,对网店经营者使用威胁或要挟的方法,强行索要财物并达到相应的标准,或者多次实施敲诈勒索的,即可成立敲诈勒索罪。

诈骗罪。专门为了刷单恶意注册账号的人,或者原系正常经营或运营的商户、个人,后来沦为长期恶意刷单的人,如果其刷单行为达到诈骗罪所要求的数额标准,且主观上系出于非法占有之目的,则可以诈骗罪追究刑事责任。

总而言之,真刷单涉嫌违法,假刷单就是诈骗,组织刷单直接触及法律"高压线"。因此,当我们收到兼职刷单的信息时,无论真假都不应参与。

二、借贷类诈骗

(一)典型案例

案例1:邓某诈骗案。2016年9月至2017年3月,被告人邓某为偿还大额债务及个人生活消费,向黑龙江八一农垦大学、哈尔滨医科大学(大庆校区)学生发布信息谎称从事民间贷款业务,以让大学生做网络贷款兼职并支付好处费为诱饵,诱使邹某某等47名在校大学生通过网络贷款平台借款118万余元,交给邓某使用。因无力偿还到期贷款,邓某又通过邹某某等20名在校大学生在刘某、张某某处合计借款61万余元。案发前,邓某偿还网络贷款平台、刘某、张某某部分贷款。邓某通过上述手段合计诈骗103万余元。法院经审理认为,被告人邓某的行为构成诈骗罪。根据邓某犯罪的事实、性质、情节和对于社会的危害程度,判处其有期徒刑12年6个月,并处罚金8万元。[1]

案例2:被告人常某江等35人虚假网络贷款平台诈骗案。被告人常某江在广东省东莞市注册成立广东常利信息咨询有限公司。2018年4月,常某江与被告人李某金等人共谋以常利公司名义冒充网络贷款平台实施诈骗。从网上购买有贷款需求客户的手机号,以常利公司名义在上海富友支付有限公司开设商户号用于收款,出资雇人搭建实施诈骗使用的网站和制作具有贷款额度测试、收款等功能的网络链接,并设置业务部和转化部具体实施诈骗。业务员冒充"1点快贷"等虚假网贷中心客服向有贷款需求的被害人拨打电话、发送短信,骗取被害人添加微信好友后,向其发送贷款额度测试链接,谎称缴纳198元或298元"绑卡费"即可无需征信办理无抵押低息贷款,在客户支付所谓"绑卡费"后,将客户资料发送给转化部,转化部将从网上搜集的网络贷款平台链接发送给客户,在客户贷款成功后收取客户贷款金额20%的"手续费"。常某江等人还在东莞市设立多个业务分部,向分部提供诈骗培训及工具等,由分部自行租赁场地和招募人员实施诈骗,分部诈骗所得与总部按四六或五五比例分成。2018年6月至2019年4月,以常某江等人为首要分子的诈骗犯罪集团骗取7万名被害人财物共计2863万余元。重庆市永川区人民法院判决,被告人常某江等35人犯诈骗罪,对常某江、李某金、劳某昌等3名被告人判处有期徒刑15年,并处罚金100万元。对其余32名被告人分别判处有期徒刑8年等不同主刑,均并处罚金。[2]

案例3:王某旋等6人成立科技公司办理虚假贷款诈骗案。2017年8月,被告人王某旋发起设立菏泽顺美网络科技有限公司,委托他人开发"顺付钱包"APP软件,租用某产业园写字楼作为诈骗窝点,先后招聘被告人张某动等

---

[1] 参见黑龙江省高级人民法院电信网络诈骗典型案例,2021年6月10日发布。
[2] 参见重庆市云阳县人民法院网络电信诈骗典型案例,2021年6月21日发布。

5人组建诈骗集团。2017年9月至2018年6月,王某旋等人在网络上发布虚假信息,宣称其与银行有合作关系,开通"顺付钱包"APP会员,可快速办理"无抵押、无担保"信用贷款、信用卡、开通微粒贷、提高额度等多项业务。待被害人因融资需求与其联系后,即以需交纳会员费名义骗取钱财,共骗得161万余元。本案经常熟市人民法院一审,判决现已生效。法院认为,被告人王某旋等6人虚构事实、隐瞒真相,利用电信网络技术手段诈骗他人财物,均已构成诈骗罪。在共同犯罪中,王某旋起主要作用,系主犯,且系犯罪集团的首要分子,应当按照集团所犯的全部罪行处罚;被告人王某旋退出部分赃款,可以酌情从轻处罚。综上,以诈骗罪判处被告人王某旋有期徒刑11年,对其余5名被告人以诈骗罪分别判处5年至1年6个月不等的有期徒刑,对6名被告人均并处相应罚金。

案例4:邱某等9人诈骗、掩饰、隐瞒犯罪所得案。2018年9月,邱某跟随他人加入诈骗团伙实施电信诈骗,还约合尚某飞、尚某加入,之后该团伙因故解散。11月中下旬,邱某组织带领尚某、尚某飞继续实施电信诈骗,还约合岳某、邵某新等多人到武平县,利用已解散的诈骗犯罪团伙留下的电脑、手机等设备,共同出资,经邱某联系购买了含有手机号码、QQ号的被害人个人信息及无线上网设备等作案工具,利用虚假的"兴丰贷"贷款平台,虚构能够发放贷款的事实,诈骗被害人财物。后邱某团伙又到河南省继续进行诈骗。邱某将包括其在内的6人分组。一组人员冒充客服,给被害人打电话询问是否需要贷款,并向需要贷款的被害人提供同案犯作案用的QQ号。另一组人员使用QQ号冒充贷办员,虚构收取手续费、保证金等各种借口,诱骗被害人通过微信、支付宝扫二维码支付或向指定的银行卡中转账付款,骗取多名被害人财物共计37万余元。所得赃款由邱某负责支配。1名被害人发现自己从亲友处借来的4.8万元被诈骗后,在家中留下遗书服农药自杀。邱某团伙诈骗作案骗取钱财后,经黄某明、谭某魁洗钱后取得赃款。经查实的黄某明、谭某魁掩饰、隐瞒犯罪所得数额合计25.99万元。一审法院经审理,对首犯邱某以诈骗罪判处有期徒刑10年,并处罚金人民币6万元。对其他8名被告人分别以诈骗、掩饰、隐瞒犯罪所得罪判处有期徒刑8年至3年不等的刑罚,并处相应罚金。对犯罪所得予以追缴,退赔被害人及被害人亲属;作案工具予以没收。被告人不服一审判决提出上诉,二审法院裁定维持原判。本案系典型的利用虚假网络贷款平台实施电信网络诈骗的集团犯罪。犯罪集团利用被害人急于借款的心理,虚构事实,诱骗被害人缴纳所谓的"手续费""保证金"等,针对不特定人实施诈骗犯罪,严重侵犯了人民群众的财产权益,并导致1名被害人自杀的严重后果,依法应予严惩。邱某作为诈骗犯罪集团的首要分子,按照集团所犯的全部罪行处罚,体现了对电信网络诈骗犯罪组织者、指挥者的从严打击。①

案例5:黄某龙等人诈骗、组织他人偷越国境案。法院经审理查明,2017年11月至2018年4月19日期间,黄某龙先后在福建省龙岩市、云南省河口县、越南老街省召集200余人实施诈骗,形成了以黄某龙为首,郑某辉等11人为骨干成员,牟某、唐某川等人为成员的诈骗集团。该集团利用网络技术手段,冒充贷款公司工作人员骗取被害人信任,通过假冒的贷款网站和"创捷贷""创联贷"等多个APP平台,以需要包装费、流水费、保证金等为名,让被害人扫描二维码并付款,骗取四川、重庆等全国各地8万余名被害人,仅从北京京东世纪贸易有限公司调取的电子数据显示,其被该诈骗集团骗取的财产就达人民币1600万余元。该诈骗集团在转移至越南及从越南返回国内时,部分成员由于没有护照遂在黄某龙的安排下有组织地偷越国境。另查明,在此次诈骗集团犯罪行为之外,2015年11月至2016年4月期间,被告人黄某龙为陈某、陈某某、林某某(3人均已判决)实施诈骗犯罪提供虚假游戏交易网址,负责网址维护,收取服务费。2017年7月至8月期间,被告人郑某辉等伙同他人冒充女性引诱被害人玩"澳门五分彩"游戏,诱骗对方充值,实施诈骗,骗取被害人钱财。重庆市武隆区人民法院依法审结并公开宣判,170余名团伙成员悉数获刑,其中该犯罪集团首要分子黄某龙犯诈骗罪,判处有期徒刑14年,并处罚金150万元;犯组织他人偷越国境罪,判处有期徒刑8年,并处罚金10万元;数罪并罚,决定执行有期徒刑18年,并处罚金160万元。

案例6:潘某诈骗案。2016年3月,被告人潘某因轻信微信中发布的虚假贷款信息被骗3000元,潘某没有报警而是通过从网上搜集下载别人办理贷款的图片和小视频,加网上发布办理贷款信息的人为好友,以自己要办贷款为名学习这种骗术。法院经审理查明,2016年8月至12月,潘某通过微信朋友圈和所属群发布办理贷款、提高支付宝蚂蚁花呗额度、在网络平台提现等虚假广告,并号召微信好友为其转发贷款广告。期间,先后有10人通过微信朋友名

① 参见山东省日照市中级人民法院打击电信诈骗十大典型案例,2022年1月20日发布。

片互推找到潘某贷款,潘某均以收取手续费、押金才能放贷的方式向受害人多次收取费用,获利后即将受害人在微信和支付宝中拉黑,不再联系。潘某通过以上方式先后获利人民币 40414.66 元,一审宣判前退还了全部赃款。通常情况下,被不法分子骗取钱财后,受害人会选择报警维护自己的权益,但潘某却在轻信虚假贷款信息被骗后,放弃了报警,选择了在自己微信朋友圈和所属群发布虚假贷款信息,采取相同的手法骗取他人钱财获利,由受害人变为了被告人。青岛铁路运输法院一审以诈骗罪判处被告人潘某有期徒刑 3 年、缓刑 3 年,并处罚金人民币 1 万元。①

(二)骗术套路

该类案件中,被害人往往有贷款的需求。自己上网搜索查询非银行贷款网站并注册申请贷款或下载贷款类 APP 软件注册登记,事后往往会接到冒充网络贷款平台工作人员的电话,或在犯罪嫌疑人假冒贷款公司致电或发送短信给被害人后,互加社交软件,并发送二维码或链接,扫码、点击链接下载贷款类 APP 软件进行操作。诈骗分子会称申请贷款的条件尚不够,编造"需核实还款能力"先要缴纳"保证金""手续费""银行交易流水明细"等为由,诱骗被害人向犯罪嫌疑人的银行卡转款、扫描二维码支付、点击链接消费等方式骗取钱款,或要求被害人提供收款银行卡卡号并在内存入资金作为"贷款保证金",以放款需"进账验证码或出账验证码"为由,骗取被害人银行卡动态验证码,将被害人卡内资金转走。

(三)防范要点

网络借贷(Peer-to-Peer)(简称 P2P)源于英美等国,指基于互联网技术与平台,在个体与个体之间从事网络借贷信息中介业务活动的金融信息中介公司。我国发展 P2P 行业的初衷是基于互联网技术和新借贷模式,突破传统金融机构的小微借贷局限,跨越传统熟人社会的民间借贷模式,满足个人、小微企业的消费和经营性贷款需求。但实际上,野蛮扩张的 P2P 平台迅速由信息中介异化为信用中介,卷款跑路频繁发生,导致监管部门不得不加快从严治理

① 参见刘磊、盛帅:《男子微信发布虚假贷款信息获刑三年》,载《人民法院报》2017 年 8 月 23 日第 3 版。

整顿。2016年出台的《网络借贷信息中介机构业务活动管理暂行办法》,以及存管、备案、信息披露等配套措施的落地,使 P2P 合规成本提升,违规业务模式难以为继。随后开展的专项整治与合规检查导致 P2P 行业面临系统性偿付压力,投资者信心持续下降。① 在此背景下,为防止以诈骗为目的的虚假出借平台泛滥,既需要监管部门加强监管,也需要借款人提升自我防范意识。

要加强对网络借贷平台的监管。首先应建立严格的网络借贷平台准入审核许可制度,并明示其第三方银行业金融机构的存管机构,减少贷款人的被网络放款诈骗风险;在其取得资质后亦要加强日常经营监督,防止借贷程序信息被恶意篡改。同时,应要求其建立信息披露及报告制度,用通俗易懂的语言告知消费者其从事的业务,进行销售宣传时,必须要公平、明确、无误导;在平台上的任何投资建议均被视为金融销售行为,必须遵守金融销售的相关规定。

借款人加强金融意识培养,提高安全意识。在大多数"网络放贷诈骗"案件中,具体表现形式不同。但是大多数受害者都具有以下几个特点:急需资金、对网络贷款流程了解较少、消费理念不够理性等。因此,借款人在进行借贷时也需树立风险意识,首先要对借贷平台先行进行简单调查,综合衡量其中风险;其次,不要随便在网络上提供个人信息。切记:任何网络贷款,凡是在放贷之前,以交纳"手续费、保证金、解冻费"等名义要求转款刷流水、验证还款能力的,都是诈骗!

总之,办理贷款需谨慎!办理贷款应到正规金融机构咨询申请,所谓无抵押、低息、免息的网上放贷的背后往往深藏陷阱,切勿靠近。

(四)普法释义

网络借贷是贷款人、借款人、网络贷款平台三方以资金为中心共同进行的活动,由于现阶段网络借贷的信息不对称、监管困难等缺陷,因此,在网络借贷活动中贷款人、借款人、网络贷款平台三方都可能成为网络贷款诈骗人,既可能是贷款人、借款人、网络贷款平台中的任一方,也可能是两方联合实施诈骗,而被诈骗方包括财产所有人和对财产有处分权限的人。

当网络贷款平台作为诈骗主体时,主要有两种情形,一是贷款平台诈骗贷

---

① 参见王华庆、李良松等:《我国网络借贷发展与监管的调研报告》,载《清华金融评论》2019 年第 2 期。

款人,二是贷款平台诈骗借款人。前者中,贷款平台多以非法吸收公众存款、集资诈骗等非法集资的手段,虚构"借款标的"等事实,并以高回报、低风险为诱饵吸引投资者投资,达到非法占有他人财物的目的。在此类网络贷款诈骗中,诈骗方往往是有较为稳定的组织,有预谋地长期持续地实施诈骗,往往涉案金额大、被害人多、社会影响大。后者中,诈骗方多是以贷款平台的名义,虚构网络贷款活动,主动寻找借款人和吸引借款人,以各种手段使借款人为达成借款的目的向诈骗方支付金钱。

当借款人作为诈骗方时,借款人多以虚构身份(包括伪造身份和冒用他人身份)进行网络贷款或以真实身份进行网络贷款但却虚构或隐瞒贷款目的,非法获取贷款。在此类诈骗中,借款人(诈骗方)的行为围绕"贷款平台放贷,自身逃避还款"进行,在贷款中以非真实的身份贷款以逃避还款,或者在贷款前就决定不还款。

当贷款人作为诈骗方时,大多贷款人虚构或假冒贷款平台,与贷款平台相勾结,还有的贷款人、贷款平台本就是同一人,骗取借款人的财物。

网络借贷无疑是一种创新的金融模式,它使许多有小额资金需求的人和有闲置资金、渴望增值的人的需求得到满足,而这些需求是传统的金融体系无法满足的。网络贷款在使部分社会资源得到更充分的利用、更有效的配置的同时,也暴露出了它的不完善,围绕网络借贷频繁出现的诈骗更是限制了其进一步的发展。

三、校园贷诈骗

(一)典型案例

案例1:2018年5月17日,经太原市反诈骗中心对相关线索进行摸排调查,太原一起涉及3省6市的校园贷网络电信诈骗案被成功破获。据犯罪嫌疑人王某交代,其从2016年开办公司以来,公司经营状况不佳,导致公司经营亏损欠下几十万的贷款。为弥补自己经营不善带来的损失,王某想到通过注册网络科技公司的名头,利用在校大学生涉世未深、防范意识差的弱点开展校园贷诈骗活动。在此过程中,王某通过QQ平台招揽在校大学生师某等为其做校园代理,诱骗在校大学生用个人身份信息在各大网络平台分期购买手机,学生购买手机后公司将手机收回,每收回一部手机,学生可以得到100元至200元的好处费。为了吸引更多的学生,王某承诺自己的公司按期偿还学生的全部贷款,师某每介绍一名学生,可以获得10%的好处费。学生交来的手机全部被卖至太原市某数码港变现。获得的赃款,一部分用于偿还公司之前的欠款,一部分用于王某个人挥霍,只用很少一部分偿还学生贷款。直至2018年1月,因王某及其代理未能继续拉到更多数量的学生网贷购买手机,导致诈骗资金链断裂。此后,王某注销了公司用于支付学生贷款的支付宝账户。经查,该案受害人均为在校大学生,受骗学生达到300余人,涉及三省六市,涉案金额260余万元。①

案例2:王某诉罗某民间借贷纠纷案。罗某系在校大学生。2017年3月30日,罗某经黄某介绍向王某借款10万元,双方签订了《借款协议》。次日,王某通过殷某的支付宝账户将10万元转给罗某,并派人陪同罗某支取现金65000元,罗某又通过支付宝账户向黄某转账7200元。2017年4月至7月期间,罗某每周向殷某支付宝账户转账3000元,合计42000元。2017年8月3日,王某将罗某诉至法院,要求罗某返还借款64000元并支付违约金。诉讼中,罗某称:支取的现金全部交给了王某指定的人,7200元是黄某要求支付的中介费,其实际仅收到借款27800元。法院经审理认为,案涉借贷事实涉嫌刑事犯罪,遂裁定驳回王某的起诉,移送公安机关处理。2018年1月31日,公安机关作出立案决定书,对罗某以诈骗罪立案侦查。

案例3:曹某敲诈勒索案。被告人曹某为谋取不法利益,将目标放在社会经验尚浅、抵抗不良诱惑能力较差的中学生身上。其出资并通过高额回报诱使一名在校学生为其发展下线,让小林、小周等多名在校学生先后从曹某处借取高息贷款,通过恐吓、威胁、辱骂等方式索要不合理的贷款收益,最终曹某获得非法所得6400元。法院以敲诈勒索罪判处被告人曹某有期徒刑7个月,并处罚金5千元。

案例4:龚某、何某、余某、赵某、汪某敲诈勒索案。刚进校园的大一新生小杨,对于贷款只接触过助学贷款,以为校园贷都像正规金融机构一样不会骗人,此后的遭遇就像做了一场噩梦——贷款7800元只到手4000元,为了还旧

---

① 参见《太原破获涉三省"校园贷"诈骗案 300余名大学生受骗》,载中国新闻网,http://k.sina.com.cn/article_1784473157_6a5ce64502000gbgl.html,最后访问时间:2023年2月8日。

债借新债,短短 2 个多月,竟要还款 5 万多元。这些贷款公司天天催讨,他无法安心上学逃回通山县老家,不料讨债人又追到他的老家,在墙上泼油漆逼债,故意写下"死"字。湖北省武汉市洪山区人民法院对龚某、何某等 5 人作出一审判决,5 人被分别判处 11 个月至 3 年不等有期徒刑。据悉,该案是武汉市判决的首起涉及"校园贷"的恶势力犯罪集团案件。

(二)骗术套路

"套路贷"还包括"校园贷""培训贷""美容贷"等变种,但万变不离其宗,本质上都是设置圈套以期非法占有他人财物。根据相关规定,未经银行业监管部门批准设立的机构不得进入校园为大学生提供信贷服务。"校园贷"滋生了不少社会问题,其行为可能涉及"敲诈勒索""暴力催债""寻衅滋事"等。近年来,诈骗分子通过"校园贷",以在校大学生为主要目标,假借民间借贷之名,通过"虚增债务""签订虚假借款协议""肆意认定违约"等手段,以收取保证金、外访费、利息和违约金等各种名目扣除或收取额外费用,牟取暴利。基本有三类情形:一是专门针对大学生的"分期购物平台",其中部分平台还提供较低额度的现金提现;二是大学生培训、助学和创业贷款等;三是传统电商平台提供的信贷服务。这些平台为了扩大市场,经常会降低标准吸引大学生贷款。同时,网贷平台又设置了高额利率和罚息。目前,又有不法分子事先通过非法渠道获取诈骗目标的个人身份信息,再打着"注销校园贷"的名义,用私人电话、社交账号等随机联系,利用伪造的相关部门的"红头文件",恐吓受害人如果不清理将被纳入征信黑名单、支付高额利息等,让受害人通过多个第三方平台贷款并在提现后分别转入其指定的个人账户,从而骗取资金。

(三)防范要点

大学生要树立正确的消费观念,不要盲目跟风。尽量不要在网络借款平台和分期购物平台贷款,养成艰苦朴素、勤俭节约的优秀品质;要积极学习金融及互联网络安全知识,远离不良网贷行为。贷款最好选择正规的银行和平台,仔细阅读各种手续费、服务费、管理费等收取情况。如果确实需要贷款,最好先咨询家长、老师等有经验的人士。同时,要注意保护自己的身份证、学生证等关键信息,不要随意在担保文件上签字。一旦被心怀不轨者利用,就会造成个人声誉、利益损失,甚至有可能惹上官司。

学校要结合学生的实际情况开展有关校园贷的教育活动和讲座活动,培养大学生合理消费的观念,提高大学生自我控制能力,帮助大学生正确看待金融风险,规避网络贷款的负面影响。同时,应建立校园不良网络借贷实时预警机制,及时发现校园不良网络借贷苗头性、倾向性、普遍性问题,及时分析评估校园不良网络借贷潜在的风险,及时以电话、短信、网络、校园广播等形式向学生发布预警提示信息。此外,还要建立校园不良网络借贷应对处置机制,对侵犯学生合法权益、存在安全风险隐患、未经学校批准在校园内宣传推广信贷业务的不良网络借贷平台和个人,第一时间报请金融监管部门、公安、网信、工信等部门依法处置。

(四)普法释义

为进一步加大校园贷监管整治力度,从源头上治理乱象,防范和化解校园贷风险,当时的中国银监会、教育部、人力资源和社会保障部于 2017 年 5 月 27 日印发了《关于进一步加强校园贷规范管理工作的通知》(以下简称 2017 年《校园贷规范通知》)。

2017 年《校园贷规范通知》第 1 条对进入校园为大学生进行信贷服务的金融机构进行了规范。为满足大学生在消费、创业、培训等方面合理的信贷资金和金融服务需求,净化校园金融市场环境,使校园贷回归良性发展,商业银行和政策性银行应在风险可控的前提下,有针对性地开发高校助学、培训、消费、创业等金融产品,向大学生提供定制化、规范化的金融服务,合理设置信贷额度和利率,提高大学生校园贷服务质效,畅通正规、阳光的校园信贷服务渠道。开展校园贷的银行应制定完善的校园信贷风险管理制度,建立风险预警机制,加强贷前调查评估,认真审核评定贷款大学生资质,重视贷后管理监督,确保资金流向符合合同规定。如发现贷款大学生存在资料造假等欺骗行为,应提前收回贷款。银行应及时掌握贷款大学生资金流动状况和信用评分变化情况,评估其还款能力,采取应对措施,确保风险可控。

2017 年《校园贷规范通知》第 2 条要求对不具有资质的网贷机构进行整治。杜绝网贷机构发生高利放贷、暴力催收等严重危害大学生安全的行为。

2017 年《校园贷规范通知》第 3 条要求各高校切实加强大学生教育管理。各高校要把校园贷风险防范和综合整治工作作为当前维护学校安全稳定的重大工作来抓,完善工作机制,建立党委负总责、有关部门各负其责的管控体系,切实担负起教育管理学生的主体责任。一是加强教育引导。积极开展常态化、丰富多彩的消费观、金融理财知识及法律法规常识教育,培养学生理性消费、科学消费、勤俭节约、自我保护等意识。二是建立排查整治机制。开展校园贷集中排查,加强校园秩序管理。未经校方批准,严禁任何人、任何组织在校园内进行各种校园贷业务宣传和推介,及时清理各类借贷小广告。三是建立应急处置机制。对于发现的学生参与不良校园贷事件要及时告知学生家长,并会同学生家长及有关方面做好应急处置工作,将危害消灭在初始状态。同时,对发现的重大事件要及时报告当地金融监管部门、公安部门、教育主管部门。四是切实做好学生资助工作。帮助每一名家庭经济困难学生解决好学费、住宿费和基本生活费等方面困难。五是建立不良校园贷责任追究机制。对校内有关部门和院系开展校园贷教育、警示、排查、处置等情况进行定期检查,凡责任落实不到位的,要追究有关部门、院系和相关人员责任。

2017年《校园贷规范通知》第4条明确了各部门要分工负责校园贷规范管理工作,共同促进校园贷健康发展。各地金融办(局)和银监局要加强引导,鼓励合规机构积极进入校园,为大学生提供合法合规的信贷服务。要制定正负面清单,明确校园贷市场参与机构。要积极配合教育主管部门开展金融消费者教育保护和宣传工作。要加强信息共享与经验交流,以案说法,务求整治实效。各地教育主管部门、各高校要切实采取有效措施,做好本地本校工作分层对接和具体落实,筑好防范违规放贷机构进入校园的"防火墙",加强风险警示、教育引导和校园管理工作。各地人力资源社会保障部门要加强人力资源市场和职业培训机构监管,依法查处"黑中介"和未经许可擅自从事职业培训业务等各类侵害就业权益的违法行为,杜绝公共就业人才服务机构以培训、求职、职业指导等名义,捆绑推荐信贷服务。

四、"杀猪盘"诈骗

(一)典型案例

案例1:陈某于2020年5月受他人邀约偷渡至缅甸境内,在缅甸孟能、孟波进入侯某、何某等人建立的电信网络诈骗集团,参与实施针对我国大陆公民的"杀猪盘"诈骗直至2021年2月。该集团由平台老板、平台管理、平台操控、组长、组员组成,实行统一管理、统一吃住。该诈骗集团的组员通过微信、QQ、钉钉、灵魂、陌陌、探探、抖音、快手等各类社交聊天软件,添加被害人以"谈恋爱"方式聊天并骗取被害人信任,以"炒股票、外汇"等方式,先是以返利的方式诱惑被害人登录虚假网站投资平台,该集团又以后台操控网络平台积分的方式诱导被害人,以提现需要缴纳保证金等为由实施诈骗。陈某在该集团与陈某根共同管理"国宝组",并担任该组组长。期间,陈某组组员王某于2020年12月通过"抖音"添加被害人韩某为好友,经过聊天取得被害人韩某信任后,陈某便向其推荐公司平台的网址并指导其注册账号。被害人韩某多次以投资入股的方式登录该电信诈骗集团操控的"HSBC 汇丰控股"(××)虚假平台,先是投资 10000 元,该平台返还 11000 元。被害人韩某继续向该平台充值 40000 元,平台返还 43100 元。2020 年 12 月 17 日,被害人韩某充值150000 元,平台又给其虚拟资金 200000 元,被害人韩某为了将平台资金提现又注入该平台 200000 元。平台客服又以缴纳保证金的形式要求其注入200000 元,被害人韩某次日发现该平台网址已不能打开。被害人韩某共计被骗 345900 元,为此被告人陈某因此分得 40000 元。法院以陈某犯诈骗罪处以刑罚。①

案例2:2018 年 4 月前后,家住山东省济宁市的李某无意中加了一个年轻美女的微信,该美女自称"小美",是南方某市健身培训机构老师。成为微信好友后,"小美"与李某聊天十分投机,经常与李某分享生活,探讨人生。时间长了以后,李某也渐渐对"小美"推心置腹、言听计从。在平时聊天当中,李某发现"小美"总是忙于在网上玩一个名为"微桔购物商城"的赌博竞猜游戏而经常忽略自己,为寻求共同语言,李某主动要求参与赌博游戏。为了"放长线钓大鱼",让李某投入大笔资金参与赌博,"小美"所在的犯罪团伙在网站后台操纵赌博结果,让李某在玩赌博游戏之初最高曾日赢 5 万元。然而好景不长,在参与赌博游戏不到 3 个月的时间里,李某很快就输掉了 30 万元。后李某怀疑"小美"与赌博网站是一伙的,于是要求"小美"赔偿损失,"小美"不予理睬并将其拉黑。2018 年 10 月,李某向济宁市公安局太白湖分局网安大队报案。2019 年 1 月 23 日,民警根据线报一举抓获嫌疑人 25 名,拉拢李某参赌的"小美"也被抓获。嫌疑人到案后,一个以济宁籍王某为首的金字塔形的网络

---

① 参见贵州省石阡县人民法院(2021)黔 0623 刑初 146 号判决书。

黑产链——"赌博网站杀猪盘"逐渐浮出水面。2019 年 12 月 28 日,济宁市任城区人民法院对该案进行了判决。涉案被告人均被以开设赌场罪判处刑罚。①

案例 3:2020 年 4 月至 8 月间,吴某某、陈某某等 21 人在越南加入电信网络诈骗犯罪集团,在他人的组织指挥下,以"杀猪盘"方式针对境内中国公民实施诈骗。吴某某等人通过即时聊天工具,伪装"成功人士"身份,以发展男女朋友关系为名,利用虚拟网络平台诱骗被害人投资,在兑现初期小额投资回报诱骗被害人进行大额投资后,通过关闭平台并停止返款的方式骗取被害人钱款。经查,上述被告人以该方式先后骗取 30 余名被害人钱款共计人民币130 余万元。另查明,2020 年 6 月至 7 月间,潘某某等人组织 10 余人结伙从我国境内偷渡至越南。2021 年 4 月 7 日,北京市门头沟区人民检察院以诈骗罪、组织他人偷越国境罪、偷越国境罪对吴某某等 21 人提起公诉。2021 年 9月 28 日,北京市门头沟区人民法院作出一审判决,认定被告人吴某某、陈某某等 21 人犯诈骗罪、组织他人偷越国境罪、偷越国境罪,分别被判处有期徒刑 3年至 7 年不等,部分被告人适用缓刑,并处相应罚金。21 名被告人均认罪认罚未上诉,判决已生效。本案系北京市首例以"杀猪盘"方式实施的跨境电信网络诈骗犯罪案件。②

案例 4:被告人向某辉等 12 人偷渡境外参加"杀猪盘"诈骗案。2019 年 5月份,被告人向某辉等 12 人从云南偷渡至缅甸,参加李某烨(另案处理)组织、领导的电信网络诈骗犯罪集团。该犯罪集团让业务员扮演"成功人士",利用微信、抖音、陌陌等多种网络社交软件与被害人聊天、交好友,取得被害人信任和好感之后,向被害人推荐该犯罪集团控制的"京东财富""掌众财富""蚂蚁财富"等虚假赌博网站,编造发现网站漏洞可赚快钱等理由,诱骗被害人在网站上注册账号,进行充值投注赌博,利用后台操控让被害人少许获利,并允许被害人提现,以此为诱饵诱使被害人充值较大的金额后禁止提现,告知需要充值成为某等级会员才能提现,引诱被害人充值更大金额。在被害人发现被骗或者无钱充值时,便将其微信删掉或者不予理会,禁用被害人赌博网站账号。截至 2019 年 12 月,该犯罪集团先后骗取 1200 余名中国籍被害人总计

① 参见《济宁市公安局破获网络赌博"杀猪盘"案》,载中国山东网,https://baijiahao.baidu.com/s? id = 1655876898373740683&wfr = spider&for = pc,最后访问日期:2020 年 1 月 16 日。
② 参见北京市检察机关打击治理电信网络诈骗典型案例,2022 年 3 月 7 日发布。

3145万余元人民币。被告人向某辉等12人涉案诈骗金额几万、十几万元不等。重庆市梁平区人民法院判决,被告人向某辉等12人犯诈骗罪,另向某辉还构成偷越国(边)境罪,数罪并罚对向某辉判处有期徒刑2年3个月,并处罚金5.5万元。对其余11名被告人判处有期徒刑1年7个月至拘役6个月不等的主刑,并处罚金。[①]

案例5:马某等人诈骗案。近日,甘肃省镇原县人民法院审理了一起电信网络诈骗案,被告人马某等4人分别被判处有期徒刑5年6个月至3年不等刑罚,并处2万元至1万元不等罚金。马某于2020年6月租用网站服务器购买域名,开发搭建虚拟外币投资网站和手机终端APP,并联系樊某甲、樊某乙及王某等人进行培训。樊某甲等人利用电脑登录微信,通过马某提供的电话号码添加异性微信,将自己包装为"成功人士",以错加微信消除误会入手,依照话术文本和对方聊感情、聊生活,通过情感经营博取对方的信任和好感。同年6月底,该虚拟网站及APP开发成功,按照马某授意,在前期聊天培养感情的基础上,樊某甲等人向受害人透露投资"利安国际"平台即可赚钱的消息,通过话术诱导被害人在该平台内充值投资,再通过调整后台数据控制买涨买跌,最终造成被害人投资全部亏损的假象。至2020年11月底,马某等人共诈骗6名女性受害人26万余元并瓜分一空。法院审理后认为,马某伙同樊某甲等人,以非法牟利为目的,运用虚拟投资理财平台实施"杀猪盘"类电信诈骗,数额巨大,构成诈骗罪。考虑到马某等4人到案后认罪认罚,且全部退还赃款,遂依法作出上述判决。

(二)骗术套路

"杀猪盘"其实是一种新兴的网络诈骗形式,犯罪分子把受害人叫"猪",管一些社交网站叫"猪槽",把聊天剧本叫做"猪饲料",把谈恋爱叫"养猪",把诈骗钱财叫"杀猪"。其基本步骤分为三步:1.取得信任(圈猪)。犯罪分子通过网络平台(抖音、珍爱网等交友平台)锁定被害人,并将自己包装成单身的"成功人士"进行交友,添加好友后,通过嘘寒问暖来博取被害人信任;或者是犯罪分子利用各类投资类公众号、微博等吸引被害人加入,通过投资直播授课、发布内部消息等方式,将自己伪装成一个投资导师,获取被害人信任。2.

---

① 参见重庆市云阳县人民法院网络电信诈骗典型案例,2021年6月21日发布。

怂恿投资(养猪)。犯罪分子拉近与被害人的距离后,开始向被害人介绍某投资(赌博)平台,引导被害人在平台上注册并投钱(充值),犯罪分子会通过后台操作,让被害人小赚几笔。当被害人获取小利、信以为真时,犯罪嫌疑人会声称自己掌握了投资(赌博)平台的规律或者漏洞,要求被害人加大投入。3.无法提现(杀猪)。当被害人以为自己大量获利并要从平台提款时,犯罪分子则要求被害人继续充值,并称充值能送大额现金,若被害人仍然相信,则在该平台里越陷越深直至发现被骗。

(三)防范要点

面对这种新型的"杀猪盘"诈骗类型,社会公众需要提高警惕。网络交友无法确认对方真实身份,切勿轻易相信对方说辞,对身份不明的网友不能随意透露自己的个人信息。同时,由于虚假的投资理财类 APP 无法在应用市场上架,只能通过点击链接或者扫码的方式下载,所以,但凡遇到具有这种特征的投资理财 APP 应提高警惕,不要轻易下载。由于公安机关的严格管控,在这类虚假的投资理财平台中进行充值时,对方每次提供的都是不同的收款账户,因此如果一个投资平台经常更换收款账户,那么一定是诈骗!

电信、网信等部门则应联合加强社交平台对平台内部的用户进行管理,使用技术手段进行实名和视频动态验证,对违法字段和词语进行筛选,建立完善的预警反馈制度和黑名单制度,对有过不良行为记录的用户实行紧密的技术限制,对社交平台用户数据安全实行责任制,强化社交平台供应商责任主体意识,建立关于电信诈骗的社交账号主体风险制度,对传送违规软件、网站、图片、文字信息的社交账号及认证主体进行风险标记,依据风险等级实施监控、封停等限制措施。

另外,诈骗实施用的软件和网站具有技术共性,成本极低,更换网址名称、变换界面颜色后即可粉墨登场。不仅如此,非法网址和软件的服务器多数被选在国外,比如老挝、柬埔寨、越南、马来西亚、菲律宾等网络环境监管较为宽松、网络博彩合法的地区。因此要从根源上减少此类犯罪行为的发生,司法机关一方面须联合其他国家的执法力量对现存的隐藏于国外的犯罪团伙进行清除,另一方面要与其他国家签订合作协议,规范管理针对中国公民的网络犯罪行为。

(四)普法释义

"杀猪盘"电信诈骗犯罪的特点一般表现为犯罪分子逐步与被害人建立情感关系,由此取得信任并进行财产诈骗。

"杀猪盘"电信诈骗犯罪行为,通常涉及人数较多,呈现集团化、职业化,犯罪实施分工明确。前期有专门的推手负责寻找目标,大多数以社交、婚恋网站的大龄单身人士、离异人士为主;负责购买非法身份信息以创造虚拟的人设,针对每个不同的犯罪对象并进行不同的设计,从年龄、长相、职业到兴趣、性格,甚至是星座,以迎合被害人的喜好;专业的键盘手负责与目标聊天"养猪",交流"话术"中有系统的课程供犯罪人员进行学习;网络运营人员负责投资、博彩软件或者网站开发和维护,设计出较为专业的网站或者程序,以吸引被害人进行小额投资,并支持成功获利和提现到账,大大增强了诈骗网站和程序的迷惑性。从目前已经破获的此类电信网络诈骗案件中可知,该类犯罪通常为犯罪团伙,部分甚至为犯罪集团,团伙成员有固定的薪资和具体的工作安排,专门从事相关犯罪,俨然形成一条产业化的链条,从犯罪前的准备,到犯罪行为的实施,以及犯罪既遂后转移财产、销赃,整个过程衔接紧密。

相比于传统的电信网络诈骗案件"短、平、快"的特点,"杀猪盘"电信网络诈骗犯罪行为首先作案时间跨度更长。之所以长久,是因为此类行为本身特征所致,"杀猪盘"电信网络诈骗案件最明显的特征,是利用各种手段与被害人建立虚拟情感关系,因此需要较长的时间进行感情铺垫,使被害人产生完全信任,以便达成诈骗目的。其次,社会危害性更大。因其是以被害人对犯罪分子产生的情感为信任基础而实施的犯罪行为,除了涉案金额普遍较高外,被害人还承受着严重的情感挫折,被所谓最"亲密"的伴侣欺骗,财产和情感的双重受挫,导致部分受害者产生极端伤害自己或危害社会的想法,破坏了互联网信任体系。

值得一提的是,"杀猪盘"电信网络诈骗犯罪中,相当一部分犯罪分子最终是依靠投资、博彩网站和软件获取资金,因此,在司法实务中往往对案件定性有较大争议。像案例1和案例2看起来都是"杀猪盘",而最终案件定性有所差异。有学者认为,上述案例2中的被告人建立赌博网站并接受投注的行为,既违反通过劳动或其他正当原因取得财产的国民经济风俗,又造成他人财产损害的危险性,两个行为分别符合开设赌场罪和诈骗罪的犯罪构成,属于典型的异种数罪,应当数罪并罚。① 笔者以为,赌博是"就偶然的输赢以财物进行赌事的行为"。② 亦即是说,赌博首先应具有偶然性,即赌博中虽然可能有行为人技巧技艺娴熟等因素使其获胜,但输赢结果总体不确定,具有输赢的偶然性;其次应恪守程序,坚持公平而不偏袒某一赌客,从而让参赌者愿意接受有利或不利的后果。③ 而在案例2中,行为人以非法占有为目的,通过虚构事实或者隐瞒真相,引诱对方参赌并控制输赢结果,不具有赌博行为偶然性和程序性特征,而是使对方陷入处于正常赌博中的错误认识,承认输的不利后果,而自愿交付财产造成损失的行为。这一行为实质是以网络赌博为名、行网络诈骗之实,应当以诈骗罪定性。

五、网络赌博诈骗

(一)典型案例

案例1:2013年5月,朱某出资组建榆林农惠现货交易平台,纠集和聘用艾某、陈某、姚某某加入,与代理商勾结,先以可提供所谓的内幕交易信息为由,诱骗客户进入电子商务平台进行交易,后通过指令操盘手,采用抛单卖出或用虚拟资金购进产品的手段,控制产品大盘行情向客户期望走势相反的方向发展,通过虚假的产品行情变化,达到使被诱骗加入平台交易的客户亏损的目的。朱某等人有时也刻意在客户小额投资后,促其盈利,以骗其投入大额资金,牟取大额客损。2013年9月至2014年2月期间,朱某、艾某、陈某、姚某某通过上述以虚拟资金操控交易平台的手段,共骗取客户资金215万余元。按照事先与代理商约定的比例计算,朱某、艾某、陈某、姚某某从中获得诈骗资金约75万元。法院认为,被告人朱某等人以非法占有为目的,利用电子商务平台,以虚拟的农产品行情,诱骗客户交易,从客损中获利,数额特别巨大,其行为均已构成诈骗罪。④

---

① 参见袁汉兴:《"杀猪盘"犯罪案件的定性与处罚——同案不同判引发的思考》,载《北京社会科学》2021年第2期。
② 赵秉志:《扰乱公共秩序罪》,中国人民公安大学出版社2003年版,第463页。
③ 参见蒋敏、蒋军:《诱赌后使用欺诈手段操控赌局构成诈骗罪》,载《人民司法》2010年第4期。
④ 参见湖南省衡南县人民法院(2015)南法刑初字第62号判决书。

案例2:胡某令、胡某华事先购买实施网络直播赌博的作案工具(扑克牌、看牌手机、控制骰子点数的手机、各种面值的筹码、计时器、计算器等),再通过租赁网络直播平台,用手机登录直播平台直播赌博的方式召集他人参与下注赌博,用第三方支付软件收取参赌人员的下注资金。该案中,被告人通过使用安装作弊软件的手机打骰子控制发牌的顺序进而控制牌局输赢,骗取参赌人员的下注资金。①

案例3:被告人吴某攀等6人实施"交友+虚假赌博网站"型电信网络诈骗案。2016年5月至2017年1月间,陈某金(已判决)以山东潍坊市奎文区领秀华城和山东潍坊妇幼医院旁的某小区等地为诈骗窝点,陆续吸收被告人吴某攀、苏某杨、陈某辉、陈某阳和杨某祥(已判决)、陈某华(已判决)等人组成诈骗犯罪团伙实施诈骗活动。该犯罪团伙通过建立虚假赌博网站,采取手机微信加好友的方式联系被害人,诱使被害人在其建立的网站上建立私人账户参与赌博,并承诺稳赚不赔,以小额获奖提现诱骗被害人汇入大额资金,并以继续充值成为VIP、交纳账户解冻款、保证金才能提现为借口,诱使被害人继续充值后不予提现并关闭网站的方式对被害人柯某海、蒋某、邓某、付某扣、宫某路等人实施诈骗,诈骗金额共计130.315万元。该犯罪团伙分成4组,每组有组长和员工,员工负责微信聊天拉客户投资,每组拉到微信聊天意向客户均向陈某金汇报,犯罪团伙共同完成诈骗,每笔诈骗所得由负责该笔微信聊天的员工得20%,陈某金创建网站,收取30%的提成,另外50%由组长分发给组员。被告人吴某攀、陈某阳是聊天组组长,被告人陈某辉是聊天组成员,负责微信聊天发送诈骗网站链接,诱骗被害人向虚假赌博网站充值;被告人苏某杨负责该诈骗网站的后台管理、修改网站后台赔率、充当网站的客服人员,并对诈骗所得汇款通过网银进行转账;被告人陈某成、陈某全负责将诈骗所得款取现并转存至陈某金指定的银行卡上。瑞昌市中级人民法院经审理认为,上述6名被告人以非法占有为目的,共同通过电信网络技术手段,采取虚构事实、隐瞒真相的方法,骗取他人财物,数额特别巨大,应当以诈骗罪追究其刑事责任。综合各被告人的犯罪情节和悔罪表现,判处被告人吴某攀等人10年至3年不等有期徒刑,并处罚金人民币10万至3万不等。②

---

① 参见江西省余干县人民法院(2019)赣1127刑初69号判决书。
② 参见江西省高级人民法院电信网络诈骗典型案例,2021年4月23日发布。

案例4:曾某某等10人诈骗案。2018年12月至2019年10月,被告人曾某某等人以厦门市聚玩传媒科技有限公司为掩护,形成电信网络诈骗犯罪集团,并在缅甸建立窝点,通过微信聊天方式,加被害人为好友后,引诱被害人参与该犯罪集团操控的网站进行所谓的"博彩"。在被害人投注少量资金并中奖、提现后,不断引诱其增加投注资金,待被害人投注较大资金时,通过赌博网站后台控制不予提现,以骗取钱款。该犯罪集团通过上述手段对900余名被害人实施诈骗,诈骗数额1400余万元。法院经审理认为,被告人曾某某等10人的行为构成诈骗罪。根据各被告人在犯罪集团中的地位、作用以及归案后的悔罪表现,分别判处14年6个月至3年不等有期徒刑,并处50万元至2万5千元不等罚金。①

(二)骗术套路

该骗术与"杀猪盘"诈骗常常重叠使用。在"杀猪盘"诈骗中,犯罪分子往往以建立情感信任为基础,再采取虚假投资或赌博的形式进行诈骗,网络赌博诈骗经常是"杀猪盘"非法占有他人资金的"最后一公里"。但是,两者也有显著区别。"杀猪盘"中涉赌的诈骗常常以虚构事实欺骗受害人参与赌博,并从赌博行为中获取利益,欺骗行为在受害人参与到赌博中时便已经结束;网络赌博诈骗则是诱惑受害人进入具备作弊性质的赌场,通过作弊手段骗取受害人钱财,受害人常常误以为"运气不好"而把自己的钱财当做赌资输给行为人。网络赌博诈骗已经完全背离了赌博行为的射幸本质,其套路有以下几种:

1.操控数据、技术欺骗。对赌博平台进行操控以调整公平性,控制输赢概率是网络赌博诈骗中惯用的手段,表面上看似公平可信,然而几乎所有的网络赌博平台都能被开设者实施技术控制,犯罪分子在后台都有技术控制权限,可以控制输赢,像案例2中犯罪分子还能利用偷窥软件控制输赢。通过智能化计算,庄家每盘都可以设定赢钱,关键看他是不是想让被害人输很多。

2.罔顾承诺、程序欺骗。通常以免费试玩,兑付小额奖励等手段"钩"住客户,让被害人会有机会得到一些小的实惠。当被害人在网络赌博平台大量投注资金后,不履行先行承诺的提现、返利,并利用参与者与组织者间互不相识、网络赌博平台的服务器隐秘性强等特点逃之夭夭,使得被害人无法通过平

① 参见黑龙江省高级人民法院电信网络诈骗典型案例,2021年6月10日发布。

台进行提现操作,或是组织者直接更换赌博平台,被害人无法刷新再次进入页面。

3. 多人合作,对象欺骗。行为人通过冒充参赌者或是伪装成盈利者,比如每次中奖的人的名字,都被公布在游戏的列表上,或是在赌博诈骗群里大谈经验、演讲,谎称"你也可以的",表面上营造出平台参赌人数多,获利优势大,竞争公平的假象,殊不知这些中奖者都是一伙的。除了被害人以外的参赌者,实则均为犯罪团伙成员,通过多人合作、互通消息进行作弊,以多胜一,将被害人的底牌计算得一清二楚。

4. 隐瞒真相,规则欺骗。行为人往往设定了不公平的赌博规则,并隐瞒真相诱骗他人参赌,通过欺诈规则控制输赢,保证行为人在赌博中稳赚不赔。常见的网络博彩通常采用此种方式,利用被害人在相关领域的知识欠缺设立不平等规则,致使参赌者不论购买何种赌博产品,其结果皆必输无疑。[1] 现在,网络赌博诈骗也玩起了直播技术,而所谓赌场直播都是"假直播",利用网络延迟甚至虚假视频的方式来虚构出"实时赌场"的假象。在有的赌博直播网站上,视频中有电视屏幕直播《新闻联播》和时钟"入镜",以显示实时性。其实,新闻和时钟都是通过技术手段人为镶嵌上去的,参赌人员只要长时间参与,总是输多赢少。

(三)防范要点

对于此类诈骗,首先是要提高对网络赌博的辨识度,避免侥幸心理。网络赌博大多与色情网站相夹杂,所以,应该自觉抵制黄赌毒,以防进入圈套。对陌生人推荐的软件要高度警惕,不要轻易点击。同时,网络赌博的服务器通常位于境外,我们可以通过查询服务器地址来甄别网络赌博陷阱。另外,要摒弃不劳而获的思想,你所以为的"馅饼"很有可能是别人给你设的"陷阱"。

各类提供互联网技术支持、支付结算、广告推广等业务的企业或网站,应当加强对客户业务的识别力度,尤其是对游戏娱乐类,应当对游戏内容及运营着重进行合规评估,并重视监管部门的整改要求,避免因为客户的网络赌博提供服务而承担法律责任。

---

[1] 参见刘黎明、周达锐:《网络赌博诈骗行为的打防对策研究》,载《北京警察学院学报》2020年第2期。

（四）普法释义

网络赌博可以"冲破"时空条件限制，充分利用现代网络技术和网络金融交易手段，在网络虚拟空间中跨国、跨境进行。传统网络赌博平台运营，往往需要经过选择软件供应商和赌博游戏内容、确定支付途径、创建网络赌博平台、市场营销推广等多个流程，周期长、费用高、推广难，且存在可能被竞争对手黑客攻击、支付方式被冻结等风险。故而开始在网络赌博的基础上发展诈骗业务，例如，开设网络赌博黑平台，先期以高额返现吸引赌客，待赌客大额充值后，以各种异常为借口拒绝赌客的提现要求，或通过操纵开奖结果、拉黑用户等方式诈骗。

1. 名为赌，实为诈，以诈骗罪入刑为宜。司法实践中对建立赌博网站诱骗他人参赌，并通过技术手段控制输赢或删除他人账户以占有他人钱财的行为，在定性上主要存在两种不同的观点。一种观点认为，构成开设赌场罪。主要理由有：一是根据《刑法》第303条、最高人民法院、最高人民检察院《关于办理赌博刑事案件具体应用法律若干问题的解释》第2条、最高人民法院、最高人民检察院、公安部《关于办理网络赌博犯罪案件适用法律若干问题的意见》第1条的规定，行为人利用互联网、移动通讯终端等建立赌博网站并实施"接受投注""提供给他人组织赌博"，或者"担任代理""参与利润分成"等行为的，属于"开设赌场"行为。二是认为"欺诈"是赌博特性之一。根据最高人民法院1995年11月6日《关于对设置圈套诱骗他人参赌又向索还钱财的受骗者施以暴力威胁的行为应如何定罪问题的批复》（以下简称1995年《批复》），"行为人设置圈套诱骗他人参赌获取钱财，属赌博行为"，与此相近，上述行为也应认定为开设赌场罪。三是基于对社会风气的维护，如果"以诈骗罪定罪处罚，那将造成参与赌博的人员中，一人或数人因设置圈套诱骗他人参与赌博而构成诈骗罪，其他参与赌博的人员自然成为诈骗罪的被害人，这将造成对部分构成赌博犯罪的人员无法定罪处罚，不利于打击各类赌博犯罪行为"[1]。另一种观点则认为构成诈骗罪。主要理由如下：一是行为人骗取被害人钱财的过程虽然是以赌博的方式进行的，但此时赌博的胜负并不取决于偶然的因素，

---

[1] 唐德华：《解读最高人民法院司法解释（1980—1997年卷）》，人民法院出版社2007年版，第17页。

不符合赌博射幸的特征;二是对于设置圈套诱骗他人参赌获取钱财的行为,不能简单机械地套用 1995 年《批复》,其出台时具有特殊的时代背景,主要是针对多人结伙设置圈套引诱他人参赌,而赌博的输赢主要还是靠行为人掌握的娴熟的赌博技巧,依靠一定偶然性来完成的,行为人并不必然控制赌博输赢;①三是被害人不存在赌博的主观故意,是在行为人的诱骗下才参与赌博,不符合聚众赌博或者以赌博为业的构成要件。

笔者赞同后一种观点。行为人主观方面是以非法占有参赌者的钱财为目的,并非想通过正常的规则或技术赢取财物或抽头渔利;客观方面,行为人在互联网上以开设的赌博网站为工具,诱骗他人充值并参与赌博,同时通过后台技术控制赌博输赢或取消客户账号,"形似赌博的行为,输赢原本没有偶然性,但行为人伪装具有偶然性,诱使对方参赌,从而不法取得对方财物"。② 进一步从法的预防作用而言,以诈骗罪定罪更能准确揭示其非射幸行为的本质,教育民众充分认识到,沉溺其中只会钱财丧尽,给家庭带来不幸。

2. 对被害人的财产应作区分对待。应区分被害人"被骗参与赌博"还是"积极参与赌博"两种情况进行处理。如果被害人本来不具有赌博的意思,而是基于行为人的欺骗而陷入赌博陷阱,从而被骗钱财的,对其合法财产权益应予保护。特别是在"杀猪盘"式的诈骗行为中,若被害人基于信任被诱骗进入赌博网站而被非法占有财产的,其尚未实际参与赌博就被行为人占有钱财,那么,对于扣押或者退缴的赃款应当发还被害人,或者责令被告人赔偿被害人经济损失。与之相反,如果被害人作为网络赌博参赌人员,具有通过赌博进行营利的目的,其本身积极参与赌博行为,即便行为人以网络赌博为名实施了诈骗行为,对被害人而言属于"将诈骗行为认识成赌博行为的错误认识",被害人所输钱款仍属于赌资。对于该赌资的处理,可以借鉴抢劫赌资案件的处理方法进行,即对于赌资无须再启动行政处罚程序,根据《治安管理处罚法》第 11 条规定予以收缴,或者在刑事程序中直接对违法所得予以追缴没收。

面对新型的网络赌博诈骗犯罪,当然需要从源头上全方位、多领域完善禁

---

① 最高人民法院:《刑事审判参考(总第 90 集)》,法律出版社 2013 年版,第 837 号案例:"史兴其诈骗案——利用自己准备的特定赌具 控制赌博输赢行为的定性"。

② 张明楷:《诈骗罪与金融诈骗罪研究》,清华大学出版社 2006 年版,第 226 页。

赌法律、法规,严惩网络赌博犯罪。网络的发展加快了网络赌博犯罪的高发,同时网络的高隐蔽性、虚拟性、涉案金额巨大和电子证据极易被破坏等特点,使得传统的刑法规定与理论在法律适用上面临着一定的挑战。尤其在国际方面,应完善国际合作,对与我国一样严厉打击网络赌博犯罪的国家加强沟通合作,建立健全长效合作的侦查工作机制;对网络赌博合法化的国家,公安机关应通过外交手段,签署相应的协助条例等,以减少境外网络赌博犯罪活动在我国的发展和蔓延。

六、"套路贷"诈骗

(一)典型案例

案例1:2018年4月,王某(已死亡)在杭州市富阳区注册成立杭州扩展网络技术有限公司以从事网络放贷业务。2018年9月至2019年4月,王某及王某杰、孔某等人通过中介公司推广等方式吸引被害人借款。柯榕等话务客服部人员以"手续快、利息低、无抵押"为诱饵,吸引他人在"懒人小钱""时时借""旺仔钱袋""小牛红贷"等平台上注册,以"管理费"的名目收取30%的高额"砍头息",与借款人签订实际借款金额明显低于合同金额的借款合同。借款金额1000元至4500元,借款期限7天,收取借款额度30%作为管理费等(比如,借款金额1000元则实际放款700元,但是被害人按照1000元归还)。在操作借款中,还要求被害人上传手机通讯录和通话记录等,为后续催收做好准备。戈某颐等审核部人员审核确定"借款"金额后在平台上放款;曾某其等财务人员负责对被害人每天线下还款情况进行统计、销单;万某等催收部人员采用"软暴力"手段向被害人收取"逾期费""利息"等费用。针对"逾期"未还款人员,王某杰、孔某及负责催收部的万某要求催收部人员,通过电话、短信或微信辱骂、威胁、恐吓、发送附有被害人图像的侮辱图片等方式,向被害人或其亲友施压,强行索要虚高"债务"。该犯罪集团通过上述网络借款平台在全国范围内实施诈骗、敲诈勒索活动,共计涉及被害人10万余人,借款次数达21万余次,诈骗金额共计4800余万元,敲诈勒索金额共计240余万元,严重扰乱了社会、经济秩序。法院认为,本案与平等主体之间基于意思自治而形成的民事借贷关系存在本质区别,系被告人以非法占有为目的,利用放贷的形式设置圈套诱使被害人上当的"套路贷"犯罪,被告人王某杰、孔某、万某等人行为分别符合诈骗罪、敲诈勒索罪的构成要件。[①]

案例2:2015 年以来,犯罪嫌疑人刘某南等人注册 20 余家空壳公司,研发 69 款网贷平台,以"低利息""无抵押"为幌子吸引受害人借款,签订一系列明显不利于受害人的借款合同,通过网贷平台下架、更名、链接无效、无法正常扣款等手段故意制造受害人违约,收取高额费用,不断垒高受害人债务,并通过"爆通讯录"、P 图群发、冒充公检法等软暴力手段进行恶意催收,达到非法侵占受害人钱财的目的,受害人数多达数十万人。[②]

(二)骗术套路

1. 制造民间借贷假象。犯罪分子往往以"小额贷款公司""投资公司""咨询公司""担保公司""网络借贷平台"等名义对外宣传,以低息、无抵押、无担保、快速放款等为诱饵吸引被害人借款,继而以"保证金""行规"等虚假理由诱使被害人基于错误认识签订金额虚高的"借贷"协议或相关协议。有的犯罪分子还会以被害人先前借贷违约等理由,迫使对方签订金额虚高的"借贷"协议或相关协议。

2. 制造虚假给付事实。犯罪分子按照虚高的"借贷"协议金额将资金转入被害人账户,制造已将全部借款交付被害人的银行流水痕迹,随后便采取各种手段将其中全部或者部分资金收回,被害人实际上并未取得或者未完全取得"借贷"协议、银行流水上显示的全额钱款。

3. 制造违约陷阱。犯罪分子往往会以设置违约陷阱、制造还款障碍等方式,故意造成被害人违约,或者通过肆意认定违约,强行要求被害人偿还虚假债务。

4. 恶意垒高借款金额。当被害人无力偿还时,犯罪分子会安排其所属公司或者指定的关联公司、关联人员为被害人偿还"借款",继而与被害人签订金额更大的虚高"借贷"协议或相关协议,通过这种"转单平账""以贷还贷"的方式不断垒高"债务"。

5. 软硬兼施"索债"。在被害人未偿还虚高"借款"的情况下,犯罪分子借

---

① 参见浙江省杭州市中级人民法院 2020)浙 01 刑初 60 号判决书。
② 参见《公安部公布打击"套路贷"犯罪 6 起典型案例》,载公安部官网,http://www.gov.cn/xin-wen/2020-07/10/content_5525592.htm,最后访问日期:2023 年 2 月 8 日。

助诉讼、仲裁、公证或者采用暴力、威胁以及其他手段向被害人或者被害人的特定关系人索取"债务"。

（三）防范要点

签订借款合同时，一定要看清楚合同内容后才能签字，不能签空白合同，且签字后必须给自己留存一份合同。当需要办理贷款时，应从银行或者其他正规渠道进行，不要轻信无金融资质的个人、公司。

如果要向民间借贷公司借款时，不要随便签下高于借款额的借条。一旦发生贷款等经济纠纷或者深陷"套路贷"陷阱时，应停止还款，并选择通过法律途径进行维权，如果对方采取暴力催收等手段时，注意保留其犯罪证据。

在日常生活中，对于各种无抵押、免利息的贷款广告信息，应保持清醒的认识。要珍惜个人信用，树立正确的理财和消费意识，防止不良信用记录而给申请贷款带来被动。

（四）普法释义

近年来，假借民间借贷之名实施的侵犯财产类违法犯罪活动开始出现并日益猖獗，政法机关在司法实践中对此类违法犯罪逐渐形成了"套路贷"这一称谓。在一些地区，"套路贷"已逐步发展成为黑恶势力较常实施的违法犯罪活动，严重侵害人民群众的人身权利、财产权利，严重破坏经济秩序、社会秩序，严重影响人民群众的安全感和社会和谐稳定，社会危害性极大，人民群众反映强烈。为此，2019 年 2 月 28 日，最高人民法院、最高人民检察院、公安部、司法部印发了《关于办理"套路贷"刑事案件若干问题的意见》的通知（以下简称 2019 年《意见》）。

2019 年《意见》第 1 条对于什么是"套路贷"作出了定义。"套路贷"既不是一个法律概念也不是一个政策概念，而是在办案实践中对假借民间借贷之名非法占有他人财物的类型化违法犯罪的概括性称谓。因此，"套路贷"在之前并没有统一的定义，各地出台的有关文件对其的界定也存在不同程度差异。经认真总结各地经验，充分研究"套路贷"的不同行为方式，2019 年《意见》在《关于办理黑恶势力犯罪案件若干问题的指导意见》第 20 条规定的基础上明确了"套路贷"的概念，进而明晰了"套路贷"的以下三个特征和认定标准：

1. 行为目的非法性，即犯罪分子是以非法占有被害人财物为目的实施

"套路贷"。明确非法占有目的,既是为了从主观方面将"套路贷"与民间借贷区分开来,也是为了在具体犯罪中区分此罪与彼罪。

2. 债权债务虚假性,即犯罪分子假借民间借贷之名,通过使用"套路",诱使或迫使被害人签订"借贷"或变相"借贷""抵押""担保"等相关协议,进而通过虚增借贷金额、恶意制造违约、肆意认定违约等方式形成虚假债权债务。对于犯罪分子来说,"借贷"是假,侵犯被害人的财产权利是真,"借贷"仅是一个虚假表象。

3. "讨债"手段多样性,即在被害人未按照要求交付财物时,"套路贷"犯罪分子会借助诉讼、仲裁、公证或者采用暴力、威胁以及其他手段向被害人强行"讨债",以此实现对被告人财物的非法占有。其中,"套路贷"犯罪分子借助公证,既有可能是为之后以虚假事实提起诉讼或者仲裁准备证据,也有可能是利用民事诉讼法中公证债权文书执行的相关规定,直接申请强制执行案涉"公证债权文书",进而非法占有被害人财物。

2019 年《意见》第 2 条重点解读了"套路贷"与民间借贷的区分。在主观上,要注意把握行为人有无非法占有他人财物的目的,这是"套路贷"与民间借贷的本质区别。民间借贷的目的是为了获取利息收益,借贷双方都对实际借得的本金和将产生的利息有清醒的认识,出借人通常希望借款人能按时还本付息。而"套路贷"是以借款为幌子,通过设计套路,引诱、逼迫借款人垒高债务,最终达到非法占有借款人财产的目的。在客观上,要注意把握行为人是否实施了处心积虑设计各种套路,制造债权债务假象,非法强占他人财产的行为。例如,犯罪分子往往会以低息、无抵押等为诱饵吸引被害人"上钩",以行业规矩为由诱使被害人签订虚高借款合同,谎称只要按时还款,虚高的借款金额就不用还,然后制造虚假给付痕迹,采用拒绝接受还款等方式刻意制造违约,通过一系列"套路"形成高额债务,以达到非法占有他人财物的目的。而在民间借贷中,虽然常会出现出借人从借款本金中预扣利息、收"砍头费"的现象,但在这种情况下,预扣的利息、收取的费用是基于借贷双方的约定,借款人对于扣除利息、收取费用的金额也心知肚明,出借人后续亦不会实施故意制造违约、恶意垒高借款等行为。因此,区分"套路贷"和民间借贷,要根据案件事实和证据综合评判,不能只关注某个因素、某个情节。

随着"扫黑除恶"专项运动的推进,虽然已经对"套路贷"诈骗犯罪进行了严厉打击,但是电信网络诈骗手段翻新速度很快,骗术也在不断花样翻新,翻新的频率很高,有的时候甚至一两个月就产生新的骗术。只有正确认识"套路贷"诈骗的核心,才能从容应对不断变化翻新的诈骗方式。

七、金融理财诈骗

(一)典型案例

案例1:江西省南昌市周某强等人虚构推荐优质股票诈骗案。2010年5月,被告人周某强为实施诈骗活动,承租了江西省南昌市红谷滩新区红谷经典大厦某楼层,并通过中介注册成立了江西三合科技有限公司。周某强将招聘来的数十名公司员工分配至公司下属名爵、德联、创达三个部门,并安排专人负责财务、后勤等事务。三个部门又各下设客服部、业务组和操盘部。其中,客服部负责群发"经公司拉升的某支股票会上涨"等虚假手机短信,接听股民电话,统计股民资料后交给业务组。业务组负责电话回访客服部提供的股民,以"公司能调动大量资金操纵股票交易""有实力拉升股票""保证客户有高收益"等为诱饵,骗取股民交纳数千元不等的"会员费""提成费"。操盘部又称证券部,由所谓的"专业老师"和"专业老师助理"负责"指导"已交纳"会员费"的客户购买股票,并负责安抚因遭受损失而投诉的客户,避免报案。2010年7月至2011年4月间,周某强诈骗犯罪团伙利用上述手段诈骗344名被害人,骗得钱款共计3763400元。本案由江西省南昌市中级人民法院一审、江西省高级人民法院二审,判决现已发生法律效力。法院认为,被告人周某强等人采用虚构事实、隐瞒真相的方法,以"股票服务"的手段骗取他人钱款,其行为已构成诈骗罪。其中,被告人周某强以实施诈骗犯罪为目的成立公司、招聘人员,系主犯。据此,以诈骗罪判处被告人周某强有期徒刑15年,并处没收财产人民币100万元;以诈骗罪判处陆某强等被告人10年至2年6个月不等有期徒刑。[①]

案例2:王某等人搭建虚假网络交易平台诈骗案。该案特点是涉案金额特别巨大,被害人人数众多,分布较广,调查取证困难,赃款追回比例小,社会危害性较大。被告人在既未办理任何审批手续、亦无农产品实物及仓库的情

---

① 参见最高人民法院电信网络诈骗典型案例,2016年3月4日发布。

况下,私自搭建"荞缘网"农产品现货电子交易平台,以高回报、低风险、实物保证、资金安全为诱饵,在全国范围内诱骗数百名被害人到该平台进行投资,进而采取操控交易行情、强行平仓等手段大肆骗取被害人钱财5499万余元。法院以诈骗罪判处被告人王某无期徒刑,并处没收个人全部财产,判处同案其余被告人4至15年不等的有期徒刑,并处相应罚金,依法对该类犯罪予以有力打击。①

案例3:马某某等19人虚构操控股票诈骗案。该案特征明显,团伙内部分工明确、相互配合实施诈骗。被告人在并无从事股票交易资质的情况下,以虚构的"榕信私募公司"的名义拨打大量不特定股民的电话,套取客户信息,并虚构公司可以拉动股票行情等事实,骗取客户缴纳合作费用或者购买公司软件。马某某对其招纳的18名同案被告人进行了分工,分别从事客户开发、业务员培训、客户升级、稳定亏损客户、后期维护等具体事务,并制定了严格的工资制度和提成制度。该犯罪集团向不特定人群拨打诈骗电话共计132475人次,成功诈骗被害人49人,诈骗金额399539元。法院以诈骗罪分别判处各被告人3年以下有期徒刑,并处罚金,对部分被告人依法适用缓刑。②

案例4:侯某涛等6人至境外组建电信诈骗集团实施诈骗案。2019年7月至8月间,被告人侯某涛与杨某桃(另案处理)等人合谋,组织、召集被告人黄某兵等5人组成电信网络诈骗集团,出境至越南,利用虚假的网络投资平台软件实施诈骗活动。6被告人利用微信、QQ添加被害人进入聊天群,分别在聊天群中扮演指导老师、投资股民等角色,通过发布虚假盈利截图等信息,制造通过聊天群中"老师"的指导可投资获利的假象,诱骗被害人向虚假投资平台转账投资,进而骗取被害人的钱财共计448万余元。该案由南京市雨花台区人民法院一审,判决现已生效。法院认为,被告人侯某涛等6人以非法占有为目的,利用网络虚构事实,隐瞒真相,骗取被害人财物,诈骗数额特别巨大,其行为均已构成诈骗罪。6名被告人与他人共同故意实施诈骗犯罪而组成较为固定的犯罪组织,系共同犯罪,且构成犯罪集团。被告人侯某涛是该网络诈骗集团的组织者、指挥者,系犯罪集团首要分子,在共同犯罪中起主要作用;其在庭审前未如实供述犯罪事实。据此,以诈骗罪判处被告人侯某涛有期徒刑

---

① 参见重庆市第五中级人民法院电信网络诈骗典型案例,2016年12月1日发布。
② 参见重庆市第五中级人民法院电信网络诈骗典型案例,2016年12月1日发布。

13年,对其余5名被告人以诈骗罪分别判处10年至5年不等的有期徒刑,对6名被告人均并处相应罚金。①

案例5:2018年至2019年期间,段某某等8人冒充某证券公司的工作人员,通过电话、即时聊天软件等联系被害人,以投资"股指期权"可获得高额收益为诱饵,诱骗被害人注册"确权宝""互通信息宝"等手机APP进行"股指期权"交易,骗取多名被害人钱款共计人民币80余万元。2020年2月10日、19日,北京市朝阳区人民检察院以诈骗罪对许某某等8人提起公诉。2022年1月26日、2月11日,北京市朝阳区人民法院作出一审判决,被告人许某某等8人犯诈骗罪被判处有期徒刑3年至5年8个月不等,并处相应罚金。8名被告人均未上诉,判决已生效。②

案例6:2018年9月至2019年9月间,被告人魏某双、罗某俊、谢某林、刘某飞等人在黄某海(在逃)等人的纠集下,集中在柬埔寨王国首都金边市,以投资区块链、欧洲平均工业指数为幌子,搭建虚假的交易平台,冒充专业指导老师诱使被害人在平台上开设账户并充值,被害人所充值钱款流入该团伙实际控制的对公账户。之后,被告人又通过事先掌握的虚拟货币或者欧洲平均工业指数走势,诱使被害人反向操作,制造被害人亏损假象,并在被害人向平台申请出款时,以各种事由推诿,非法占有被害人钱款,谋取非法利益。在黄某海组织策划下,被告人魏某双、罗某俊、谢某林、刘某飞担任团队经理负责各自团队的日常运营;其余56名被告人分别担任业务组长、业务员具体实施诈骗活动。该团伙为躲避追查,以2至3个月为一个作案周期。2019年10月,该团伙流窜至蒙古国首都乌兰巴托市准备再次实施诈骗时,被当地警方抓获并移交我国。经查,该团伙骗取河北、内蒙古、江苏等地700余名被害人钱财共计人民币1.2亿余元。本案由江苏省无锡市公安局经济开发区分局立案侦查。2019年11月21日,无锡市滨湖区人民检察院介入案件侦查,引导公安机关深入开展侦查,将诈骗金额从最初认定的人民币1200万余元提升到1.2亿余元。2020年2月11日,公安机关以魏某双等60人涉嫌诈骗罪移送起诉。办案过程中,检察机关分别向公安机关发出《应当逮捕犯罪嫌疑人建议书》《补充移送起诉通知书》,追捕追诉共计32名犯罪团伙成员(另案处理)。同

---

① 参见江苏省高级人民法院电信网络典型案例,2020年12月1日发布。
② 参见北京市检察机关打击治理电信网络诈骗典型案例,2022年3月7日发布。

年 5 月 9 日,检察机关以诈骗罪对魏某双等 60 人依法提起公诉。2021 年 9 月
29 日,无锡市滨湖区人民法院以诈骗罪判处被告人魏某双有期徒刑 12 年,并
处罚金人民币 60 万元;判处被告人罗某俊有期徒刑 11 年 3 个月,并处罚金人
民币 50 万元;判处被告人谢某林有期徒刑 10 年,并处罚金人民币 10 万元;判
处被告人刘某飞有期徒刑 8 年,并处罚金人民币 50 万元;其余 56 名被告人分
别被判处有期徒刑 10 年 3 个月至 2 年不等,并处罚金人民币 30 万元至 1 万
元不等。1 名被告人上诉,无锡市中级人民法院裁定驳回上诉,维持原判。针
对本案办理所反映的金融投资诈骗犯罪发案率高、社会公众对这类投资陷阱
防范意识不强等问题,无锡市检察机关与公安机关、地方金融监管部门召开联
席会议并会签协作文件,构建了打击治理虚假金融投资诈骗犯罪信息共享、线
索移送、共同普法、社会治理等 8 项机制,提升发现、查处、打击此类违法犯罪
的质效。检察机关会同有关部门,线上依托各类媒体宣传平台,线下进社区、
进企业、进校园,向社会公众揭示电信网络诈骗、非法金融活动的危害,加强对
金融投资知识的普及,提高投资风险防范意识。①

案例 7:朱某涛等人诈骗案。2013 年 5 月,被告人朱某涛出资组建榆林农
惠现货交易平台,纠集和聘用被告人艾某阳、陈某超、姚某林加入,与代理商勾
结,先以可提供所谓的内幕交易信息为由,诱骗客户进入电子商务平台进行交
易,后通过指令操盘手,采用抛单卖出或用虚拟资金购进产品的手段,控制产
品大盘行情向客户期望走势相反的方向发展,通过虚假的产品行情变化,达到
使被诱骗加入平台交易的客户亏损的目的。朱某涛等人有时也刻意在客户小
额投资后,促其盈利,以骗其投入大额资金,牟取大额客损。2013 年 9 月至
2014 年 2 月期间,朱某涛、艾某阳、陈某超、姚某林通过上述以虚拟资金操控
交易平台的手段,共骗取客户资金 215 万余元。按照事先与代理商约定的比
例计算,朱某涛、艾某阳、陈某超、姚某林从中获得诈骗资金约 75 万元。本案
经湖南省南县人民法院一审、益阳市中级人民法院二审,判决现已发生法律效
力。法院认为,被告人朱某涛以非法占有为目的,纠集和聘用被告人艾某阳、
陈某超、姚某林,利用电子商务平台,操纵农产品行情诱骗客户交易,从客损中
获利,数额特别巨大,其行为均已构成诈骗罪。在共同犯罪中,朱某涛纠集人
员参与犯罪,发起、组织和统筹运作交易活动,艾某阳通过给操盘手下达指令

① 参见最高人民检察院打击治理电信网络诈骗及关联犯罪典型案例,2022 年 4 月 21 日发布。

控制平台虚拟行情走势,实施欺诈行为,均系主犯。据此,以诈骗罪判处被告人朱某涛有期徒刑 14 年,以诈骗罪判处被告人艾某阳、陈某超、姚某林 11 年至 4 年不等有期徒刑,并处 10 万元至 6 万元不等罚金。①

案例 8:②付某某等 17 名被告人诈骗案。2019 年 5 月左右,被告人付某某、高某甲与张某某等人(另案处理)合伙成立外资公司。该公司从他处购买虚拟数字货币交易平台框架,在阿里云日本站租用服务器,以该外资公司的名义对虚拟数字货币交易平台进行开发运行,并借用高某甲名下的北京某公司作为掩护,招聘雇佣员工。该公司通过虚增资产(USDT 等)、接入"做市"系统(包括自成交程序、对冲交易程序)刷交易量、虚假连续 K 线等程序,内部操控平台数字货币的走势,最终使客户投资亏损。

2017 年下半年至 2019 年下半年,被告人付某某纠集被告人高某乙、王某某、冯某某(另案处理)等人,分别在北京市某区、河北省某县租赁房屋作为诈骗场所。利用付某某实际控制的某公司作为掩护,招聘被告人闫某某、杨某甲、王甲等人,以"聊感情"的方式,获取被害人好感和信任,利用从他处获取的非法外汇交易平台和从高某甲等人运行的数字货币交易平台,诱骗被害人"投资"外汇原油和黄金、数字货币等。该组织团伙分工明确,上设公司经理、技术总监、形象代言人,下设业务组长、业务组员。公司为业务组员提供手机、电脑等作案工具,业务组员通过付某某从非法渠道获取的手机号码,有针对性地选择女性添加为微信好友,用虚构的身份,使用形象代言人冯某某的照片,通过王某某的培训或下发的"话术单",对被害人实施电信网络诈骗。被告人张某某、闫某某、王甲、王乙、王丙、袁某某、冯某、杨某甲、杨某乙、郭某某、张某、刘某某作为业务组长或者业务组员,通过上述方式对多名被害人实施诈骗。综上,被告人付某某、高某乙、王某某涉案数额均为 2955919.32 元,其他各被告人涉案数额从 835355 元至 66012.2 元不等。

法院认为,付某某等被告人为共同实施犯罪组成较为固定的犯罪组织,属犯罪集团,付某某是组织、领导犯罪集团的首要分子,应当按照集团所犯的全部罪行处罚;被告人高某乙、王某某、高某甲组织、领导犯罪集团进行犯罪活动,系主犯,应按照其参与的全部犯罪处罚;被告人张某某、刘某某、闫某某、王

---

① 参见最高人民法院电信网络诈骗犯罪典型案例,2019 年 11 月 19 日发布。
② 参见河北省高级人民法院电信网络诈骗典型案例,2022 年 5 月 24 日发布。

乙、袁某某、冯某、杨某甲、杨某乙、王丙、王甲、郭某某、张某、刘某某在共同犯罪中起次要作用,系从犯,应当从轻或者减轻处罚。付某某、王某某和张某某在庭审中认罪认罚。根据各被告人具体犯罪事实、性质、情节及共同犯罪中的地位和作用,对被告人付某某以诈骗罪,判处有期徒刑 12 年,并处罚金人民币 15 万元;对王某某等 16 名被告人分别判处 11 年至 1 年不等的有期徒刑,并均判处罚金。

案例 9:蔡某甲等 14 名被告人诈骗案。2009 年 2 月至 4 月底期间,以被告人蔡某甲为首,被告人陈某甲、蔡某乙、蔡某、李某、宋某某、黄某、周某、陈某乙、吴某、陈某、杨某、贾某等人参与的犯罪团伙在江西某市进行网络诈骗。该团伙用虚拟身份通过微信和被害人聊天,诱导被害人注册"西蒙投资"网络平台并向该平台充值进行买涨或买跌的操作,该团伙向被害人提供虚假信息,故意诱导被害人赔钱,被害人所损失的款项即为平台盈利,平台根据盈利情况返还给蔡某甲一定比例提成,蔡某甲给其他被告人发放固定工资及具体实施诈骗的被告人一定比例提成。该团伙通过该平台诈骗多人,非法获利 608669.82 元。2019 年 5 月初至 5 月 21 日,该团伙以上述同样的方式运作"汇盈投资"平台,诈骗数额为 67042.43 元。另查明,被告人蔡某甲为犯罪起意者,其联系诈骗平台,并在某省某市租赁房屋为犯罪提供场地,提供电脑、手机等作案工具,负责发放工资及利润分配;被告人陈某甲作为经理,负责培训业务员并参与诈骗,被告人蔡某乙负责后勤工作并参与诈骗,且 3 人合伙运营"汇盈投资"平台。"汇盈投资"平台是蔡某甲以 16800 元从被告人曹某手中购买。法院根据各被告人具体犯罪事实、性质、情节及在共同犯罪中的地位和作用,对被告人蔡某甲以诈骗罪,判处有期徒刑 11 年,剥夺政治权利 3 年,并处罚金人民币 20 万元;对陈某甲等 13 名被告人分别判处 7 年至 8 个月不等的有期徒刑,并均判处罚金。①

案例 10:李某磊等 28 人搭建虚假平台引诱投资诈骗案。2018 年 4 月至 8 月间,被告人李某磊雇佣被告人李某甲为其架设可直接操控后台数据的电子交易投资平台,租用某写字楼为专门诈骗场所,招聘被告人李某乙等 25 人组成诈骗团队。诈骗团队人员经过内部"话术"培训后,使用统一配发手机添加被害人微信,冒充离异单身成功男士与被害人聊天,取得被害人信任后,谎称

———————————
① 参见河北省高级人民法院电信网络诈骗典型案例,2022 年 5 月 24 日发布。

有内幕消息可盈利,引诱被害人在上述平台"投资",先让被害人有少量盈利,待被害人投入大额资金后,即操控后台数据,人为制造亏损假象,骗取被害人财物,共作案 71 起,合计骗得被害人财物 328 万余元。被告人李某园明知系犯罪所得,仍通过本人及同事的银行卡,帮助李某磊转移赃款近 12 万元。本案经扬州市邗江区人民法院一审、扬州市中级人民法院二审,判决现已生效。法院认为,被告人李某磊等人以非法占有为目的,虚构事实,骗取他人财物,其行为已构成诈骗罪。各被告人为共同实施犯罪而组成较为固定的犯罪组织,系犯罪集团。李某磊在犯罪集团中起组织、领导作用,系首要分子,应当按照集团所犯的全部罪行处罚。李某磊退出部分赃款,归案后如实供述自己的罪行,依法可以从轻处罚。据此,以诈骗罪判处被告人李某磊有期徒刑 13 年,对李某甲等 26 名被告人以诈骗罪分别判处 11 年至 9 个月不等的有期徒刑,对27 名被告人均并处罚金;以掩饰、隐瞒犯罪所得罪判处被告人李某园有期徒刑 3 年,缓刑 4 年,并处罚金。①

案例 11:被告人周某洁等 5 人虚假网络炒股平台诈骗案。2019 年以来,被告人周某洁与叶某霞、冯某凯(均在逃)等人共谋利用虚假的股票投资平台诈骗股票投资人钱财。在网上购买了户名为成都禄顺泰亚科技有限公司、成都达捷益洪商贸有限公司、成都艳尤缘丝商贸有限公司、成都忠齐翔亮科技有限公司等多个对公银行账户,作为被害人转入股票投资款的收款账号,在网络上设立炒股网络直播室和 QQ 群,以帮助分析股票、推荐牛股等方式,将被害人吸引到其控制的虚假投资平台"中签宝"进行投资炒股,在被害人将炒股资金转入前述公司对公银行账户后,周某洁便登录"中签宝"网络平台后台,制造虚假的客户股票账户资金假象,并将被害人资金转入被告人代某悦等 4 人提供的银行账号,由代某悦等人代为取现。代某悦等人从中抽取现金额的百分之五后将现金交予周某洁,以此诈骗被害人股票投资款。2019 年 6 月以来,周某洁等人共计骗取 54 名被害人 419 万余元。重庆市黔江区人民法院判决,被告人周某洁犯诈骗罪,判处有期徒刑 11 年,并处罚金 30 万元;被告人代某悦等 4 人犯掩饰、隐瞒犯罪所得罪,分别判处有期徒刑 6 年至有期徒刑 2 年不等的主刑,并处罚金。②

---

① 参见江苏省高级人民法院电信网络诈骗典型案例,2020 年 12 月 1 日发布。
② 参见重庆市云阳县人民法院网络电信诈骗典型案例,2021 年 6 月 21 日发布。

案例12:被告人王某涛等5人虚拟网络货币交易平台诈骗案。2020年4月至8月,被告人王某涛、刘某华虚构身份包装为成功男士,利用"灵魂soul"等网络交友软件结识被害人,取得信任后,将被害人诱至虚拟币交易平台交易,通过后台操控盈亏的方式实施诈骗。王某涛主要负责技术运营、资金结算,刘某华主要负责人员招聘、诈骗话术培训。陈某博、陈某镜、胡某林、喻某婷等人通过提前准备好的诈骗术语与被害人结识并取得信任,诱导被害人在"火币pro"平台购买虚拟币并转至可后台操控的"RXEX(happywin)"平台进行交易。当被害人在该平台上进行交易时,王某涛便联系该平台后台人员,控制交易盈亏,以此诈骗被害人钱财。该平台再将被害人亏损的虚拟币按比例以USDT虚拟币返到王某涛在该平台上的账户,王某涛再转至"火币pro"平台出售提现获利。提现赃款按30%至35%作为提成,分发给陈某博、陈某镜、胡某林等负责聊天的诈骗人员,剩余款项除去各项开支后,由王某涛和刘某华平分。2020年4月以来,该诈骗团伙骗取多名被害人钱财共56万余元。重庆市开州区人民法院判决,被告人王某涛等5人犯诈骗罪,对被告人王某涛、刘某华判处有期徒刑10年1个月,并处罚金13万元。对其余3名被告人分别判处有期徒刑2年11个月至有期徒刑1年6个月不等刑罚,并处罚金。①

案例13:被告人李某文等40人虚假外汇投资平台诈骗案。被告人李某文、李某群、黄某锋、潘某辉共谋利用"摩根之家""九华山""鑫汇国际""汇玺国际"虚假外汇投资平台实施诈骗。李某文、李某群设立公司,招募人员实施诈骗,利用购买的已加有大量好友的微信号,建立联系的微信群并加好友,让业务员在微信群内扮演不同身份的投资者,向微信群内好友推荐投资平台,发布事先准备好的虚假盈利截图,声称稳赚不赔,诱使被害人在前述虚假外汇投资平台进行投资。之后,带领被害人购买假外汇产品,代替被害人操控,控制后台涨跌,致使被害人亏损。李某文、李某群为首的犯罪集团利用"鑫汇国际""汇玺国际""摩根之家""九华山"等虚假外汇投资平台骗取全国各地5000余名被害人钱财共计1083万余元。重庆市江津区人民法院判决,被告人李某文等40名被告人犯诈骗罪,对被告人李某文、李某群判处有期徒刑13年,并处罚金100万元;对被告人龙某望判处有期徒刑10年6个月,并处罚金30万元;对李某敏判处有期徒刑10年,并处罚金25万元。对其余36名被告

---

① 参见重庆市云阳县人民法院网络电信诈骗典型案例,2021年6月21日发布。

人判处有期徒刑8年至有期徒刑1年不等的主刑,并处罚金。①

案例14:被告人邱某儒,系广东创意文化产权交易中心有限公司(以下简称广文公司)股东;被告人陶某龙,系广文公司后援服务中心总经理;被告人刘某,系广东省深圳市恒古金实业有限公司(以下简称恒古金公司)股东、法定代表人;被告人郑某辰,系广东省惠州惠赢浩源商务服务有限公司(以下简称惠赢公司)法定代表人;被告人蒋某,系广西元美商务服务有限公司(以下简称元美公司)实际控制人;其他26名被告人基本情况略。2016年3月,被告人邱某儒设立广文公司后,通过组织人员、租赁办公场所、购买交易软件、租用服务器,搭建了以"飞天蜡像"等虚构的文化产品为交易对象的类期货交易平台。陶某龙等人通过一级运营中心恒古金公司刘某发展了惠赢公司、元美公司等三十余家会员单位。为实现共同骗取投资者财物的目的,会员单位在多个股票投资聊天群中选择投资者,拉入事先设定的聊天群。同时,安排人员假扮"老师"和跟随老师投资获利的"投资者"、发送虚假盈利截图,以话术烘托、虚构具有盈利能力等方式,骗取投资者的信任,引诱投资者在平台上投入资金进行交易。交易过程中,广文公司和会员单位向投资者隐瞒"平台套用国际期货行情趋势图、并无实际交易"等事实,通过后台调整艺术品价格,制造平台交易平稳、未出现大跌的假象。投资者因此陷入错误认识,认为在该平台交易较为稳妥,且具有较大盈利可能性,故在平台上持续进行多笔交易,付出高额的手续费。邱某儒、陶某龙、刘某、郑某辰、蒋某等人通过上述手段骗取黄某等6628名投资者共计人民币4.19亿余元。本案由广东省深圳市公安局南山分局立案侦查。2017年2月,深圳市检察机关介入案件侦查,引导公安机关围绕犯罪主体、诈骗手法、诈骗金额等问题夯实证据并及时追缴赃款。深圳市公安局南山分局于2017年7月至2018年6月分批以诈骗罪将邱某儒等237人向深圳市南山区人民检察院移送起诉。由于邱某儒以及陶某龙、刘某等7人(系广文公司后援服务中心及相关内设部门、恒古金公司主要成员)、郑某辰、蒋某等23人(系会员单位主要负责人)涉案金额特别巨大,深圳市南山区人民检察院依法报送深圳市人民检察院审查起诉。根据级别管辖和指定管辖,其余206人分别由南山区、龙岗区人民检察院审查起诉。2018年2月至12月,深圳市人民检察院以诈骗罪对邱某儒、陶某龙、刘某、郑某辰、蒋某等

---

① 参见重庆市云阳县人民法院网络电信诈骗典型案例,2021年6月21日发布。

31 人分批向深圳市中级人民法院提起公诉。2019 年 1 月至 7 月,深圳市中级人民法院以非法经营罪判处邱某儒有期徒刑 7 年,并处罚金人民币 2800 万元;以诈骗罪判处陶某龙、刘某等 7 人有期徒刑 10 年至 3 年 6 个月不等,并处罚金人民币 30 万元至 10 万元不等;以非法经营罪判处郑某辰、蒋某等 23 人有期徒刑 8 年至 2 年 3 个月不等,并处罚金人民币 1000 万元至 5 万元不等。一审判决后,邱某儒、陶某龙等 10 人提出上诉,深圳市人民检察院审查认为邱某儒、郑某辰、蒋某等 24 人虚构交易平台,通过多次赚取高额手续费的方式达到骗取投资钱款目的,其行为构成诈骗罪,一审判决认定为非法经营罪确有错误,对邱某儒、郑某辰、蒋某等 24 人依法提出抗诉,广东省人民检察院支持抗诉。2020 年 5 月至 2021 年 5 月,广东省高级人民法院作出二审判决,驳回邱某儒、陶某龙等 10 人上诉,对邱某儒、郑某辰、蒋某等 24 人改判诈骗罪,分别判处有期徒刑 13 年至 3 年不等,并处罚金人民币 2800 万元至 5 万元不等。办案过程中,深圳市检察机关引导公安机关及时提取、梳理交易平台电子数据,依法冻结涉案账户资金共计人民币 8500 万余元,判决生效后按比例返还被害人,并责令各被告人继续退赔。深圳市检察机关向社会公开发布伪交易平台类电信网络诈骗典型案例,开展以案释法,加强防范警示。[1]

(二)骗术套路

金融理财诈骗是当前最为高发的电信网络诈骗,具有受害面广、隐秘性强、危害后果特别巨大等特点。金融理财诈骗主要包括原始股投资、影视投资、股票投资、非法期货投资、外汇投资、虚拟货币投资、原油现货贵金属邮币卡投资、资产全球配置、信托投资、P2P 投资、私募基金等不同类型。此类案件一般涉案金额特别巨大,被害人人数众多,分布较广,调查取证困难,赃款追回比例小,社会危害性大。一般套路如下:一是高利引诱。如以"公司能调动大量资金操纵股票交易""有实力拉升股票""保证客户有高收益"等为诱饵,骗取股民交纳数千元不等的"会员费""提成费"。犯罪分子在联络过程中使用专业"脚本"和炒股术语,骗取被害人信任,迷惑性更强,诈骗成功率更高。二是搭建虚假交易平台。行为人在未办理任何手续前提下,搭建各类期货、贵金属、虚拟货币等各类交易平台,并以高回报、低风险、实物保证、资金安全等为

---

[1] 参见最高人民检察院打击治理电信网络诈骗及关联犯罪典型案例,2022 年 4 月 21 日发布。

诱饵,引诱投资人到平台交易,而自己则在背后人为操纵平台,骗取他人财物。同时,犯罪分子在行骗过程中操纵 APP 后台数据,采用自买自卖、伪造大盘指数等手段,进一步掩盖诈骗事实,造成被害人认为其钱款损失系"投资损失",在多次投入资金后才意识到被骗。

(三)防范要点

消费者应谨记投资有风险,天上不会掉馅饼。不要轻易相信所谓的高息"保险"、高息"理财",高收益意味着高风险。对"黑马集中营""天天涨停板""千金难买早知道""稳赚不赔"等蛊惑、夸大、毫无事实根据的误导性荐股语言,要保持高度警惕。对专门预测个股涨跌、具体建议买入卖出操作的股票群或个人切不可轻信误传、跟风炒作,以免落入荐股陷阱。更不要轻易相信所谓的"专家""股神"。投资理财,请认准银行、有资质的证券公司等正规途径。切勿盲目相信所谓的"炒股专家"和"投资导师"。切记,"有漏洞""高回报""有内幕"的炒虚拟币、炒股、打新股、炒黄金、炒期货、博彩网站等,都是诈骗!

(四)普法释义

搭建虚假期货交易平台骗取投资人财物的行为一般构成诈骗罪,应以诈骗罪定罪处罚。通说认为,诈骗罪的基本构造是:行为人实施欺骗行为,致相对方陷入错误认识或继续维持错误认识,并基于错误认识向行为人或第三人交付或意图交付其所控制的财产。此类案件中,行为人一般会实施一系列的欺骗行为:如自行搭建与真正的交易所并不对接的虚拟交易平台,并设置高杠杆、高点差、高平仓线、仓息等参数。销售部成员经过培训后,以虚假公司宣传材料诱骗客户,先把客户拉进微信群,再把其拉进直播间,销售团队成员在直播间冒充所谓的"讲师",先为客户分析、推荐股票、期货,后为客户推荐自行搭建的虚假交易平台,并在直播间利用"水军"发送虚假盈利截图,诱骗投资者开户交易。这些欺骗行为可谓环环相扣、"循循善诱"、步步深入。由于相对人均是经过筛选的不具备股票、期货专业知识的客户,对前述行为人实施的欺骗行为敏感度低,在行为人实施的多种欺骗行为之下,相对人产生了在行为人推荐的期货交易平台进行投资可以获得巨大收益的错误认识,进而在这一错误认识支配下,将资金转入平台提供的资金账户,进行所谓的期货投资。整个过程中,行为人的欺骗行为与客户的财产处分行为之间具有明确的因果关系。然而实际上,该期货交易平台并未实际接入任何真实期货市场,客户向平台转入的资金随即被行为人通过第三方支付平台转入到其控制的多个银行账户。客户在第三方支付平台交易资本金,实际上是行为人依据客户投入资本金的多少而填入的相应数字代表金。后续"讲师"、业务员会直接对客户进行交易指导,通过诱导客户实施高买低卖、频繁交易等多种方式,最终使客户小赚大亏;在客户出现大亏损后,引导客户止损离场,为客户制造能够正常出金的假象。应特别指出的是,客户向平台提供的账号转账后,行为人通过第三方支付平台将资金转入自己控制的银行账户时,其诈骗行为已经既遂。也就是说,客户将资金转入平台的行为,属于因受欺骗而作出的财产利益处分行为,因为此时,客户实际上已丧失了对资金进行支配控制的可能,行为人也已实现了对客户资金非法占有的目的。至于客户后续还可以在平台进行所谓的期货交易,个别人甚至还赚钱离场的,不过是行为人诈骗既遂后为实现其最终犯罪目的而继续实施的相关欺骗行为,从而使其诈骗犯罪更具迷惑性,对其诈骗罪既遂不产生影响。不过,依据相关司法解释规定及实务通行标准,行为人在诈骗犯罪既遂后继续实施相关欺骗行为过程中,为迷惑客户而向客户返还的部分金额,在计算诈骗金额时,应予扣除。"非法占有目的"虽系诈骗罪的主观构成要件,但不能仅凭行为人的口供来认定,而应依据在案事实及行为人实施的客观行为来具体推定。该案中,从行为人为实施诈骗犯罪专门成立多个公司、搭建多个虚假期货交易平台、诱骗客户在虚假平台开户炒期货等诸多客观事实来看,完全可以推定出行为人对客户资金具有非法占有目的。

八、虚构古董艺术品交易诈骗

(一)典型案例

案例1:李某丹、刘某成、冉某学推销假藏品诈骗案。2012年6月至7月,被告人李某丹、刘某成、冉某学与犯罪嫌疑人夏某前(另案处理)共谋,以推销收藏品为名骗取他人钱财。先由李某丹化名"李冰",冒充"北京收藏品会员总部"工作人员,通过电话联系被害人,以限量发行等为由,故意抬高藏品价格并向其推销,再由刘某成等人冒充"上海东方收藏公司"等单位工作人员,以高价收购、拍卖相关"藏品"为名给被害人打电话,让被害人误以为购买李某丹向其推销的藏品有利可图。被害人决定购买后，冉某学与夏某前从北京马甸邮币市场购买廉价工艺品及伪造的"收藏证书""鉴定证书"等，通过李某丹等人高价出售给被害人，先后三次骗取被害人人民币564.2万元。本案经睢宁市人民法院一审，判决现已生效。法院认为，被告人李某丹、刘某成、冉某学以非法占有为目的，虚构藏品有巨大的升值空间、冒称他人欲高价回收藏品等方式，向被害人推销藏品，数额特别巨大，其行为构成诈骗罪。三被告人在犯罪后，均有主动退赔被害人部分诈骗赃款的行为。据此，以诈骗罪判处被告人李某丹有期徒刑14年，并处罚金人民币5万元；以诈骗罪判处被告人刘某成有期徒刑13年6个月，并处罚金人民币4万5千元；以诈骗罪判处被告人冉某学有期徒刑13年，并处罚金人民币4万元。①

案例2：被告人陈某良等28人虚假网络古玩交易平台诈骗案。被告人陈某良等人成立上海九泓网络科技有限公司，注册"99微拍"微信公众号，利用微信、百度等网络社交软件，向被害人发送信息谎称该平台为古玩、古董等收藏品线上交易平台，能为客户出售古玩、古董等收藏品，并采取虚增浏览量、虚假粉丝量、"保证书"等方式骗取被害人信任，之后以收取"会员费""会员升级费"的方式骗取被害人钱财。2018年8月，"99微拍"微信公众号平台因涉嫌诈骗被腾讯公司关闭，随即陈某良安排他人在湖北赤壁市成立公司并注册"艺贝商城"微信公众号作为新的诈骗平台，以前述方式继续实施诈骗。2019年1月，"艺贝商城"微信公众号平台因涉嫌诈骗被腾讯公司再次封停，陈某良又安排他人在湖北赤壁市成立公司并注册"新艺商城"微信公众号作为诈骗平台，继续以前述方式进行诈骗活动。2018年2月至2019年6月，该诈骗犯罪团伙骗取全国各地被害人共计1275万余元。重庆市涪陵区人民法院判决，被告人陈某良等28人犯诈骗罪，对陈某良判处有期徒刑11年并处罚金50万元，被告人王某意判处有期徒刑10年6个月并处罚金30万元。对其余26名被告人判处有期徒刑8年至有期徒刑1年6个月不等主刑，并处罚金。②

（二）骗术套路

随着经济发展，藏品成为很多人的投资选择。近年来，这种投资途径被不

---

① 参见江苏省高级人民法院电信网络诈骗典型案例，2016年12月27日发布。
② 参见重庆市云阳县人民法院网络电信诈骗典型案例，2021年6月21日发布。

法分子利用,收藏品诈骗案件屡经曝光,却层出不穷。主要包括藏品鉴定、高价回购、投资返利、伪造拍卖等4种类型。在藏品鉴定型诈骗中,先向被害人谎称藏品价值"千万",建议请专家鉴定后拍卖,收取高额鉴定费经专家鉴定为赝品,鉴定费用不退。在高价回购型骗中,前期诱惑投资者购买所谓有巨大升值空间的藏品,前期甚至少量回购,进一步骗取投资者的信任,后期投资者大额买入后,拒绝回购。投资返利型诈骗中,推销各类投资理财型产品,行为人购买并支付拍卖费用后,承诺拍卖前每月返利,后突然失联。伪造拍卖型诈骗中,拍卖公司免费帮被害人鉴定藏品,鉴定藏品价值巨大,提出帮助拍卖,组织拍卖会,请群众演员"举价",前几个他人的藏品都以高价被拍卖,但自己的始终达不到底价,无法成交,拍卖费用不退。在这类投资型网络诈骗中,犯罪分子往往以"空手套白狼""以小套大"等方式实施诈骗,与传统诈骗方式相比,这种"温水煮青蛙"式的诈骗欺骗性、迷惑性更强、危害群体范围也更大。案例1中,李某丹以"北京收藏品会员总部"推销假藏品,刘某成等谎称"上海东方收藏公司"等单位工作人员以高价收购、拍卖相关"藏品",让被害人误以为有利可图,进而陷入被告人布下的陷阱。案例2中,行为人利用微信、百度等网络社交软件,向被害人发送信息谎称该平台为古玩、古董等收藏品线上交易平台,能为客户出售古玩、古董等收藏品,并采取虚增浏览量、虚假粉丝量、"保证书"等方式骗取被害人信任,之后以收取"会员费""会员升级费"的方式骗取被害人钱财。

(三)防范要点

网上收藏品交易陷阱多。提醒广大群众,收购、拍卖藏品应通过正规途径,谨慎交易。购买、出售古玩、古董等收藏品应该到正规市场进行交易,不要轻信网上的交易平台,对网上要求先缴费再提供交易服务的网络交易平台要高度警惕。

(四)普法释义

在虚构古董艺术品等交易类诈骗案件中,行为人通过实施冒充鉴定专家、拍卖行,虚假鉴定被害人的藏品具有高额市场价值,或者诱惑被害人购买其推荐的投资藏品,被害人基于行为人的欺骗行为,陷入认识错误,误以为其藏品真的具有高额价值或者认为其购入的藏品真的具有巨大的利润空间,因而支付鉴定、拍卖及购买费用,最终造成财产损失,行为人欺骗以及非法占有被害人财产的行为,完全符合诈骗罪的犯罪构成,成立诈骗罪。具体案件中,准确区分诈骗集团中的犯罪分子的分工和作用,依法全面惩治各个层级的诈骗犯罪分子。电信网络诈骗集团往往层级多、架构复杂、人员多,对于参与其中的犯罪分子的分工和作用往往难以直接区分。对此,要围绕平台整体运作模式和不同层级犯罪分子之间的行为关联,准确区分集团内部犯罪分子的分工和作用。既要严厉打击在平台上组织开展诈骗活动的指挥者,又要依法惩治在平台上具体实施诈骗行为的操作者,还要深挖诈骗平台背后的实质控制者,实现对诈骗犯罪集团的全面打击。

九、中奖诈骗

(一)典型案例

案例1:海南省儋州市陈某洁发布电视节目中奖虚假信息诈骗案。2014年7月起,被告人陈某洁在百度吧、阿里巴巴等网站,发布关于在"中国好声音""星光大道"等栏目中奖的虚假信息,同时还发布关于"抽奖活动的二等奖是真的吗""中国好声音有场外抽奖活动吗""北京市中级人民法院电话是多少""北京市人民法院咨询电话是多少"等虚假咨询问题,并在网上予以回复,借此在网上留下虚假的"栏目组客服电话"或"北京市中级人民法院""北京市人民法院"的联系电话。当被害人拨打上述虚假联系电话咨询时,陈某洁冒充客服人员或法院工作人员称,被害人所咨询的信息是真实的,并告知被害人如要领奖,需将"手续费"或者"风险基金"汇入指定的银行账户。陈某洁用此种手段实施诈骗两起,骗得金额共计8800元。本案由海南省儋州市人民法院审理,判决现已发生法律效力。法院认为,被告人陈某洁以非法占有为目的,利用互联网发布虚假信息,骗取他人钱财,数额较大,其行为已构成诈骗罪。据此,以诈骗罪判处被告人陈某洁有期徒刑6个月,并处罚金人民币2千元。①

案例2:樊某明等3人诈骗案。2013年9月至2014年1月间,被告人樊

① 参见最高人民法院电信网络诈骗典型案例,2016年3月4日发布。

某明、刘某冉、陈某龙先后在位于北京通州区梨园镇的闻澜视讯公司任职期间,利用某文化传媒公司制作并投放的电视竞猜节目《争分夺秒》获取的观众信息,伙同他人组织闻澜视讯公司员工电话联系上述观众,虚构观众竞猜中奖的事实,声称免费赠送限量金钻腕表及大礼包等物品,在取得信任后,以收取物流保价费等名义,通过物流公司和快递服务公司向客户发货,骗取全国各地被害人钱款共计人民币 57 万余元,其中被告人陈某龙参与诈骗钱款共计人民币 38 万余元。在闻澜视讯公司经理的管理和领导下,被告人樊某明负责该公司呼叫中心日常工作的运行、组织、管理、协调,被告人刘某冉在明知该公司组织话务员进行电信诈骗的情况下,仍负责发货等工作,被告人陈某龙作为销售主管于 2013 年 11 月 1 日入职,带领战龙团队话务员实施电话诈骗活动,后于 2013 年 12 月底负责组织管理呼叫中心全部话务员。2014 年 1 月 20 日,被告人樊某明、刘某冉、陈某龙被公安机关查获。北京通州区法院经审理认定,被告人樊某明伙同被告人刘某冉、陈某龙等人以非法占有为目的,采取虚构事实、隐瞒真相的手段骗取他人财物,其中被告人樊某明、刘某冉诈骗数额特别巨大,被告人陈某龙诈骗数额巨大,3 名被告人的行为均已构成诈骗罪,依法应予惩处。因被告人樊某明与设立该呼叫中心的人员或对其有管理职能的其他人员相比,其仍属于被支配的地位,而非不可或缺,故应认定其在共同犯罪中起次要作用,系从犯。被告人刘某冉、陈某龙在共同犯罪中起次要作用,系从犯。依照《刑法》有关规定,以诈骗罪判处 3 名被告人 3 年至 6 年 6 个月不等的有期徒刑,并处相应数额的罚金。①

案例 3:陈某慧等 7 人诈骗案。被告人陈某慧纠集范某杰、高某忠、叶某锋、熊某江等人结成诈骗团伙,群发"奔跑吧兄弟"等虚假中奖信息,诱骗收到信息者登录"钓鱼网站"填写个人信息认领奖品,后以兑奖需要交纳保证金、公证费、税款等为由,骗取被害人财物,再通过冒充律师、法院工作人员以被害人未按要求交纳保证金或领取奖品构成违约为由,恐吓要求被害人交纳手续费,2016 年 6 月至 8 月间,共骗取被害人蔡某妍等 63 人共计 681310 元,骗取其他被害人财物共计 359812.21 元。蔡某妍得知受骗后,于 2016 年 8 月 29 日跳海自杀。陈某慧还通过冒充"爸爸去哪儿"等综艺节目发送虚假中奖诈骗信息共计 73 万余条。本案经广东省揭阳市中级人民法院一审、广东省高级

---

① 参见北京市高级人民法院电信网络诈骗典型案例,2016 年 11 月 11 日发布。

人民法院二审,判决现已发生法律效力。法院认为,被告人陈某慧等人以非法占有为目的,结成电信诈骗犯罪团伙,采用虚构事实的方法,通过利用"钓鱼网站"链接、发送诈骗信息、拨打诈骗电话等手段,针对不特定多数人实施诈骗,其行为均已构成诈骗罪。陈某慧纠集其他同案人参与作案,在共同诈骗犯罪中起主要作用,系主犯,又有多个酌情从重处罚情节。据此,以诈骗罪判处被告人陈某慧无期徒刑,剥夺政治权利终身,并处没收个人全部财产;以诈骗罪判处被告人范某杰等人15年至11年不等有期徒刑。①

案例4:黄某某等4人冒充"北京福彩3D信息中心"人员可提前获知中奖信息诈骗案。2013年3月份以来,被告人黄某某、李某甲、李某乙、苏某某冒充"北京福彩3D信息中心"人员,制作、散发含有虚假信息的会员卡,通过事先设定的电话号码与被害人联系,谎称办理所谓的"北京福彩3D信息中心VIP会员卡"即可提前获知彩票中奖信息,诱骗被害人向指定账户交纳会员费、保密押金等实施诈骗,共骗取3名被害人计人民币93000元。其中,被告人黄某某、李某甲涉案金额为93000元,被告人李某乙涉案金额为85400元,被告人苏某某涉案金额为7600元。法院经审理认为,被告人黄某某、李某甲、李某乙、苏某某以非法占有为目的,采取虚构事实、隐瞒真相的手段,骗取他人财物,其中被告人黄某某、李某甲、李某乙诈骗数额巨大,被告人苏某某诈骗数额较大,其行为均已构成诈骗罪。公诉机关指控罪名成立,应予支持。被告人黄某某、李某甲与被告人李某乙、苏某某共同实施故意犯罪,系共同犯罪。被告人黄某某、李某甲在共同犯罪中起主要作用,系主犯,应当按照其所参与的全部犯罪处罚。被告人李某乙、苏某某在共同犯罪中起次要作用,系从犯,应当从轻或者减轻处罚。被告人黄某某、李某甲、李某乙、苏某某归案后能如实供述犯罪事实,可以从轻处罚。经社区矫正机构调查评估,对被告人苏某某适用非监禁刑对其所居住社区没有重大不良影响。综上,决定对被告人黄某某、李某甲从轻处罚,对被告人李某乙减轻处罚,对被告人苏某某从轻处罚并适用缓刑。依照《刑法》有关规定,判决被告人黄某某犯诈骗罪,判处有期徒刑3年4个月,并处罚金人民币8万元;被告人李某甲犯诈骗罪,判处有期徒刑弍年4个月,并处罚金人民币8万元。被告人李某乙犯诈骗罪,判处有期徒刑2年,并处罚金人民币5万元;被告人苏某某犯诈骗罪,判处拘役3个月,缓刑5

---

① 参见最高人民法院电信网络诈骗犯罪典型案例,2019年11月19日发布。

个月,并处罚金人民币 1 万元。追缴四被告人的违法所得,退赔被害人。[①]

(二)骗术套路

诈骗分子一般通过群发手机短信、网络消息、电子邮件或邮寄信件等途径,以受害人手机号中奖为名,向受害人发信息通知中奖。告知受害人如因路途遥远不能及时兑奖的,可以协助办理缴纳公证费、个人收入所得税手续等,一旦受害人信以为真与之联系后,诈骗分子便会以需缴纳"工本费""会员费""公证费""手续费""所得税"等借口,让受害人向指定账户汇款。案例 1 中,被告人不仅在百度吧等网站发布电视栏目中奖的虚假信息,同时还发布"配套"的虚假咨询问题在网上予以回复,以此打消被害人的怀疑和顾虑。而后在被害人拨打领奖电话时,以"手续费"或者"风险基金"等名义,诱骗被害人将钱款汇入指定账户。案例 2 中,被告人利用职务之便获取观众信息,并伙同他人组织员工电话联系上述观众,虚构观众竞猜中奖的事实,声称免费赠送限量金钻腕表及大礼包等物品,在取得信任后,以收取物流保价费等名义通过物流和快递公司向客户发货骗取钱财。不难发现,此类作案手段具有很强的蒙蔽性。

(三)防范要点

天上不会掉馅饼。犯罪分子抓住人们贪图便宜的心理,诱导其上当受骗。广大群众在收到电视节目中奖之类的信息后要提高警惕,向电视台或是电视栏目组官方网站、客服电话进行核实。此外,有关网站也应切实履行监管义务,对发布信息的真实性加强审核,防止犯罪分子利用网络平台进行诈骗。相关案例提醒大家,切莫相信各种不劳而获的中奖信息,切实提高自身防骗能力。

(四)普法释义

在中奖类诈骗犯罪案件中,行为人通过虚构他人中奖的事实,使他人陷入错误认识,误以为自己真的中奖,从而按照行为人的要求,向其支付"工本费""会员费""公证费""手续费""所得税"等各类费用,最终遭受财产损失。行为人的行为属于刑法规定的以非法占有为目的的骗取他人财物的行为,应当

[①] 参见江苏省宿迁市中级人民法院网络诈骗典型案例,2015 年 11 月 6 日发布。

以诈骗罪定罪处罚。

十、资产解冻、发放扶贫款诈骗

(一)典型案例

案例1:被告人张某某、胡某某等13人民族资产解冻类诈骗案。2018年12月至2019年7月,被告人张某某、胡某某等人在曹某某(另案处理)等人的指挥下,先后积极参与到"国务院对大业有功人员生活补助"项目中,通过微信群对不特定多数人实施诈骗。被告人张某某、胡某某等13人被发展为该项目的下级代理,根据各自线上的宣传推广,谎称国务院将对申报"许星时民族资产扶贫基金"的民族大业有功人员发放扶贫金,每人只需要交人民币11.5元作为手续费,即可获得人民币40万元生活补助费、120万元住房费、价值100万元"一带一路"股权。期间,被告人张某某被任命为该项目副总指挥长,被告人胡某某、袁某某被任命为其各自团队的司令,被告人张某、吴某被任命为该项目总财务,被告人孟某等7人为其各自团队的宣传人员或财务人员。被告人根据各自职责,对每名被害人上交的人民币11.5元逐级进行流转,将其中的人民币10元上交到上级指定的银行账户,剩余的人民币1.5元作为各级代理财务人员的辛苦费进行分配。被告人张某某、胡某某等13人积极参与虚假诈骗项目的推广宣传、收单、转账、取款等,致使被害人杨某某、肖某某等30余万人通过微信红包、扫微信二维码等方式上交报名费,被诈骗款项共计人民币385.459万元。

集美法院经一审审理认为,被告人张某某、胡某某等13人伙同他人以非法占有为目的,采用虚构事实的方法,利用互联网发布虚假信息,对不特定多数人实施诈骗,其行为均已构成诈骗罪,上述被告人在共同犯罪中均系从犯,根据其各自具有的量刑情节,依法判处该13名被告人6年至10个月不等有期徒刑。一审判决后,被告人胡某某、张某提出上诉。厦门市中级人民法院经审理认为,一审判决认定事实清楚,定性准确,量刑适当,审判程序合法,裁定驳回上诉,维持原判。①

---

① 参见厦门中院发布电信网络诈骗犯罪典型案例,2021年6月22日发布。

案例2：被告人陈某祥、陈某有虚构解冻民族资产、发放扶贫款诈骗案。2017年8月至2019年1月，被告人陈某祥单独或伙同被告人陈某有，冒充国家扶贫办、财政部等国家机关工作人员，或自称"国际梅花协会"等组织工作人员，采取拨打电话、发送电子邮件等方式，谎称发放扶贫款、民族资产解冻资金。待被害人有意向参与后，即谎称发放资金需达到一定人员规模，要求有意向领取资金的人员组成团队，以办证费、转账费等名义骗取费用，共骗得61万余元。其中，陈某有参与骗取24万元。本案经靖江市人民法院一审，判决现已生效。法院认为，两名被告人以非法占有为目的，虚构事实、隐瞒真相，冒充国家机关工作人员骗取财物，其行为均已构成诈骗罪，且系共同犯罪。其中，被告人陈某祥起主要作用，系主犯。两名被告人归案后如实供述罪行，认罪认罚，依法可以从轻、从宽处罚。据此，以诈骗罪判处被告人陈某祥有期徒刑10年6个月，判处被告人陈某有有期徒刑2年8个月，对两名被告人均并处相应罚金。①

案例3：黄某良等9人诈骗案。被告人黄某良、吴某金、廖某冬、龙某腾、梁某卫等人谎称一批"海外要员""海外老人"要回国，每人都有一笔巨额款项要带回大陆发放给老百姓，联系指使童某侠（另案处理，已判刑）、被告人韩某军等人从事"民族资产解冻大业"，并向童、韩二人发送"国际梅协民族资产解冻委员会""中华人民共和国委员会馈赠资金发放证明书""馈赠资金各类收取费用通知""国家外汇管理局中国银行总行证明"等文件，任命童某侠、韩某军二人为"国际梅协民族资产解冻委员会"总指挥、副总指挥，以有巨额民族资产需要解冻为由，指使童某侠、韩某军吸收会员收取会员费。自2015年12月至2016年5月，童某侠、韩某军向全国各地人员收取会费并许诺发放巨额"民族资产解冻善款"，共向全国数十个省份近百万人次收取会费6300余万元，2人将2800余万元转账汇入黄某良、吴某金、龙某腾等人指定的银行账户。本案由内蒙古自治区鄂尔多斯市中级人民法院一审、内蒙古自治区高级人民法院二审，判决现已发生法律效力。法院认为，被告人黄某良等人以非法占有为目的，虚构民族资产解冻可获得巨额回报的事实，骗取他人财物，数额特别巨大，其行为均已构成诈骗罪。其中，被告人黄某良指使龙某腾、梁某卫等人冒充其助理给童某侠、韩某军打电话，并多次使用或指使他

---

① 参见江苏省高级人民法院电信网络典型案例，2020年12月1日发布。

人使用涉案银行卡在POS机上刷卡套现,系共同犯罪中的主犯。据此,以诈骗罪判处被告人黄某良、吴某金、廖某冬无期徒刑,剥夺政治权利终身,并处没收个人全部财产;以诈骗罪判处被告人龙某腾等人15年至4年不等有期徒刑。①

案例4:童某侠等7人诈骗案。被告人童某侠(女)以前曾参与过号称"民族大业"的活动,随着类似活动的演变,从2015年12月开始,有所谓的"海外老人""海外要员"与童某侠联系,声称海外有3千多亿人民币要发放给老百姓,但不愿意通过政府,想邀请童某侠具体实施。童某侠表示同意后,对方发给童某侠"大陆民族资产解冻委员会总指挥"的任命书。为获取群众信任,童某侠等人在微信群内散发大量伪造的"任命书""委托书""中央军库派令""梅花令"等身份证明及文件,伪造国务院、财政部、国家扶贫开发领导小组文件,以受中央领导和军委指示及国务院的指派来解冻民族资产为由,对外宣称只要民众交纳报名费、办证费、会员费加入"中华民族大业"组织后,就可以获得等次不同的扶贫款和奖励等高额回报。在童某侠的领导下,被告人邰某玉、张某峰等人先后加入"民族大业"组织,积极从事"解冻民族资产"活动。童某侠所领导的整个组织实行层级负责制,管理层下设省、市团队负责人,每个团队下设若干大组长,大组长下设小组长,小组长之下就是会员。该组织运行方式为:"海外老人"们的助理将包含"民族资产解冻"内容的宣传资料发送到童某侠邮箱,管理层人员把项目内容加工整理后以童某侠名义在手机微信群里发布,要求会员按项目内容交纳几十元、几百元不等的办证费,称在短时间内可获得几十万、几百万元不等的高额回报。该组织还以到人民大会堂开会为由收取统一服装费,以公证、转账手续费、保证金等理由收取费用。会员所交的费用由各省、市负责人汇总后转款到童某侠的银行卡上,童某侠再把款项转到相应项目的"海外老人"助理的银行卡上,"海外老人"及其助理使用POS机套现后将资金隐匿。童某侠所发展的"民族大业"组织遍布全国10多个省市,共骗取他人财物合计9500余万元,其中4800余万元转入"海外老人"助理的银行账户。本案经湖南省桑植县人民法院一审、张家界市中级人民法院二审,判决现已发生法律效力。法院认为,被告人童某侠等人以非法占有为目的,利用"民族资产解冻"的幌子,虚构事实骗取他人财物,诈骗金额特别巨

① 参见最高人民法院电信网络诈骗犯罪典型案例,2019年11月19日发布。

大,其行为均已构成诈骗罪。童某侠利用虚假的任命身份等文件,以"民族资产解冻"的名义开展各种以小博大的收费活动,在被群众揭穿及公安机关介入后,又编造谎言继续实施欺骗行为,且系犯罪组织的领导者,纠集、支配其他组织成员。据此,以诈骗罪判处被告人童某侠有期徒刑13年,剥夺政治权利3年,并处罚金人民币20万元;以诈骗罪判处被告人张某峰等人6年至3年不等有期徒刑。[1]

案例5:孙某等9人诈骗案。2019年7月,王某某等人(另案处理)为实施诈骗活动,成立"中华紫薇兴农慈善基金会",对外宣传该基金会系国家扶持项目,如会员发展到5万人,国家将放款5千亿元。入会需交纳12元会费,项目达到5万人后即可解冻,每名会员可以分得5万元;也可按每股102元入股,入股后将获得巨额分红。被告人孙某等9人先后加入该基金会,并在明知该基金会系诈骗组织的情况下,积极组建微信群发展会员,并在微信群内宣传该项目,以微信转账方式收取入会费、入股费,帮助该基金会骗取230万余元。法院经审理认为,被告人孙某等9人的行为构成诈骗罪。本案系共同犯罪,孙某等9人在共同犯罪中起次要作用,均系从犯,且认罪认罚,可从宽处理。据此,判处各被告人7年至8个月不等有期徒刑,并处20万元至5千元不等罚金。[2]

(二)骗术套路

此类案件中,行为人借助便捷高效的现代通信、金融工具,利用人民群众对党和政府的信任,假借国家大政方针和社会热点,编造所谓民族大业、精准扶贫、"一带一路"、军民融合、慈善帮扶等各种"民族资产解冻"类虚假项目,伪造国家机关公文、证件、印章,以小投入就能获得大回报为诱饵实施犯罪。犯罪团伙通过微信等层层发展下线、裂变式传播,受骗人数众多,遍布全国各地,涉案金额巨大,严重损害党和政府形象,严重侵害人民群众财产权益,严重危害社会稳定。在该类型诈骗中,诈骗分子往往通过诱骗亲属、同学、朋友、老乡等人入会的方式组建微信群,诱骗包括全国各地乃至海内外的被害人。如案例1中,被害人达30余万人,犯罪数额达385万余元,被害人人数众多、分

---

[1] 参见最高人民法院电信网络诈骗犯罪典型案例,2019年11月19日发布。

[2] 参见黑龙江省高级人民法院电信网络诈骗典型案例,2021年6月10日发布。

布广泛、数额特别巨大。案例 3 中，行为人共向全国数十个省份近百万人次收取会费 6300 余万元。

（三）防范要点

提示广大群众要树立正确的财富观、投资观，切勿被各类花哨的宣传冲昏头脑，切记"天上不会掉馅饼"。办案中发现，此类案件的被害人以老年人居多，在司法机关严厉打击诈骗犯罪、维护老年人合法权益的同时，老年人也需注意加强辨识能力，遇到处分财物有关事项时，多与子女、有专业知识的亲友或有关部门交流，避免误入骗子圈套。也希望年轻人多关心家中老年人，及时解答老年人在网络时代遇到的种种疑惑，避免老年人陷入"网络"陷阱。

（四）普法释义

"民族资产解冻"类诈骗犯罪早已有之，随着打击力度的加大，此类犯罪的发案率已经大幅下降甚至在一些地方已经销声匿迹，但近年来随着信息技术的发展，此类犯罪又借助现代通信和金融工具进行传播，逐渐演变成集返利、传销、诈骗为一体的混合型犯罪，极具诱惑性和欺骗性。犯罪分子往往抓住被害人以小博大、以小钱换大钱的心理，唆使被害人加入由被告人虚构的所谓"民族大业""民族资产解冻"项目或"精准扶贫"等其他假借国家大政方针和社会热点的虚假项目，允诺被害人可以小投入获得大回报，积极组织和发展会员，以办证费、手续费、保证金等名目骗取他人财物。此类诈骗犯罪迷惑性强、传播速度快，往往在短时间内就能造成众多人员受骗，且涉案金额巨大，严重侵害人民群众财产安全，严重损害政府公信力，严重危害社会安定。行为人实施此类行为，符合刑法规定的诈骗罪的犯罪构成，应当依法定罪处罚，其中，案件的幕后的策划者、组织者和操纵者是打击的重点，应当依法从重处罚。

十一、招嫖诈骗

（一）典型案例

案例 1：杨某巍诈骗案。2018 年 7 月，被告人杨某巍伙同他人在海南省儋州市兰洋镇，利用电信网络，实施招嫖诈骗活动。杨某巍等人冒充可上门提供性服务的女性,使用作案微信与被害人聊天,获取被害人信任后,其他同伙负责给被害人打电话并发送二维码诱骗被害人转账付款,诈骗所得款由杨某巍分得20%。通过以上方式,杨某巍共计骗取被害人12696元。本案由海南省儋州市人民法院一审,被告人杨某巍服判未上诉,判决现已发生法律效力。法院认为,被告人杨某巍以非法占有为目的,伙同他人通过互联网发布虚假信息,实施诈骗,骗取他人数额较大的财物,其行为已构成诈骗罪。杨某巍在犯罪过程中负责使用作案微信与被害人聊天,并分得诈骗所得款的20%,在共同犯罪中是主犯,且系诈骗累犯,依法应从重处罚。据此,以诈骗罪判处被告人杨某巍犯有期徒刑2年1个月,并处罚金人民币2万元。①

案例2:被告人温某等4人针对境外男性实施"援交"电信网络诈骗案。2018年9月,被告人温某、胡某、李某某商议在宁都县城成立一个以冒充在台湾地区就读女大学生兼职"援交"提供性服务方式,对台湾地区男性实施诈骗行为的诈骗窝点,由被告人温某、胡某各出资3000元人民币,被告人李某某以诈骗"技术"入股,犯罪所得由3人均分。被告人温某负责财务管理,被告人胡某负责招人实施诈骗,被告人李某某负责诈骗窝点日常管理及培训诈骗方法。之后,被告人温某租用宁都县梅江镇中山南路一套房并安装好网线。3人各投入一台台式电脑并购买好一套苹果6手机作为诈骗工具,被告人胡某招聘张某等人做"键盘手"实施诈骗。被告人张某于2018年10月10日晚到诈骗窝点上班,次日起冒充在台湾就读的女大学生兼职"援交"提供性服务的方式,通过line聊天软件对台湾地区的男性进行诈骗,要求被害人在24小时便利店购买mycard游戏卡、MOL卡、CASH游戏卡或苹果卡充当嫖资,其获得充值卡账号、密码后交由李某某出售变现,所得人民币转给温某管理。该犯罪团伙的诈骗金额为人民币29637.155元,其中被告人张某参加后的诈骗金额为人民币24715.533元。案发后,四被告人积极退赃,并预缴罚金。宁都县法院经审理认为,四被告人的行为构成诈骗罪,应依法惩处。综合本案的犯罪事实与量刑情节,并结合认罪认罚从宽制度的有关规定,以及各被告人在本案中的作用,该案不作主、从犯区分。鉴于被告人温某、胡某有自首情节,李某某、张某有坦白情节,四被告人都能认罪认罚,主动退赃和缴纳罚金,确有悔罪表现,对其可以从轻处罚。据此,判决被告人李某某犯诈骗罪,判处有期徒刑1

---

① 参见最高人民法院电信网络诈骗犯罪典型案例,2019年11月19日发布。

年3个月,并处罚金人民币4千元;被告人温某犯诈骗罪,判处有期徒刑1年,并处罚金人民币4千元;被告人胡某犯诈骗罪,判处有期徒刑1年,并处罚金人民币4千元;被告人张某犯诈骗罪,判处有期徒刑1年,并处罚金人民币4千元;随案移送的作案工具予以没收,上缴国库。①

案例3:朱某某等3人诈骗案。2019年6月至11月,被告人朱某某等3人在网络淫秽平台直播间投放内容为添加微信好友可以观看淫秽视频的广告,吸引被害人主动添加被告人控制的微信账户为好友。朱某某等3人在与被害人聊天过程中,以下载淫秽视频软件、购买永久会员、激活会员账户、支付押金、退款故障等为由,欺骗被害人向其控制的微信账户付款。被告人朱某某等3人有分有合,以上述手段诈骗27人,诈骗金额9万余元。法院经审理认为,被告人朱某某等3人的行为构成诈骗罪。各被告人均认罪认罚,可从轻处罚。分别判处各被告人3年7个月至3年不等有期徒刑,并处4万元至3万元不等罚金。②

(二)骗术套路

此类案件被告人假冒海外留学的女大学生,或以提供色情服务或淫秽音视频为名,通过微信、Facebook账号和LINE等聊天软件,添加不特定的境内外男子为好友,骗取他人付款或购买支付宝卡、"麦卡"、"点卡"等购物卡,在获得款项或相关卡号和密码后,通过网络低价销售给他人获取非法利益。

(三)防范要点

社会上个别人员的不良嗜好和低级趣味往往给电信网络诈骗犯罪以可乘之机。上述案例的裁判结果,既有力震慑了电信网络诈骗分子,同时也警示个别人员戒除不良嗜好,培养健康向上的兴趣爱好,不给违法犯罪提供滋生土壤。

(四)普法释义

微信招嫖类诈骗案件在多地时有发生。作为一种新型的诈骗案件,因

---

① 参见江西省高级人民法院电信网络诈骗典型案例,2021年4月23日发布。
② 参见黑龙江省高级人民法院电信网络诈骗典型案例,2021年6月10日发布。

案件受害人系招嫖被骗,发案后心存顾虑,多选择吃哑巴亏而不予报案,导致侦破和打击难度加大。此类案件虽然案值不大,但严重败坏了社会风气,对当地治安形势造成恶劣影响。对于构成诈骗犯罪的,司法机关应当依法定罪处罚。

第二章 "冒充型"电信网络诈骗

"冒充型"在电信网络诈骗中发案数排名靠前,常见的有"冒充公检法""冒充客服""冒充熟人"等作案,不仅严重侵害被害人的合法财产,也正逐渐侵蚀社会信任体系。

一、冒充公检法诈骗

(一)典型案例

案例1:2016年3月至4月间,徐某、李某、蓝某等17人相继出境至肯尼亚共和国(以下简称肯尼亚),参加由他人组织的针对我国大陆居民实施电信诈骗的犯罪集团。该犯罪集团在肯尼亚内罗毕租住别墅作为犯罪窝点,上述17人与其他24名共同作案人(均另案处理)分工合作。电脑操作手利用电信网络技术手段向北京地区不特定人员发送含有快递未签收、联系客服查询等内容的"语音包";一线负责接听电话的人员冒充顺丰快递客服,谎称被害人有签证未领取,身份信息遭泄露;二线负责接听或拨打电话的人员冒充公安民警,谎称被害人信息泄露被用于犯罪活动,检察院已介入;三线负责接听或拨打电话的人员冒充检察官,谎称需对被害人资金流向进行调查等,以此套取被害人个人及银行账户信息,并要求被害人向犯罪集团指定的银行账户转账、汇款,骗取多名被害人钱款共计人民币27.396万元。[1]

案例2:2022年8月28日上午,郑女士手机接到一个自称是"异地疾控中心"的电话,电话里对方称郑女士是密接人员。对方问郑女士,一个171开头的号码是不是郑女士的,郑女士说不是,对方说该号码登记的人员就是郑女

---

[1] 参见北京市第二中级人民法院(2017)京02刑初53号判决书。

士,郑女士坚持说不是自己的号码。随后,对方以"协助调查"为由帮郑女士转接到某市公安局,让郑女士与"警方"核实。之后,一名自称是"某市公安局的民警"跟郑女士联系,郑女士报了自己的身份证号码等信息。对方说,郑女士名下的账户涉嫌案件,还声称如果不是郑女士本人就需要郑女士进行核验。对方给了郑女士两个 QQ 号让郑女士添加。添加成功之后,对方通过 QQ 语音跟郑女士联系。语音里,郑女士把自己的银行卡卡号告知对方,便于对方"核查案情"。接着,该"民警"向郑女士称,郑女士的身份信息被冒用,需要通过账户验证进行嫌疑的排除。如何"排除",对方说需要郑女士下载"数字人民币"APP。于是,郑女士便按对方要求下载了"数字人民币"APP,并使用自己的手机号和银行卡号注册了"数字人民币"APP 账号。之后,郑女士按照对方要求,把自己支付宝里的钱提现到建行卡里。同时,郑女士还退出自己的微信、手机定位、短信提示。不久后,对方报了一个账号给郑女士,郑女士通过自己的"数字人民币"APP 转账给这个账户 8 次,每次 5000 元,共计 4 万元。到了 29 日上午,郑女士问对方办理情况以及对方的警号信息时,发现对方支支吾吾,郑女士才意识到自己被骗并报警。①

案例 3:王某讯等 32 人诈骗案。2011 年 8 月底,被告人戴某波、王某讯、周某娟受雇佣参加他人组织的针对中国大陆公民的电信诈骗团伙,并持旅游签证出境到老挝人民民主共和国,在位于万象市一栋别墅内从事电信诈骗活动。该团伙冒充公安局、检察院和法院等司法机关工作人员,通过电信技术手段对中国大陆地区不特定多数人进行语音群呼,虚构被害人信用卡被恶意透支、身份信息可能被犯罪分子盗用、需要对其银行账户进行调查等事由,诱导被害人向指定账户内转账或汇款,从而骗取被害人钱财。戴某波、王某讯和周某娟等 3 人主要负责接听被害人回拨的电话,并按月领取工资及提成。同年 9 月 26 日,戴某波、王某讯、周某娟等 3 人在上述地点被老挝国家警察局抓获,同年 9 月 30 日被移交我国公安机关。2011 年 8 月底至 9 月初,被告人黄某云等 29 人相继受同一雇主雇佣参加他人组织的针对中国大陆公民的电信诈骗团伙,并持有旅游签证出境到老挝人民民主共和国,在位于万象市一栋别墅内从事电信诈骗活动。该团伙冒充公安局、检察院和法院等司法机关工作

---

① 参见《冒充公检法骗术升级,厦门一女子被骗 4 万元》,载台海网,http://www.taihainet.com/news/xmnews/ldjj/2022-08-30/2647454.html,最后访问日期:2022 年 8 月 30 日。

人员,通过电信技术手段对中国大陆地区不特定多数人进行语音群呼,虚构被害人信用卡被恶意透支、身份信息可能被犯罪分子盗用、需要对其银行账户进行调查等事由,诱导被害人向指定账户内转账或汇款,从而骗取被害人钱财。黄某云等29人主要负责接听被害人回拨的电话,并按月领取工资及提成。同年9月16日,该团伙从被害人马某某处成功骗取人民币41万元。同年9月26日,黄某云等29人被老挝国家警察局抓获,同年9月30日被移交我国公安机关。海淀区法院经审理认定,王某讯等32名被告人以非法占有为目的,利用拨打电话等电信技术手段对不特定多数人实施诈骗,其行为均已构成诈骗罪;其中,被告人戴某波、王某讯、周某娟等3人的诈骗行为情节严重,被告人黄某云等29人的诈骗数额巨大,上述32名被告人的行为均应依法予以惩处。该诈骗团伙冒充公检法工作人员实施的跨国电信诈骗行为不仅损害司法机关声誉,而且严重干扰了广大群众的正常生活,故对32名被告人以诈骗罪分别判处2年6个月至6年不等的有期徒刑,并处相应数额的罚金。[①]

案例4:吉某燕等14人诈骗案。2011年8月至9月间,被告人吉某燕等14人伙同赖某城(已判刑)先后出境前往印度尼西亚,于2011年9月16日至9月26日期间,在印度尼西亚雅加达市一别墅内,分别作为一线、二线、三线人员,冒充中华人民共和国公安机关工作人员,通过电信技术手段,采用向中国居民拨打电话的方式,向被害人虚构个人信息泄露、涉嫌犯罪、资产需要保全等事实,诈骗48名被害人共计人民币462万余元。其中被告人陈某冬、赖某韩、庄某意、林某强参与诈骗金额共计人民币405万余元,被告人杨剑参与诈骗金额共计人民币303万余元。14名被告人于2011年9月26日被抓获。东城区法院经审理认定,被告人吉某燕等14人以非法占有为目的,共同通过电信技术手段,采取虚构事实、隐瞒真相的方法,骗取他人钱财,且数额特别巨大,14名被告人的行为侵犯了公民的财产权利,均已构成诈骗罪,依法应予刑罚处罚。其中,被告人吉某燕、李某琴共同负责对别墅内人员的诈骗活动进行管理,且作为三线话务员直接骗取被害人钱款,二被告人在共同犯罪中起主要作用,属于主犯。本案被告人通过拨打电话对不特定多数人实施诈骗,依法可酌情从严惩处。依照《刑法》有关规定,以诈骗罪判处14名被告人5年至12

---

① 参见北京市高级人民法院电信网络诈骗典型案例,2016年11月11日发布。

年不等的有期徒刑,并处相应数额的罚金。①

案例5:邓某青等25人诈骗案。2011年3月至6月间,被告人邓某青等25人先后在柬埔寨王国、印度尼西亚共和国、马来西亚参加他人领导的针对中国大陆公民的诈骗组织。该组织冒充中国法院、公安局、检察院等国家机关工作人员,通过电信技术手段向大陆地区不特定多数人群发语音电话、拨打电话,虚构被害人因信用卡透支在法院被诉讼、名下的信用卡涉嫌犯罪、需要对其财产进行公证或保全等事由,诱导被害人进行转账或者汇款,对被害人实施诈骗。2011年6月9日,25名被告人在马来西亚被抓获归案。北京朝阳区法院经审理认定,被告人邓某青等25人冒充国家机关工作人员,虚构事实骗取他人财物,其行为侵犯了他人财产权利,损害了国家机关的声誉和正常工作秩序,已构成诈骗罪,情节严重,依法均应惩处。依照《刑法》有关规定,以诈骗罪判处25名被告人1年6个月至3年6个月不等的有期徒刑,并处相应数额的罚金。②

案例6:韩某菊等6人加入境外诈骗团伙冒充司法工作人员诈骗案。2014年3月至2014年8月,蔡某嗅(又名蔡某名,由中国台湾另案处理)等人在土耳其伊斯坦布尔市设立诈骗窝点实施电信网络诈骗活动。后被告人韩某菊等6人至该诈骗窝点担任话务员,假冒相关单位客服人员、司法工作人员,通过发送诈骗语音信息诱使被害人拨打诈骗窝点电话,虚构国家工作人员查案需要查验资金、收取保证金等事实,向不特定的多数人实施诈骗。通过上述方式,该诈骗窝点共计骗取人民币2200余万元。本案经昆山市人民法院一审、苏州市中级人民法院二审,判决现已生效。法院认为,韩某菊等6人以非法占有为目的,采用虚构事实、隐瞒真相的方法骗取他人财物,数额均属特别巨大,其行为均已构成诈骗罪,且系共同犯罪。在共同犯罪中,韩某菊等人起次要作用,均系从犯。6被告人如实供述自己的罪行,均依法予以从轻处罚。据此,以诈骗罪判处被告人韩某菊有期徒刑10年3个月,剥夺政治权利2年,并处罚金人民币3万元;以诈骗罪判处被告人宋某芳等5人10年6个月至5年6个月不等有期徒刑,附加剥夺政治权利,并处罚金。③

---

① 参见北京市高级人民法院电信网络诈骗典型案例,2016年11月11日发布。
② 参见北京市高级人民法院电信网络诈骗典型案例,2016年11月11日发布。
③ 参见江苏省高级人民法院电信网络诈骗典型案例,2016年12月27日发布。

案例7:2018年10月间,曾某某等10人先后在菲律宾境内加入诈骗犯罪集团,在他人的组织指挥下,利用电信网络技术手段对居留境外的中国公民进行语音呼叫,冒充中国驻外大使馆工作人员、公安民警和检察工作人员等,虚构被害人因个人信息泄露而涉嫌犯罪等事实,以协助司法机关核查资产为名,先后骗取多名被害人钱款共计人民币2700余万元。2020年3月1日,经北京市朝阳区人民检察院报送,北京市人民检察院第三分院以诈骗罪对曾某某等10人提起公诉。2020年11月27日,北京市第三中级人民法院作出一审判决,被告人曾某某等10人犯诈骗罪被判处有期徒刑3年至7年不等,并处相应罚金。10名被告人均认罪认罚未上诉,判决已生效。①

(二)骗术套路

犯罪分子冒充公检法人员拨打被害人号码,经常以被害人身份信息被盗用、涉嫌洗钱、贩毒等犯罪以及涉及疫情管控等涉及人身自由的话题,要求自证清白进行资金验证,从而实施诈骗。

1. 亮身份、核信息。第一步,犯罪分子往往会冒充某地公检法人员,将事先准备好的证件、警号等甚至搭建的公检法办公场景进行呈现,并通过精准确认被害人身份信息、银行卡信息、社保卡等,给"身份"做"增信"。

2. 编案情、施压力。第二步,犯罪分子编造涉及案件、事件等方式,要求被害人加"办案民警"QQ或让被害人登录指定网址(假网站)查看虚假通缉令、逮捕证等法律文书,让被害人深信自己涉嫌犯罪。在完成对被害人"洗脑"工作后,犯罪分子会让被害人与公安人员或检察官联系,并要求被害人不能对外泄露任何情况,直到配合他们调查结束、洗清罪名后可以免予刑事处罚。

3. 询账户、转资金。第三步,犯罪分子会让被害人提供其资产账户情况,要求受害人下载指定软件进行"资金清查",并按指示填写银行卡账号、密码、手机验证码等。填写完毕,受害人卡上的资金已被全数转走从而完成诈骗。

(三)防范要点

犯罪分子通过改号软件将电话号码改成"公检法"号码,冒充公检法等政法机关工作人员,利用其权威性进行诈骗,往往让被害人猝不及防,危害深远、

① 参见北京市检察机关打击治理电信网络诈骗典型案例,2022年3月7日发布。

影响恶劣,所以,有必要依据冒充公检法诈骗被害人达成过程,尽快构建风险防范的全链条应对机制。

第一,普及基本办案常识。冒充公检法诈骗案件中,被害人知识盲区普遍存在于办案常识。首先,办案调查绝不会通过电话或者网络直接调查处理,一律通过上门或者请当事人到派出所等办公场所的方式面见当事人;其次,公检法机关不会在电话里要求被害人提供银行卡或者支付宝等信息,也没有所谓的"安全账户"。所谓的"安全账户"百分之百都是骗子设置的。由于缺乏办案常识的基本了解,被害人就存在因畏惧心理、急于摆脱干系、减少损失等心理误导自身行为的可能性。

第二,了解基本网络金融安全知识,包括手机及网络银行的安全使用、虚假的所谓"安全账户"风险等。缺乏网络金融安全知识,就可能被欺骗转账至诈骗账户、丧失撤销转账机会。

第三,个人信息要保护好,特别是银行卡号、密码、短信验证码、U盾等信息,一定不能透露给任何陌生人,也不要在不明网站留下个人信息。

第四,也是最为关键的是及时关闭会话发展空间。在这类冒充公检法的诈骗语术推进过程中,可以看出被害人陷入犯罪分子虚构的语境后,其急需自证清白以消除犯罪嫌疑身份的主观意愿,促成犯罪分子成功完成公检法工作人员身份的确立。因此,及时将虚拟语境转回现实语境,比去判断对方身份的真假容易得多,如有疑问可去本人住所地的公安机关报警。

(四)普法释义

冒充公检法进行诈骗是诈骗成功率较高的诈骗形式之一。根据最高人民法院、最高人民检察院、公安部《关于办理电信网络诈骗等刑事案件适用法律若干问题的意见》的相关规定,冒充司法机关等国家机关工作人员实施诈骗,达到相应数额标准的,酌情从重处罚;冒充国家机关工作人员实施电信网络诈骗犯罪,同时构成诈骗罪和招摇撞骗罪(招摇撞骗罪,是指为谋取非法利益,假冒国家机关工作人员的身份或职称,进行招摇撞骗,损害国家机关的威信和正常活动的犯罪)的,依照处罚较重的规定定罪处罚。应当特别指出的是,一些犯罪分子肆无忌惮,冒充司法机关等国家机关工作人员诈骗,不仅容易使人上当进而骗得巨额钱财,而且严重损害国家机关的形象和权威,必须严厉惩处。

二、冒充领导、熟人诈骗

（一）典型案例

案例 1：2020 年 9 月 3 日 10 时许，张某冒充被害人某公司所在地浙江省仙居县某镇的马书记，添加被害人微信好友后，简单询问被害人最近生意状况后，以不方便转账给朋友，需要被害人帮忙，先转一笔钱到被害人账户为由，让被害人提供自己的银行卡号。当被害人将卡号发过去后，就收到一张转账成功 143000 元的电子单，并告知被害人跨行转账可能有点慢。被害人没有注意查收就通过手机银行把 143000 元转入对方提供的账户中。几分钟后，对方又发了一张 30 万转账的账单给被害人，说还缺 30 万。因为之前的钱并没有收到，被害人就打电话给马书记，马书记说没有叫被害人打钱，被害人才知道被骗了，随即报案。①

案例 2：马某甲等 4 人利用木马病毒盗取他人 QQ 号码冒充亲友诈骗案。2012 年 8 月 9 日，被告人马某甲与马某乙、龚某某、马某丙在广西壮族自治区宾阳县宾州镇杨某臣家，利用木马病毒程序盗取了留美学生葛某的 QQ 号和密码，后冒充葛某身份，通过葛某的 QQ 号与其母亲王某某联系，以交学费等为借口，让在宿迁市宿城区的王某某汇钱到指定账户，共计骗取被害人王某某人民币 226600 元。法院经审理认为，被告人马某甲、马某乙、龚某某、马某丙以非法占有为目的，采取虚构事实、隐瞒真相的手段，骗取他人财物，数额巨大，其行为已构成诈骗罪。公诉机关指控罪名成立，应予支持。被告人马某甲、马某乙、龚某某、马某丙系共同犯罪。4 名被告人在共同犯罪中均起主要作用，系主犯，应当按照其所参与的全部犯罪处罚。被告人马某乙、马某丙归案后能如实供述自己的罪行，可以从轻处罚。被告人马某丙犯罪时已满 16 周岁不满 18 周岁，依法予以减轻处罚。依照《刑法》有关规定，判决被告人马某甲犯诈骗罪，判处有期徒刑 6 年 3 个月，并处罚金人民币 10 万元。被告人马某乙犯诈骗罪，判处有期徒刑 5 年 6 个月，并处罚金人民币 10 万元。被告人龚某某犯诈骗罪，判处有期徒刑 5 年 7 个月，并处罚金人民币 10 万元。被告

---

① 参见广西壮族自治区宾阳县人民法院 (2021) 桂 0126 刑初 118 号判决书。

人马某丙犯诈骗罪,判处有期徒刑 1 年 10 个月,并处罚金人民币 4 万元。追缴 4 名被告人的违法所得,退赔被害人。①

案例 3:李某某使用"魔音手机"冒充不同角色人员实施诈骗案。2013 年 5 月 13 日至 9 月 29 日,被告人李某某先后到宿迁市区、泗洪县、湖北省鹤峰县等地批发市场,抄录被害人王某、吴某某等人联系电话,后分别打电话给被害人。被告人李某某在电话中谎称自己是泗洪县消防大队或宿迁市军分区等单位的工作人员,要购买床上用品四件套或其他物品,并让对方代购印有五角星的毛巾,当听到对方答复附近并无销售该种毛巾的门市,被告人李某某便将自己的另一个号码告知对方,让对方拨打该电话。在被害人联系该号码时,被告人李某某使用"魔音手机"又冒充销售毛巾的老板,以需先行付款为由,诱骗被害人向指定账户汇款,共计骗取 3 名被害人现金计人民币 36000 元。被告人李某某于 2013 年 9 月 29 日在河南省上蔡县被抓获。案发后,公安机关从被告人李某某处扣押现金人民币 11900 元,并发还被害人,被告人李某某亲属代为赔偿被害人的其他全部损失。法院经审理认为,被告人李某某以非法占有为目的,采取虚构事实、隐瞒真相的手段,骗取他人财物,数额较大,其行为已构成诈骗罪。公诉机关指控罪名成立,应予支持。被告人李某某归案后如实供述自己的罪行,可以从轻处罚。被告人李某某已退赔被害人损失,可以酌情从轻处罚。依照《刑法》有关规定,判决被告人李某某犯诈骗罪,判处有期徒刑 1 年,并处罚金人民币 4 万元。②

案例 4:广西壮族自治区宾阳县罗某成、罗某胜假冒 QQ 好友诈骗案。2014 年 8 月至 11 月,被告人罗某成、罗某胜利用在互联网上盗取的 QQ 号码或者利用将其申请的 QQ 号码信息更改为被害人亲属的 QQ 信息等方式,冒充被害人亲属,以"亲友发出车祸急需借钱救治"等理由,诱骗被害人汇款至其指定账户。罗某成、罗某胜用此种手段实施诈骗两起,骗得金额共计 65000元。本案由广西壮族自治区宾阳县人民法院审理,判决现已发生法律效力。法院认为,被告人罗某成、罗某胜以非法占有为目的,通过 QQ 采取虚构事实、隐瞒真相的方式,骗取他人财物,数额巨大,其行为均已构成诈骗罪;罗某胜明知是犯罪所得而予以转移,其行为还构成掩饰、隐瞒犯罪所得罪。据此以诈骗

---

① 参见江苏省宿迁市中级人民法院网络诈骗典型案例,2015 年 11 月 6 日发布。
② 参见江苏省宿迁市中级人民法院网络诈骗典型案例,2015 年 11 月 6 日发布。

罪判处被告人罗某成有期徒刑 4 年,并处罚金人民币 1 万元;以诈骗罪、掩饰、隐瞒犯罪所得罪判处被告人罗某胜有期徒刑 2 年,并处罚金人民币 5 千元。①

案例 5:蒙某某、谢某某诈骗案。2018 年 10 月 22 日,电信网络诈骗团伙犯罪分子盗取被害人秦某某女儿的 QQ 号,冒充其在国外读书的女儿,称其学校薛教授父亲病重,要求秦某某将钱汇至指定账户,秦某某遂汇款 15.65 万元。被告人蒙某某、谢某某系帮助该团伙提取诈骗钱款的人员,二人从上述钱款中帮助提取赃款 8 万元。法院经审理认为,被告人蒙某某、谢某某明知他人实施电信网络诈骗犯罪而帮助取现,其行为构成诈骗罪。二被告人在共同犯罪中起次要和辅助作用,系从犯,且到案后如实供述罪行,可从轻处罚。二被告人均系累犯,应从重处罚。据此,分别判处二被告人有期徒刑 3 年 7 个月,并处罚金 2 万元。②

案例 6:被告人宋某甲、宋某乙冒充亲友诈骗案。2016 年 10 月至 12 月 20 日期间,被告人宋某甲、宋某乙伙同他人在网上购买福建、四川、陕西等地公民信息资料后,冒充被害人的领导、亲友等身份向被害人发送请求帮忙转款的诈骗短信,并发送伪造的扣款凭证取得被害人的信任,诱骗被害人向其控制的银行账户内汇款,骗取梁某某等人钱款共计人民币 19 万元。案发后,二被告人退出赃款 3.69 万元。湖里法院经审理认为,被告人宋某甲、宋某乙以非法占有为目的,冒充被害人亲友,利用发送短信的方式对不特定多数人实施诈骗,骗取钱款共计人民币 19 万元,数额巨大,其行为均已构成诈骗罪,且系共同犯罪。二被告人诈骗钱款 11 万元部分,由于意志以外的原因而未得逞,系犯罪未遂,对该部分诈骗依法可以从轻处罚。宋某乙系累犯,依法应当从重处罚。二被告人到案后如实供述犯罪事实并当庭认罪,退出部分赃款,可从轻处罚。综上,以诈骗罪判处被告人宋某甲有期徒刑 5 年 4 个月,并处罚金 5 万元;判处被告人宋某乙有期徒刑 6 年 6 个月,并处罚金 8 万元。③

(二)骗术套路

第一种,冒充领导诈骗。犯罪分子使用领导在政务网上公开的头像或者生活照片作为微信头像,微信昵称用领导姓名,个性签名一般都是带有政治色

① 参见最高人民法院电信网络诈骗典型案例,2016 年 3 月 4 日发布。
② 参见黑龙江省高级人民法院电信网络诈骗典型案例,2021 年 6 月 10 日发布。
③ 参见厦门中级人民法院电信网络诈骗犯罪典型案例,2021 年 6 月 22 日发布。

彩的语言,并用该微信撒网似的添加群众的微信。

犯罪分子会以关心工作和生活博得好感和骗取信任,编造和亲戚朋友在外地做生意,要转钱给亲戚或朋友,以自己是政府官员,不好用自己的身份转钱,想借"你"的名义转一下,再把钱转给"你"。当"你"同意并提供了银行卡给犯罪分子后,犯罪分子会 PS 一张转账汇款凭证并截图发给"你",但是凭证上的到账时间是"24 小时到账"。犯罪分子会说跨行转账会有些慢、"24 小时到账"等,但是亲戚或朋友急需用钱周转,要求"你"先垫钱转给亲戚或朋友,如果"你"按照"领导"的要求做了,那就会被骗走钱财。

第二种:冒充熟人诈骗。犯罪分子先利用木马病毒盗取他人的 QQ 号码,后通过 QQ 与其亲朋好友聊天,以一定事由要求被害人帮助汇款,并将自己事先准备的账号发给被害人,让其往指定账户汇款或转账。被害人信以为真,未经其他方式核实即按照对方要求进行汇款,从而上当受骗。

(三)防范要点

针对冒充领导、熟人实施的诈骗,电话核实身份是关键。陌生人要求添加好友时,特别是涉及工作的事项必须当面或电话核实;对于领导通过 QQ、微信、电话等线上要求转账汇款的,尤其是对方要求转账至第三方陌生人账户或直接支付款项的,必须当面或多方电话核实;如果对方称不方便通话,可采取私密问题提问的方式验证对方身份,切勿盲目给对方转账。

企业则应完善财务管理制度,严格遵照执行,不能因为是领导提出转账而突破规则,对公司客户临时变更账户的也要当面核实。企业财务电脑要定期杀毒、更换密码,不明软件、链接不要点;收到的银行验证码不要向他人泄露;安全 U 盾要妥善保管。

如果已经被骗或发现对方身份、信息可疑,应及时拨打 110 或 96110 报警,同时注意保留聊天记录、交易记录、联系方式等证据,为警方破案提供线索。

(四)普法释义

在当前社会环境下,个人信息的泄露、贩卖现象突出,已成为电信网络诈骗犯罪黑色产业链的重要组成部分。冒充领导、熟人型诈骗,通常为犯罪分子通过非法途径获取的公民个人信息,再按照所获取的个人信息,分析被获取人的角色,进行分析复制后,冒充领导或者熟人以其名义,向其通讯录发送信息,随后以虚构转钱或者借款为名,骗取对方财物的行为。被害人基于对领导的压力和对熟人的信任,在受骗时不能够完整、审慎地思考骗术流程,从而基于错误认识处分财产,最终遭受财产损失。

根据最高人民法院、最高人民检察院《关于办理诈骗刑事案件具体应用法律若干问题的解释》第2条第1款规定,通过发送短信、拨打电话或者利用互联网、广播电视、报纸杂志等发布虚假信息,对不特定多数人实施诈骗的,可以依照《刑法》第266条的规定酌情从严惩处。《刑法》第266条规定,诈骗公私财物,数额较大的,处3年以下有期徒刑、拘役或者管制,并处或者单处罚金;数额巨大或者有其他严重情节的,处3年以上10年以下有期徒刑,并处罚金;数额特别巨大或者有其他特别严重情节的,处10年以上有期徒刑或者无期徒刑,并处罚金或者没收财产。《刑法》另有规定的,依照规定。

三、冒充老板、财务诈骗

(一)典型案例

2015年5月,黄某文邀约黄某、卢某某、赵某等人组建诈骗团伙,购买笔记本电脑、无线网卡、QQ号码等,先后在卢某某位于广西南宁市西乡塘区金陵镇宣江坡村的老房子里和鱼塘中的一个铁皮屋内,分头以冒充公司老板发送QQ消息给公司财务人员要求转款的方式实施网络QQ诈骗,得手后共同分赃。

2015年5月18日,赵某使用笔记本电脑、无线上网卡登陆诈骗QQ,并将该QQ昵称改为刘某甲,将QQ签名改为荆州某置业有限公司。赵某冒充荆州某置业有限公司老板刘某甲,发送QQ消息给刘某甲的荆州某置业有限公司出纳黄某某的QQ,并要其将21万转入指定账户。在黄某某将21万元转入指定账户后,黄某文又操作赵某的电脑要求黄某某再转账29.8万,黄某某再次将29.8万元转入指定账户。50.8万元诈骗款到账后,黄某文通过洗钱公司将诈骗款取出。①

————————————

① 参见湖北省石首市人民法院(2016)鄂1081刑初23号判决书。

（二）骗术套路

首先，犯罪分子先通过非法渠道，盗用老板的照片、冒用老板身份、盗取老板手机通讯录上所有联系人的联系方式，随后精准发送信息。一番伪装后，犯罪分子便通过大面积"撒网"添加相关工作人员为好友，营造真实的工作氛围。

其次，通过"暖心关怀"与被害人拉近距离。类型一：嘘寒问暖型。犯罪分子用关心下属工作的口吻，让被害人"如沐春风"，感到受宠若惊，以为自己的工作得到老板的肯定，极大降低戒备之心。类型二：利益引诱型。犯罪分子主动提出帮助被害人解决困难，对话中暗藏"猫腻"，释放出朦胧信号，让被害人对个人及事业的未来发展浮想联翩。

最后，进入正题，提出转账要求。正当被害人感觉与"老板"的关系已更进一步时，犯罪分子顺势而为，谎称有一笔款项急需支付或提出各种各样的转账汇款借口。犯罪分子抓住被害人敬畏、不敢质疑的心理，并频繁使用"尽快""马上""立即"这些催促性的词语，既营造了紧张气氛，又利用时间差降低受害人核实转账需求真假的可能性。

（三）防范要点

公司财务人员在通过 QQ 等即时通讯工具接到要求借款或转账的信息后，一定要先面对面或通过电话进行核实。对网络上一些来历不明的投票、申诉等链接，切勿随意点击查看，尤其是需要填写用户名和密码的，一定要慎重鉴别，以免 QQ、微信等账号被窃。如果发现账号被盗，要第一时间找回账号，并用电话等方式告知各位好友，防止上当受骗。一旦上当受骗，要及时向当地公安机关报案，保留当时的聊天记录和对方 QQ 号码、银行账号等作为证据，有通话情况的应提供通话记录。

另外，企业的财务管理制度混乱也是导致财务人员上当受骗的一个非常重要的原因。因此，规范企业财务管理制度，严格遵循财务管理要求，才能不让犯罪分子有可乘之机。

（四）普法释义

冒充老板、诈骗财务人员，一般表现为不法分子盗用老板的照片、冒用老板身份,将受害者拉进一个群,营造真实的工作氛围。随后,谎称有一笔款项急需支付,让财务人员先帮忙垫付,财务人员信以为真陷入错误认识,并基于错误认识处分财产。该行为显然构成诈骗罪,甚至还构成三角诈骗。通常的诈骗行为只有行为人与被害人,被害人因为被欺骗而产生错误认识,进而处分自己的财产。在这种情况下,被害人与被骗人是同一人。但诈骗罪也有可能存在被害人与被骗人不是同一人的情况,这时就出现了三角诈骗。冒充老板、诈骗财务,是典型的三角诈骗。行为人在微信或者 QQ 作出虚假陈述,使公司财务人员陷入错误认识,从而处分公司的财产,构成三角诈骗。在冒充老板、诈骗财务中,公司财务人员是受骗者,不是被害人;但公司财务人员具有做出财产处分的权力,因而是财产处分人。因此,冒充老板、财务诈骗的行为显然属于三角诈骗。

财务被骗是在履行职务的过程中发生的,属于基于职务发生的行为,也就是在履行劳动合同的过程中给用人单位造成的损失,不能简单定性为财产损害赔偿纠纷,而是基于劳动关系发生的劳动纠纷。司法实践中,法院在认定责任时会根据劳动者的过错不同而对案件作出不同的审理结果,一般都不会让劳动者承担全部责任。劳动者和用人单位的法律地位不同,用人单位是企业财产的所有人和管理人,又是企业内部的管理人,不能将用人单位的风险全部转嫁给劳动者。劳动者的过错是一种违约行为,即劳动者对于自己应当承担的劳动合同的约定义务,主观上存在故意不履行或者因重大过失未能履行的过错状态。公司财务人员未经核实确认就轻信犯罪分子的指令,没有尽到审慎义务,存在重大过失。通过审查公司制定的规章制度来查明公司在被骗的过程中是否存在过错,是否财务制度不够规范。如果公司财务制度非常规范,是财务人员违反财务制度转账,则需要承担较高的责任。

四、冒充快递诈骗

(一)典型案例

2019 年 3 月 21 日至 3 月 27 日、4 月 9 日至 4 月 15 日,黄某 1、黄某 2、谢某某伙同张某某、谢某 1、谢某 2(该 3 人及团伙其他成员已被判刑)等人组成诈骗团伙,两次在福建省漳州市东山县大帽山上搭建帐篷作案,冒充快递公司客服人员,以理赔客户丢失快递为由,通过互联网等技术手段骗取或窃取被害人钱款。2019年5月4日至5月6日,黄某1、黄某2伙同张某某、谢某2等人组成诈骗团伙,在贵州省遵义市播州区一农村老宅中,冒充圆通速递公司客服人员进行电信诈骗活动。

张某某、谢某2、谢某1为该作案团伙头目,组织策划实施上述犯罪活动,黄某1、黄某2、谢某某为话务员。张某某、谢某1、谢某2共同提供作案工具、购买用于作案的快递公司客户快递件信息;张某某物色作案场地、安排作案团伙食宿交通,谢某1传授作案话术、指导话务员工作,谢某2负责电脑网络后台操作,通过网络与贩卖快递公司客户个人信息及帮助赃款转移的上下游人员联络、向作案QQ群内团伙成员发送作案用QQ号、微信号、用来套取被害人身份及银行卡等信息的二维码、诱骗被害人输入验证码的二维码及诱骗被害人转账的银行卡号,并负责和上下游人员进行赃款结算。每笔作案所得总金额的20%由帮助该团伙赃款转移的人员获取,32%由直接实施该起犯罪活动的话务员获取,48%由张某某、谢某1、谢某2在扣除犯罪成本和作案时间段该团伙成员日常开支后平均分配。

该团伙作案手法有两种:一种是诈骗手段。通过非法获取的公民个人快递信息,冒称快递公司客服人员谎称快递丢失,以理赔为由拨打诈骗电话,骗取被害人信任,通过QQ或微信向被害人发送含有钓鱼网站的二维码,通过被害人扫码输入的信息获取被害人身份证号、银行卡号、支付宝账号、银行卡和支付宝账号密码等信息,之后以验证受害者身份、提高受害者支付宝芝麻信用便于理赔等各种理由,让被害人自愿将钱款转入作案人员提供的账户,或让被害人向网络借贷平台借款后再自愿转入作案人员提供的账户。另一种是盗窃手段。通过获取被害人银行卡号、支付宝账号和密码等信息后,再向被害人发送填写验证码的二维码,在被害人输入收到的验证码或告知作案人员验证码后,在被害人不知情非自愿处分的情况下,通过网络技术手段将被害人银行卡或支付宝账户内钱款转走。

经查,利用上述作案手法,黄某1、黄某2秘密窃取他人钱款人民币138490元,骗取他人钱款人民币157915元,共计非法获取他人钱款人民币296405元;谢某某秘密窃取他人钱款人民币64090元,骗取他人钱款人民币157915元,共计非法获取他人钱款人民币222005元。其行为均已构成诈骗罪、盗窃罪,并已数罪并罚。①

(二)骗术套路

1. 犯罪分子通过黑客、购买等渠道非法获取被害人的详细购物信息,包括姓名、订单号、购货日期、购买的商品等信息。

2. 犯罪分子以购物客服或快递公司客服名义通过电话与被害人取得联系,因犯罪分子能准确说出被害人姓名、什么时间购买了某种商品等关键信息,使被害人第一时间误认为是购物客服或者快递公司客服。

3. 犯罪分子声称因商品质量有问题需要回收,或者快递损坏、丢失等原因,要对被害人进行退款并加倍赔偿,后要求加微信或 QQ。犯罪分子再发送虚假二维码、支付宝等网址链接,打开后以退款需要为名,让被害人填写手机号、支付宝账号密码等,并进一步填写身份证号、银行卡号及密码等关键信息,让被害人提供验证码直接进行转账、消费等操作。

4. 以被害人支付宝、蚂蚁借呗等信用值太低不能退款为由,要求被害人通过蚂蚁借呗、微粒贷、小米借贷、爱又米、招联好期贷、百度钱包、来分期、网商银行、你我贷、拍拍贷、趣店等网上借贷平台进行借贷,以提高信用值完成退款,其间以充 Q 币,或扫码付款,或提供验证码直接操作转账等方式达到骗取钱财目的。

5. 犯罪分子再以工作人员操作失误,谎称将被害人办理成了代理商户,后询问被害人是否取消代理商户身份。如果被害人要求取消代理商户身份,则犯罪分子会告知被害人需开具银行取消回执单,其后犯罪分子冒充所谓银行工作人员与被害人联系,套取银行卡信息,并以资金保全的名义诱导被害人转账。

(三)防范要点

快递丢失的一般处理流程是,快递公司向卖家查实物品价值等情况后,快递公司将货款赔付给卖家,卖家联系买家重新发货或退款。因此,即使真的丢失了快递,快递公司也应该事先联系卖家,而不是直接找到购物者本人。

收到自称是快递公司、快递员的电话或信息后,一定要在第一时间拨打全

---

① 参见上海市黄浦区人民法院(2021)沪 0101 刑初 145 号判决书。

国统一客服热线或登录快递公司官网或者在购物平台上查询自己的快递信息,确认包裹是否真的存在丢失、破损等情况。未确认之前,不要轻信来路不明的微信、电话和短信,不要同意添加微信好友申请,也不要拨打或者点击犯罪分子发来的电话或网址,不要向对方泄露任何自己及关系人的身份信息、通讯方式、存款、银行卡等情况。面对突如其来的转账、汇款要求,务必要谨慎,一定要核实清楚,千万不要随意转账、汇款。

(四)普法释义

犯罪分子以非法占有为目的,冒充快递公司工作人员,拨打在购物平台上预留的被害人电话,谎称被害人所购买的物品丢失,需办理退款手续为由骗取被害人的信任,进而骗取被害人财物的行为。根据《关于办理诈骗刑事案件具体应用法律若干问题的解释》第1条中的规定,诈骗公私财物价值3千元至1万元以上、3万元至10万元以上、50万元以上的,应当分别认定为《刑法》第266条规定的"数额较大""数额巨大""数额特别巨大"。可见,构成诈骗行为的涉案金额需达到3千元以上。而冒充快递诈骗是骗取被害人快递退款费,如果其诈骗数额较小,则不能构成诈骗罪。根据《治安管理处罚法》第49条规定,盗窃、诈骗、哄抢、抢夺、敲诈勒索或者故意损毁公私财物的,处5日以上10日以下拘留,可以并处500元以下罚款;情节较重的,处10日以上15日以下拘留,可以并处1千元以下罚款。因此,对于冒充快递诈骗涉案金额较小的情形,虽不能构成诈骗罪,但同样会受到行政处罚。

冒充快递诈骗同时也存在侵犯公民个人信息的情形,行为人通过不法途径获取公民个人信息,符合《刑法》第253条之一第3款的规定,构成侵犯公民个人信息罪。犯罪分子在获取个人快递信息后,冒充快递员,用电话打听到当事人不在家,随后谎称有到付快递放在家门口,通过短信发送收款码收取钱财实施诈骗。此类冒充快递诈骗之所以无法根除,最主要的原因在于网购消费者个人信息泄露屡禁不止,个人信息保护环节繁多且复杂,往往涉及多个企业,难以形成完整的保护链条。以淘宝为例,一次完整的交易涉及消费者、淘宝平台、淘宝卖家、支付宝、快递公司5个角色,排除消费者,其他4个角色都是独立的企业,他们对信息安全保护都有自己的做法,在这其中,究竟是哪个企业泄露了消费者个人信息都无法得知。因此,个人信息泄露的情况十分复杂,涉及的环节过多,这些因素都给打击犯罪活动带来了很大难度。随着

2021年11月1日《个人信息保护法》生效，个人信息泄露的现象不断有所改观。基于该法第69条的过错推定责任原则，如果消费者在网购后遭遇个人信息泄露，电商平台应当能够证明自己没有过错，否则将应承担责任。这一规定有助于解决被害消费者举证困难的问题。同时，该法畅通了被害消费者维权通道，对企业及相关责任人罚款上限的规定则是另一大亮点，大幅提高了个人信息泄露的违法成本，产生一定的威慑作用，有利于从源头上减少冒充快递诈骗的发生。从事电商的平台和快递企业应该按照要求，对从业人员加强职业操守、服务规范、作业规范等方面的教育和培训，采取有效技术手段保证用户信息安全。

五、冒充网购客服诈骗

（一）典型案例

案例1：萧某某（外籍）于2013年6月至2014年7月期间，纠集龚某某、曹某某等人（中国籍、外籍均有）在越南胡志明市设置电信诈骗机房，先后雇佣了黄某甲、黄某乙等20余名人员，并以1、2线分组。在购买京东、淘宝等电商客户资料后，1线人员冒充京东、淘宝等电商客服与前述客户电话联系，谎称电商错将客户设为VIP客户，而VIP客户每月要在电商处有人民币500元的消费，否则电商将同额扣除，客户要撤销设定需通过支付卡所属银行操作。随后，2线人员冒充银行客服人员与客户电话联系，谎称撤销设定需要到银行ATM机上根据他们的指令操作。客户在ATM机上操作时，被要求将账户内钱款存入指定的账户。继而，在境外的团伙人员杨某某、吴某某通过网上银行将骗得钱款转账至其他账户，并在境外的ATM机上取现后交团伙人员吕某某。吕某某通过台湾地下钱庄将钱款转账至越南地下钱庄，萧某某提取后分赃。

2013年12月28日，被害人王某某接上述诈骗电话后，到本市工商银行陆家嘴支行，通过ATM机分3次将59970元汇入该团伙提供的户名为白某婷的账户。

2014年1月3日，被害人徐某接上述诈骗电话后，至本市工商银行航中路支行，通过ATM机将6800元汇入该团伙提供的白某婷的账户。

2014年1月4日,被害人郝某某接上述诈骗电话后,至本市工商银行江宁路支行,通过ATM机将19377元汇入该团伙提供的白某婷的账户。

2014年1月9日,被害人魏某某接上述诈骗电话后,至本市工商银行南京东路支行,通过ATM机将人民币4900元汇入该团伙提供的白某婷的账户。①

案例2:90后秦某某大专毕业后赋闲在家,由于自己无收入缺钱花,便在网上找兼职打零工。不久通过互联网招聘信息认识"阿华",做起了网络兼职。流程很简单,"阿华"发来一批手机电话号码、"话本"和一个微信"兼职"群二维码,让秦某某逐一联系到机主,并说服机主扫码进群,做成一单即可非法获利400元。看到"话本",秦某某已经明白,"阿华"是电信网络诈骗分子,这份"兼职"虽然只是打个电话发个信息不见面,却也是在帮助电信网络诈骗。但秦某某在明知对方是诈骗分子的前提下,依然选择冒充网购平台客服人员以"购物返利""刷单返利"等为由,诱骗受害人扫码进群,进一步实施网络诈骗,从中获利。②

案例3:廖某仕等4人虚构可为被骗被害人维权诈骗案。2017年3月初,被告人廖某仕为实施电信网络诈骗,联系陈某权(另案处理)、被告人阮某向等人,由被告人廖某仕出资购买电信手机号码,绑定在固定电话上,并在"天涯论坛"留言称该固定号码是网监局维权电话,能够帮助因在"淘宝网"上刷信誉等被骗的被害人追回被骗钱财,后又联系被告人周某权等人提供银行卡用于转账或取现。在"淘宝网"上刷信誉被骗的被害人在互联网上找到并拨打该固定电话,陈某权接听电话并以帮助被害人进行维权、追回被骗钱款等理由,骗取被害人钱财,通过支付宝汇入被告人周某权等人的银行卡内。被告人廖某仕等人以上述方法实施诈骗作案10起,骗得他人钱款共8万余元。本案经江苏省南通市通州区人民法院一审,判决现已生效。法院认为,4名被告人以非法占有为目的,通过网络向不特定的人员虚构事实、隐瞒真相,骗取他人财物,均已构成诈骗罪,且系共同犯罪。被告人廖某仕在共同犯罪中起主要作用,系主犯,应当按照其所组织、指挥、参与的全部犯罪进行处罚;被告人廖某

---

① 参见上海市黄浦区人民法院(2015)黄浦刑初字第618号判决书。
② 参见《团伙冒充多种身份"引流"诈骗,柳州警方捣毁一个诈骗窝点》,载环球网,https://cj.sina.com.cn/articles/view/1686546714/6486a91a02001rau3? finpagefr = p_104&sudaref = www.so.com&display = 0&retcode = 0,最后访问日期:2022年9月14日。

仕、阮某向归案后能如实供述主要犯罪事实,且当庭自愿认罪,依法可以从轻或减轻处罚。据此,以诈骗罪判处被告人廖某仕有期徒刑 4 年 6 个月,对其余被告人分别以诈骗罪判处 2 年 6 个月至 1 年 6 个月不等的有期徒刑,对 4 名被告人均并处相应罚金。①

案例 4:被告人林某等 25 人诈骗案。2016 年 9 月始,被告人林某、胡某某夫妇在未经电信公司授权的情况下,冒充电信公司工作人员,利用电话、互联网从事电信手机用户积分兑换业务。林某、胡某某通过购买以及利用电信官网漏洞获取 20 余万条电信手机用户个人信息,先后聘请被告人姜某某、何某、熊某、陈某某等 40 余人作为话务员。话务员经过培训后上岗,根据胡某某分发的电信手机用户个人信息,事先设置好要拨打电话的相应归属地,拨打被害人电话,谎称是电信公司工作人员,以提供积分兑换礼品服务为名,用事先准备好的脚本为对话模版,向被害人咨询是否要兑换其手机积分,以被害人手机积分马上到期清零等为由说服其同意积分兑换,并向其许诺提供相应礼品。兑换成功后,话务员将许诺的礼品和兑换积分数等情况发送至胡某某处,胡某某据此给话务员计算报酬;话务员将兑换的虚拟商品相关信息发送至公司文员进行整理,其后交由林某、胡某某变卖获利。而许诺给被害人的礼品价值远低于在电信官网实际兑换的虚拟商品,甚至不履行承诺。被告人林某、胡某某通过上述方式,共计骗取他人财物 212 万余元。案发后,被告人熊某、陈某某等 21 人将其全部违法所得主动上缴,被告人林某上缴违法所得 20 万元,胡某某上缴违法所得 31.2 万元。南昌市西湖区法院经审理认为,被告人林某、胡某某违反国家有关规定,未经信息所有人同意,通过购买或雇佣他人利用电信官网管理漏洞等手段非法获取电信手机用户的个人信息达 20 余万条,情节特别严重,其行为均已构成侵犯公民个人信息罪。同时以非法占有为目的,雇佣他人谎称是中国电信积分兑换礼品中心,骗取客户验证码,骗取他人电信积分,用以兑换财物变卖获利,共计骗取他人价值 212 万余元的财物,数额特别巨大,其行为均已构成诈骗罪,应数罪并罚。综合各被告人在共同犯罪中的作用、诈骗金额、退赔情况,以及是否具有自首、坦白等情节,判决被告人林某犯诈骗罪、侵犯公民个人信息罪,数罪并罚决定执行有期徒刑 9 年 6 个月,并处罚金人民币 33 万元;被告人胡某某犯诈骗罪、侵犯公民个人信息罪,数罪并罚

① 参见江苏省高级人民法院电信网络典型案例,2020 年 12 月 1 日发布。

决定执行有期徒刑 9 年,并处罚金人民币 22 万元;对其他 23 名被告人判处有期徒刑 2 年 11 个月至拘役 6 个月、并处罚金 5 万元至 3 千元不等的刑罚;扣押在案的 74 万余元、冻结在案的被告人胡某某 88 万余元、林某 4.5 万余元予以追缴,发还被害人,不足部分由林某、胡某某承担赔偿责任,其他被告人在各自的犯罪金额范围内承担共同赔偿责任;扣押在案的电脑、手机等作案工具,依法予以没收,上缴国库。①

案例 5:王某某等 5 人诈骗案。2017 年 6 月至 2019 年 6 月,被告人王某某等人购买大量银行卡、身份证、手机卡、U 盾及工商执照等信息,在网络上注册具有扫码收款功能的商户。组织人员以美团、饿了么等外卖商户为目标,拨打商户电话虚构订餐事实,与被害人聊天谎称通过微信付款骗取被害人微信付款码,之后使用具有扫码功能的商户 APP 将被害人微信中的钱款转移至王某某控制的银行账户内。王某某等人以上述手段实施诈骗千余起,诈骗金额 70 余万元。法院经审理认为,被告人王某某等 5 人的行为构成诈骗罪。各被告人归案后能如实供述罪行,可从轻处罚。根据各被告人在犯罪中的地位、作用,分别判处 12 年至 2 年不等有期徒刑,并处 30 万元至 1 万元不等罚金。②

案例 6:被告人林某旺等 28 人偷渡境外冒充淘宝客服诈骗案。2019 年 7 月,被告人林某旺等 28 人偷渡到缅甸从事电信网络诈骗活动,利用购买的境内被害人淘宝上的购物及物流信息、电话黑卡等犯罪资料和工具,冒充淘宝客服人员给已购买商品人员打电话,谎称商品质量有问题,现商家要回收产品;或冒充快递公司客服给已在淘宝上订购商品的人员打电话,谎称所购商品在运送途中损坏或遗失,现公司要双倍赔偿,诱骗被害人添加微信,向被害人推送"自动申请退款"二维码,被害人扫码出现虚假退款页面,并填写身份证号、银行卡号、密码、电话等信息,然后利用被害人信息及被害人反馈的验证码,从网上进入被害人银行账户将其账户上资金转到第三方账户,从而骗取被害人钱财。在被害人银行账户无资金或资金少的情况下,以需在支付宝上退款为由,诱骗被害人在支付宝借呗、云闪付等平台借款,虚构是赔偿款和保证金,留下双倍赔偿款再将余款转至第三方账户等方式实施诈骗;对不配合的被害人还通过微信发送虚构的以最高人民检察院名义处理蚂蚁借呗资金的扣押命

---

① 参见江西省高级人民法院电信网络诈骗典型案例,2021 年 4 月 23 日发布。
② 参见黑龙江省高级人民法院电信网络诈骗典型案例,2021 年 6 月 10 日发布。

令,恐吓转款,骗取重庆、北京、上海等 20 余个省、市公民财物共计近 864 万元。重庆市沙坪坝区人民法院判决,被告人林某旺等 4 名被告人犯诈骗罪、偷越国(边)境罪,数罪并罚,分别判处有期徒刑 10 年以上有期徒刑,并处罚金。其余 24 名被告人犯诈骗罪、偷越国(边)境,分别判处 6 年 8 个月至有期徒刑 1 年 5 个月不等主刑,并处罚金。①

(二)骗术套路

第一步,犯罪分子通过不法途径获得买家网购订单数据,冒充客服,联系买家谎称网购商品存在质量问题,主动提出退款。买家在犯罪分子提供了订单详情信息之后,产生初步信任。

第二步,犯罪分子进一步提出在退款之外额外对买家进行赔偿,诱导买家点击犯罪分子发来的"退款网页",输入姓名、银行卡号、密码等个人信息。

第三步,犯罪分子利用买家填写的个人账户信息及手机验证码,完成最后的盗刷转账。

(三)防范要点

加强警惕,谨防网络购物诈骗,守好自身"钱袋子"。网络购物诈骗呈高发态势,诈骗手法不断升级,消费者在网络购物同时要加强防范,提高防骗能力,不要随意点击陌生链接或陌生软件,不要随意透露交易密码及个人信息,要在正规购物平台上进行相关退货、退款操作,切勿因小失大。

网购平台的客服不会涉及商家退赔的事情,更不会替商家向消费者进行赔款;网购平台的客服不会让消费者查询赔款,更不会知道赔款是否已经到账。另外,网购平台的客服只会用一种沟通方式与消费者交流。电话客服只会在电话里与消费者对话;平台客服只会在该平台内与消费者交流,不会跨越两种沟通方式联系消费者。系统理赔并不是电话客服的工作,客服来电只能起到通知义务,不会涉及理赔及系统认证的操作问题,并且理赔是不能靠系统完成的,系统只能起到管理的作用,而不能真正地实现理赔。

如需退款、退货,要通过官方平台,通过原购物渠道办理,不要使用对方发送的链接、二维码等。通过官方公开的方式向电商平台核实退赔事宜,且要在

---

① 参见重庆市云阳县人民法院网络电信诈骗典型案例,2021 年 6 月 21 日发布。

挂断电话的情况下,通过原购物平台查看自己该笔商品的处理情况以及是否收到理赔款。

网络购物的广泛应用让我们的生产、生活变得更高效、便捷,同时也给犯罪分子利用网络购物实施犯罪提供了便利条件。要从源头整治网络购物诈骗犯罪,除了公民要在网络购物的同时提高警惕以外,加强公民个人网络购物信息管理与网络购物安全保护工作,不给犯罪分子有可乘之机也是关键。

(四)普法释义

首先,公民个人网络购物信息的泄漏为冒充网购客服诈骗犯罪的发生提供了巨大的机遇,犯罪分子也正是通过各种手段非法获取了大量的公民个人网络购物信息,通过对这些网购信息的分析和总结来设置诈骗陷阱。所以,为防止冒充网购客服诈骗的频发,在保护公民个人网络购物信息方面应该完善相关的法制建设,尤其是对公民网络购物信息的保护进行法律规制。这些规范都应该在个人信息保护法中予以规定。就目前的法律体系而言,在宪法、民事法律、刑事法律等方面虽然也有关于个人信息保护的个别规定,但是不够全面,无法满足社会现实的必然需要,也无法遏制现实生活中互联网络平台进行个人信息买卖的现象。所以,应该对滥用权利获取他人信息并造成严重后果的机构或者人员,依法及时给予刑事处罚,切实保护信息网络安全。根据《刑法》第 253 条之一,违反国家有关规定,向他人出售或者提供公民个人信息,情节严重的,处 3 年以下有期徒刑或者拘役,并处或者单处罚金;情节特别严重的,处 3 年以上 7 年以下有期徒刑,并处罚金。违反国家有关规定,将在履行职责或者提供服务过程中获得的公民个人信息,出售或者提供给他人的,依照前款的规定从重处罚。窃取或者以其他方法非法获取公民个人信息的,依照第 1 款的规定处罚。根据最高人民法院、最高人民检察院《关于办理侵犯公民个人信息刑事案件适用法律若干问题的解释》第 4 条,违反国家有关规定,通过购买、收受、交换等方式获取公民个人信息,或者在履行职责、提供服务过程中收集公民个人信息的,属于《刑法》第 253 条之一第 3 款规定的"以其他方法非法获取公民个人信息"。因此,犯罪分子通过不法途径获取被害人的个人身份信息以及网络购物信息,情节严重的,同样触犯了刑法,构成侵犯公民个人信息罪。

其次,犯罪分子通过非法渠道获取网络购物买家信息后,冒充商家客服联系买家谎称网购商品存在"质量问题"可给予受害人退货退款,或以操作失误会对消费者自动扣款需要取消为由;之后运用一环扣一环的话术诱导消费者按照其要求提供账户内余额,按照其要求进行小额转账、大额转账、贷款等,这一行为显然构成诈骗罪。

最后,诈骗分子"外包"引流。像案例 2 中一样,通常其会在网上招募引流刚毕业急于求职或在校兼职的大学生或无业青年为目标,多是"90 后""00后"年轻人。"引流"常分为地面推广引流和互联网推广引流。"引流"团伙伪装成各类"服务员",以线下扫码送礼品、面对面扫码或线上招聘、打电话、发送短信关注等方式发送诱导性信息,引导被害人进入诈骗微信群。《刑法》第287 条之二规定,明知他人利用信息网络实施犯罪,为其犯罪提供互联网接入、服务器托管、网络存储、通讯传输等技术支持,或者提供广告推广、支付结算等帮助,构成帮助信息网络犯罪活动罪,情节严重的,处 3 年以下有期徒刑或者拘役,并处或者单处罚金。

第三章　其他类型电信网络诈骗

电信网络诈骗中,行为人的语言带有强烈的诱导性、欺骗性和目的性,通常会虚拟某种可用的身份获得被害人的信任,然后利用这种身份深入事件、虚构语言情景来调动被害人情绪,包括前面两章分别提到利用物质需求以及熟人之间放松戒备的本能,实施诈骗。而本章中的其他类型电信网络诈骗,则是利用人们的性欲、情感、娱乐等非物质需求所实施的诈骗。

一、裸聊诈骗

(一)典型案例

案例1:2016 年 1 月至 6 月期间,刘某在敦化市辖区内分别在其上线刘某平(已判刑)、"老大"(具体身份不详)处代理裸聊诈骗网站,并发展多名下线从中获取提成。后刘某发展下线王某,王某在网站中假冒色情裸聊网站的女主播,用虚假视频和图片诱惑客户以加入会员、激活账号、收取保证金等方式可以与网站女主播裸聊及上门服务的名义,骗取被害人徐某、李某、赵某、余某、刘某化等人充值。①

案例2:2022 年 3 月,家住科尔沁区的小马在家闲来无趣便通过一款名为"某趣"的 APP 上网交友,很快便加到了一名网名为安妮的"美女"网友,并在对方的诱导下,添加 QQ 好友进行"裸聊"。在 QQ 聊天软件中,俩人直奔主题,画面不堪入目……

"我现在已经获取了你的手机通讯录,如果你不给我钱,我就把视频和截图发给你通讯录好友。"当看到自己的不雅视频以及对方发来的相关截图,刚

---

① 参见吉林省敦化市人民法院(2021)吉 2403 刑初 166 号判决书。

才还觉得刺激的小马瞬间感觉坠入深渊。为避免丑事被亲朋知道,小马在对方的威胁和折磨下相继转账 14 万余元。在对方犹如无底洞的贪念下,小马终于无法承受,决定求助警方。

通过对资金流和信息流的进一步研判,民警发现此案嫌疑人为团伙作案,团伙成员分工明确,团伙中有专人与缅甸佤邦诈骗公司的一个小组长赵某单线联系,按照赵某的要求,将电信网络诈骗资金通过银行卡转入支付宝理财和微信理财内,然后再分批次转到境外赵某指定的账户内,掩饰资金流向。①

(二)骗术套路

裸聊类诈骗大都是通过网络聊天以色为媒、以色相诱实施诈骗或敲诈勒索的犯罪。

常见套路一:犯罪分子利用非法手段和渠道,收集被害人私人信息,包括真人姓名、微信账号、家庭住址、家人及朋友的联系方式。接着,另一组犯罪团伙(多由颜值高、年轻漂亮的女孩组成)根据收集到的私人信息"精准投放",通过添加被害人微信、QQ 等社交软件挑逗其裸聊并悄悄录制视频。最后,犯罪团伙会拿着被害人的裸照和大尺度视频威胁要把裸照公布以敲诈钱财。

常见套路二:犯罪分子以非法营利为目的,组建一个色情网站,随后在该色情网站上假冒色情女主播,用虚假视频和图片诱惑客户,以激活账号、加入会员、进入包厢、收取保证金可以观看女主播的裸聊表演或提供"上门服务"等名义,对被害人实施诈骗,骗取被害人充值。

(三)防范要点

在日常生活中,广大网民要切实增强自身防范意识;提高警惕拒绝诱惑,不要随意接受陌生网友的邀请和搭讪;不要随意点击来历不明的链接和下载来历不明的 APP。坚持文明上网、健康生活,保持积极向上的心理状态,自觉抵制网络上的色情低俗信息。裸聊诈骗的形式千变万化,为了避免落入圈套,最好的防范措施就是要抵制住诱惑,洁身自好。

---

① 参见《一起"裸聊"敲诈案牵出涉案 300 余万元的诈骗团伙》,载环球网,https://finance.sina.com.cn/jjxw/2022-09-08/doc-imqmmtha6448057.shtml? finpagefr = p_115,最后访问日期:2022 年 9 月 8 日。

（四）普法释义

裸聊的定义包含网络、裸体、淫秽动作等因素，因而可以将裸聊界定为：网络聊天者以网络为载体，各自展示自己的裸体并做出各种淫秽性动作供其他参与者相互观看的行为。

裸聊行为是否构成犯罪，应当具体问题具体分析。首先，由于单个主体在隐蔽场合进行的裸聊，虽然是一种有伤风化的违反公序良俗的行为，但这样的裸聊行为发生在特定主体之间，且不可能为多人所见所闻，因而不应当作为犯罪处理。其次，裸聊行为也不构成"聚众淫乱罪"。"聚众淫乱罪"是指纠集3人以上群奸群宿或进行其他淫乱活动，淫乱行为除了自然性交以外，还包括其他刺激、兴奋、满足性欲的行为，如聚众从事手淫、口淫、鸡奸等行为。聚众淫乱罪中的淫乱行为必须是多人之间通过身体的直接接触而刺激或者满足性欲，而裸聊行为是发生在网络这一"虚拟世界"中，参与者并没有发生通常意义上的性行为，裸聊的参与主体之间并没有直接的身体接触，因而不符合"淫乱"的条件，不构成"聚众淫乱罪"。

但裸聊行为有可能涉嫌"传播淫秽物品罪"。传播淫秽物品罪是指不以牟利为目的，在社会上传播淫秽书刊、影片、音像、图片或者其他淫秽物品，情节严重的行为。首先，根据《刑法》第367条第1款规定："本法所称淫秽物品，是指具体描绘性行为或者露骨宣扬色情的诲淫性的书刊、影片、录像带、录音带、图片及其他淫秽物品。"关于"其他淫秽物品"的范围，最高人民法院、最高人民检察院《关于办理利用互联网、移动通讯终端、声讯台制作、复制、出版、贩卖、传播淫秽电子信息刑事案件具体应用法律若干问题的解释》第9条第1款规定："刑法第三百六十七条第一款规定的'其他淫秽物品'，包括具体描绘性行为或者露骨宣扬色情的诲淫性的视频文件、音频文件、电子刊物、图片、文章、短信息等互联网、移动通讯终端电子信息和声讯台语言信息。"很显然，在网络视频上展示的个人裸体不属于书刊、影片、录像带、录音带和图片，但应当属于其他淫秽物品中的视频文件。这种电子信息同样具有可视性、可感知性、客观性。因而将通过网络视频展示的个人裸体界定为"淫秽物品"没有超出"淫秽物品"这一概念的通常含义，属于根据社会发展和现实需要对"淫秽物品"所作的扩张解释，没有违反罪刑法定原则。其次，通过网络视频器向多人或者不特定的人展示自己裸体的行为属于传播淫秽物品罪的"传播行为"。从语义的角度考察,传播的本义是指广泛散布,传播淫秽物品罪中的传播行为是指以公开或者半公开的形式在一定范围内广泛散布淫秽物品的行为。通常的传播行为具有以下4个特征:一是相对公开性,即在一定范围内不加隐蔽地向多人散布;二是扩散性,或称一源多向性,即行为人利用同一种或同一个淫秽物品反复、多次地向多数人散布;三是广泛性,即传播行为作用的范围是广泛的;四是方式的多样性。通过网络视频向多人(3人以上)或者多人向1人展示自己的裸体完全符合传播行为的基本特征。无论是特定个体与不特定多数的裸聊(即一对多),或是双方均为不特定多数人之间的裸聊(即多对多),都是一方利用网络这一特殊载体(介质)将"淫秽信息"传播给另一方,即一方获取或使他人得到"淫秽信息"的行为,这种行为的结果使淫秽信息为多人所感知。这种将淫秽信息传达给多人所感知的行为就是一种广泛散布淫秽信息的行为,就属于传播淫秽物品罪中的传播行为。

目前利用裸聊实施的新型网络诈骗多为团伙作案。且该类犯罪团伙已形成较为成熟的"产业链",具体由"聊天团队""裸聊团队""APP开发团队""诈骗团队"和"转账套现团队"构成,主要利用性感美女身份通过各类社交平台,引诱男性在互联网络上进行视频裸聊。最高人民法院、最高人民检察院、公安部印发的《关于办理电信网络诈骗等刑事案件适用法律若干问题的意见》规定,实施电信网络诈骗犯罪,达到相应数额标准,组织、指挥电信网络诈骗犯罪团伙的,酌情从重处罚。裸聊诈骗大多属于电信网络诈骗犯罪团伙,具有成熟的"产业链",应当对裸聊诈骗团伙的组织者、指挥者从重处罚。

二、游戏产品交易诈骗

(一)典型案例

2014年,陈某在盛大游戏网站注册了csf1986619游戏账号。登录该账号后,查找他人出售游戏账号的信息,通过QQ加出售人为好友,商议购买事宜,以此骗取他人的信任,并在盛大游戏网站复制用于支付款项的二维码,假冒"5173"网站客服,以出售游戏账号需缴纳保证金为由,诱骗出售人通过扫描二维码后,向其支付保证金,后又以交易超时等各种理由,骗取他人继续向其支付钱财的方式,进行诈骗活动。

2014年12月至2016年5月9日间,陈某以购买他人出售的游戏账号,假冒买家和官方客服并编织虚假的理由,骗取张某、殷某等37人的钱财共计173995.10元。

(二)骗术套路

网络在改变人们生活方式的同时,也影响着人们的心理和行为。很多玩家沉浸游戏,放松警惕,却给了骗子可乘之机。在网络游戏交易诈骗中,犯罪分子以游戏装备交易、游戏账号交易、游戏币交易、游戏金币交易、游戏点卡交易、游戏元宝交易、各类激活码交易和游戏材料交易等名义,通过低价收购或高价购买等方式引诱游戏玩家进行交易,一旦有玩家上当,骗子就会在交易过程中以激活费、验证金、保证金、大额退款保证金等多种名目,借口骗取被害玩家的钱财。

首先,犯罪分子会发布广告引诱被害玩家。如经常看到的一些“低价出售装备”“低价充值‘钻石’‘元宝’”“高价收游戏账号”,需要的请联系QQ:××××之类的信息,诱骗“急性子”玩家。在这类诈骗中,这也被称作“钓鱼”。

其次,当被害玩家联系了“钓鱼”QQ后,“钓鱼手”就会提供一个虚假交易平台的网址给玩家,告知须注册账号才能进行游戏装备或账号交易。

最后,当被害玩家注册账号后,“钓鱼”QQ会以联系客服发货为由,让被害玩家联系虚假交易网站上的“客服”。这时,由犯罪分子冒充的“客服”会使出浑身解数,以各种理由让中套的玩家支付激活费、验证金、保证金来达到诈骗的目的。比如,“您的账户个人信息未填完整,请完善信息并缴纳保证金,否则后台无法发货。”

网络游戏产品交易诈骗一般以正规网站面目出现,辅以第三方支付平台,具有很强的欺骗性。

(三)防范要点

针对买方而言,首先,网上交易时,不要轻易进入不熟悉的网站,可通过知名搜索引擎确认网站的真伪。不要轻易点击对方提供的网址链接、填写个人资料。其次,不要轻信“低价充值”和“高价收购”,“提现要交手续费”“账号冻结”都是骗子惯用的伎俩,目的在于诱骗被害人不停地向虚假平台账户充值。最后,不能直接向交易对象的账户汇款,避免上当受骗。通过第三方平台购买也应注意金额不要过高、简单检索出售方有无违规通告等。

针对交易平台方而言,一是应在与买方、卖方的用户协议中对各自权利、义务和罚则等做明确、细致的约定;二是可以通过交易流程如延长安全期、引入外部保险机制等降低风险;三是建立信用白名单、黑名单等机制,增加信息透明度,加强对交易方的道德约束。同时,平台也应主动谨慎地预防犯罪分子通过网络游戏交易漏洞非法洗钱或变相赌博,应该控制交易金额,对大额交易要仔细核实,评估卖方虚拟物品的取得及游戏内行为等的合理性;对游戏账号充值金额和售卖标价的差额限制,对溢价出售情况密切关注并核查合理性;注意游戏品类和资质选择,避免为赌博性较强或无审批的游戏提供交易。

(四)普法释义

2022 年的网络游戏成了内容娱乐产业的重镇,在疫情重压下比上年增加478.1 亿元,同比增长 20.71%,游戏用户数量也增长至 6.65 亿。游戏用户对游戏的投入不菲,动辄价值数十万元的账号比比皆是,一般用户投入几千上万更是稀松平常。而因为游戏换坑、获得稀有物品、低价购买等需求,游戏账号、装备等交易市场应运而生。基于现有行业情况,大多数游戏并不提供官方的交易平台,而第三方交易平台又面临账号被找回、封号、交易合规等风险。目前提供网络游戏账号交易、道具、虚拟货币等交易服务的平台有很多,包括官方游戏交易平台,如网易藏宝阁、雷霆聚宝斋、搜狐畅游畅易阁、盛大 G 买卖;第三方交易平台,如交易猫、5173、7881 等;官方合作交易平台,如完美世界与寻宝天行合作;游戏内装备交易系统等,涉及的游戏主要为 RPG、MMO 类,PC端和手游均有。官方交易平台相对最安全、便捷,但游戏数量有限,仅限于官方发行的游戏,且并非所有的游戏厂商均有官方平台。第三方交易平台游戏种类多、服务类型也更加多样化,但因为游戏账号、装备与用户信息的强绑定性及实名制认证等要求,导致交易风险较高。部分平台为了保证交易,引入了保险机制,以便在账号被找回、封号等情形下使买方得到赔偿。第三方交易平台的定性为信息居间方,一般收取一定的服务费,多为 2%—10%,也有个别官方平台为免费服务。账号、道具交易金额也深刻遵循市场经济特征由供需决定,与投入相关,比如《梦幻西游》账号售卖数十万的也不在少数。但游戏账号、装备交易价格与投入相比多数都是折价,一般仅有投入的 10%—30%,不排除极个别游戏的部分账号、道具可以实现理财产品的效果。

根据我国《民法典》第127条规定,法律对数据、网络虚拟财产的保护有规定的,依照其规定。但截至目前,并无相关明确法律规定。在司法实践中,部分网络账号、装备盗窃案中,部分法院认为盗窃网络游戏虚拟货币的行为应以非法获取计算机信息系统数据罪定罪量刑;部分法院认为,公民能够独占管理的、可以转移处置的、具有价值性的物(包括无形物),均可以认定为公民私人所有的财产,网络游戏装备及虚拟货币等属于虚拟财产。

根据行业惯例和平台的用户协议显示,账号、账号内装备的所有权均归属于游戏权利方,用户因签订协议而取得授权使用,并要在使用过程中遵守相关规则。用户因为使用外挂、擅自交易、其他违约行为等被封号、被限制使用部分道具等产生的纠纷,也多以网络服务合同纠纷或网络侵权责任纠纷为由,法院一般都认定双方用户协议约定内容有效,因而游戏运营方依据协议处罚用户违反协议约定的行为有效。原则上应当尊重游戏公司的合同条款,不过,有一种例外情形,如果用户申请账号或者充值时,游戏公司并未明确提示"只有使用权"的条款,很可能构成《民法典》第496条第2款的情形,对方可以主张该条款不构成合同的内容。因此,游戏公司应在用户协议相关约定部分通过加粗、标红等方式明确提示用户注意,尽到提示和说明义务,保障用户的权利。

网络游戏很长一段时间曾由版署和文化两个部门管理,2018年下半年起,根据《文化和旅游部职能配置、内设机构和人员编制规定》,文化部不再承担网络游戏管理职能,文化部在管理期间发布的游戏相关办法、通知等也于2019年7月废止。目前网络游戏主管部门为中宣部新闻出版总署,版署在现阶段已发布的通知主要涉及网络游戏出版和防沉迷等相关规定。而与网络游戏虚拟货币交易相关的规定主要集中在已废止的文化部制定的文件中,如《网络游戏管理暂行办法》规定从事网络游戏虚拟货币交易服务应取得《网络文化经营许可证》;《文化部关于加强网络游戏宣传推广活动监管的通知》规定,网络游戏运营企业不得向用户提供网络游戏虚拟货币、虚拟道具兑换法定货币或者实物的服务。前述禁止行为的处罚依据是《网络游戏管理暂行办法》,已经废止。基于前述,从网络游戏监管规定分析,现行有效的法规通知等并无直接禁止性规定。根据中国质量万里行发布的《2019年Q1游戏行业投诉数据分析报告》显示,账号被封、账号被盗等信息安全类投诉有932例,占投诉总量的38.17%;交易账号被找回、不发货、诱导消费等合同订单类626

例,占投诉总量的 25.63%,可见网络游戏虚拟物品交易纠纷频发。封号行为主要源自交易游戏官方,封号的依据主要是用户在注册游戏账号时同意的游戏用户协议。如游戏超级巨头腾讯公司现阶段并没有官方游戏交易平台,大量的优质游戏、严格全面的用户协议、有效的技术监测手段,导致交易需求旺盛的同时,封号等交易纠纷也频发。由于游戏用户的实名制认证无法变更,多数交易需要修改绑定的电话或邮箱等信息,此等情况下,卖方在账号出售后仍有可能联系客服,以被盗号等理由找回账号,导致买方失去对账号的控制权。

犯罪分子利用网络游戏产品交易监管漏洞冒充平台客服、工作人员实施网络诈骗,骗取用户账号和信息,甚至以缴纳保证金、履约金等名义,骗取被害用户钱财。而现阶段全面放开的网络游戏虚拟货币交易情形下,为游戏用户提供游戏外的变现途径,不仅给犯罪分子提供了非法洗钱的渠道,而且还容易滋生变相赌博行业。

由于网络游戏虚拟货币、道具具有财产属性,可以作为交易的对象,现阶段并无明确的法律、法规规定禁止其交易。基于游戏实名制和账号绑定的特点,第三方交易中会存在诸多风险,平台、卖方和买方均应不断从协议、规则、流程等层面完善,减少犯罪的发生。综合网络游戏账号、道具的特点,结合经济、技术的发展现实,网络虚拟财产已经随处可见,应当从立法和执法层面扩大保护范围,为网络游戏内的虚拟货币和装备等具有价值的内容加以明确保护。因此,加强网络游戏交易监管力度,出台专门针对网络游戏交易诈骗的法律、法规,是打击虚拟网络游戏交易诈骗的重中之重。

三、游戏陪玩诈骗

(一)典型案例

案例1:2020 年 1 月起,王某 1、谈某、王某 2(均另案处理)为牟取非法利益,合伙成立火烈鸟公司、徐州××有限公司(以下简称"××公司"),并在"小小语音"(又称"哒哒语音")平台上开设火烈鸟工会及其所属的直播厅。2020年 5 月起,××公司、追梦公司为牟取非法利益,授意公司业务员负责在多个网络游戏平台大厅内,假扮美女玩家,以处网络情侣、收徒等为幌子吸引被害人,并引流至"小小语音"(又称"哒哒语音")平台上的直播厅。期间,××公司成立多个分部雇佣业务员,根据公司培训的流程和话术要求,为招揽被害人,在王者荣耀、QQ飞车等游戏大厅,针对不特定多数人发布"美女招揽徒弟""美女陪玩"等诱导性信息,诱导被害人添加其QQ、微信好友。随即,通过QQ、微信等聊天工具,以女主播身份将被害人诱骗至"小小语音"等直播平台,并将被害人推送给××公司下属女主播。女主播再以谈恋爱、PK、"守护"、业绩不达标将会被开除等幌子,欺骗被害人在语音平台进行充值并打赏。涉案打赏金额中,主播获利50%,业务员获利7%—10%,部长根据组内业务员业绩再分成若干。经××公司下属主播实施诈骗后,提成金额计入各公司后台私人账户中。经审计,王某1作为火烈鸟公司主播骗取金某人民币90余万元;周某作为火烈鸟公司主播骗取金某10余万元;夏某作为业务员共计骗取人民币41044.7元。①

案例2:刘某峰等37人诈骗案——以组建网络游戏情侣为名引诱玩家高额充值骗取钱款案。被告人刘某峰,系辽宁盘锦百思网络科技有限公司(以下简称百思公司)实际控制人;杨某明等36名被告人均系百思公司员工。2018年8月至2019年4月,百思公司代理运营推广江苏某网络科技有限公司的两款网络游戏,被告人刘某峰招聘杨某明等36人具体从事游戏推广工作。为招揽更多的玩家下载所推广的游戏并充值,刘某峰指使杨某明等员工冒充年轻女性,在热门网络游戏中发送"寻求男性游戏玩家组建游戏情侣"的消息与被害人取得联系。在微信添加为好友后,再向被害人发送游戏链接,引诱被害人下载所推广的两款网络游戏。在游戏中,被告人与被害人组建游戏情侣,假意与被害人发展恋爱关系,通过发送虚假的机票订单信息截图、共享位置截图等方式骗取被害人的信任,诱骗被害人向游戏账号以明显超过正常使用范围的数额充值。部分被告人还以给付见面诚意金、报销飞机票等理由,短时间多次向被害人索要钱款,诱使被害人以向游戏账号充值的方式支付钱款。经查,刘某峰等人骗取209名被害人共计人民币189万余元。本案由天津市公安局津南分局立案侦查。2019年9月9日,公安机关以刘某峰等37人涉嫌诈骗罪移送天津市津南区人民检察院起诉。同年12月2日,检察机关以诈骗罪对刘某峰等37人提起公诉。2020年12月21日,天津市津南区人民法院以诈骗罪分别判处刘某峰等37人有期徒刑13年至1年不等,并处罚金人民币

---

① 参见上海市宝山区人民法院(2021)沪0113刑初1471号判决书。

30 万元至 1 万元不等。刘某峰提出上诉,2021 年 3 月 3 日,天津市第二中级人民法院裁定驳回上诉,维持原判。①

(二)骗术套路

犯罪团伙通过成立游戏工作室来招募成员,制定严格的规章制度,内设引流组、游戏组、人事组等,各组之间分工明确,并对招募的成员均进行系统培训,分发相关话术,并及时对话术进行修改、升级。为了消除被害人的疑虑,各组会配置一名女性,负责和被害人语音。你以为的萝莉陪玩,其实可能就是抠脚大汉。犯罪团伙会通常利用网图、变声器在各类社交软件上注册女性账号,冒充"美女"陪玩游戏,在取得被害人信任后又让其以请吃饭、买奶茶、刷礼物等借口诱导被害人发红包、转账,后以谈恋爱为名利用送花、结婚、冲榜单等理由让被害人不断充值。在被害人表示要退游时,又称可以回收被害人账户,要求被害人继续充值,以达到回购标准,最后将被害人拉黑。

(三)防范要点

首先要选择正规的游戏陪玩平台。因为正规的游戏陪玩平台需要陪玩人员和用户进行实名认证和审核,保证双方的合法权益。要判断平台是否正规、靠谱,可以查看游戏陪玩平台以及运营公司是否有营业执照,办公地点是否固定,是否具有工信部 ICP 备案、EDI 许可证以及网络文化经营许可证等资质。除了游戏陪玩平台,还有各种零散的陪玩社团和游戏陪玩工作室等,这类对于陪玩信息大多要求不高、审核不严,在选择时要谨慎。

当然,还可以选择平台签约认证的大神,或者平台推荐的、好评率高的陪玩,这样可以保证陪玩体验和游戏技术都是相对好的。还可以查看个人资料、游戏段位、积分截图等作为参考,必要时可以要求试玩,验证游戏技术和段位是否真实。如果是在正规的陪玩平台上进行的交易,即使有的陪玩会要求先下单再游戏,也不用担心对方会骗单、逃单,因为可以通过平台投诉追回、挽回损失,而私下接单的陪玩如果发生骗单、逃单所导致的损失就非常大了。所以,不要轻信非官方平台以外的陪玩信息,更不要扫描来路不明的二维码,或者向陌生人透露手机验证码。

---

① 参见最高人民检察院打击治理电信网络诈骗及关联犯罪典型案例,2022 年 4 月 21 日发布。

（四）普法释义

网络游戏产业的蓬勃发展,孕育了以游戏内语音交流为主要方式的线上陪玩服务,大致流程为消费者在陪玩平台上根据照片、昵称、段位（游戏水平）、价位等信息选择陪玩,并支付相应时间的价款,之后,陪玩会和消费者在游戏中语音互动。游戏陪玩,从非常单纯的层面上来说,这个行为本身是不违法的,但是现在出现了有许多犯罪分子利用网游陪玩这个名目,开始欺骗这些消费者进行其他方面的诈骗,或者涉及了其他的违法行为,这时候就自然涉及违法了。

由于游戏内男玩家比例较高,女陪玩往往更受欢迎,相同段位的女陪玩价格一般也高于男陪玩。因此出现了男性用变声器冒充女陪玩接单,以获取更多订单和更高价款的行为,甚至还出现了专门开设工作室,成批培训男性冒充女陪玩的组织者,有些冒充的女陪玩还会让消费者加上微信,再通过聊天诱使其为自己购买礼物或是发送红包,以此骗取被害人钱财。

将冒充女性和他人暧昧、网恋骗取钱财的行为认定为诈骗,是因为在该过程中,行为人没有给付任何对价,是纯粹的"空手套白狼",因此认定行为人主观上具有非法占有目的,客观上被害人遭到财产损失都是顺理成章的。从行为而言,男性利用变声器、网络图片和女性昵称实施冒充行为,使消费者误把他当作"萌妹""御姐",属于采取虚假或者其他不正当手段欺骗、误导消费者,行为人也明知其行为的不法性;从结果而言,行为人利用市场对女陪玩的需求获取更高价款,用货不对版的服务占有他人财产,亦具有不法性。

对于财产损失的判断,学界存在"目的失败说"与"客观损失说"两种不同的主张。其中,"目的失败说"认为,反向给付的属性,是决定是否进行财产交换的重要条件,因此,只要对这一点存在欺骗,就属于有关法益的错误,对于所交付的财物,当然成立诈骗罪。在商品交易中重要的是,受骗者是否取得了其意欲取得的东西。根据媒体业者调查,以《王者荣耀》为例,男性想要被认证成为某陪玩平台"大神"的话,段位必须在"至尊星耀"以上,女性从事这份工作的标准则较低。这说明大多数女性陪玩与男性陪玩在平台上担任的职责并不相同,男性与小部分女性陪玩偏向"陪练",可以进行教导技能、带用户上分等服务,其他女性陪玩的娱乐属性更重,像是以玩游戏为载体的陪聊。事实上,陪玩们也会在平台上标注自己的特点,是声音甜美还是技术过硬。因此应当认定,消费者在选择以声音为特点的陪玩时,其交易目的在于通过聊天来获得异性的关注和情感陪伴。因而当消费者发现陪玩使用了变声器时,往往大呼上当,愤怒地打下差评或举报。当然,此时消费者并没有取得他所想要的服务,交易目的落空,根据"目的失败说"应当认为存在财产损失。而"客观损失说"则认为,诈骗罪客观构成要件要素意义上的财产损失是对财产总量上的总体评价,处分行为所获得的对价也应当考虑在内,要对事发前、后受害者的全部财产状态进行比较,如果有失亦有得,损失与获利大致相当,则不构成诈骗罪。但即便采取"客观损失说",在此也应当得出被害人遭到财产损失的判断。具言之,当张三选择了一位 20 元陪玩一局的男陪玩时,他从中得到了价值 20 元的适当服务,未发生财产损失;但当张三选择了一位 50 元陪玩一局的女陪玩,却遭遇男陪玩用变声器冒充时,事发后就不能认为张三只损失了 30元,而应认为他损失了 50 元,因为他根本就不想要一位男陪玩,这在根本上有别于他的需求。而且服务又是一次性的,在张三得知真相后也无法转卖,故只能认为他损失了全部价款。又如在"乔碧萝事件"中,不能认为乔碧萝既然耗费了一定的时间直播,打赏者的财产就没有完全损失,这是脱离人们实际心理的。乔碧萝的实际容貌从根本上有别于打赏者对"颜值主播"的期待,如果早知乔碧萝的真面目,打赏者根本就不会去看她的直播,因为这对他们而言是毫无效用的,这一点从"榜一大哥"的愤怒销号中就可以看出。要言之,在消费者对服务类商品有着明确好恶取向时,提供根本上有别于消费者需求的商品,不能视为给付了相当的对价,消费者损失应以全部价款计算。综上,无论从"目的失败说"抑或"客观损失说"出发,都应认为被害人遭受了等于全部陪玩价款的财产损失。

考虑到单次陪玩价格从几元到几百元不等,离诈骗罪的 3000 元起刑点相去甚远,因此还需考量多次小额诈骗能否被定罪的问题。《刑法》第 264 条将多次盗窃纳入到盗窃罪范畴,第 274 条也将多次敲诈勒索入罪,但诈骗罪一条中并无此类规定。同时,多次小额诈骗行为虽然与连续犯、接续犯、集合犯在某些方面存在一些相似性,但在其他的特征上存在很大的不同,因此连续犯、接续犯、集合犯的理论并不能用来解决多次小额诈骗问题。但 2016 年"两高一部"《关于办理电信网络诈骗等刑事案件适用法律若干问题的意见》明确规定,两年内多次实施电信网络诈骗未经处理,诈骗数额累计计算,构成犯罪的,应当依法定罪处罚。考虑到陪玩服务的提供载体为互联网,可以将组织大量男性冒充女陪玩的行为认定为多次实施电信网络诈骗,如果数额累计达到诈骗罪的入刑标准,组织者即构成诈骗罪。而对于单个冒充者而言,由于订单量有限,即便进行数额累计也难以达到入刑标准,因此这样的处理方法也可以有效地限缩刑罚圈。当然在实践中,要对上述组织行为进行打击还有着相当的难度——若每单的价格为 30 元,司法机关如对其定罪量刑,就必须查证 100 次消费,因而可能需要投入一定的司法成本。

值得注意的是,根据中国通信工业协会电子竞技分会颁布的《游戏陪玩师》团体标准,游戏陪玩师已有作为正式职业的职业准则,此外还有"游戏职业技能认定平台",通过职业认定考核后即可取得"游戏陪玩师职业证书"。职业陪玩师如果想要有健康可持续的发展,必须要遵循技术安全性、行为合法性和价值伦理性三个层面的要求,包括人员资质必要的考核、审查和备案,包括业务行为符合各项法律要求,不能出现侵犯他人权益和社会公共利益的行为样态。在业务发展过程当中,应符合主流伦理道德要求,避免法律和道德的擦边球现象。

对于陪玩平台涉黄信息不绝的现象,如果陪玩业务想得到合法合规的发展,必须做到三个方面的确保:第一,确保准入主体的资质要求,避免违法违规人员的进入;第二,在业务规则上要有清晰的业务要求,避免与非法行为的交叉重叠;第三,必须要有完善的举报投诉机制和责任追究机制,确保能够及时有效地实现责任追究。平台本身在人员进入这个环节要把好入口关,包括持续的人员资质的追踪,包括是否有不良记录等等,及时清除屏蔽违法违规主体,承担起第一守门人的责任。为了减少游戏陪玩诈骗的发生,有关部门应加强对陪玩平台的监管。网络平台不履行法律、行政法规规定的信息网络安全管理义务,应受到相应的行政处罚;经监管部门责令采取改正措施而拒不改正,致使违法信息大量传播的,还应被追究拒不履行信息网络安全管理义务罪的刑事责任。

四、涉疫情防控诈骗

(一)典型案例

案例 1:2020 年 2 月 10 日至 12 日,被告人郑某在新型冠状病毒疫情防控期间,利用众人急欲购买口罩的心理,在没有现货和相应货源的情况下,通过微信等社交平台发布有医用口罩待售的虚假信息,骗取被害人杨某、葛某向其支付购买口罩款共计100800元。此后,被告人郑某以发布虚假发货单和各种理由敷衍、搪塞被害人杨某、葛某,在对方多次索要款项并声称欲投诉或报警等情况下,陆续退还部分款项,截至被抓获,共计退还款项31000元。2020年2月10日,被告人郑某谎称以2.8元/个的价格向杨某出售医用三层口罩15000个,骗取杨某42000元用于赌博等,经杨某多次催要并声称投诉或报警,才陆续退款共计27000元。2020年2月11日至12日,被告人郑某谎称以2.8元/个的价格向葛某出售医用三层口罩21000个,骗取葛某58800元用于赌博或退还杨某部分款项,经葛某多次催要并声称投诉或报警等,陆续退款共计4000元。[①]

案例2:被告人蓝某某涉疫情防控物资诈骗案[②]。2020年2月5日至2月13日间,被告人蓝某某发现疫情爆发后市场口罩紧缺,在没有货源和供货经验的情况下,通过微信朋友圈发布有大量防疫口罩可出售的虚假信息,宣称货源充足、发货及时,以每只口罩人民币3元多的价格,诱使他人向其订货并支付全款。得款后,被告人蓝某某编造各种理由进行推脱,或以每只5元多的价格买入少量口罩发给催货较急的被害人,其余货款均被其用于网络赌博。截至2月13日,被告人蓝某某先后骗得江西宜春、福建漳州等地4名被害人钱款人民币74.598万元。2020年2月13日,被告人蓝某某向公安机关谎报警情称自己购买口罩被诈骗。归案后,蓝某某在审查起诉阶段如实供述了上述事实。案发后,公安机关追缴赃款人民币3万元。集美法院经审理认为,被告人蓝某某以非法占有为目的,在疫情防控期间假借销售防疫物资的名义,虚构事实、隐瞒真相,利用网络对不特定人实施诈骗,骗取他人钱款人民币74.598万元,数额特别巨大,其行为已构成诈骗罪,依法判处被告人蓝某某有期徒刑11年,并处罚金人民币10万元。

(二)骗术套路

疫情防控期间,社会各界积极投身防控工作,犯罪分子却以“疫”之名借

---

① 参见江苏省沭阳县人民法院(2020)苏1322刑初1245号判决书。
② 参见厦门中级人民法院电信网络诈骗犯罪典型案例,2021年6月21日发布。

机敛财,千方百计实施诈骗。其骗术套路主要有:

1. 售卖防护物资型电信诈骗。犯罪分子虚假售卖口罩,高喊"货源保障、工厂直销";搭建虚假购物网站引诱被害人点击钓鱼链接,号称"物美价廉、送货上门"诈骗套路。

2. 利用更改行程型电信诈骗。犯罪分子以交通管制为由发送火车票、飞机票退票改签等诈骗短信,或利用快递退费发送虚假链接,意图窃取银行卡等支付信息。

3. 冒充特定人员型电信诈骗。犯罪分子有的冒充政府有关部门推销"防疫特效药",有的冒充慈善机构接收个人捐款,有的冒充患病亲友骗取"住院费",还有的冒充环保工作人员收取养殖户的"环保管理费"等。

仔细分析这些涉疫情诈骗案件的典型特点,都是通过疫情给人们带来的影响设局,都利用了人们在疫情期间不得不加强自身防护、被迫调整原有生活计划以及大灾所激发的大爱等心理来实施诈骗,群众的"所急、所需、所盼"反而成为诈骗分子行骗的切入口,对此广大人民群众要予以高度警惕。

(三)防范要点

首先,购买防疫用品应通过正规渠道,尽量核实商家销售资质和产品质检证明等材料,切勿轻信个人的兜售行为;在无法确信能够收到所购物品前,切勿将货款直接转入卖方个人账户;商家长期无法发货的,及时退款;商家存在欺诈等行为的,请拨打 12315 投诉。

其次,爱心捐助要认准正规捐赠渠道,不参加将资金转入个人账户或要求提供卡号、支付账号及密码的募捐活动。

最后,对于号称来自政府、医院、银行等机构的电话和短信,要通过正规途径进行确认,绝不能轻易相信不明来源的电话、短信和网站。

(四)普法释义

当前,很多犯罪是利用新冠疫情对社会公众生活造成的影响,通过 QQ、微信、交友平台等途径实施的诈骗行为,是电信网络诈骗活动的"新变种",其诈骗套路虽然有所改变,但行为本质依然是通过虚构事实、隐瞒真相的方式诱使被害人做出错误判断和财产处分,进而获取非法利益的行为。疫情发生后,口罩等防护物资极度紧缺,人们一"罩"难求,这时候,犯罪分子就将自己包装成"和工厂有直接关系的人""医院后勤部门工作人员",自带光环,让大家相信其有渠道、有货源;另外,有些犯罪分子设立虚假的"红十字会"等机构网站,为群众献爱心提供"贴心"服务;还有些犯罪分子发布"足不出户、工资日结"的刷单广告,"想方设法"为群众"增加收入"。诈骗最终落脚于"获取钱财",犯罪分子一旦得逞马上翻脸,有的"拉黑"被害人妄图"老死不相往来",有的对诈骗网站"改头换面"妄图"再接再厉"。

根据工业和信息化部办公厅关于做好疫情防控期间信息通信行业网络安全保障工作的通知,明确了加强涉疫情网络安全威胁监测处置。按照公共互联网网络安全威胁与处置工作机制,对伪装成疫情信息传播网络病毒或相关钓鱼网站、恶意邮件、恶意程序,以及医疗机构、疫情防控物资生产企业所属网络系统存在受控、漏洞等情况加大监测力度,利用网络安全威胁信息共享平台及时通报有关情况,发布风险提示,协助相关单位采取有效处置措施,从源头上降低网络安全风险,维护疫情防控期间的网络秩序和公共利益。同时,加强涉疫情电信网络诈骗防范。充分发挥电信网、互联网诈骗技术防范系统等技术平台作用,切实强化对涉疫情诈骗电话、短信的精准分析和依法快速处置;针对涉防疫医疗物资购买、航班行程退改签等诈骗新手法新套路,及时研判预警,对相关涉诈网站、域名、APP、账户依法快速处置。进一步加强与公安机关工作配合和信息沟通,及时通报涉疫情电信网络诈骗信息线索。充分利用微信、微博、短彩信、APP 等平台开展涉疫情电信网络诈骗的宣传引导和风险提示。

根据《刑法》第 266 条、最高人民法院、最高人民检察院《关于办理诈骗刑事案件具体应用法律若干问题的解释》(法释〔2011〕7 号)第 1 条和第 2 条、最高人民法院、最高人民检察院、公安部、司法部《关于依法惩治妨害新型冠状病毒感染肺炎疫情防控违法犯罪的意见》的规定,在疫情防控期间,假借研制、生产或者销售用于疫情防控的物品的名义骗取公私财物,或者捏造事实骗取公众捐赠款物 5 千元以上的,处 3 年以下有期徒刑、拘役或者管制,并处或者单处罚金;8 万元以上或者有其他严重情节的,处 3 年以上 10 年以下有期徒刑,并处罚金;50 万元以上或者有其他特别严重情节的,处 10 年以上有期徒刑或者无期徒刑,并处罚金或者没收财产。涉疫情诈骗案件多数是涉案"数额较大""处三年以下有期徒刑、拘役或者管制,并处或者单处罚金"的小案,虽然如此,在疫情防控期间利用口罩等防护物资或者群众爱心来诈骗,社会危害性极大。基于此，依法严惩涉疫情诈骗犯罪的同时，很有必要对涉疫情诈骗案件进行特点和行为分析，引导广大人民群众擦亮眼、莫上当受骗。

五、"社保卡型"诈骗

（一）典型案例

案例1:2012年11月份至2013年3月29日,廖某川、廖某艺先后组织翁某、许某、林某等组成电信诈骗团伙,其中被告人许某在2013年春节之前负责发送诈骗短信,林某等人作为"一线",冒充医保中心工作人员,被告人廖某川、翁某安排的许某乙（另案处理）作为"二线",冒充公安机关工作人员并管理本组内一线人员,被告人廖某艺作为"三线",冒充银联中心主任。该组织通过冒充医保中心向江苏省宿迁市宿城区、贵州省等地不特定多数人群发诈骗短信、接打电话等方式,虚构被害人涉嫌交通违规或者其名下医保卡涉嫌犯罪、让其报警、需要对被害人名下存款账户进行升级保护或者接受调查等事由,诱导被害人到自动取款机上按照指令进行操作,从而将被害人钱款转账到指定的银行卡账户,或者让被害人汇款至指定银行账户,从中获取非法利益。其中被告人廖某川、廖某艺涉案金额达人民币2022165.04元。案发后,公安机关在许某住处扣押9台电脑,经南京市公安局物证鉴定所鉴定,被扣押电脑中储存向不特定多人发送的诈骗信息40余万条,许某向不特定多数人发送诈骗信息累计在10余万条。法院最终以诈骗罪判处被告人廖某川、廖某艺有期徒刑13年6个月。①

案例2:福建省晋江市吴某龙等人发送医保卡出现异常虚假语音信息诈骗案。2013年7月份,我国台湾地区人员"阿水"（另案处理）组织台湾地区被告人吴某龙等人前往老挝万象进行电信诈骗活动。该团伙在万象设置窝点,将事先编辑好的诈骗语音包通过网络电话向中国大陆各省市固定电话用户群发送语音信息,谎称被害人"医保卡出现异常,有疑问则回拨电话"。待被害人回拨时,电话转到冒充医保中心工作人员的团伙一线人员,谎称被害人的医保卡涉嫌盗刷违禁药品,要求被害人向公安机关"报案",并引导被害人

---

① 参见江苏省宿迁市中级人民法院(2015)宿中刑二终字第00013号判决书。

同意由其转接公安机关的报案电话,后一线人员将电话转接给冒充公安人员的团伙二线人员接听。期间,二线人员以预先更改好来电显示号码的"公安局号码"与被害人通话以取得被害人信任,后套取被害人个人信息,谎称被害人银行账户存在安全问题,并将电话转至冒充检察院工作人员的团伙三线人员,要求被害人将银行卡内的存款转到指定账户,进行所谓的"资金清查比对",以此手段骗取被害人钱财。吴某龙等人诈骗金额共计 10192500 元。本案经福建省晋江市人民法院一审、福建省泉州市中级人民法院二审,判决现已发生法律效力。法院认为,被告人吴某龙等人以非法占有为目的,通过互联网等电信技术方式发布虚假信息,对不特定多人实施诈骗,其行为已构成诈骗罪。其中,吴某龙负责召集、管理、培训人员,起主要作用,系主犯。据此以诈骗罪判处被告人吴某龙有期徒刑 13 年 3 个月,并处罚金人民币 20 万元;以诈骗罪判处庄某凡等被告人 12 年 6 个月至 2 年不等有期徒刑。①

案例 3:黄某华等 4 人虚构领取生育补贴诈骗案。2014 年 1 月至 4 月,被告人黄某华组织被告人黄某程等 3 人共同实施诈骗。谢某玲、黄某程作为"一线",在掌握新生儿及父母基本信息的情况下,冒充卫生局工作人员,同新生儿父母电话联系,虚构领取生育补贴事由,并要求其联系"二线"黄某华。黄某华冒充财政局工作人员,指示被害人根据其语音提示通过 ATM 机操作,将钱款转账到其提供的银行账户内。其中黄某华、谢某玲涉案金额为人民币154327 元,黄某程涉案金额为人民币 125823 元,蔡某举涉案金额为人民币8790 元。本案经宿迁市宿城区人民法院一审,判决现已生效。法院认为,被告人黄某华等 4 人以非法占有为目的,虚构事实、隐瞒真相,骗取他人财物,其中黄某华、黄某程、谢某玲 3 人诈骗数额巨大,蔡某举诈骗数额较大,其行为均已构成诈骗罪,且系共同犯罪。黄某华在共同犯罪中起主要作用,是主犯;黄某程等 3 人在共同犯罪中起次要作用,是从犯。据此,以诈骗罪判处被告人黄某华有期徒刑 5 年,并处罚金人民币 15 万元;以诈骗罪判处被告人黄某程等3 人 3 年 3 个月至 6 个月以上不等有期徒刑,并处罚金。②

(二)骗术套路

套路一:告知参保人社保卡异常或被停用。犯罪分子通过境外手机号发

---

① 参见最高人民法院电信网络诈骗典型案例,2016 年 3 月 4 日发布。
② 参见江苏省高级人民法院电信网络诈骗典型案例,2016 年 12 月 27 日发布。

送诈骗短信,自称社保局12333服务热线工作人员,以"社保卡异常将被强行终止""社保卡升级"或"电子社保卡审核未通过"为由,索取身份证号、社保卡号、姓名、密码等个人信息,或要求向指定账户汇款缴纳手续费实施诈骗。

犯罪分子以短信形式要求受害人登录(信息内网站为涉诈钓鱼网址)假冒网站上传资料或签署电子协议、办理实体社保卡、电子社保卡,否则将冻结、停用或影响个人参保缴费、领养老金,利用被害人上传的信息进行转账、消费、透支、贷款。

套路二:提醒参保人社保卡被盗刷。犯罪分子发送短信通知参保人"您的社保卡在外地医院消费(透支/盗刷),因涉案金额较大已移交公安机关处理,为保障账号安全,需要核实社保卡密码、身份证号码"等关键信息,继而提出其他借口,要求参保人将资金转移到指定账户。

犯罪分子在短信、电话里以社保经办机构、公安等部门的名义,称被害人社保卡涉嫌诈骗、盗刷或重大犯罪案件,要求协助调查。利用被害人的恐惧心理,索要社保卡卡号、密码和短信验证码等,或以验证资金为由,让被害人把钱汇入指定账号。

套路三:用"虚假文件""优惠政策"做诱饵。犯罪分子伪造虚假文件,或冒充社保机构工作人员,以提供"优惠"的参保政策为名,通过电话、短信诱骗参保人进行社保卡优惠办理,并要求参保人去银行转账,以办理社保卡为名实施诈骗。

犯罪分子以电话、短信形式,自称可通过内部人士、关系机构以内部流程办理社保卡,享有领取补贴、代办补缴或优惠代缴等特权,让被害人把钱汇入指定账户。

(三)防范要点

犯罪分子一般会冒充"医保局""医保中心""社保局"的工作人员给参保人员打电话,先骗取参保人员的信任。接到电话,无论真假,可以到最近的医保定点医院、定点药店刷卡验证,或直接到市行政服务中心医保窗口进行核实咨询。若社保卡丢失,请及时到相应的制卡银行挂失补卡。为避免医保欠费等可能导致不能正常享受待遇或社保卡被冻结等情况发生,请参保单位或个人按时缴纳医疗保险费,医保部门工作人员不会直接打电话要求汇款。国家、省、市凡是有新的政策或信息需要告知大家,一定是通过报纸等正规渠道发布消息,绝不会以短信的形式告知。请参保人员收到此类信息时要谨慎,以免上当受骗。

(四)普法释义

随着社会保障事业的不断推进,社会保障范围不断扩大,犯罪分子对社保卡型的诈骗行为和违法犯罪活动呈现出多发态势,违规使用社保卡套取社会保险基金,退休人员死亡后继续领取养老金,企业恶意欠缴社会保险费,失业人员重新就业后继续领取失业保险金等违规行为时有发生。尤其是在医疗保险领域,少数参保人员贪图小利,出借或者利用社保卡倒卖大量医保药品,犯罪手段和花样不断翻新,一些地区已经查获了涉案人员众多的骗保大案。2011 年 11 月,人社部社保中心与公安部经侦局签订了关于联合开展社会保险反欺诈合作备忘录。这对于有效打击和遏制社会保险领域的欺诈犯罪活动,维护社会保险经办工作的正常秩序和广大参保人员的合法权益,确保基金安全具有重要意义。与此同时,各种新型社保卡型电信诈骗系列犯罪活动也如影随形,逐渐猖狂。

新型社保卡型电信诈骗具有"隐蔽性""专业性"和"复杂性"的特征。从社保卡型电信诈骗的基本特征来看:一是目前社保电信诈骗呈高发态势,从经济发达地区逐步向中西部地区蔓延;二是犯罪分子利用网络任意改号软件等技术手段,如将来电显示为 110、12333、社保局、医保局、公安局等电话,从境外或异地批量群发群拨短信、电话、网络传真,落地接入到本地电信、移动电话上,隐蔽性极强,不明真相的被害人极易上当;三是由于老年人警惕性差,防范意识弱,以社保补贴的名义行骗,极容易取得老年人的信任感,受骗事主以老年人居多;四是社保卡、医保卡和生育补贴的诈骗手法表明,受骗事主个人信息存在被泄露的问题;五是作案手法相似,先是以电话或短信名义设置诱饵或欠费等"恐吓"信息,然后以"财政局"或"公安局"的名义通过电话诱导受骗事主在 ATM 机上操作转账;六是社保电信诈骗是非接触型技术手段犯罪,警方侦查环节多、周期长、调查取证难,目前这类诈骗犯罪的主犯有的是在境外组织实施作案,且往往作案得手后,便迅速将资金转到境外的账户,大大地增加了此类案件的侦查难度。

从诈骗犯罪的手段来看,新型社保卡型电信诈骗正从固定电话、手机向网络诈骗衍变;从诈骗犯罪的形式来看,则正从社保补贴、生育补贴待遇领取向社保卡、医保卡信息窃取和参保缴费衍变。社保电信诈骗和其他社保欺诈的违法犯罪活动日益严重,极大地损害了广大参保人员和退休人员的合法权益,干扰了社会保险管理服务工作的正常秩序,影响社会保障功能的有效发挥。

各级社会保险经办机构要采取切实的措施和手段,坚决遏制社保领域一切诈骗活动的发生和蔓延。一是应加强部门之间的合作。虽然反电信网络诈骗中,公安、金融和电信部门是主力军,但是经办系统也有义务行动起来,与公安、电信和银行等部门建立联手打击社保电信诈骗犯罪活动的工作机制。二是应加强上下之间的协同,建立联合防范和共同打击的工作机制。各地社保经办机构应注重发挥服务大厅和基层社区平台贴近百姓的便利,就近贴身提早关注、提早预防、提早提醒、提早告知。同时,还应进一步加强与社会保险行政部门、社保基金监督部门、信息中心和12333咨询服务中心的沟通和配合,特别是社保卡加载金融功能后,社保卡将具有存取款、转账、消费、缴费等多项功能,需要群策群力,共同确保个人信息安全和用卡安全,共同协力做好反诈骗工作。如浙江省社会保险中心通过发文、发函和会议通报等形式,在全省社会保险经办机构之间建立起了共同防范社保卡型电信诈骗的良好氛围。同时,要认真落实经办系统要情报告制度,各级社会保险经办机构对统筹区域内发生的社会保险基金欺诈犯罪和社保电信诈骗犯罪活动具有一定影响的事件、案件、问题等,应按要求及时上报,并有针对性地指导各地做好反诈骗的防范工作;加强案例分析汇总,通过开展案例分析有针对性地做好防范和打击工作。

六、医疗保健品诈骗

(一)典型案例

案例1:河北省兴隆县谢某丰、谢某骋等人推销假冒保健产品诈骗案。被告人谢某丰、谢某骋系堂兄弟,2人商议在河北省兴隆县推销假冒保健产品。2012年10月至2013年7月间,谢某丰、谢某骋利用从网络上非法获取的公民个人信息,聘用多个话务员,冒充中国老年协会、保健品公司工作人员等身份,以促销、中奖为诱饵,向一些老年人推销无保健品标志、未经卫生许可登记的"保健产品"。如话务员联系的受话对象确定购买某个产品后,则由负责核单的人进行核实、确认,再采取货到付款方式,通过邮政速递有限公司寄出货物,回收货款。谢某丰等人通过上述手段,共销售 3000 余人次,涉及全国 20 余省份,涉案金额共计 1886689.84 元。本案经河北省兴隆县人民法院一审、河北省承德市中级人民法院二审,判决现已发生法律效力。法院认为,被告人谢某丰、谢某骋等人以非法占有为目的,采取虚构事实、隐瞒真相的方法,以推销假冒保健产品的手段骗取他人财物,其行为均已构成诈骗罪。被告人谢某丰、谢某骋系本案的发起人,谢某丰出资租赁从事诈骗活动的房屋,购买从事诈骗的器材、设备,组织进货,谢某骋提供熟悉推销方法的话务员,二被告人均系主犯。据此,以诈骗罪分别判处被告人谢某丰、谢某骋有期徒刑 11 年,并处罚金人民币 10 万元;以诈骗罪判处陈某杰等被告人 3 年至 1 年不等有期徒刑或单处罚金。①

案例 2:杜某友等 12 人刊登免费赠送糖尿病治疗仪广告诈骗案。2015 年 1 月至 2015 年 6 月,被告人杜某友与龙某江(另案处理)在湖南省衡阳市以衡阳金鑫网络科技有限公司为名,组织被告人赵某钟等多人通过在报刊刊登免费赠送糖尿病治疗仪的广告,引诱被害人主动联系;再由被告人凌某霞等负责接听电话,并将获取的被害人信息进行登记后交赵某钟等;由赵某钟安排其他被告人按照事先培训过的"话术"内容,冒名或者使用假名谎称系中国中医科学院等机构的专家、主任等身份对被害人进行"回访";在骗取被害人的信任后,采用免费赠送糖尿病治疗仪但需要购买电极贴等、谎称被害人购买满一定数额的药物后可报销大部分购药费、作为模范病人参加研讨会可获得奖金等方法,诱骗被害人购买糖尿病治疗仪电极贴和珍芪降糖胶囊、消糖灵胶囊等药物,先后骗取被害人 104 人钱财共计人民币 1297265 元。本院经无锡市南长区人民法院一审,在无锡市中级人民法院二审审理期间,经上诉人申请、二审准许撤回上诉,一审判决现已生效。法院认为,被告人杜某友等人以非法占有为目的,虚构事实、隐瞒真相,骗取他人财物,其行为均已构成诈骗罪;其中杜某友等 4 人参与诈骗数额特别巨大,其他被告人数额巨大或者数额较大。在共同犯罪中,杜某友、赵某钟起主要作用,是主犯。归案后,杜某友等 12 名被告人均如实供述自己的主要罪行,依法均可以从轻处罚。据此,以诈骗罪判处被告人杜某友有期徒刑 11 年,并处罚金人民币 5 万元;以诈骗罪判处被告人

---

① 参见最高人民法院电信网络诈骗典型案例,2016 年 3 月 4 日发布。

赵某钟等 11 人 7 年有期徒刑至拘役 4 个月不等刑罚,并处罚金。①

　　案例 3:沈某平成立犯罪集团冒充医学专家诈骗案。2015 年 6 月,被告人沈某平伙同他人策划成立广州豪熙商贸公司,公开向社会招募人员成立犯罪集团,冒充张某礼、胡某勤等专家、教授实施电信网络诈骗活动。该犯罪集团通过他人购买有保健品购买记录的个人信息 100 余万条,由一线话务员冒充中科院、同仁堂等单位的工作人员,向被害人推介"专家""教授",并记录有意向问诊的被害人信息;二线话务员根据一线话务员提供的信息,冒充张某礼、胡某勤等专家、教授,先以帮助被害人排毒、修复、巩固为名,将低价购得的保健品冒充"特效药"高价出售;其后捏造到当地召开研讨会、建立卫生部档案、办理模范证、上德国医疗车治病等事由要求"客户"预缴相关的巨额费用,共骗得 78 名被害人 324 万余元。本案经海安市人民法院一审、南通市中级人民法院二审,判决现已生效。法院认为,被告人沈某平伙同他人诈骗财物,数额特别巨大,其行为已构成诈骗罪;被告人沈某平伙同他人非法获取公民个人信息,情节特别严重,其行为亦构成侵犯公民个人信息罪。沈某平一人犯数罪,依法应当数罪并罚。沈某平与他人组成较为固定的犯罪组织,系犯罪集团。沈某平系犯罪集团的首要分子,应按照集团所犯的全部罪行对其处罚。沈某平庭审中认罪态度较好,其亲属代为退出部分赃款,可对其酌情从轻处罚。据此,对被告人沈某平以诈骗罪判处有期徒刑 12 年 6 个月,以侵犯公民个人信息罪判处有期徒刑 3 年 6 个月,数罪并罚,决定执行有期徒刑 13 年,并处相应罚金。②

　　案例 4:2019 年 4 月至 9 月间,陈某等 7 人通过电话联系的方式,虚构医学专家、医生、健康回访中心回访者等身份,向被害人进行"电话问诊"并推荐药品,取得被害人信任后,谎称秘方调理、特配药品能够治病,并可以通过医保报销,骗取多名被害人钱款共计人民币 12 万余元。2020 年 1 月 9 日,北京市密云区人民检察院以诈骗罪对陈某等 7 人提起公诉。2021 年 2 月 4 日,北京市密云区人民法院作出一审判决,被告人陈某等 7 人犯诈骗罪被判处有期徒刑 3 年 1 个月至 4 年 4 个月不等,并处相应罚金。7 名被告人均未上诉,判决

---

① 参见江苏省高级人民法院电信网络诈骗典型案例,2016 年 12 月 27 日发布。
② 参见江苏省高级人民法院电信网络典型案例,2020 年 12 月 1 日发布。

已生效。①

　　案例 5：吴某强、吴某祥等 60 人诈骗案——虚构基因缺陷引诱被害人购买增高产品套餐骗取钱款案。被告人吴某强，系广州助高健康生物科技有限公司（以下简称助高公司）法定代表人、总经理；被告人吴某祥，系助高公司副总经理，吴某强之弟；其余 58 名被告人均系助高公司员工。2016 年 9 月，被告人吴某强注册成立助高公司，组建总裁办、广告部、服务部、销售部等部门，逐步形成以其为首要分子，吴某祥等人为骨干成员的电信网络诈骗犯罪集团。该犯罪集团针对急于增高的青少年人群，委托他人生产并低价购进"黄精高良姜压片""氨基酸固体饮料""骨胶原蛋白 D"等不具有增高效果的普通食品，在其包装上贴上"助高特效产品"标识，将上述食品从进价每盒人民币 20余元抬升至每盒近 600 元，以增高套餐的形式将产品和服务捆绑销售，在互联网上推广。为进一步引诱客户购买产品，助高公司私下联系某基因检测实验室工作人员，编造客户存在"骨密度低"等基因缺陷并虚假解读基因检测报告，谎称上述产品和服务能够帮助青少年在 3 个月内增高 5—8 厘米，骗取被害人信任并支付高额货款，以此实施诈骗。当被害人以无实际效果为由要求退款时，助高公司销售及服务人员或继续欺骗被害人升级套餐，或以免费更换服务方案等方式安抚、欺骗被害人，直至被害人放弃。经查，该犯罪集团骗取13239 名被害人钱财共计人民币 5633 万余元。本案由江苏省盐城市大丰区公安局立案侦查。2020 年 1 月，公安机关以吴某强、吴某祥等 117 人涉嫌诈骗罪提请盐城市大丰区人民检察院批准逮捕。检察机关审查后，对吴某强、吴某祥等 60 人批准逮捕，对参与时间短、情节轻微、主观上无诈骗故意的 57 人不批准逮捕；对 2 名与助高公司共谋、编造虚假基因检测报告的人员监督立案（另案处理）。同年 6 月 16 日至 20 日，公安机关先后将吴某强、吴某祥等 60人移送检察机关起诉。同年 7 月 13 日至 7 月 18 日，检察机关先后对吴某强、吴某祥等 60 名被告人以诈骗罪提起公诉。2021 年 2 月 9 日，盐城市大丰区人民法院以诈骗罪判处吴某强有期徒刑 14 年，罚金人民币 300 万元；判处吴某祥有期徒刑 12 年，罚金人民币 200 万元；其他 58 人有期徒刑 9 年至 2 年不等，并处罚金人民币 9 万元至 2 万元不等。部分被告人提出上诉，盐城市中级人民法院对其中 1 名被告人根据最终认定的诈骗金额调整量刑；对其他被告

---

① 参见北京市检察机关打击治理电信网络诈骗典型案例，2022 年 3 月 7 日发布。

人驳回上诉,维持原判。①

案例6:陈某杰等9人诈骗案。被告人陈某杰伙同被告人张某振、姚某峰等人于2012年9月在湖北省武汉市成立了"武汉康伴益生科技有限公司"和"武汉益生康伴商贸有限公司"。陈某杰等人以合法公司为掩护,在武汉市江岸区和江汉区分别设立两个窝点,组织朱某娇、夏某禄、刘某琼等100余名团伙成员实施电信诈骗。该团伙购买电脑、电话、手机等工具后,为每名团伙成员注册微信,统一使用伪造的"马某长""吕某荫"等人的图片为微信头像和以"秦小姐的补肾方""马氏中医补肾方""吕某荫膏滋团队"等为微信昵称,专门以患有各种男女生理疾病或脱发人群为目标,在网络、微信公众号等载体上发布治疗男女生理疾病或治疗脱发的广告,诈骗被害人浏览广告并填写联系电话或添加微信号,之后由团伙成员假扮名医或医疗机构专业人员的亲属、学生,根据"话术剧本",使用电话或微信对被害人进行"问诊",向被害人介绍产品,让被害人发送舌苔照和手指甲照片,再以客服名义对被害人进行"问诊",以"指导老师""健康顾问"名义与被害人沟通,取得信任后诱骗被害人购买不具有药品功效的保健品或食品。自2016年6月16日至11月1日期间,陈某杰、姚某峰、张某振组织该团伙成员共计诈骗被害人8945人,诈骗钱款1000余万元。本案经内蒙古自治区达拉特旗人民法院一审、鄂尔多斯市中级人民法院二审,判决现已发生法律效力。法院认为,被告人陈某杰等人以非法占有为目的,通过虚构事实、隐瞒真相的方式,利用电信网络技术手段,骗取他人财物,数额特别巨大,其行为均已构成诈骗罪。其中,被告人陈某杰系共同犯罪中的主犯,应按照其组织的全部犯罪处罚。据此,以诈骗罪判处被告人陈某杰有期徒刑13年,并处罚金人民币40万元;以诈骗罪判处被告人姚某峰等人12年至3年不等有期徒刑。②

案例7:马某等8人诈骗案。2018年9月至2019年2月,被告人马某等人以"药品销售"公司模式组建诈骗集团,在网上购买六味地黄丸、牛黄上清丸、槟榔十三味丸等药品,拆掉原包装重新包装。后通过互联网获取购买过保健品的人员信息,冒充北京301医院教授、主任、院长等给被害人打电话,谎称能治疗被害人所述之病,将重新包装的普通药品,以北京301医院特效药名义

---

① 参见最高人民检察院打击治理电信网络诈骗及关联犯罪典型案例,2022年4月21日发布。
② 参见最高人民法院电信网络诈骗犯罪典型案例,2019年11月19日发布。

推销给被害人。马某等人通过上述手段共实施诈骗 235 起，诈骗金额 50 余万元。法院经审理认为，被告人马某等 8 人的行为构成诈骗罪；各被告人如实供述犯罪事实，有悔罪表现，可从轻处罚。根据各被告人在犯罪集团中的地位、作用，分别判处 12 年至 1 年 1 个月不等有期徒刑，并处 10 万元至 5 千元不等罚金。①

（二）骗术套路

第一步，非法获取公民个人信息。行为人先从网络或其他途径非法获取的公民个人信息，通过聘用话务员，冒充中国老年协会、保健品公司工作人员等身份，向相关人群定向推销特定保健产品。也有通过在报刊刊登免费赠送保健产品的广告，引诱被害人"主动上钩"，待被害人主动联系时，获取其个人信息后，再由专人按照事先培训过的"话术"向被害人定向推销。

第二步，冒充权威专业人员身份。冒充权威专业人士，获取被害人信任是医疗保健品销售诈骗取得成功的关键。案例 2 中，行为人冒名或者使用假名谎称系中国中医科学院等机构的专家、主任等身份对被害人进行"回访"；案例 3 中，行为人冒充张某礼、胡某勤等专家、教授给被害人免费诊疗；案例 7 中，行为人冒充北京 301 医院教授、主任、院长等给被害人打电话，谎称能治疗被害人所述之病，将重新包装的普通药品，以北京 301 医院特效药名义推销给被害人。

第三步，以促销、中奖等为诱饵。案例 2 中，在骗取被害人的信任后，采用免费赠送糖尿病治疗仪但需要购买电极贴等、谎称被害人购买满一定数额的药物后可报销大部分购药费、作为模范病人参加研讨会可获得奖金等方法，诱骗被害人购买糖尿病治疗仪电极贴和珍芪降糖胶囊、消糖灵胶囊等药物，先后骗取被害人 104 人钱财共计人民币 1297265 元。

第四步，针对特定群体定向推销。案例 5 中，涉案犯罪集团针对急于增高的青少年人群，委托他人生产并低价购进"黄精高良姜压片""氨基酸固体饮料""骨胶原蛋白 D"等不具有增高效果的普通食品，在其包装上贴上"助高特效产品"标识，将上述食品从进价每盒人民币 20 余元抬升到每盒近 600 元，以增高套餐的形式将产品和服务捆绑销售，在互联网上推广。案例 6 中，行为人

---

① 　参见黑龙江省高级人民法院电信网络诈骗典型案例，2021 年 6 月 10 日发布。

专门针对患有各种男女生理疾病或脱发人群,在网络、微信公众号等载体上发布治疗男女生理疾病或治疗脱发的广告。

(三)防范要点

老年人要加强身体锻炼,均衡营养,保证良好睡眠。切记,吃保健品要适量适度,保健品不能替代药品,身体不适时要及时就医。做体检时要警惕各种形式的免费体检,到正规医院和体检机构,如果身体不适,一定要去医院对症下药,切勿轻信"神医"。在购买所需药品时,一定要到正规医院和药房购买,要听从正规医生的医嘱。所谓民间秘方、神药大多缺乏科学依据,各位中老年人如患有疾病,一定要擦亮双眼,切勿病急乱投医,落入骗子的圈套。遇事应该多求证,不能盲目轻信,要多与子女沟通交流。子女们也要多与父母沟通,多关心陪伴父母,从而使父母远离骗局。

(四)普法释义

被告人多利用老年人关注的养老、保健、理财等事项实施诈骗,既侵犯老年人财产权益,危害老年人身心健康,亦严重影响家庭幸福和社会稳定。惩治和预防针对老年人的诈骗犯罪案件,对维护老年人合法权益,弘扬社会主义核心价值观,营造公平正义的社会环境具有重要意义。相关案件中,行为人为实施诈骗行为而组成较为固定的犯罪组织,通过线上、线下等多种方式引诱老年人参加"健康讲座""免费健康咨询"活动,冒充各类知名医院的专家身份,骗取被害人的信任,并以在线看病、开药等方式,将各类普通药物或保健品甚至是假冒伪劣产品当做特效药品销售给被害人,骗取被害人财物,其行为已经构成诈骗罪,应当以诈骗罪定罪处罚。

七、"美容贷"诈骗

(一)典型案例

2020年4月至6月,朱某(另案处理)招募覃某等人,在58同城平台、微信朋友圈发布虚假高薪招聘信息,将应聘的被害人王某等人诱骗至宁波市海曙区某KTV包厢,后朱某等人虚构可以提供高薪工作和报销整容费用等事实,诱骗被害人至宁波市某美容医院等处贷款进行美容整形,被害人整形后,朱某安排被告人覃某等人假借陪护之名提供食宿迷惑被害人,待被害人要求工作时,朱某伙同被告人覃某等人以严打、疫情、开两会等为借口将被害人劝离宁波,从中骗取整形费用,造成被害人损失。通过上述手法,被告人覃某参与诈骗被害人王某、刘某、吴某、肖某、饶某钱财共计人民币 172996 元。①

(二)骗术套路

一些医美机构名下的关联公司或其他诈骗公司,打着高薪招聘医美顾问、模特、主播、网红、总裁助理等名义,要求求职者先进行免费的"形象提升"后才能入职获得高薪。但所谓的免费,套路无非是先要求求职者以个人名义在指定网站平台上贷款,并承诺贷款的钱等入职后由公司分期报销或是承诺每月几万甚至十几万元的高薪足以轻松偿还贷款来诱骗求职者。然而,等消费者掏空钱包,背上巨额贷款完成手术后,非法机构便以各种理由拒绝兑现工作,甚至直接跑路。招工团伙和医美机构在招工、整容、贷款等环节层层设套,形成了一条黑色利益链条。

(三)防范要点

入职需要整容,整容完就能拿到 6 到 8 万的月薪,这还只是一个"助理"的岗位,再加上"零首付、利息不高、轻松变美丽"的承诺,怎么听都不像个靠谱的事。有"容貌焦虑"的人需要增强自我保护意识,不要丧失基本的判断力。追求美丽没有错,但"美丽贷"绝不美丽,骗局的"更新迭代"也在提醒各学校,一定要把这方面的提示纳入求职培训中。

正确看待自己的外貌,审慎评估自己的消费和还款能力,求职时选择正规平台与渠道,投简历前谨慎核查用人单位的相关资质,对面试时的异常情况提高警惕,就不会被"轻松获得高薪"这样的骗局诱导。面对"天上掉馅饼"的诱惑,我们要保持理性,应具备相关的知识储备与社会经验以及必要的法律意识与正确的消费观念。

求职平台、医疗美容机构、贷款平台等,必须承担起应有的社会责任。求职平台必须对用人单位和求职人员的双向信息进行谨慎审查;医美贷款平台

---

① 浙江省宁波市海曙区人民法院(2021)浙 0203 刑初 305 号判决书。

要在合法合规开展业务的基础上,对用户的资质和相关能力设置较高的审查标准,不能放任中介人员等随意介绍客户进行整容和贷款。把平台和企业应尽的社会责任纳入考核与监管,切断其故意或无意充当犯罪分子帮凶的路径。

相关监管部门应该努力形成监管的合力、打击犯罪的合力。目前的"美容贷"骗局涉及行业较多,对乱象的监管涉及工商、卫生、金融、公安等多个部门,只有相关部门形成监管合力,才能加强对此类平台和机构的查处与整治,才能加大对该行为的打击力度。中国互联网金融协会于 2021 年 6 月发布的《关于规范医疗美容相关金融产品和金融服务的倡议》中明确提出金融机构不与任何不法医疗美容机构开展合作,不向任何不法医疗美容机构客户提供相关金融产品和服务等 8 点倡议;还特别强调,消费者在申请金融产品及其服务时,要选择具备合法资质的正规金融机构,增强自我保护意识,警惕犯罪分子的诈骗套路;提醒消费者谨慎选择"美容贷",理性评估风险,认清自身经济状况、还款能力。

(四)普法释义

"先美丽,后买单""0 利息 0 首付变美丽""花明天的钱,圆今天变美的梦"……这些充满诱惑的广告宣传语,吸引了不少想做医美却囊中羞涩的消费者,许多消费者换了容颜,却负了巨债。根据 2021 年 9 月 27 日国家广播电视总局办公厅发布的《关于停止播出"美容贷"及类似广告的通知》(以下简称 2021 年《通知》)指出,近期发现一些"美容贷"广告以低息甚至无息吸引青少年,诱导超前消费、超高消费,涉嫌虚假宣传、欺骗和误导消费者,造成不良影响。为此,广电总局当即决定,各广播电视和网络视听机构、平台一律停止播出"美容贷"及类似广告。

皮肤美容、面部整形、美体塑形等各种项目,基本囊括各个身体部位的整形美容,花样层出不穷,消费者在项目、产品和服务等方面选择性众多。医美产业链由上游院校、药械厂商,中游服务机构以及下游渠道构成。上中下游之间进行着人才、药品器械、信息以及资金的流通。据艾瑞咨询研究院发布的《2020 年中国医疗美容行业洞察白皮书》(以下简称 2020 年《白皮书》)指出,由于行业黑产"来钱快、诱惑大",滋生了大量自称"医生、专家"的非法从业者,仅通过非法培训机构短期速成的"无证行医",根据中国整容美容协会统计,非法从业者人数至少在 10 万人以上。2020 年《白皮书》显示,2019 年中国具备医疗美容资质的机构约13000家,在合法的医疗美容机构当中,依然有15%(超过2000家)的机构存在超范围经营的现象,属于违规行为;行业黑产依然猖獗,经过估算全国依然有超过80000家生活美业店铺非法开展医疗美容项目,属于违法行为。2021年8月27日,国家市场监督管理总局依照广告法、医疗广告管理办法等法律、法规、规章规定,研究起草了《医疗美容广告执法指南(征求意见稿)》,重点打击医美广告乱象问题。

从民事角度,"美容贷"的问题是贷款利率过高、明显不合理。根据最高人民法院《关于审理民间借贷案件适用法律若干问题的规定》第13条,如果网贷平台没有取得放贷资格的金融许可,则借款合同可能被法院认定无效,只需要归还借款本金和对应的银行利息即可。如果出借方被认定为平台上的具体出借人,且不是职业放贷人,则属于民间借贷的范畴,依据《规定》第25条,利息最高为1年期贷款市场报价利率的4倍。其次是欺诈导致的合同效力问题,如果网贷平台利用低息、无息等手段欺诈消费者或网贷平台明知医美机构欺诈消费者仍与其订立借款合同的,消费者可以依照《民法典》第148条、第149条的规定申请人民法院撤销合同。

从行政法角度,消费者若发现网贷平台未取得放贷金融资质从事放贷经营活动或医疗机构虚假广告、诱导消费等违法行为,可以向当地金融管理机构和市场监管机构举报,也可以通过消费者投诉热线解决。

从刑事角度,有部分"美容贷"存在虚假宣传、暴力催收、"套路贷""裸贷"等情况,可能涉嫌诈骗、催收非法债务、黑社会性质组织等犯罪,如果遇到此类情况,被害人应及时向公安机关报案。

八、"饭圈"诈骗

(一)典型案例

张某等3人诈骗案、戴某等3人掩饰、隐瞒犯罪所得案——冒充明星以投票打榜为名骗取未成年人钱款案。被告人张某,男,系大学专科在读学生;被告人易某,男,无固定职业;被告人刘某甲,男,无固定职业;被告人戴某,男,无固定职业;被告人黄某俊,男,无固定职业;被告人范某田,男,无固定职业。被告人张某、易某、刘某甲单独或合谋,购买使用明星真实名字作为昵称、明星本人照片作为头像的 QQ 号。之后,上述人员通过该 QQ 号之前组织的多个"明星粉丝 QQ 群"添加被害人为好友,在群里虚构明星身份,以给明星投票的名义骗取被害人钱款。2020 年 6 月,被告人张某通过上述虚假明星 QQ 号,添加被害人刘某乙(女,13 岁,初中生)为好友。张某虚构自己系明星本人的身份,以给其网上投票为由,将拟骗取转账金额人民币 10099 元谎称为"投票编码",向刘某乙发送投票二维码实为收款二维码,诱骗刘某乙使用其母微信账号扫描该二维码,输入"投票编码"后完成所谓的"投票",实则进行资金转账。在刘某乙发现钱款被转走要求退款时,张某又继续欺骗刘某乙,称添加"退款客服"后可退款。刘某乙添加"退款客服"为好友后,易某、刘某甲随即谎称需要继续投票才能退款,再次诱骗刘某乙通过其母支付宝扫码转账人民币 1 万余元。经查,被告人张某、易某、刘某甲等人通过上述手段骗取 5 名被害人钱款共计人民币 9 万余元。其中,4 名被害人系未成年人。应张某等人要求,被告人戴某主动联系黄某俊、范某田,利用自己的收款二维码,帮助张某等人转移上述犯罪资金,并收取佣金。期间,因戴某、黄某俊、范某田收款二维码被封控提示可能用于违法犯罪,不能再进账,他们又相继利用家人收款二维码继续协助转账。本案由黑龙江省林区公安局绥阳分局立案侦查。2020 年 9 月 28 日,公安机关将本案移送绥阳人民检察院起诉。同年 10 月 28 日,检察机关以诈骗罪对张某、易某、刘某甲提起公诉;以掩饰隐瞒犯罪所得罪对戴某、黄某俊、范某田提起公诉。同年 12 月 16 日,绥阳人民法院以诈骗罪分别判处张某、易某、刘某甲有期徒刑 4 年 6 个月至 3 年不等,并处罚金人民币 3 万元至 1 万元不等;以掩饰、隐瞒犯罪所得罪分别判处戴某、黄某俊、范某田有期徒刑 3 年至拘役 3 个月不等,并处罚金人民币 1 万 5 千元至 1 千元不等。被告人戴某提出上诉,林区中级人民法院裁定驳回上诉,维持原判。其余被告人未上诉,判决已生效。①

(二)骗术套路

当下,在"饭圈"经济的助推下,集资为明星投票打榜、购买明星代言产品成为热潮,不少未成年人沉溺于此。一些犯罪分子盯住未成年人社会经验少、防范意识差、盲目追星等弱点,以助明星消费为幌子实施的诈骗犯罪时有发

---

① 参见最高人民检察院打击治理电信网络诈骗及关联犯罪典型案例,2022 年 4 月 21 日发布。

生,不仅给家庭造成经济损失,也使未成年人产生心理阴影。此类诈骗环环相扣,通过"黑话暗号"步步实施。不法分子先建"鱼塘"——虚构所谓的"明星粉丝福利群",而后"拉人头"——想方设法诱使未成年追星族进群,接下来"放诱饵"——在群内发布"充100返888""充200返2000"等虚假信息,一旦未成年人扫码"上钩",等待其的将是"收网杀鱼"。[①]

(三)防范要点

2021年8月,中央网信办发布《关于进一步加强"饭圈"乱象治理的通知》,包括取消明星艺人榜单、优化调整排行规则、严管明星经纪公司、规范粉丝群体账号、清理违规群组版块、严禁呈现互撕信息、不得诱导粉丝消费等10项内容。具体地,一是取消明星艺人榜单。取消所有涉明星艺人个人或组合的排行榜单,严禁新增或变相上线个人榜单及相关产品或功能。仅可保留音乐作品、影视作品等排行,但不得出现明星艺人姓名等个人标识。二是优化调整排行规则。在音乐作品、影视作品等排行中,降低签到、点赞、评论等指标权重,增加作品导向及专业性评价等指标权重。不得设置诱导粉丝打榜的相关功能,不得设置付费签到功能或通过充值会员等方式增加签到次数,引导粉丝更多关注文化产品质量,降低追星热度。三是严管明星经纪公司。强化网站平台对明星经纪公司(工作室)网上行为的管理责任,制定相关网上运营规范,对账号注册认证、内容发布、商业推广、危机公关、粉丝管理等网上行为作出明确规定。强化明星经纪公司(工作室)对粉丝群体的引导责任,对引发粉丝互撕、拉踩引战的明星及其经纪公司(工作室)、粉丝团,对其账号采取限流、禁言、关闭等措施,同时,全平台减少直至取消相关明星的各类信息发布。四是规范粉丝群体账号。加强对明星粉丝团、后援会等账号的管理,要求粉丝团、后援会账号必须经明星经纪公司(工作室)授权或认证,并由其负责日常维护和监督。未经授权的个人或组织一律不得注册明星粉丝团账号。五是严禁呈现互撕信息。切实履行管理责任,及时发现清理"饭圈"粉丝互撕谩骂、拉踩引战、造谣攻击等各类有害信息,从严处置违法违规账号,有效防止舆情升温发酵。对发现不及时、管理不到位的网站平台从重处罚。六是清理违规

[①] 蒋萌:《人民来论:警惕"饭圈福利"诈骗》,载人民网,http://opinion.people.com.cn/n1/2021/1126/c431649-32293023.html,最后访问日期:2023年2月8日。

群组版块。持续解散以打投、应援、集资、控评、八卦、爆料等为主题的粉丝社区、群组,关闭易导致粉丝聚集、交流打榜经验、讨论明星绯闻、互相做任务刷数据的版块、频道等,阻断对粉丝群体产生不良诱导甚至鼓励滋事的渠道。七是不得诱导粉丝消费。制定细化规则,对明星艺人专辑或其他作品、产品等,在销售环节不得显示粉丝个人购买量、贡献值等数据,不得对粉丝个人购买产品的数量或金额进行排行,不得设置任务解锁、定制福利、限时 PK 等刺激粉丝消费的营销活动。八是强化节目设置管理。加强对网络综艺节目网上行为管理,不得设置"花钱买投票"功能,严禁引导、鼓励网民采取购物、充会员等物质化手段为选手投票。九是严控未成年人参与。进一步采取措施,严禁未成年人打赏,严禁未成年人应援消费,不得由未成年人担任相关群主或管理者,限制未成年人投票打榜,明确明星粉丝团、后援会等线上活动不得影响未成年人正常学习、休息,不得组织未成年人开展各种线上集会等。十是规范应援集资行为。及时发现、清理各类违规应援集资信息;对问题集中、履责不力、诱导未成年人参与应援集资的网站平台,依法依规处置处罚;持续排查处置提供投票打榜、应援集资的境外网站。

(四)普法释义

饭圈是一个网络用语,拼音是 fàn quān,指粉丝圈子的简称。此外,"粉丝"一词的英文单词为"fans",单词 fans 本身由 fan+s 构成,s 一般表示多个,其中的 fan 可以直接音译为"饭"。粉丝群体叫"饭",他们组成的圈子叫"饭圈",近义词有"饭团"。从前追某个明星或乐队,最多就是买专辑、看演唱会,基本都是散粉,并没有饭圈的概念。近年来,随着粉丝群体扩大,偶像经济不断发展,催生出为偶像买周边(衍生产品)、租广告位做宣传、投票以及做慈善公益活动等多种方式。就现在而言,饭圈由追星粉丝自发组成的文娱社群逐渐发展成为有组织、专业化的利益圈层。

2020 年国家网信办决定,从 7 月 13 日起开展为期 2 个月的"清朗"未成年人暑期网络环境专项整治,专项整治时间为 7 月初起至 8 月末。重点整治诱导未成年人无底线追星、饭圈互撕等价值导向不良的信息和行为。严厉打击诱导未成年人在社交平台、音视频平台的热搜榜、排行榜、推荐位等重点区域应援打榜、刷量控评、大额消费等行为。司法机关也主动联系教育部门,走进被害人所在的学校,通过多种方式开展法治宣传教育活动,教育引导学生自觉抵制不良"饭圈"文化影响,理性对待明星打赏,提高网上识骗防骗的意识和能力。一是依法从严打击以"饭圈"消费为名针对未成年人实施的诈骗犯罪。检察机关要加强对未成年人合法权益的特殊保护,依法从严惩治此类犯罪行为。坚持惩防结合,结合司法办案,引导未成年人自觉抵制不良"饭圈"文化影响,理性对待明星打赏活动,切实增强网络防范意识,防止被诱导参加所谓的应援集资,落入诈骗陷阱。二是对于利用个人银行卡和收款码,帮助电信网络诈骗犯罪分子转移赃款的行为,加强全链条打击,可以掩饰、隐瞒犯罪所得罪论处。利用自己或他人的银行卡、收款码为诈骗犯罪分子收取、转移赃款,已经成为电信网络诈骗犯罪链条上的固定环节,应当予以严厉打击。对于这类犯罪行为,检察人员既要认定其利用银行卡和二维码实施收取、转账赃款的客观行为,又要根据被告人实施转账行为的次数、持续时间、资金流入的频率、数额、对帮助对象的了解程度、银行卡和二维码被封控提示等主客观因素综合认定其主观明知,对于构成掩饰、隐瞒犯罪所得罪的,依法可以该罪论处。

下 编

《中华人民共和国
反电信网络诈骗法》释义

第一章　总　　则

《反电信网络诈骗法》共 7 章 50 条，包括总则、电信治理、金融治理、互联网治理、综合措施、法律责任、附则等。总则共 8 条，从立法目的、电信网络诈骗的含义、适用范围、工作原则、各方职责以及工作机制，总体体现了坚持以人民为中心，统筹发展和安全，立足各环节、全链条防范治理电信网络诈骗的立法理念。

第一条　为了预防、遏制和惩治电信网络诈骗活动，加强反电信网络诈骗工作，保护公民和组织的合法权益，维护社会稳定和国家安全，根据宪法，制定本法。

一、法条主旨

随着互联网经济和电信产业的迅猛发展，以电信网络诈骗为代表的新型犯罪持续高发，已成为上升最快、群众反映最为强烈的突出犯罪之一，已成为威胁人民群众切身利益与社会稳定发展的毒瘤。仅依靠治安管理处罚法、个人信息保护法、反洗钱法、刑法等法律并不足以实现综合治理、源头治理。党中央高度重视打击治理电信网络诈骗犯罪工作，习近平总书记对打击治理电信网络诈骗犯罪工作作出重要指示：要坚持以人民为中心，统筹发展和安全，强化系统观念、法治思维，注重源头治理、综合治理，坚持齐抓共管、群防群治，全面落实打防管控各项措施和金融、通信、互联网等行业监管主体责任，加强法律制度建设，加强社会宣传教育防范，推进国际执法合作，坚决遏制此类犯罪多发高发态势。在此背景下，《反电信网络诈骗法》应运而生。

目前，在所有侵财类案件中，电信网络诈骗犯罪占比已近 50%。而有关打击电信网络诈骗犯罪的刑法依据，则主要是一个刑法条文、一个司法解释、两个实施意见:即《中华人民共和国刑法》第 266 条;最高人民法院、最高人民检察院 2011 年 3 月 1 日联合下发的《关于办理诈骗刑事案件具体应用法律若干问题的解释》;最高人民法院、最高人民检察院、公安部 2016 年联合下发的《关于办理电信网络诈骗等刑事案件适用法律若干问题的意见》,2021 年 6 月,"两高一部"下发的《关于办理电信网络诈骗等刑事案件适用法律若干问题的意见(二)》。但不能否认,根据我国立法法等法律规定,上述两个意见既不属于法律,更不是严格意义上的司法解释,充其量也就是一个规范性文件,层级不高,效力有限,仍然是徘徊在"治标不治本"的法律规制阶段。除此之外,刑法对于打击电信网络诈骗犯罪几乎再无直接、明确涉及。此种立法现状,显然难以有效应对打击日新月异的电信网络诈骗犯罪的形势要求。全国人大常委会法工委相关负责人也曾表示,反电信网络诈骗法制定秉持了"小切入立法"以及急用先行的原则,是对现实需求做出的回应。

二、条文详解

【预防、遏制和惩治】明确本法主要是按照完善预防性法律制度的要求,针对电信网络诈骗发生的信息链、资金链、技术链、人员链等各环节,加强防范性制度措施建设,深入推进行业治理,强化部门监管责任和企业社会责任,变"亡羊补牢"为"未雨绸缪",变重"打击"为"打防管控"并重的立法理念。

【保护公民和组织合法权益】明确本法不仅仅保护公民和组织的合法财产,还包括其他合法权益。在我国,公民的合法权益包括宪法和法律所规定的政治权利、民主权利、人身权利、经济权利、教育权利等。而在信息化时代,公民个人信息保护已成为人民群众最关心、最直接、最现实的利益问题之一。近年来,侵犯公民个人信息违法犯罪活动多发,社会广泛关注。非法获取、提供公民个人信息等违法犯罪作为电信网络诈骗犯罪活动的上游犯罪及周边黑灰产业,为诈骗犯罪分子实施精准诈骗提供了更加便利的条件,成为电信网络诈骗犯罪的催化剂和助推器。因此,切实保护公民、组织的包括财产权利在内的合法权益是本法立法的根本目的。

【维护社会稳定和国家安全】明确本法不仅仅应从个案上保护公民和组织的合法权益,从整体上还要起到维护社会稳定和国家安全的作用。电信网络诈骗对社会和国家的负作用主要体现在以下三方面:一是吞噬诚信社会。

市场经济完善的社会,是以诚信社会为基础的社会,电信网络诈骗尤其是假冒熟人、政府机关等"假冒型"行为伤害了人与人之间的信赖关系,造成人与人信任的危机,也疯狂地吞噬诚信社会基础;二是严重影响人们的安全感。当下,社会各行各业、各阶层都有可能成为电信网络诈骗的对象,被骗之人在受到经济损失的同时,身心受到极大的伤害,每年因被骗而导致受害人自残、自杀等事件屡见不鲜,电信网络诈骗已成为社会不稳定的重要源头之一;三是玷污国家形象。诈骗电话满天飞,几乎没有人能够幸免,包括居住在中国的外国人,给人的印象到处都是骗子,国家的形象被电信网络诈骗玷污。

三、参考案例

2016 年 8 月,山东高考生徐某玉被电信诈骗者以领取"助学金"的形式骗取学费 9900 元,发现被骗报警后心跳骤停,不幸离世。据警方调查,骗取徐某玉学费的电信网络诈骗者的信息来自网上非法出售的高考个人信息,而其源头则是黑客利用安全漏洞侵入了"山东省 2016 高考网上报名信息系统"网站,下载了 60 多万条山东省高考考生数据,高考结束后开始在网上非法出售给电信诈骗者。最终法院以诈骗罪、侵犯公民个人信息罪判处被告人陈某辉无期徒刑,剥夺政治权利终身;其他 6 名被告人被判 15 年到 3 年不等的有期徒刑,并处罚金。①

四、参考条文

(一)《中华人民共和国宪法》

第十三条第一款 公民的合法的私有财产不受侵犯。

第五十三条 中华人民共和国公民必须遵守宪法和法律,保守国家秘密,爱护公共财产,遵守劳动纪律,遵守公共秩序,尊重社会公德。

(二)《中华人民共和国民法典》

第三条 民事主体的人身权利、财产权利以及其他合法权益受法律保护,

---

① 参见山东省临沂市中级人民法院(2017)鲁 13 刑初 26 号判决书。

任何组织或者个人不得侵犯。

第一百一十一条 自然人的个人信息受法律保护。任何组织或者个人需要获取他人个人信息的,应当依法取得并确保信息安全,不得非法收集、使用、加工、传输他人个人信息,不得非法买卖、提供或者公开他人个人信息。

第一百一十三条 民事主体的财产权利受法律平等保护。

(三)《中华人民共和国个人信息保护法》

第二条 自然人的个人信息受法律保护,任何组织、个人不得侵害自然人的个人信息权益。

第十一条 国家建立健全个人信息保护制度,预防和惩治侵害个人信息权益的行为,加强个人信息保护宣传教育,推动形成政府、企业、相关社会组织、公众共同参与个人信息保护的良好环境。

(四)《中华人民共和国刑法》

第二百六十六条 诈骗公私财物,数额较大的,处三年以下有期徒刑、拘役或者管制,并处或者单处罚金;数额巨大或者有其他严重情节的,处三年以上十年以下有期徒刑,并处罚金;数额特别巨大或者有其他特别严重情节的,处十年以上有期徒刑或者无期徒刑,并处罚金或者没收财产。本法另有规定的,依照规定。

(五)最高人民法院、最高人民检察院《关于办理诈骗刑事案件具体应用法律若干问题的解释》

第二条 诈骗公私财物达到本解释第一条规定的数额标准,具有下列情形之一的,可以依照刑法第二百六十六条的规定酌情从严惩处:

(一)通过发送短信、拨打电话或者利用互联网、广播电视、报刊杂志等发布虚假信息,对不特定多数人实施诈骗的;……

第五条 诈骗未遂,以数额巨大的财物为诈骗目标的,或者具有其他严重情节的,应当定罪处罚。

利用发送短信、拨打电话、互联网等电信技术手段对不特定多数人实施诈骗,诈骗数额难以查证,但具有下列情形之一的,应当认定为刑法第二百六十六条规定的"其他严重情节",以诈骗罪(未遂)定罪处罚:

（一）发送诈骗信息五千条以上的；

（二）拨打诈骗电话五百人次以上的；

（三）诈骗手段恶劣、危害严重的。

实施前款规定行为，数量达到前款第（一）、（二）项规定标准十倍以上的，或者诈骗手段特别恶劣、危害特别严重的，应当认定为刑法第二百六十六条规定的"其他特别严重情节"，以诈骗罪（未遂）定罪处罚。

第七条 明知他人实施诈骗犯罪，为其提供信用卡、手机卡、通讯工具、通讯传输通道、网络技术支持、费用结算等帮助的，以共同犯罪论处。

（六）最高人民法院、最高人民检察院、公安部《关于办理电信网络诈骗等刑事案件适用法律若干问题的意见》

一、总体要求

······

人民法院、人民检察院、公安机关要针对电信网络诈骗等犯罪的特点，坚持全链条全方位打击，坚持依法从严从快惩处，坚持最大力度最大限度追赃挽损，进一步健全工作机制，加强协作配合，坚决有效遏制电信网络诈骗等犯罪活动，努力实现法律效果和社会效果的高度统一。

第二条 本法所称电信网络诈骗，是指以非法占有为目的，利用电信网络技术手段，通过远程、非接触等方式，诈骗公私财物的行为。

一、法条主旨

本条文是对电信网络诈骗的规范定义。这里的"电信"，根据国际电信联盟的定义，是"利用有线电、无线电、光或其他电磁系统，对符号、信号、文字、图像、声音、或任何性质的信息的传输、发射或接收。"也就是说，电信是早已经使用的特有名词，是无线电电信号的意思，其网络就叫做电信网络，利用这些电信的网络在不同的地点之间传递信息，包括利用电话，数据通讯以及计算机网络等不同种类的远距离通讯方式等进行诈骗活动，大家就习惯称为电信诈骗。

近些年，信息网络出现电信网、广播电视网和互联网融合趋势，跨平台的网络互动成为主流。通过网络空间的技术架构，网络犯罪的全球崛起也改变了犯罪的社会语义和结构,包括犯罪主体匿名化、犯罪客体的信息化、犯罪过程的全球化和犯罪后果的风险化。① 网络也从最初只具有犯罪对象的意义,到目前凸显其作为犯罪工具的危害性。② 随着虚拟信息网络社会的形成,网络空间将成为犯罪新空间、新场域。因此,电信网络诈骗的称呼较为合理。

二、条文详解

【非法占有为目的】我国刑法没有明文规定诈骗罪必须出于非法占有目的,但普遍认为诈骗罪应以"非法占有目的"为构成要件。③ 但也有学者提出非法占有目的不要说的主张。④ 而且,学者们在对非法占有目的的解释上认识也并不完全一致,主要有以下几种:其一,"意图占有说"。认为"所谓非法占有目的,是指明知是公共的或他人的财物,而意图把它非法转归自己或第三者占有。"⑤其二,"不法所有说"。认为非法占有目的包括两种情况:一是以非法暂时占有、使用为目的……;二是以不法所有为目的,对非法占有目的或不法所有目的,不能理解为只是意图占有或控制财物,而应按大陆法系国家的折中说来理解,即应该包括利用或处分财物的目的在内。⑥ 其三,"非法所有说",认为非法占有目的表明犯罪行为人将他人的财物转为己有,也即自己非法行使对该物的"所有权",并因此排除财物所有人对于该财物行使所有权的可能。⑦ 该说是我国的通说。

笔者认为,本条款加了"非法占有为目的",说明本法对非法占有目的是诈骗罪的构成要件之一持肯定态度。刑法分则虽无明文规定,但诈骗罪是不成文的目的犯,非法占有目的是诈骗罪的主观构成要素。⑧ 而且非法占有目的具有区分罪与非罪、此罪与彼罪的机能。其具体内容应当是指排除权利人

①　参见张文龙:《全球信息秩序中的网络犯罪及其治理》,载《学术交流》2015 年第 3 期。

②　参见王玉薇:《网络犯罪治理的法治化路径》,北京大学出版社 2020 年版,第 4—7 页。

③　参见高铭暄、马克昌:《诈骗罪·刑法学》,北京大学出版社 2016 年版,第 503—506 页。

④　参见刘明祥:《刑法中的非法占有目的》,载《法学研究》2000 年第 2 期;刘进:《刑法"非法占有目的"论》,载《桂林师范高等专科学院学报》2002 年第 3 期。

⑤　高铭暄:《中国刑法学》,中国人民大学出版社 1989 年版,第 502 页。

⑥　参见张明楷:《刑法学》(下),法律出版社 1997 年版,第 761—783 页。

⑦　参见赵秉志:《论金融诈骗罪的概念和构成特征》,载《国家检察官学院学报》2001 年第 1 期。

⑧　参见张明楷:《刑法学》,法律出版社 2016 年版,第 783 页。

占有,将他人的财物作为自己的所有物进行支配,并遵从财物的用途进行利用、处分的意思。即非法占有目的由"排除意思"与"利用意思"构成,前者重视的是法的侧面,与不可罚的一时骗用等行为区别,后者重视的是经济的侧面,与故意毁坏财物罪等相区别。①

【电信网络技术手段】电信网络诈骗是随着网络通信技术发展而产生的一种犯罪形式,是网络技术发展的产物。电信网络技术数字化、智能化的主要特征便是将电信网络以一个整体的形式存在,能够区分流量,实现对网络的调控与管理,除此之外还可以按照用户的现状进行分类,做好资源的合理分配,除此之外,还在遵循相应原则的基础上实现对用户的评估。② 越来越多的电信网络诈骗活动与技术相结合,特别是在信息获取、诈骗模式设计等环节运用了大数据分析和深度学习等技术,比如利用人工智能技术破解验证码,窃据用户个人数据,特别是生物数据等;中游或中层主要是个人信息挖掘和提供,以及虚假信息提供和包装服务等。另外,模式识别主要被应用到语音识别、声音识别等方面,已经在诈骗网站、诈骗电话识别上有了广泛应用。通过技术获取公民个人信息,对被害人进行精准画像、实施量体裁衣式诈骗,已成为基本的趋势。在此背景下,合理加强运用技术手段识别电信网络诈骗活动更显重要。

【远程、非接触】远程、非接触即人与人或人与物之间通过远程控制、或者不物理接触的方式实现各类生产生活的需求的模式,主要依靠互联网、云计算、大数据、人工智能、VR/AR等信息技术,实现在线、智能、交互特征的新业态。但这种新业态模式面临多重网络安全风险,包括基础设施安全、网络接入安全、数据与隐私安全等等。犯罪分子一方面通过新业态中的技术获取个人隐私、企业商业秘密等重要数据,另一方面在新业态下以远程、非接触式方式,通过语言及其他条件营造一个双方共知的特殊语境,通过加强语气和情感的表述,使受骗人相信会话命题的真实性。

【公私财物】财物是侵犯财产犯罪的对象,理所当然要求财物具有财产性价值。因此,在电信网络诈骗中有两个关于"财物"的问题必须厘清:一是虚拟财产是否属于财物。虚拟财产类型很多,很难定义虚拟财产的概念,但是一旦虚拟财产在事实上具有交换的价值,而且具有转移的可能性以及管理上的

---

① 参见张明楷:《诈骗犯罪论》,法律出版社 2021 年版,第 406 页。
② 参见蔡正俊:《数字化的电信网络技术的分析》,载《数字通信世界》2019 年第 5 期。

可能性时,应认定其符合财产的特征。① 实际上,虚拟财产并不是指这种财产价值是虚幻的,其和其他财产之间的交易相当普遍。所谓"虚拟"仅仅表明其是存在于网络空间(与现实世界相对应的虚拟空间),与传统形态财产在存在形式上有很大差别,而且在数字化时代,许多无体物的经济价值越来越明显和重要,其价值的计算应按市场交易价格来确定。② 二是是否包括财产性利益。财产性利益大体是指狭义财物概念以外的财产上的权益,包括积极财产的增加与消极财产的减少。财产性利益与狭义财物对满足人的需要并没有本质差异,甚至可以转化为现金或其他财物。事实上,现代社会对财产的衡量已由对实物的占有让位于主体实际享有的利益多寡。作为刑法分则第 5 章保护的财产法益,将"财物"解释为"具有财产性质的利益"具有现实的正当性和合目的性。当然,这并不意味着任何骗取财产性利益的行为都成立诈骗罪,还需要综合考量被害人是否遭受财产损害、数额大小等因素来决定。例如,被害人遭受网络赌博诈骗被骗身上仅存的 5 万元,还约定两天后向对方支付剩余的 5 万元。因为财产性利益是财物的一种表现形式,当行为人仅取得财物交付的"请求权"时,虽不能认定被害人现实地遭受财产损失,但其财产性利益有受侵害的现实危险性,故未支付的 5 万元不宜认定为诈骗既遂数额,但可认定为诈骗未遂的数额。

三、参考案例

7 月底,小洪急匆匆地赶到海游派出所报警称,自己的游戏装备被人骗走了。原来,不久前,小洪在玩一款叫 CSGO 的网络游戏,还通过"网易 buff 游戏饰品交易平台"购买了一个稀有装备,花了 10500 元。随后,小洪想把装备给卖掉换现金,于是分别在"游戏交易平台"和百度贴吧里发布了售卖信息。7 月 27 日,有一名网友在贴吧里留言有意向购买,并留下了 QQ 号码。小洪添加了对方,一番协商后,双方约定以 9200 元的价格交易。

"知道支付宝里的延时转账吗?"为了省去平台的中介费,对方有了"新提议"。对方称通过"延时"设置,先将钱转到支付宝"中介",然后待小洪将装备转到相应的账号后,钱就会自动到小洪的账户。小洪查看了对方所说支付宝

① 参见张明楷:《诈骗犯罪论》,法律出版社 2021 年版,第 44—48 页。
② 参见陶信平、刘志仁:《论网络虚拟财产的法律保护》,载《政治与法律》2007 年第 4 期。

里的功能,确有此项,于是答应了对方。没多久,对方给小洪发了一张转账成功截图,显示"待到账",小洪信以为真,将自己的装备转给了对方。2小时后,小洪查看自己的账户并没收到钱,于是想联系对方,结果对方非但不搭理,甚至还将小洪拉黑了。随后,小洪报了警。①

四、参考条文

在本法出台之前,未有法律条文对电信网络诈骗进行定义。

(一)全国人民代表大会常务委员会《关于维护互联网安全的决定》

第四条第一款第三项 利用互联网进行盗窃、诈骗、敲诈勒索,构成犯罪的,依照刑法有关规定追究刑事责任。

(二)最高人民法院、最高人民检察院《关于办理诈骗刑事案件具体应用法律若干问题的解释》

第二条第一款第一项 通过发送短信、拨打电话或者利用互联网、广播电视、报刊杂志等发布虚假信息,对不特定多数人实施诈骗的,可以依照刑法第266条的规定酌情从严惩处。

第三条 打击治理在中华人民共和国境内实施的电信网络诈骗活动或者中华人民共和国公民在境外实施的电信网络诈骗活动,适用本法。

境外的组织、个人针对中华人民共和国境内实施电信网络诈骗活动的,或者为他人针对境内实施电信网络诈骗活动提供产品、服务等帮助的,依照本法有关规定处理和追究责任。

一、法条宗旨

本法条规定了打击治理电信网络诈骗活动的管辖适用。电信网络诈骗的

---

① 参见朝阳网警巡查执法:《游戏诈骗案例(五)|我的游戏装备卖了,钱却没有收到!》,载今日头条,https://www.toutiao.com/article/7026967600110289441/? app = news_article&timestamp = 1659495244,最后访问日期:2021年11月5日。

行为机制与普通的诈骗不同,大部分行为发生在境外,因此明确国内法的域外效力尤为重要。我国现行刑法对于管辖权的空间效力规定采折中原则,即:以属地原则为主,属人原则、保护原则和普遍管理原则为辅,该条文也秉持该原则。一是属地管辖:在我国境内实施的电信网络诈骗活动,包括我国公民和其他国籍的公民、无国籍人员。二是属人管辖:我国国籍的公民单独或者结伙在境外对我国公民实施电信网络诈骗行为,即我国公民在领域外实施的犯罪行为,只要我国刑法认为该行为是有罪的,就有对其实施刑事管辖的权利。三是保护管辖:是指国家以保护本国重大利益为由对域外人员或其行为行使管辖权,适用本国法律,是国内法域外适用的基本依据。保护管辖的行为限于后果极其严重的罪行且与针对它们的国家相关。从某种意义上看,保护性管辖是属地管辖的例外。① 本条不仅对实施电信网络诈骗正犯的域外人行使管辖权,更是规定对域外人员为帮助犯的也可以管辖,彰显我国把电信网络诈骗犯罪已经上升为影响国家安全、网络安全的严重犯罪。

尤其值得一提的是,我国目前的域外效力规则以普遍管辖权为基础,普遍管辖权的目的是打击最严重的国际罪行,可以看出我国诸多域外适用法律规则都以刑事责任为主,忽视没收、冻结财产等措施,这一方式不足以确保中国法域外适用的效力。② 本法条第2款的设置,在不违反国际法的基础上,进一步完善了责任体系,"依照本法有关规定处理和追究责任"无疑将行政责任纳入其中,并将罚款、冻结财产、没收违法所得等措施作为追究行政责任的手段,有效规制违反我国法律但不构成犯罪的域外行为,这利于进一步增强中国法域外适用的正当性,占据国际道义制高点。

二、条文详解

【境内实施】虽然网络空间同真实的地理空间相比,表现出鲜明的虚拟性、无国界性和非中心性,但以地域主权观念为根基的属地原则适用于该类案件管辖基本无争议。但各国在适用属地原则时结合了互联网的特性对案件作了场所化的分析。总体上讲,各国并不认为网络空间是完全独立于现实空间

---

① 参见[英]卡特、韦纳:《国际法》,冯洁菡译,商务印书馆2015年版,第878—879页。
② 参见张进:《试论中国法域外适用法律机制建设》,载《镇江高专学报》2021年第4期。

的,而是认为网络犯罪行为的要素仍与地理空间存在依存关系,在此前提下,承认只要犯罪的任何一个要素——预备行为、实行行为或者犯罪结果,有发生在一国的领域范围内,属地原则即可发动,也就是主张犯罪行为和犯罪结果地均为犯罪地。

最高人民法院、最高人民检察院、公安部《关于办理电信网络诈骗等刑事案件适用法律若干问题的意见》对犯罪地进行了解释,认为"犯罪行为发生地"包括用于电信网络诈骗犯罪的网站服务器所在地,网站建立者、管理者所在地,被侵害的计算机信息系统或其管理者所在地,犯罪嫌疑人、被害人使用的计算机信息系统所在地,诈骗电话、短信息、电子邮件等的拨打地、发送地、到达地、接受地,以及诈骗行为持续发生的实施地、预备地、开始地、途经地、结束地。"犯罪结果发生地"包括被害人被骗时所在地,以及诈骗所得财物的实际取得地、藏匿地、转移地、使用地、销售地等。

【境外实施】随着我国对电信网络诈骗打击治理力度的持续加强,电信网络诈骗在国内的生存空间不断减缩,一些电信网络诈骗行为人将设备、人员均安置在境外,借助先进的科技手段和便捷的移动支付手段,对境内实施诈骗,其相对于境内电信诈骗,跨境电信诈骗职业化程度更高,增加了此类案件证据收集的难度,也使得案件的管辖情况更为复杂。据最高人民法院刑事审判第三庭庭长马岩 2022 年 9 月 6 日在北京表示,当前,电信网络诈骗犯罪境外作案占比达 80%。在境外实施电信网络诈骗大致有三种情形:一是我国国籍的公民单独或者结伙在境外对我国公民实施诈骗行为;二是其他国家国籍的公民单独或与我国公民分工在我国境外对我国境内公民实施电信诈骗行为。这类案件的犯罪人员主要是位于我国大陆国境之外的人,尽管案件也会涉及到许多居住在境内的行为人,但是境内行为人大多是帮助犯,属于从犯,因此,不能简单地根据被告居住地来确定地域管辖,而是需要根据犯罪行为完成地和犯罪结果发生地来确定地域管辖;三是上述人员在实施电信诈骗后从实施犯罪的国家逃往第三国或者将财产转移到第三国。这种情形在理论上同样可以根据条文进行管辖。但在实务中,涉案人员滞留国会审查该涉案人员是否在其国家具有合法居留权,在合法居留权失效之前可能会以该涉案人员没有在其国家主权范围内实施犯罪、没有针对其国家刑法所保护的法益实施犯罪而拒绝将该涉案人员遣返回请求国。因此,我们还要在合作国之间对等尊重国家司法主权的基础之上,以各自国内的国际刑事司法协助法及签署的双边或多边国际警务合作协议为基础继续扩大双边、多边合作的领域和范围,既要明确规定一般性跨境刑事案件管辖权的规则,同时应当建立在管辖权具有争议的个案侦查合作机制,以避免因为管辖权的争议贻误案件证据的收集或者出现影响诉讼时效的问题。对于涉案人员逃往第三国或涉案财物转移到第三国的情形,应当规避政治因素对此类刑事案件协作的影响,在双边及多边协议中明确此类案件的个案谈判基础,确立此类案件的合作模式。①

三、参考案例

案例1:2022年8月25日,西安市雁塔区人民法院一审公开宣判吴某某等34人跨境电信网络诈骗案,被告人吴某某等人分别被判处6年至3年不等有期徒刑。

法院经审理查明,2019年5月至6月,被告人吴某某、孙某某、毋某某分批带领各自招募的人员共计35人离境前往菲律宾加入电信网络诈骗组织。落地后,组织高层人员安排被告人居住于菲律宾巴拉望省某地,按照公司化运营机制,统一管理,提供食宿及培训。该组织结构严密,人员分工明确,下设多个业务小组进行诈骗犯罪活动。2019年6月至9月中旬,被告人按照统一安排,互相配合,引诱被害人添加微信或QQ,一步步诱导被害人在虚假投资平台注册购买虚拟货币。待被害人购买后,该平台通过操纵虚拟货币价格持续贬值,制造投资亏损假象,非法获利。经审计和核实,本案报案被害人共计97名,被骗金额共计人民币21330152.24元。②

案例2:2017年12月4日,修水县公安局接到县某公司财务主管黄某某报警称,2017年10月因生意需要,通过QQ加了一个自称"詹姆斯"的人。对方自称为美国特种部队队员,在非洲执行任务,发现大量黄金,但因时常受到恐怖袭击,拟携带黄金外逃,以需要钱款坐飞机等借口陆续骗取该公司共计103万元。经侦查,公安机关在河北省三河市燕郊镇一民房内成功抓获两名利比里亚籍犯罪嫌疑人M.SHERIFF、M.Jabateh。后查明,该案涉案金额600

---

① 参见曹菁:《浅析跨境电信诈骗犯罪中的中国法域外适用问题》,载《警戒线》2022年第4期。
② 参见《雁塔法院公开庭审吴某某等34人跨境电信网络诈骗案》,载西安新闻网,http://news.cnwest.com/xian/a/2021/12/07/20146103.html,最后访问日期:2021年12月7日。

余万元,案件涉及江西、安徽、河北等多省。①

四、参考条文

(一)《中华人民共和国刑法》

第六条第一款 凡在中华人民共和国领域内犯罪的,除法律有特别规定的以外,都适用本法。

第七条第一款 中华人民共和国公民在中华人民共和国领域外犯本法规定之罪的,适用本法,但是按本法规定的最高刑为三年以下有期徒刑的,可以不予追究。

第八条 外国人在中华人民共和国领域外对中华人民共和国国家或者公民犯罪,而按本法规定的最低刑为三年以上有期徒刑的,可以适用本法,但是按照犯罪地的法律不受处罚的除外。

(二)《中华人民共和国刑事诉讼法》

第二十五条 刑事案件由犯罪地的人民法院管辖。如果由被告人居住地的人民法院审判更为适宜的,可以由被告人居住地的人民法院管辖。

(三)最高人民法院《关于适用〈中华人民共和国刑事诉讼法〉的解释》

第二条 犯罪地包括犯罪行为发生地和犯罪结果发生地。

针对或者利用计算机网络实施的犯罪,犯罪地包括犯罪行为发生地的网站服务器所在地,网络接入地,网站建立者、管理者所在地,被侵害的计算机信息系统及其管理者所在地,被告人、被害人使用的计算机信息系统所在地,以及被害人财产遭受损失地。

(四)《中华人民共和国网络安全法》

第七十五条 境外的机构、组织、个人从事攻击、侵入、干扰、破坏等危害

① 参见《修水:破获一起特大涉外电信诈骗案,两名"美国特种兵"被逮》,载搜狐网,https://www.sohu.com/a/215836627_264252,最后访问日期:2023年2月8日。

中华人民共和国的关键信息基础设施的活动,造成严重后果的,依法追究法律责任;国务院公安部门和有关部门并可以决定对该机构、组织、个人采取冻结财产或者其他必要的制裁措施。

(五)最高人民法院、最高人民检察院、公安部《关于办理电信网络诈骗等刑事案件适用法律若干问题的意见》

五、依法确定案件管辖

(一)电信网络诈骗犯罪案件一般由犯罪地公安机关立案侦查,如果由犯罪嫌疑人居住地公安机关立案侦查更为适宜的,可以由犯罪嫌疑人居住地公安机关立案侦查。犯罪地包括犯罪行为发生地和犯罪结果发生地。

"犯罪行为发生地"包括用于电信网络诈骗犯罪的网站服务器所在地,网站建立者、管理者所在地,被侵害的计算机信息系统或其管理者所在地,犯罪嫌疑人、被害人使用的计算机信息系统所在地,诈骗电话、短信息、电子邮件等的拨打地、发送地、到达地、接受地,以及诈骗行为持续发生的实施地、预备地、开始地、途经地、结束地。

"犯罪结果发生地"包括被害人被骗时所在地,以及诈骗所得财物的实际取得地、藏匿地、转移地、使用地、销售地等。

(二)电信网络诈骗最初发现地公安机关侦办的案件,诈骗数额当时未达到"数额较大"标准,但后续累计达到"数额较大"标准,可由最初发现地公安机关立案侦查。

……

(四)对因网络交易、技术支持、资金支付结算等关系形成多层级链条、跨区域的电信网络诈骗等犯罪案件,可由共同上级公安机关按照有利于查清犯罪事实、有利于诉讼的原则,指定有关公安机关立案侦查。

(五)多个公安机关都有权立案侦查的电信网络诈骗等犯罪案件,由最初受理的公安机关或者主要犯罪地公安机关立案侦查。有争议的,按照有利于查清犯罪事实、有利于诉讼的原则,协商解决。经协商无法达成一致的,由共同上级公安机关指定有关公安机关立案侦查。

(六)在境外实施的电信网络诈骗等犯罪案件,可由公安部按照有利于查清犯罪事实、有利于诉讼的原则,指定有关公安机关立案侦查。

……

（八）已确定管辖的电信诈骗共同犯罪案件，在逃的犯罪嫌疑人归案后，一般由原管辖的公安机关、人民检察院、人民法院管辖。

第四条　反电信网络诈骗工作坚持以人民为中心，统筹发展和安全；坚持系统观念、法治思维，注重源头治理、综合治理；坚持齐抓共管、群防群治，全面落实打防管控各项措施，加强社会宣传教育防范；坚持精准防治，保障正常生产经营活动和群众生活便利。

一、法条宗旨

本条反映了反电信网络诈骗法工作原则，树立了"四个坚持"的基本原则，即坚持以人民为中心，坚持系统观念、法治思维，坚持齐抓共管、群防群治，坚持精准防治。这些原则体现出深刻的国家治理现代化意蕴，将反电信网络诈骗的治理重心从末端司法规制转向源头治理和综合治理。

时任全国人大常委会法制工作委员会副主任李宁，2021年10月19日在第十三届全国人民代表大会常务委员会第三十一次会议上所作《关于〈中华人民共和国反电信网络诈骗法（草案）〉的说明》中，提及制定反电信网络诈骗法的总体思路是，贯彻落实习近平总书记关于打击治理电信网络诈骗工作的重要指示批示精神，贯彻习近平法治思想，坚持以人民为中心，统筹发展和安全，坚持精准防治和问题导向，强化系统观念、注重源头治理、综合治理，加强预防性法律制度建设，为打击遏制电信网络诈骗活动提供法治支撑。

二、条文详解

【以人民为中心】体现以民为本、立法为民，这是本法立法目的，也是价值追求。习近平总书记在中央全面依法治国工作会议上指出，要坚持以人民为中心。全面依法治国最广泛、最深厚的基础是人民，必须坚持为了人民、依靠人民。要把体现人民利益、反映人民愿望、维护人民权益、增进人民福祉落实到全面依法治国各领域全过程。为此，体现在立法层面就要回应人民群众对立法工作的新要求、新期待。在电信网络诈骗高发、广大人民群众合法财产利益直接遭受侵害、严重影响人们的安全感的背景下，本法的出台具有针对性、及时性、系统性的特点，重点也是为了解决人民群众的急难愁盼问题，努力使该法反映人民意愿、得到人民拥护，才能使该法立得住、行得通、切实管用。体现在执法层面就是要不断增强人民群众的获得感、幸福感、安全感。以人民为中心的严格执法是维护社会主义法律权威的关键举措，是人民群众根本利益得以实现的重要保障。一是要强调依法行政、依法施政。各级国家机关、相关部门依法履行法定职责，以规范的程序、科学的决策预防电信网络诈骗的发生，及时挽回群众的损失，维护人民合法权益。二是要增强执法效能，高效执法。始终坚持人民至上的价值理念，系统研究谋划电信网络诈骗的预防和打击，保民生、维民权、解民难。三是要严厉制裁涉电信网络诈骗犯罪及其衍生的相关"黑灰产"，坚决予以打击。

【统筹发展和安全】统筹发展和安全则是复杂的、多层次的战略。就反电信网络诈骗工作而言，做好统筹发展和安全包括两方面内容：一是以发展的姿态全力保护人民财产安全，以打防结合、防范为先为原则。一方面要依法严厉打击电信网络诈骗违法犯罪以及上下游关联违法犯罪，坚持全链条纵深打击，形成打击合力，提升打击效能；同时，健全涉诈资金查处机制，最大限度追赃挽损；同时，加强国际执法司法合作，积极推动涉诈在逃人员通缉、引渡、遣返工作。另一方面，要构建严密防范体系，强化技术反制，强化预警劝阻，提升预警信息监测发现能力，强化宣传教育，建立全方位、广覆盖的反诈宣传教育体系，形成全社会反诈的浓厚氛围。二是协同发力，坚持总体国家安全观。如前文所述，电信网络诈骗侵害公民财产安全，而且威胁社会稳定、国家安全。因此，从维护国家安全的角度，本法强调加强部门联动，规定了地方政府的属地责任、部门的监管主体责任、司法部门的惩治责任、企业的防范责任，并对提高公民防范意识作出全面规定，形成打防合力。

【系统观念】系统观念是具有基础性的思想和工作方法。就《反电信网络诈骗法》的立法思维来看，其既把握了重点方面又把握了整体。一方面针对电信网络诈骗行为一些重点进行了完善，再如很多都跟境外有关，所以重点围绕该方面做了很多规定，比如在该法第 36 条，对出境做了很多限制，"对前往电信网络诈骗活动严重地区的人员，出境活动存在重大涉电信网络诈骗活动嫌疑的，移民管理机构可以决定不准其出境。"再如在第 31 条，特别规定"因从事电信网络诈骗活动或者关联犯罪受过刑事处罚的人员，可以按照国家有关规定记入信用记录"，这可能会使这些人员在使用电信以及使用其他服务上,有一些暂停、限制措施。另一方面,更好地从整体上进行了谋划。实际上从一审稿到二审稿,再到最后通过的《反电信网络诈骗法》,法条内容是在不断增加的,最初是39条,二审稿是46条,最终版是50条,不断在做更为全面的设计。另外,《反电信网络诈骗法》从整体布局上,对电信、金融、互联网领域以及相应的地方政府行业主管部门,还有企业的监管责任以及风险防范责任也做了很好的规定。

【法治思维】推进系统性观念法治思维,在本法中至少体现在以下三个方面:一是法治主体意识更加明晰。通过增强全民法治观念,推进法治社会建设。推动全社会树立反电信网络诈骗的法治意识,把全民普法作为长期基础性工作,深入开展宣传教育;二是规制思维更加凸显。推进多层次多领域依法治理,规范司法机关、行政主管部门以及相关企事业单位在反电信网络诈骗中的法定职责,对于各自的行为有了稳定的预期;三是权力受制的思维也得以体现。本法在制定过程中,充分考虑了权力行使的边界,对有关部门、单位的工作人员滥用职权、玩忽职守、徇私舞弊可依法追究刑事责任,对电信业务经营者、银行业金融机构、非银行支付机构、互联网服务提供者等违反本法规定,造成他人损害的可提起民事诉讼,并依法享有申请行政复议或者提起行政诉讼的权利。

【源头治理、综合治理】坚持源头治理和综合治理是本法立法的重大特色。从源头治理角度而言,坚持标本兼治、重在治本,铲除滋生电信网络诈骗违法犯罪的"温床"。压实金融、通信、互联网等行业的监管主体责任。金融行业监管,需及时发现、管控新型洗钱通道;电信行业监管,需严格落实电话用户实名制;互联网行业监管,要求完善责任追究制度,建立健全行业主管部门、企业、用户三级责任制;建立健全信用惩戒制度,将电信网络诈骗及关联违法犯罪人员纳入严重失信主体名单。加强对黑灰产业的打击整治,切断电信网络诈骗违法犯罪产业链。

社会治安综合治理是中国特色社会主义社会治理体系的重要组成部分,是防范和打击违法犯罪的重要途径。针对电信网络诈骗违法犯罪链条长、治理工作涉及面广的实际情况,该法坚持统筹兼顾,以点带面、点面结合,系统解决相关治理问题。坚持综合施策,运用经济、法律、行政、教育、文化等多种手段综合应对电信网络诈骗违法犯罪问题,建立打击、防范、治理一体化工作格局。

【齐抓共管、群防群治】该法充分体现了不管是立法部门、司法机关、执法机关,还是电信运营商、金融机构,乃至企业、商家,都是防范电信网络诈骗犯罪"联合防线"的一部分,都有责任和义务推动构建"党委领导、政府主导、部门主责、行业监管、有关方面齐抓共管、社会各界广泛参与"的反电信网络诈骗工作格局。[①] 同时,也充分体现本法在打源头、端窝点、摧网络、斩链条同时,广泛动员、群防群治,发动群众力量,汇聚群众智慧,形成全社会反诈的浓厚氛围的要求。

三、参考案例

2019年12月,被告人徐某、郑某合谋在杭州市、湖州市、诸暨市等地非法从事手机卡"养卡"活动。即先由郑某利用担任手机卡代理商的便利,申领未实名验证的手机卡(又称"白卡");再以每张卡人民币35元至40元的价格交由职业开卡人马某辉;马某辉通过在江苏省的劳务公司员工时某华、耿某军等人,以办理"健康码"、核实健康信息等为由,非法采集劳务公司务工人员身份证信息及人脸识别信息,对"白卡"进行注册和实名认证。为规避通信公司对外省开卡的限制,时某华、耿某军利用郑某工号和密码登录内部业务软件,将手机卡开卡位置修改为浙江省。此外,马某辉还单独从赵某处购买公民个人信息400余条用于激活"白卡"。

经查,上述人员利用非法获取的公民个人信息办理手机卡共计3500余张。其中,被告人徐某、郑某、马某辉非法获利共计人民币147705元,被告人时某华、耿某军非法获利共计人民币59700元,被告人赵某非法获利共计人民币7220元。上述办理的手机卡中,有55张卡被用于电信网络诈骗犯罪,涉及68起诈骗案件犯罪数额共计人民币284万余元。

2021年11月30日、12月1日,检察机关以徐某等6人涉嫌侵犯公民个人信息罪提起公诉,同时提起刑事附带民事公益诉讼。同年12月31日,杭州市钱塘区人民法院以侵犯公民个人信息罪对徐某等6名被告人判处有期徒刑3年至7个月不等,并处罚金人民币7万元至1万元不等。同时,判决被告人徐某等6

---

① 参见《治理电信网络诈骗顽疾要齐抓共管》,载人民网,http://opinion.people.com.cn/n1/2022/0420/c223228-32404015.html,最后访问日期:2022年4月20日。

人连带赔偿人民币 14 万余元,并在国家级新闻媒体上进行公开赔礼道歉。①

本案充分彰显了司法机关坚持电信网络诈骗源头治理。公民个人信息目前成为电信网络诈骗犯罪的基础工具,非法泄露公民个人信息已成为大多数电信网络诈骗犯罪的源头行为。在查办电信网络诈骗犯罪时,追溯前端公民个人信息泄露的渠道和人员,特别是对于行业"内鬼"泄露公民个人信息的,尤为重要,坚持依法从严追诉,从重提出量刑建议,加大罚金刑力度,提高犯罪成本。

四、参考条文

该条文是将中共中央办公厅、国务院办公厅印发《关于加强打击治理电信网络诈骗违法犯罪工作的意见》的工作原则进一步法制化,无其他参考条文。

第五条　反电信网络诈骗工作应当依法进行,维护公民和组织的合法权益。

有关部门和单位、个人应当对在反电信网络诈骗工作过程中知悉的国家秘密、商业秘密和个人隐私、个人信息予以保密。

一、法条宗旨

本条是关于限制反电信网络诈骗工作权力滥用的条款。电信网络诈骗在需要得到高效治理的同时,行政权力的边界无论在什么时候都应该得到恪守,减少各类"误伤"行为,保障正常生产经营活动和群众生活便利,表明了立法者通过本条款保障私权利并遏制公权力滥用的决心,包括对公民和组织的合法权益予以坚决维护,国家秘密、商业秘密、个人隐私、个人信息予以坚决保密。

---

① 参见《最高检发布打击治理电信网络诈骗及关联犯罪典型案例 7》,载最高人民检察院网上发布厅,https://baijiahao.baidu.com/s？id＝1730684293942899250&wfr＝spider&for＝pc,最后访问日期:2022 年 4 月 21 日。

二、条文详解

对维护公民和组织的合法权益而言，一是进一步明确合理界定电信、金融等机构的责任。既要赋予相关部门充分的权力和必要的手段，也要对权力运行进行规范和约束，确保公权力在法律、法规授权之下依法行使。二是公安机关优化工作理念和机制，保护好公民和组织的合法权益。对账户冻结等行为应更加审慎，并建立监督机制。勿以保护群众利益为由，随意冻结普通公民账户，对错误冻结应进行赔偿。同时，合理简化解冻手续。三是金融机构应提高工作精准度。特别是银行应充分运用金融科技手段，优化模型，精准排查，尽量降低"误伤"的比例。如果发生"误伤"，应采取更人性化的救济措施。如优化工作流程，以线上和线下结合的方式，便利用户办理解除限制手续。

从立法技术上讲，行政权力自我扩权的冲动受到一定的限制，才能解决权力与权利之间配置的问题，才能以"最小的代价达到以人民为中心的立法目的"。实践中，有关部门和单位、个人在履行反电信网络诈骗的职责过程中，会接触和知晓国家秘密、商业秘密以及大量的个人信息，特别是个人隐私信息。与《民法典》《国家秘密法》《反不正当竞争法》《个人信息保护法》等法律、法规相呼应，本条款强调了对于在开展反电信网络诈骗中获悉的各类秘密及个人隐私及信息，应按照相关法律规定履行保密义务，且履行保密义务的主体不仅仅限于开展反电信网络诈骗的国家机关，还应包含在此过程中所有获悉各类秘密及个人隐私的单位和个人。

三、参考案例

目前非法获取公民个人信息主要有两个来源：一个是黑客入侵网站非法获取；另一个是各行各业的内幕人员泄露信息。危害最大的主要是像银行、教育、工商、电信、快递、证券、电商等行业的人员，内部人员把数据泄露出来，成为侵犯公民个人信息的主体。

据最高人民检察院 2022 年 3 月披露，2021 年，检察机关起诉侵犯公民个人信息犯罪 9800 余人，同比上升 64%。公民个人信息泄露成为电信网络诈骗犯罪的源头行为。犯罪分子通过非法获取的公民个人信息注册手机卡、银行卡,作为诈骗犯罪的基础工具;或利用这些信息对诈骗对象进行"画像",实施精准诈骗。办案中发现,有不少行业"内鬼"泄露个人信息。2021年,检察机关起诉泄露公民个人信息的"内鬼"500余人,涉及通信、银行保险、房产、酒店、物业、物流等多个行业。被告人多为层级较低工作人员,也有部分离职人员,泄露的公民个人信息种类多、数量大,部分属于个人敏感信息。①

四、参考条文

(一)《中华人民共和国宪法》

第三十八条　中华人民共和国公民的人格尊严不受侵犯。禁止使用任何方法对公民进行侮辱、诽谤和诬告陷害。

第五十三条　中华人民共和国公民必须遵守宪法和法律,保守国家秘密,爱护公共财产,遵守劳动纪律,遵守公共秩序,尊重社会公德。

(二)《中华人民共和国民法典》

第一千零三十二条　自然人享有隐私权。任何组织或者个人不得以刺探、侵扰、泄露、公开等方式侵害他人的隐私权。

隐私是自然人的私人生活安宁和不愿为他人知晓的私密空间、私密活动、私密信息。

第一千零三十四条第一款　自然人的个人信息受法律保护。

第一千零三十九条　国家机关、承担行政职能的法定机构及其工作人员对于履行职责过程中知悉的自然人的隐私和个人信息,应当予以保密,不得泄露或者向他人非法提供。

(三)《中华人民共和国保守国家秘密法》

第三条　国家秘密受法律保护。

一切国家机关、武装力量、政党、社会团体、企业事业单位和公民都有保守

---

① 参见《打击电信网络诈骗　最高检:公民个人信息遭泄露谨防内鬼出没》,载海报新闻,https://www.163.com/dy/article/H1FBVN5J055061FK.ht,最后访问日期:2022年3月2日。

国家秘密的义务。

任何危害国家秘密安全的行为,都必须受到法律追究。

(四)《中华人民共和国反不正当竞争法》

第三十条 监督检查部门的工作人员滥用职权、玩忽职守、徇私舞弊或者泄露调查过程中知悉的商业秘密的,依法给予处分。

(五)《中华人民共和国个人信息保护法》

第三十四条 国家机关为履行法定职责处理个人信息,应当依照法律、行政法规规定的权限、程序进行,不得超出履行法定职责所必需的范围和限度。

第六十八条 国家机关不履行本法规定的个人信息保护义务的,由其上级机关或者履行个人信息保护职责的部门责令改正;对直接负责的主管人员和其他直接责任人员依法给予处分。

履行个人信息保护职责的部门的工作人员玩忽职守、滥用职权、徇私舞弊,尚不构成犯罪的,依法给予处分。

第六十九条 处理个人信息侵害个人信息权益造成损害,个人信息处理者不能证明自己没有过错的,应当承担损害赔偿等侵权责任。

前款规定的损害赔偿责任按照个人因此受到的损失或者个人信息处理者因此获得的利益确定;个人因此受到的损失和个人信息处理者因此获得的利益难以确定的,根据实际情况确定赔偿数额。

(六)《中华人民共和国刑法》

第二百一十九条 有下列侵犯商业秘密行为之一,情节严重的,处三年以下有期徒刑,并处或者单处罚金;情节特别严重的,处三年以上十年以下有期徒刑,并处罚金:

(一)以盗窃、贿赂、欺诈、胁迫、电子侵入或者其他不正当手段获取权利人的商业秘密的;

(二)披露、使用或者允许他人使用以前项手段获取的权利人的商业秘密的;

(三)违反保密义务或者违反权利人有关保守商业秘密的要求,披露、使用或者允许他人使用其所掌握的商业秘密的。

明知前款所列行为,获取、披露、使用或者允许他人使用该商业秘密的,以侵犯商业秘密论。

本条所称权利人,是指商业秘密的所有人和经商业秘密所有人许可的商业秘密使用人。

第二百一十九条之一 为境外的机构、组织、人员窃取、刺探、收买、非法提供商业秘密的,处五年以下有期徒刑,并处或者单处罚金;情节严重的,处五年以上有期徒刑,并处罚金。

第二百五十三条之一 违反国家有关规定,向他人出售或者提供公民个人信息,情节严重的,处三年以下有期徒刑或者拘役,并处或者单处罚金;情节特别严重的,处三年以上七年以下有期徒刑,并处罚金。

违反国家有关规定,将在履行职责或者提供服务过程中获得的公民个人信息,出售或者提供给他人的,依照前款的规定从重处罚。

窃取或者以其他方法非法获取公民个人信息的,依照第一款的规定处罚。

单位犯前三款罪的,对单位判处罚金,并对其直接负责的主管人员和其他直接责任人员,依照各该款的规定处罚。

第三百九十八条 国家机关工作人员违反保守国家秘密法的规定,故意或者过失泄露国家秘密,情节严重的,处三年以下有期徒刑或者拘役;情节特别严重的,处三年以上七年以下有期徒刑。

非国家机关工作人员犯前款罪的,依照前款的规定酌情处罚。

(七)《中华人民共和国刑事诉讼法》

第一百五十二条 采取技术侦查措施,必须严格按照批准的措施种类、适用对象和期限执行。

侦查人员对采取技术侦查措施过程中知悉的国家秘密、商业秘密和个人隐私,应当保密;对采取技术侦查措施获取的与案件无关的材料,必须及时销毁。

采取技术侦查措施获取的材料,只能用于对犯罪的侦查、起诉和审判,不得用于其他用途。

公安机关依法采取技术侦查措施,有关单位和个人应当配合,并对有关情况予以保密。

(八)《中华人民共和国民事诉讼法》

第七十一条 证据应当在法庭上出示,并由当事人互相质证。对涉及国家秘密、商业秘密和个人隐私的证据应当保密,需要在法庭出示的,不得在公开开庭时出示。

第一百三十七条 人民法院审理民事案件,除涉及国家秘密、个人隐私或者法律另有规定的以外,应当公开进行。

第一百五十九条第一款 公众可以查阅发生法律效力的判决书、裁定书,但涉及国家秘密、商业秘密和个人隐私的内容除外。

(九)《中华人民共和国网络安全法》

第四十五条 依法负有网络安全监督管理职责的部门及其工作人员,必须对在履行职责中知悉的个人信息、隐私和商业秘密严格保密,不得泄露、出售或者非法向他人提供。

(十)《中华人民共和国商业银行法》

第二十九条 商业银行办理个人储蓄存款业务,应当遵循存款自愿、取款自由、存款有息、为存款人保密的原则。

对个人储蓄存款,商业银行有权拒绝任何单位或者个人查询、冻结、扣划,但法律另有规定的除外。

第六条 国务院建立反电信网络诈骗工作机制,统筹协调打击治理工作。

地方各级人民政府组织领导本行政区域内反电信网络诈骗工作,确定反电信网络诈骗目标任务和工作机制,开展综合治理。

公安机关牵头负责反电信网络诈骗工作,金融、电信、网信、市场监管等有关部门依照职责履行监管主体责任,负责本行业领域反电信网络诈骗工作。

人民法院、人民检察院发挥审判、检察职能作用,依法防范、惩治电信网络诈骗活动。

电信业务经营者、银行业金融机构、非银行支付机构、互联网服务提供者承担风险防控责任,建立反电信网络诈骗内部控制机制和安全责任制度,加强新业务涉诈风险安全评估。

一、法条宗旨

本条是对反电信网络诈骗法各方职责的规定。明确了从国务院、地方各级人民政府、公安机关、人民法院、人民检察院及电信业务、银行业、非银行支付机构、互联网服务提供者的各方责任,体现了坚持齐抓共管、群防群治的规制原则,追求形成统筹协调打击治理工作,实现跨行业、跨地域协同配合、快速联动的工作局面。

二、条文详解

【国务院职责】国务院承担起反电信网络诈骗工作机制的建立,统筹协调打击治理。比如,2015 年 6 月,国务院批准建立由公安部牵头,整合包括当时的中国人民银行、银监会、工业和信息化部、中央网信办、外交部、安全部、国台办、工商总局、海关总署、司法部、最高人民法院、最高人民检察院等共计 23 个部门,建立打击治理电信网络新型违法犯罪工作部际联席会议机制,诸如推动在全国范围内开展"断卡"行动,严厉打击整治非法开办贩卖电话卡、银行卡违法犯罪;再如,建立国家反诈中心,集资源整合、情报研判、侦查指挥为一体,在打击、防范、治理电信网络诈骗等新型违法犯罪中发挥重要作用。治理电信网络诈骗,需要各部门协同发力,如果没有中央政府的介入,不是执行力失真的问题,而是根本不会发生执行力的问题。正是如此,中央政府的介入不是仪式性的,而具有不可或缺的机制性意义。

【地方各级人民政府职责】落实属地管控综合治理责任。虽然电信网络诈骗是一种远程、跨区域、非接触式犯罪,通过互联网的拓扑结构,打乱了属地管控。但由于地方政府有着比较完整的治理权,对电信网网络诈骗以及以"外包"方式不断地分工、细化市场迂回地服务于犯罪的行为,只要问题落入政府的"包围圈"当中,解决方案或资源仍然可以构成一个闭环。同时,防范电信网络诈骗的宣传、教育,提升公众的反诈意识的重任主要还在地方政府。

【公安牵头、相关部门履行监管主体责任】打击犯罪是公安机关的主业,从目前来看基本形成了央地分工、相互搭配的作战体系。公安部主要负责跨境电信网络诈骗案件的直接指挥工作,省级公安负责跨省重大案件的直接指挥工作,市级公安统合刑侦、技侦、网安,集中研判、串并、溯源和侦查,是承担打击电信网络诈骗犯罪主要责任的单位。同时,各地公安机关相继成立的侦办平台不仅应用于直接对电信网络诈骗犯罪的反制,其还相当于一个支点,间接撬动了"职责同构"的政府组织结构。① 传统的、分散化的央地关系将趋于更为整体的关联。

电信网络诈骗没有传统物理意义的犯罪现场,但是行为人在网络上留下了海量的数据痕迹,这些痕迹背后蕴含的行为模式只有直接从系统着手,加强系统之间的协同配合,才能超越属地管控。在治理电信网络诈骗犯罪过程中,除了司法系统以外,参战的其他单位还有金融、电信、网信、市场等监管部门,监管工作本质上属于依法行政的问题,这就要求监管者必须依法监管,减少监管的随意性,维护监管的连续性和公信力。因此,各中央部委牵头,各自调动本系统在地方层面的监管部门,将原本分散在各个属地的资源抓取上来,有效做好行刑衔接工作,集中支撑公安的打击行动。

【人民法院、人民检察院发挥审判、检察职能作用】该条款是草案在三审稿时增加的。人民法院、人民检察院在打击电信网络诈骗犯罪中发挥着审判、检察职能作用,这就要求人民法院、人民检察院准确把握案件证据标准,严把事实关、证据关、法律适用关,落实宽严相济的刑事政策,找准打击重点,对于主犯、多次实施、跨国(境)实施电信网络诈骗的犯罪分子,坚决依法严惩。同时,坚持依法惩处上下游关联犯罪,做到政治效果、法律效果、社会效果相统一。另外,通过检察机关、人民法院发布办理电信网络诈骗案件的指导案例,一方面引领以后的司法办案,另一方面还原案发真相,揭示跨境电信网络诈骗犯罪的运行模式、诈骗手段以及获利模式等,引导群众增强法治观念,提高防范电信网络诈骗的意识。

【电信业务经营者、银行业金融机构、非银行支付机构、互联网服务提供者风险防控责任】电信网络诈骗人员实施诈骗活动,离不开金融、通信、互联网等业务,行为人利用这些技术和服务实施骗术、转移资金、采取各种包装手法逃避打击。因此,加强对这些行业领域的治理是防范电信网络诈骗活动的关键和重点,也是难点。本法一是在总则中规定,各单位应当加强内部防范,特别是电信企业、银行、支付机构、互联网企业等在反诈工作中要承担风险防

---

① 朱光磊、张志红:《"职责同构"批判》,载《北京大学学报(哲学社会科学版)》2005年第1期。

控责任,建立内部控制制度和安全责任制度,这是总的要求。二是在各自职责章节中,规定加强对电话卡、银行卡、互联网账号管理,从源头上防范电信网络诈骗。包括进一步明确和提出实名制要求,特别是为保证对涉诈异常电话卡、账号在使用环节的"实人实操",规定可以重新实名核验,并根据风险情况采取相应限制、暂停服务等措施;对办理电话卡、金融账户的数量进行合理限制,有针对性地完善物联网卡销售、使用监测制度等。三是规定了企业对各类涉诈信息、活动的监测处置责任。银行要履行反洗钱、反诈职责,建立尽职调查制度,对涉诈异常银行卡、可疑交易等进行监测处置等。四是对 App、域名解析、域名跳转等网络资源规范管理,强化各行业涉诈违法犯罪线索、风险信息、黑样本数据信息共享。同时,规定了企业违反上述规定的法律责任。

三、参考案例

案例 1:黑龙江银保监管机构始终坚持立足群众需求,有序统筹推进打击治理电信网络诈骗和反保险欺诈工作。2021 年全省已快速止付涉案账号 10.4 万个,止付资金 39 亿元;冻结诈骗账号 1.66 万个,冻结资金 7.2 亿元。

黑龙江银保监管机构印发《黑龙江省涉电信网络诈骗、涉"两卡"重点问题整治实施方案》《关于进一步推进打击治理电信网络诈骗工作的通知》等系列文件,督促银行机构严格开户审核,加强账户管理,强化内部管控,从源头上控制涉案账户数量,同时配合公安部门做好涉案账户查询、止付、冻结等工作。指导各银保监分局和银行保险机构累计现场宣传 2.13 万次,发放《防范电信网络诈骗宣传手册》等宣传资料 117 万份,接受媒体采访报道 60 余次,通过官网、微博、微信公众号、视频号、短视频平台等新兴媒体宣传 28 万次,覆盖公众400 余万人次,广大群众风险防范意识和反诈防骗能力进一步提升。组织开展"反欺诈筑诚信"主题短视频征集活动,积极上传 42 件抖音短视频宣传作品,浏览量达 33779 次,收到点赞 13894 次,评论数 1104 条,有力提升了反保险欺诈宣传效果。[①]

---

① 参见《黑龙江银保监局深入开展反诈工作 全省快速止付涉案账号 10.4 万个止付 39 亿元》,载搜狐网,https://www.sohu.com/a/504135048_120162141,最后访问日期:2021 年 11 月 29 日。

案例2:随着电信诈骗反击战的深入,国内互联网巨头们也纷纷加入战团,主阵地之一是伪基站。2016年9月29日,阿里旗下的蚂蚁金服给出的最新数字显示,公安部刑侦局联合蚂蚁金服合作开发的"伪基站实时监控平台",已协助警方打掉17个以通过伪基站发送含钓鱼网站短信实施银行卡盗用、欺诈犯罪的团伙,抓获犯罪嫌疑人30余名,其中不乏上游制作者和出售者。而腾讯研发的"麒麟伪基站实时检测系统",经过在北京、上海、广州、安徽等地的一年多试运行,于2016年8月4日落地全国公安机关。①

四、参考条文

(一)《中华人民共和国地方各级人民代表大会和地方各级人民政府组织法》

第十一条 县级以上的地方各级人民代表大会行使下列职权:

……

(十二)保护社会主义的全民所有的财产和劳动群众集体所有的财产,保护公民私人所有的合法财产,维护社会秩序,保障公民的人身权利、民主权利和其他权利;

……

(二)《中华人民共和国商业银行法》

第五十九条 商业银行应当按照有关规定,制定本行的业务规则,建立、健全本行的风险管理和内部控制制度。

(三)《中华人民共和国电信条例》

第四条 电信监督管理遵循政企分开、破除垄断、鼓励竞争、促进发展和公开、公平、公正的原则。

电信业务经营者应当依法经营,遵守商业道德,接受依法实施的监督检查。

---

① 参见《阿里腾讯助阵反电信诈骗 定位伪基站拦截诈骗语音》,载中国青年网,http://news.youth.cn/gn/201610/t20161005_8716979.htm,最后访问日期:2022年12月8日。

第六条 电信网络和信息的安全受法律保护。任何组织或者个人不得利用电信网络从事危害国家安全、社会公共利益或者他人合法权益的活动。

第四十二条 国务院信息产业主管部门或者省、自治区、直辖市电信管理机构应当依据职权对电信业务经营者的电信服务质量和经营活动进行监督检查，并向社会公布监督抽查结果。

第五十九条 电信业务经营者应当按照国家有关电信安全的规定，建立健全内部安全保障制度，实行安全保障责任制。

(四)《中华人民共和国网络安全法》

第四条 国家制定并不断完善网络安全战略，明确保障网络安全的基本要求和主要目标，提出重点领域的网络安全政策、工作任务和措施。

第五条 国家采取措施，监测、防御、处置来源于中华人民共和国境内外的网络安全风险和威胁，保护关键信息基础设施免受攻击、侵入、干扰和破坏，依法惩治网络违法犯罪活动，维护网络空间安全和秩序。

第八条 国家网信部门负责统筹协调网络安全工作和相关监督管理工作。国务院电信主管部门、公安部门和其他有关机关依照本法和有关法律、行政法规的规定，在各自职责范围内负责网络安全保护和监督管理工作。

县级以上地方人民政府有关部门的网络安全保护和监督管理职责，按照国家有关规定确定。

第十条 建设、运营网络或者通过网络提供服务，应当依照法律、行政法规的规定和国家标准的强制性要求，采取技术措施和其他必要措施，保障网络安全、稳定运行，有效应对网络安全事件，防范网络违法犯罪活动，维护网络数据的完整性、保密性和可用性。

第十一条 网络相关行业组织按照章程，加强行业自律，制定网络安全行为规范，指导会员加强网络安全保护，提高网络安全保护水平，促进行业健康发展。

第七条 有关部门、单位在反电信网络诈骗工作中应当密切协作，实现跨行业、跨地域协同配合、快速联动，加强专业队伍建设，有效打击治理电信网络诈骗活动。

一、法条宗旨

本条是关于反电信网络诈骗工作协同治理以及对加强专业队伍建设的要求。电信网络诈骗犯罪上下游产业化、链条化特征明显,对其治理是一个系统工程,涉及多方主体,需突出强调多方组织的"主体"作用以及协同的具体内容,明确指挥协调与监管机构。主要是电信运营商、银行等金融机构、移动通讯互联网公司、第三方支付平台公司等相关行业与企业在电信网络诈骗犯罪综合治理体系中要承担怎样的责任与义务,怎样进行监管,以解决部门协作的深度与广度不够、行业壁导致数据信息共享困难等问题。

电信网络诈骗具有职业犯罪特点,有犯罪提供上下游支撑的开贩卡团伙、出售公民个人信息团伙、非法线路商、取款团伙等,并非只与一个诈骗团伙合作,而是不断为众多不同的诈骗团伙提供服务。而一个诈骗团伙也不会一直与固定的上下游团伙进行合作,因此防范打击电信网络诈骗犯罪工作是一项专业性很强的工作,专业队伍建设和专业力量培养需常抓不懈。

二、条文详解

【协同治理】协同治理理论是新兴的交叉理论,是自然学科中的协同论和社会学科中的治理理论结合产生的新理论。协同治理是指政府与企业、社会组织以及公民等利益相关者,为解决共同的社会问题,以比较正式的适当方式进行互动和决策,并分别对结果承担相应责任的过程。[①] 电信网络诈骗犯罪行为跨空间区域、跨行业领域,综合治理是其必然选择。

首先,协同治理主体多元化是首要前提。要坚持"四方协同",即政府与司法机关、企业、社会组织与公民个人协同参与治理电信网络诈骗犯罪。党委政府在犯罪治理中无疑起着领导与统筹作用,包括协调各种人力、物力与财力支持。公安机关和检察院、法院作为政法机关,打击治理电信网络诈骗犯罪的主力军是当然之举。企业包括电信运营商、银行以及互联网公司与第三方支

---

① 参见瞿德玉:《电信网络诈骗犯罪协同治理机制探究》,载《山西省政法管理干部学院学报》2021 年第 3 期。

付平台公司等与通讯技术和快捷支付技术相关的企业。同时,要充分发挥社会组织的宣传发动作用,调动积极性参与电信网络诈骗犯罪治理。公民个人是潜在被害人,要通过广泛宣传使其具有较高的防骗意识与骗术识别能力,形成全民全社会协同治理的氛围。

其次,各主体的协同运作机制是协同治理的重要内涵。一方面应以政府、公安、通信监管部门为主导,充分发挥部际联席会议制度的作用,发挥反诈中心统筹机构的职能,统筹协调电信运营、银行金融企业、社会组织和相关经营主体等,形成一个多方参与、任务明确、职责清晰、分工合作、共同施策的治理体系。此外,针对跨境作案的电信网络诈骗活动,建立健全国际间的互助、协作机制。另一方面,各个职能部门应根据本行业的具体工作情况,构建与电信网络诈骗协同治理要求相符的工作方案。如果开展协同治理工作的过程中出现困难,应及时向国家反诈中心予以汇报。

再次,强化治理主体协同治理的责任。一是完善对行政部门的问责机制。一旦出现行政乱作为、不作为的现象,迅速问责单位及主要负责人;针对违法渎职的行为,应由司法机关负责处理。二是加强行业内部管理。各治理主体下的各部门应积极践行协同治理的责任,特别注重内部管理及客户信息保密管理,构建个人信息保密系统,针对故意泄露或出售客户信息的员工,必须依法严惩。其三,加强行业外部监管。治理主体中的各监管部门应制定相关法规制度,依法严肃处理行业中出现的违法犯罪行为。①

【加强专业队伍建设】电信网络诈骗犯罪呈现手段智能化、方式隐蔽化、分工产业化、作案跨区跨境化等特点,需以科技赋能加强专业化建设。其一,要加强开展系统培训,夯实反诈队伍作战能力。尤其要培养与引进高科技人才,强化科技强警的意识,提高公安科技水平。同时,组织开展一系列专业技能培训活动,不断强化办案人员侦查技能,切实做到精准打击。其二,加大技术创新,变被动防范为主动反制。注重反诈骗中心的软硬件建设、数据建模,采取一体化预算机制,有利于推动信息化建设进程,构建综合型、全国性网络技术平台,有利于跨区域侦查。其三,要加强专业的宣传队伍建设。形成以公安机关为主导,多部门予以配合的"反诈防骗宣传"格局,建立起既会说教又

① 参见孙晓晨:《协同治理理论下我国电信网络诈骗共治措施分析》,载《中国新通信》2022年第3期。

能让群众了解电信诈骗底层逻辑的专业宣讲队伍，进一步完善防范宣传工作手段、完善精准劝阻机制。

三、参考案例

案例1：上海市公安局长宁分局联合安恒信息等专业网络安全生态力量成立了"长宁打击治理新型网络犯罪玄武联合实验室"，安恒信息神盾局与长宁分局签订合作协议。该实验室是全市首家由地区公安分局牵头组建，汇聚专业技术资源，针对新型犯罪预警防范和打击治理的深层次合作平台。长宁警方通过与安恒信息等8家企业签署框架协议，由8家企业分别派员入驻联合实验室与公安机关协同作战，开启警企合作新模式。目前，安恒信息神盾局已常态化支撑上海、杭州等地，协助侦破包括部督案件在内的大案、要案数百起，累计涉案人员数千万、涉案金额超千亿。①

案例2：2021年4月，广东省公安厅成立7×24小时运作的"广东省公安厅反诈联勤作战中心"，15家单位派员带资源、带权限进驻，构建职责清晰、快速响应、协同联动的实战平台。各地市反诈部门也参照省厅做法，相继建立反诈联勤作战中心，配合同步推进侦查打击、重点整治、防范治理、机制建设等4个方面措施，不断提升打击治理能力和水平。5年来，全省共破获电信网络诈骗案件13.2万余起，抓获电信网络诈骗犯罪及其关联犯罪嫌疑人10.8万余人。②

四、参考条文

无法律参考条文。但在相关文件中多次提及协同作战，如2016年12月19日最高人民法院、最高人民检察院、公安部联合发布的《关于办理电信网络诈骗等刑事案件适用法律若干问题的意见》总体要求中，要求"进一步健全工

---

① 参见《上海首家"反电信网络诈骗实验室"成立　安恒信息助力打击新型网络犯罪》，腾讯网，2021年11月3日，https://new.qq.com/rain/a/20211103A03T7L00，最后访问日期：2022年5月23日。

② 参见《全省各地成立反诈联勤作战中心》，载广东政法网，http://www.gdzf.org.cn/zwgd/202205/t20220523_1096719.htm，最后访问日期：2022年5月23日。

作机制,加强协作配合,坚决有效遏制电信网络诈骗等犯罪活动"。

第八条 各级人民政府和有关部门应当加强反电信网络诈骗宣传,普及相关法律和知识,提高公众对各类电信网络诈骗方式的防骗意识和识骗能力。

教育行政、市场监管、民政等有关部门和村民委员会、居民委员会,应当结合电信网络诈骗受害群体的分布等特征,加强对老年人、青少年等群体的宣传教育,增强反电信网络诈骗宣传教育的针对性、精准性,开展反电信网络诈骗宣传教育进学校、进企业、进社区、进农村、进家庭等活动。

各单位应当加强内部防范电信网络诈骗工作,对工作人员开展防范电信网络诈骗教育;个人应当加强电信网络诈骗防范意识。单位、个人应当协助、配合有关部门依照本法规定开展反电信网络诈骗工作。

一、法条宗旨

本条款是对各不同主体反电信网络诈骗宣传义务的规定,包括各级人民政府和有关部门、教育行政、市场监管、民政等有关部门和村民委员会、居民委员会以及各单位。

电信网络诈骗是可预防性犯罪,事后打击不如事先防范。为此,需不断加强社会宣传教育防范,扩大宣传范围,提高宣传精准性,综合采取多种防范措施,着力构建立足社区、覆盖全社会的反诈宣传体系。

二、条文详解

【各级人民政府和有关部门反诈宣传责任】宣传工作一直以来都是各级人民政府和有关部门工作的一项重要内容。通过政务宣传及时发布信息,传播政策方针,提升组织形象。同时,宣传工作在政务部门维护国家安全和社会稳定,提升管理效能和服务水平,促进矛盾化解和风险防范等方面具有重要意义。

政务宣传在形式上不仅要坚守传统媒体时代的权威性与公信力,也要结合新媒体时代的交互性和亲民性,利用微博、微信公众号、微信朋友圈、抖音为代表的短视频应用进行反诈宣传,有效实现线上与线下的双向联动,也能使线下宣传工作推进的短板通过线上得以弥补。① 在内容上，以往通常是由公安机关为主，这就直接导致宣传力量常受制于有限的公安内部宣传资源，无法满足宣传工作的需要。在新媒体环境下，信息传播的速度更快、覆盖更广、成本更低，这就为公安机关联合其他政务主体共同开展宣传提供了可能。在传播途径上，以官方微博、官方抖音号等为代表的政务机关新媒体的崛起，不仅改变了政务部门以往那种单向、单一的传播形式，而且使政务宣传以更加平等、更加亲近的方式发布宣传内容，积极回应群众的关切和需要，解答群众的疑问，推动政务宣传更见实效。

【教育行政、市场监管、民政等有关部门和村民委员会、居民委员会宣传责任】

本条款要求相关部门要紧盯关键群体、关键环节，建立全方位、广覆盖的反诈宣传教育体系。

一是加强对青少年的反电信网络诈骗宣传。与社会公众相比，在校学生在生活阅历等方面往往存在经验不足的情况，这也导致在校学生更容易因轻信、误信而陷入电信网络诈骗的圈套之中。《关于办理电信网络诈骗等刑事案件适用法律若干问题的意见》明确将"诈骗在校学生"规定为"酌情从重处罚情节"。因此，构建常态化、全方位的校园反诈机制是宣传工作的重点。例如，中宣部、公安部联合教育部启动"反诈宣传进校园"活动，在全国高校推广建立校园反诈中心，组建大学生反诈志愿者队伍，开展反诈知识进教材、进课堂及反诈知识竞赛等教育宣传活动。

二是加强对老年人的反电信网络诈骗宣传。互联网时代在便捷中老年群体日常生活的同时，也为他们带来了潜在的被害风险。针对中老年群体，应当构建反诈宣传联防团队，由政府牵头，由公安、市场监管、民政、银行、电信、社区、志愿者等相关部门负责执行宣传任务，深入基层单位、公共区域、老年学校等，落实到每家每户，实地讲解和分析最新电信网络诈骗手段和套路，总结防范技巧，切实为中老年群体解答电信网络诈骗相关问题；创新宣传模式，定期举办反诈宣传表演类活动，设置情境互动环节，加强对中老年群体的反诈教育，增强中老年群体的互动性与参与积极性，提高他们的防范意识。

三是加强对农村群体的反电信网络诈骗宣传。随着乡村振兴的深入推进，人民生活品质不断提升。与此同时，农村也成为诈骗犯罪行为新的目标。

① 参见余沛东：《新媒体环境下公安宣传工作方法创新研究》，载《今传媒》2021年第12期。

因此,在农村要拓宽宣传途径,创新宣传形式,充分利用线上、线下宣传阵地,营造浓厚的全民防诈反诈氛围。在线上,开展反诈宣传进圈群活动。建立村(社区)等反诈微信群,安排政府工作人员、村、居委网格人员、民警、辅警等加入,实时互动;大力推进国家反诈中心 APP 安装和使用。在线下,组织民警、辅警、村(社区)干部、社长(组长),针对性开展防诈反诈宣传进农村、进社区、进家庭。同时,利用村组干部会议、群众代表会议、逢集日等载体,逐步打造信息发布、群众动员、交流沟通的固定工作平台和官方信息集散地;利用政府机关、企事业单位公示栏,村(社区)、重要场所宣传栏以及广场、门店等场所宣传设备,打造全面覆盖的宣传发布阵地。

【各单位防范责任、个人防范意识】抓牢企业反诈主体责任,坚持宣传防范、制度规范两手抓,切实增强企业员工防范电信网络诈骗的意识,是预防和减少电信网络诈骗案件发生的重要途径。这就要求企业一方面要承担起内部宣传教育培训责任,包括对内部员工的培训、配合相关部门履行社会责任等。另一方面,要健全内部人员管理机制体系,严防内部工作人员被诈骗。

作为个人而言,提高防范意识是有效阻击电信网络诈骗的根本。具体而言:一是要妥善保管个人身份信息、账户信息。在相关网站输入身份证、账号、手机号码、查询支付密码等重要信息前要谨慎核实;二是绝不出售、转让、出租、分租、出借或者购买电话卡、银行卡,以免给不法分子提供作案工具;三是加强账户安全管理,为银行卡、网上银行、手机银行设置复杂程度较高的密码,不向任何人透露或转发短信验证码及其他形式的动态密码;四是培养良好支付习惯,接到熟人通过短信、微信、微博、QQ、邮件、语音等形式发送的转账请求,要通过电话核实确认,保持谨慎多方求证。

三、参考案例

案例1:一些不法分子利用老年人群体关注个人健康、信息检索能力弱、渴望情感关怀等特点,巧立名目、实施诈骗。比如,利用老年人关注健康的心理,设置医疗保健骗局;免费送鸡蛋等小恩小惠吸引老年人加群,进而高价推销"保健产品";保健机构工作人员来电,诱导事主买入"龙头产品";假冒公检法人员、亲友,诱骗老年人转账等等。在加大对电信诈骗打击治理力度同时,帮助老年人学习防诈骗知识,相关部门一直在积极行动。《网络安全法》《关于办理电信网络诈骗等刑事案件适用法律若干问题的意见》等法律和规范性文件相继出台,为打击此类犯罪行为提供了法律武器。电信运营商和互联网公司发挥技术优势,加强预警,及时发现封堵涉诈号码。在开展反诈骗宣传教育活动时,应采取老年人容易接受的方式,比如,以生动的案例故事介绍电信网络诈骗犯罪的常见手法,以及需采取的防范措施、注意事项等。如何补救和如何预防一样重要,应以简明的形式讲清受骗后应采取的补救措施、报案渠道等。①

案例2:最高人民检察院、教育部日前联合印发一批在校学生涉"两卡"犯罪典型案例共5个,进一步深刻揭示了电信网络诈骗犯罪的危害,加强警示教育,努力为在校学生营造更加良好的成长和成才环境。

为抓好典型案例的学习运用,最高人民检察院和教育部同时提出工作要求,要坚持惩治和教育挽救相结合,依法妥善处理在校学生涉"两卡"犯罪问题,对于涉"两卡"犯罪的在校学生,要坚持以教育、挽救、惩戒、警示为主,根据其犯罪情节、认罪认罚、退赃退赔、一贯表现等情况,认真落实"少捕慎诉慎押"理念,给予其悔过自新的机会;要坚持预防为先,加强以案释法,深入开展校园法治宣传和思想教育,各级检察机关和教育部门要把反电信网络诈骗和防止成为办卡"工具人"作为当前校园法治教育的重要内容,通过法治进校园、检察长担任法治副校长等途径,结合典型案例,联合开展法治宣传;要坚持齐抓共管综合治理,共同督促学校加强日常管理,各地检察机关和教育部门要加强沟通协作,结合发案情况,深入开展对校园周边、校园内非法组织收购"两卡"情况的综合治理,共同筑牢防范电信网络诈骗的校园防线。②

案例3:抖音反诈中心是北京市首家企业反诈中心,该反诈中心组织发动企业员工开展内部预警劝阻和防范宣传工作,用"自己人劝自己人"的方式,切实提高劝阻效率和工作成效,同时还能够根据公司的实际业务,延伸拓展到对用户的宣传防范,通过多种渠道切实提高反诈劝阻宣传的覆盖面和精准度。

据北京市公安局刑侦总队相关负责人介绍,在抖音集团建立北京市首家

---

① 参见《帮助老年人远离电信网络诈骗 形成合力织密防护网》,载人民日报官方公众号,https://mp.weixin.qq.com/s? __biz = MzAwNzEzMDIwNg = = &mid = 2651145276&idx = 6&sn = 79051db326295e1c56d1172e96be8f2e&chksm = 80f3390db784b01b2869f67e906c67944fd8538c-6eeeb27e40b134382e9e32d24f788596520d&scene = 27,最后访问日期:2022 年 6 月 9 日。

② 参见《最高检教育部联合印发相关典型案例 共同筑牢防范电信网络诈骗校园防线》,载最高人民检察院网上发布厅,https://www.spp.gov.cn/spp/xwfbh/wsfbt/202106/t20210623_522065.shtml#1,最后访问日期:2021 年 6 月 23 日。

企业反诈中心,是进一步促进反诈工作外部合力,推动企业落实反诈主体责任,保护企业员工和用户切身利益,推进平安建设的又一次具体实践。①

四、参考条文

(一)《中华人民共和国义务教育法》

第二十四条第一款 学校应当建立、健全安全制度和应急机制,对学生进行安全教育,加强管理,及时消除隐患,预防发生事故。

(二)《中华人民共和国老年人权益保障法》

第七条 保障老年人合法权益是全社会的共同责任。

国家机关、社会团体、企业事业单位和其他组织应当按照各自职责,做好老年人权益保障工作。

基层群众性自治组织和依法设立的老年人组织应当反映老年人的要求,维护老年人合法权益,为老年人服务。

提倡、鼓励义务为老年人服务。

---

① 参见《北京首家企业防范电信网络诈骗犯罪中心启动》,载中国长安网,https://baijiahao. baidu.com/s? id。= 1742397591115087965&wfr = spider&for = pc,最后访问日期:2022 年 8 月 28 日。

第二章 电信治理

第九条 电信业务经营者应当依法全面落实电话用户真实身份信息登记制度。

基础电信企业和移动通信转售企业应当承担对代理商落实电话用户实名制管理责任,在协议中明确代理商实名制登记的责任和有关违约处置措施。

一、法条主旨

本条是对电话用户实名登记工作的规定。落实电话用户实名登记,确保人证一致性,避免冒用他人身份信息开卡用于电信网络诈骗。

关于电话用户实名的规定,最早可追溯到 2013 年。2013 年 6 月 28 日,《电话用户真实身份信息登记规定》审议通过,2013 年 9 月 1 日起施行。该规定要求,电信业务经营者为用户办理入网手续时,应当要求用户出示有效证件、提供真实身份信息,用户应当予以配合。实名登记既是政府对企业的要求,也是企业自身健康发展的需要。

二、条文详解

【电信业务经营者】电信业务经营者是指取得电信管理机构颁发的电信业务经营许可证的企业及获得电信管理机构批准的开展试验业务的试点企业。

【电话用户真实身份信息登记制度】电话用户真实身份信息登记,是指电信业务经营者为用户办理固定电话、移动电话(含无线上网卡,下同)等入网手续,在与用户签订协议或者确认提供服务时,如实登记用户提供的真实身份信息的活动。

【基础电信企业】基础电信企业是指经国务院信息产业主管部门审查批准,取得《基础电信业务经营许可证》,从事提供公共网络基础设施、公共数据传送和基本话音通信服务业务的运营企业。

【移动通信转售企业】移动通信转售企业,是指从拥有移动网络的基础电信业务经营者购买移动通信服务,重新包装成自有品牌并销售给最终用户的移动通信服务的企业。

三、参考案例

被告人何某使用在被告人邱某的店内购买的归属地为北京的非实名制电话卡和手机等作案工具,伙同 QQ 昵称为"麻雀""清水流淌""二手车交易"和"皇家公馆"等人,以网络小额贷款为名实施诈骗,骗取被害人程某人民币12990 元、何某 3000 元、张某 14400 元、刘某 3000 元,总计 33390 元。

被告人何某以非法占有为目的,故意虚构事实,骗取他人财物,数额巨大,被告人邱某明知何某购买非实名制电话卡和老年人手机用于诈骗,仍然向何某出售,两被告人的行为触犯刑法,均构成诈骗罪,系共同犯罪。①

四、参考条文

(一)《电信业务经营许可管理办法》

第四条 经营电信业务,应当依法取得电信管理机构颁发的经营许可证。

电信业务经营者在电信业务经营活动中,应当遵守经营许可证的规定,接受、配合电信管理机构的监督管理。

电信业务经营者按照经营许可证的规定经营电信业务受法律保护。

第五条 经营基础电信业务,应当具备下列条件:

(一)经营者为依法设立的专门从事基础电信业务的公司,并且公司的国有股权或者股份不少于51%;

(二)有业务发展研究报告和组网技术方案;

---

① 参见江西省余干县人民法院(2020)赣 1127 刑初 5 号判决书。

（三）有与从事经营活动相适应的资金和专业人员；

（四）有从事经营活动的场地、设施及相应的资源；

（五）有为用户提供长期服务的信誉或者能力；

（六）在省、自治区、直辖市范围内经营的，注册资本最低限额为1亿元人民币；在全国或者跨省、自治区、直辖市范围经营的，注册资本最低限额为10亿元人民币；

（七）公司及其主要投资者和主要经营管理人员未被列入电信业务经营失信名单；

（八）国家规定的其他条件。

第六条 经营增值电信业务，应当具备下列条件：

（一）经营者为依法设立的公司；

（二）有与开展经营活动相适应的资金和专业人员；

（三）有为用户提供长期服务的信誉或者能力；

（四）在省、自治区、直辖市范围内经营的，注册资本最低限额为100万元人民币；在全国或者跨省、自治区、直辖市范围经营的，注册资本最低限额为1000万元人民币；

（五）有必要的场地、设施及技术方案；

（六）公司及其主要投资者和主要经营管理人员未被列入电信业务经营失信名单；

（七）国家规定的其他条件。

（二）《电话用户真实身份信息登记规定》

第三条 本规定所称电话用户真实身份信息登记，是指电信业务经营者为用户办理固定电话、移动电话（含无线上网卡，下同）等入网手续，在与用户签订协议或者确认提供服务时，如实登记用户提供的真实身份信息的活动。

本规定所称入网，是指用户办理固定电话装机、移机、过户，移动电话开户、过户等。

（三）《中华人民共和国电信条例》

第八条 电信业务分为基础电信业务和增值电信业务。

基础电信业务，是指提供公共网络基础设施、公共数据传送和基本话音通信服务的业务。增值电信业务,是指利用公共网络基础设施提供的电信与信息服务的业务。

电信业务分类的具体划分在本条例所附的《电信业务分类目录》中列出。国务院信息产业主管部门根据实际情况,可以对目录所列电信业务分类项目作局部调整,重新公布。

第十条 办理电话卡不得超出国家有关规定限制的数量。

对经识别存在异常办卡情形的,电信业务经营者有权加强核查或者拒绝办卡。具体识别办法由国务院电信主管部门制定。

国务院电信主管部门组织建立电话用户开卡数量核验机制和风险信息共享机制,并为用户查询名下电话卡信息提供便捷渠道。

一、法条主旨

本条是对办理电话卡数量的限制以及异常开卡的处置。电话"黑卡",是指未进行实名登记并被不法分子利用进行传播淫秽色情信息、实施通讯信息诈骗、组织实施恐怖活动等违法犯罪活动的移动电话卡。由于"黑卡"获取途径广、使用成本低,犯罪分子往往在犯罪预备阶段大量购买"黑卡",作案期间频繁更换,作案后随即抛弃,常常导致案件线索中断、无法落地溯源。严格限制用户在电信企业办理电话卡的数量,不仅能够有效地防范电信网络诈骗,也可以减少垃圾信息泛滥,净化网络空间环境,遏制其他违法犯罪行为,有效维护国家安全、公共安全和群众利益。

二、条文详解

【国家对电话卡的数量限制】同一用户在同一基础电信企业全国范围内申请"400""一号通""商务总机"等重点业务号码,每类原则上不得超过5个。

【电话卡数量超出限制的处理】同一用户在同一基础电信企业或同一移动转售企业全国范围内办理使用的移动电话卡达到5张的,按照6部委《关于防范和打击电信网络诈骗犯罪的通告》第4条相关要求处理。

6部委《关于防范和打击电信网络诈骗犯罪的通告》第4条规定,电信企业立即开展一证多卡用户的清理,对同一用户在同一家基础电信企业或同一移动转售企业办理有效使用的电话卡达到 5 张的,该企业不得为其开办新的电话卡。

【电话用户开卡情况信息共享机制和管理平台】2021 年 9 月 14 日,全国移动电话卡"一证通查"业务网页端正式上线。全国移动电话卡"一证通查",是工业和信息化部推出的便民服务,用户凭借居民身份证便可查询个人名下登记的电话卡数量。如对查询到的电话卡情况有异议,还可通过对应的电信企业查询明细信息并进行相应处理。

"一证通查"打通了 93 家省级基础电信企业和 39 家移动通信转售企业的相关数据,实现了全国移动电话卡的统一便捷查询,便于用户了解自己名下电话卡办理情况,主动避免自身利益受到侵害。

2022 年 7 月 21 日,工业和信息化部正式推出"一证通查 2.0"服务——全国互联网账号"一证通查",用户凭借手机号码和身份证号码后 6 位,便可查询本人名下手机号码关联的互联网账号数量。

三、参考案例

2020 年 6 月至 8 月,被告人贾某明知向他人出售电话卡,可能会被他人用于电信网络诈骗等犯罪活动,为获取非法利益,仍将自己名下办理的及从他人处收购的电话卡向申某(已判刑)等人共出售 64 张。贾某向申某辉等人出售的电话卡中号码为 181××××××××、186××××××××、188××××××××的电话卡流入电信网络诈骗犯罪团伙,被犯罪分子用于电信网络诈骗犯罪活动。犯罪分子利用该号码与被害人联系,并以给被害人在网上办理贷款为由,骗取被害人张某 113000 元、被害人蒋某 60000 元、被害人冯某 6000 元、被害人王某 30000 元,涉案金额共计 209000 元。

法院认为,被告人贾某明知向他人出售电话卡可能会被他人用于电信网络诈骗等犯罪活动,仍以出售的方式予以提供,数量达 64 张,致使犯罪分子利用其提供的电话卡实施电信网络诈骗犯罪活动,导致多名被害人被骗,情节严重,其行为构成帮助信息网络犯罪活动罪。①

---

① 参见甘肃省定西市安定区人民法院(2021)甘 1102 刑初 193 号判决书。

四、参考条文

（一）工业和信息化部《关于进一步防范和打击通讯信息诈骗工作的实施意见》

一、从严从快全面落实电话用户实名制

（三）严格限制一证多卡。2016 年底前，各基础电信企业和移动转售企业应全面完成一证多卡用户摸排清理，对在本企业全国范围内已经办理 5 张（含）以上移动电话卡的存量用户，要对用户身份信息逐一重新核实。同一用户在同一基础电信企业或同一移动转售企业全国范围内办理使用的移动电话卡达到 5 张的，按照六部委《关于防范和打击电信网络诈骗犯罪的通告》第四条相关要求处理。

二、大力整顿和规范重点电信业务

（七）从严加强新用户入网审核和管理。一是严格申请主体资格。语音专线和"400"、"一号通"、"商务总机"等重点电信业务的申办主体必须为单位用户，严禁发展个人用户。二是严格办理渠道。用户必须在基础电信企业自有实体渠道申请办理上述重点电信业务，并由基础电信企业负管理责任，严禁代理渠道或网络渠道代为办理。三是严格资质核验。申请用户应当提供单位有效证照（企业用户应当提供营业执照，政府部门、事业单位、社会团体用户应当提供组织机构代码证）、法定代表人的有效身份证件、申请单位办理人的有效身份证件，属申请资源经营电信业务的，要同时提供相应的电信业务许可证。基础电信企业要严格核验、登记与留存上述证照信息以及业务使用用途。四是严格申请数量。同一用户在同一基础电信企业全国范围内申请"400"、"一号通"、"商务总机"等重点业务号码，每类原则上不得超过 5 个。五是严格台账管理。各基础电信企业集团公司和各省级公司要在 2016 年底前分别建立上述重点电信业务统一台账，并动态更新管理，确保监管部门可随时依法查询用户的登记情况、使用状态和业务变更记录。

（二）最高人民法院、最高人民检察院、公安部、工业和信息化部、中国人民银行、中国银行业监督管理委员会《关于防范和打击电信网络诈骗犯罪的通告》

四、电信企业立即开展一证多卡用户的清理，对同一用户在同一家基础电信企业或同一移动转售企业办理有效使用的电话卡达到 5 张的，该企业不得为其开办新的电话卡。电信企业和互联网企业要采取措施阻断改号软件网上发布、搜索、传播、销售渠道，严禁违法网络改号电话的运行、经营。电信企业要严格规范国际通信业务出入口局主叫号码传送，全面实施语音专线规范清理和主叫鉴权，加大网内和网间虚假主叫发现与拦截力度，立即清理规范一号通、商务总机、400 等电话业务，对违规经营的网络电话业务一律依法予以取缔，对违规经营的各级代理商责令限期整改，逾期不改的一律由相关部门吊销执照，并严肃追究民事、行政责任。移动转售企业要依法开展业务，对整治不力、屡次违规的移动转售企业，将依法坚决查处，直至取消相应资质。

第十一条　电信业务经营者对监测识别的涉诈异常电话卡用户应当重新进行实名核验，根据风险等级采取有区别的、相应的核验措施。对未按规定核验或者核验未通过的，电信业务经营者可以限制、暂停有关电话卡功能。

一、法条主旨

本条是在立法层面上首次明确对异常电话卡"二次实名"，是将"断卡行动"治理经验上升为法律，明确对涉诈高风险电话卡应重新核验，并视情况进行处置的权利和义务。

二、条文详解

【重新实名核验】重新实名核验，类似于要求电信企业建立电话卡"二次实人认证"工作机制，针对涉诈电话卡、"一证（身份证）多卡"、"睡眠卡"、"静默卡"、境外诈骗高发地卡、频繁触发预警模型等高风险电话卡，提醒用户在

24小时内通过电信企业营业厅或线上方式进行实名核验,在规定期限内未核验或未通过核验的,暂停电话卡功能,有异议的可进行投诉反映,经核验通过的恢复功能。

【核验的程序】"反诈中心"会发送短信,短信里面会附有核验的网址,进入网址根据提示进行操作即可完成核验。

三、参考案例

2014年1月,被告人喻某、石某共同出资注册了傲付公司,2人共同负责公司经营管理。该公司在经营之初的主要经营项目为傲付数卡商城,通过傲付网销售电话充值卡以及百余种游戏充值卡,其中主要产品为中国移动、中国联通、中国电信三家公司面值为50元、100元的电话充值卡,傲付公司一般以低于面值的价格从恩发、汇元、卡易售、欧飞、芜娱等公司进货后,再以明显高于市场价格的售价54元、108元溢价出售。因网络诈骗人员利用傲付数卡商城售卖的溢价充值卡实施诈骗,被害人在支付宝、微信的支付界面进行大量投诉,导致傲付数卡商城的微信支付接口被限制交易金额,支付宝则终止了与傲付数卡商城的合作。为保证数卡商城的资金支付,被告人喻某、石某以傲付公司名义与第四方支付公司"威富通"公司签订协议,由"威富通"公司为傲付数卡商城提供多个支付接口。同时,被告人喻某、石某还注册了长沙博游网络科技有限公司、长沙浩游网络科技有限公司申请支付接口,用于傲付数卡商城的资金支付。2014年以来,被告人喻某、石某等人先后经营售卖手机充值卡的网络平台,在经常接到客户投诉在其运营的网络平台被诈骗,明知他人利用其销售的高风险设诈电话卡以及其运营的网络平台实施诈骗的情况下,采取在网站预设"自助查询"功能、不断更换支付接口、将高风险设诈"标红"网站恢复为"绿标"网站等措施,通过公司网站向外销售溢价手机充值卡,使诈骗人员"刷单"诈骗活动得以顺利完成。

2014年以来傲付公司先后与神逸游公司、杜拉拉公司、微传公司、无名等公司签订API供货协议,上述公司付费使用傲付公司提供的供货渠道、技术支持、业务指导,使用与之完全相同的运营模式,傲付公司收取加盟费并从中赚取供货差价。傲付公司通过其本公司以及神逸游公司、杜拉拉公司、微传公司、无名的售卡商城销售溢价电话充值卡金额为人民币202471909.00元,非法获利约 1100 万元。

法院认为,被告人喻某、石某等人明知他人利用其搭建并运营的网络平台实施网络诈骗等犯罪,仍提供技术支持和资金支付的帮助,情节严重,其行为构成帮助信息网络犯罪活动罪。①

四、参考条文

(一)工业和信息化部、公安部《关于依法清理整治涉诈电话卡、物联网卡以及关联互联网账号的通告》

四、电信企业应建立电话卡"二次实人认证"工作机制,针对涉诈电话卡、"一证(身份证)多卡"、"睡眠卡"、"静默卡"、境外诈骗高发地卡、频繁触发预警模型等高风险电话卡,提醒用户在 24 小时内通过电信企业营业厅或线上方式进行实名核验,在规定期限内未核验或未通过核验的,暂停电话卡功能,有异议的可进行投诉反映,经核验通过的恢复功能。通过电信企业营业厅认证的,电信企业应要求用户现场签署涉诈风险告知书;采用线上方式认证的,电信企业应要求用户阅读勾选涉诈风险告知书,录制留存用户朗读知晓涉诈法律责任的认证视频。

第十二条 电信业务经营者建立物联网卡用户风险评估制度,评估未通过的,不得向其销售物联网卡;严格登记物联网卡用户身份信息;采取有效技术措施限定物联网卡开通功能、使用场景和适用设备。

单位用户从电信业务经营者购买物联网卡再将载有物联网卡的设备销售给其他用户的,应当核验和登记用户身份信息,并将销量、存量及用户实名信息传送给号码归属的电信业务经营者。

电信业务经营者对物联网卡的使用建立监测预警机制。对存在异常使用情形的,应当采取暂停服务、重新核验身份和使用场景或者其他合同约定的处置措施。

---

① 参见湖南省长沙市中级人民法院(2019)湘 01 刑终 1080 号判决书。

一、法条主旨

本条是对物联网卡销售、使用的规定。对物联网卡用户建立事前风险评估、事中风险监测、事后风险处置,常态化风险管理的一体化风险管控制度,筑牢物联网卡安全基石。

二、条文详解

【物联网卡】物联网卡,是中国移动面向物联网用户提供的移动通信接入业务,为物联网终端提供无线数据、语音、短信等基础通信服务,并为物联网客户提供通信连接管理、终端管理等运营服务。

【核验身份信息】电信业务经营者为物联网卡用户办理手续时,应当严格登记物联网卡用户身份信息,要求用户出示有效证件、提供真实身份信息,电信业务经营者应当对用户出示的证件进行查验,并如实登记证件类别以及证件上所记载的姓名(名称)、号码、住址信息;有关身份信息和材料在向用户提供服务期间及终止提供服务后两年内应当留存,且应当对其信息登记和保护情况每年至少进行一次自查;若用户拒绝提供身份信息的,电信业务经营者不得为其办理;电信业务经营者在为用户办理物联网卡手续时,应利用专用移动应用程序(APP)、与"全国公民身份证号码查询服务中心"联网比对等有效技术措施,核验用户身份信息,提升身份信息核验能力,限定物联网卡开通功能、使用场景和适用设备。

【物联网卡用户风险评估制度】各基础电信企业、移动转售企业和相关互联网企业针对"一卡双号""融合通信""短信营业厅"等可能引发通讯信息诈骗风险的存量业务,要组织开展全流程、全环节的安全评估,积极消除安全隐患;对拟新上线的业务,要把通讯信息诈骗风险作为安全评估重点内容,对评估未通过的高风险的业务一律禁止上线。按照"谁经营、谁负责""谁委托、谁负责"的原则,根据民法上的委托代理制度,明确规定由电信业务经营者负责对其代理商单位用户的身份信息登记工作实施管理。电信业务经营者应当对代理商用户单位的用户真实身份信息登记和保护工作进行监督和管理,不得委托不符合有关规定的代理商用户单位代办相关手续或再销售。

【监测预警机制】电信业务经营者要加强对物联网卡使用情况的监测和管控,针对历史风险数据建立的预测模型,实现未来风险感知预测的制度。电信业务经营者应会同国家计算机网络与信息安全管理中心等单位,开展网络改号电话检测技术研究,进一步提升对网络改号电话的监测、发现、拦截、处置能力。电信业务经营者在设计用物联网卡等可穿戴设备等行业应用的无线上网卡产品时,要对物联网卡功能、业务范围、使用场景、产品形态等进行严格的限定和绑定,防止物联网卡被用作其他用途;在销售物联网卡时,对购买单位要从严审核,如实登记使用人信息,对难以与实际使用人一一对应的物联网卡产品,要登记责任单位和责任人信息,并在协议中明确不得进行二次销售;在物联网卡使用过程中,电信业务经营者要加强监测,发现违反有关规定和协议使用物联网卡时,要依法依规进行处置。

三、参考案例

2017年,被告人周某从闲鱼上获悉并从事物联网卡销售兼职,2019年5月开始全职从事物联网卡销售。被告人周某明知在线销售物联网卡系违规行为,以及销售无需实名的物联网卡可能被他人用于违法犯罪活动,仍然通过添加QQ群、微信群的方式在群内进行宣传推广,让有需求的人添加其微信,随后在微信上销售无需实名的物联网卡,之后再通过快递的方式将物联网卡邮寄给他人,被告人周某在寄件登记时使用"王某""蔡某"的名字进行寄件。

2020年11月19日、12月6日,2021年1月4日、1月28日、2月1日、2月5日、3月26日、4月28日,被告人周某共计向刘某(另案处理)出售62张无需实名的物联网卡,获利7675元。2021年3月5日、3月28日,被告人周某向肖某(另案处理)出售12张无需实名的物联网卡,获利699元。2021年3月2日、4月7日、5月7日,被告人周某向陈某(另案处理)出售25张无需实名的物联网卡,获利1607元。以上物联网卡被刘某、肖某、陈某等人均用于上网实施网络诈骗犯罪活动。

法院认为,被告人周某明知他人利用信息网络实施犯罪,为其犯罪提供技术支持,情节严重,其行为已构成帮助信息网络犯罪活动罪。①

---

① 参见湖南省衡阳市蒸湘区人民法院(2021)湘0408刑初446号。

四、参考条文

（一）《电话用户真实身份信息登记规定》

第三条　本规定所称电话用户真实身份信息登记,是指电信业务经营者为用户办理固定电话、移动电话(含无线上网卡,下同)等入网手续,在与用户签订协议或者确认提供服务时,如实登记用户提供的真实身份信息的活动。

本规定所称入网,是指用户办理固定电话装机、移机、过户,移动电话开户、过户等。

第四条　工业和信息化部和各省、自治区、直辖市通信管理局(以下统称电信管理机构)依法对电话用户真实身份信息登记工作实施监督管理。

第五条　电信业务经营者应当依法登记和保护电话用户办理入网手续时提供的真实身份信息。

第六条　电信业务经营者为用户办理入网手续时,应当要求用户出示有效证件、提供真实身份信息,用户应当予以配合。

用户委托他人办理入网手续的,电信业务经营者应当要求受托人出示用户和受托人的有效证件,并提供用户和受托人的真实身份信息。

第九条　电信业务经营者应当对用户出示的证件进行查验,并如实登记证件类别以及证件上所记载的姓名(名称)、号码、住址信息;对于用户委托他人办理入网手续的,应当同时查验受托人的证件并登记受托人的上述信息。

为了方便用户提供身份信息、办理入网手续,保护用户的合法权益,电信业务经营者复印用户身份证件的,应当在复印件上注明电信业务经营者名称、复印目的和日期。

第十三条　电话用户真实身份信息发生或者可能发生泄露、毁损、丢失的,电信业务经营者应当立即采取补救措施;造成或者可能造成严重后果的,应当立即向相关电信管理机构报告,配合相关部门进行的调查处理。

电信管理机构应当对报告或者发现的可能违反电话用户真实身份信息保护规定的行为的影响进行评估;影响特别重大的,相关省、自治区、直辖市通信管理局应当向工业和信息化部报告。电信管理机构在依据本规定作出处理决定前,可以要求电信业务经营者暂停有关行为,电信业务经营者应当执行。

（二）工业和信息化部、公安部、工商总局《关于印发电话"黑卡"治理专项行动工作方案的通知》

三、工作任务和措施

（一）强化电话"黑卡"源头防范

1. 提升身份信息核验能力。2015年2月1日起,基础电信企业和移动通信转售企业（以下简称电信企业）各类营销渠道为用户办理电话入网手续时,应利用专用移动应用程序（APP）、与"全国公民身份证号码查询服务中心"联网比对等有效技术措施,核验用户身份信息,实现系统自动录入用户身份信息,停止人工录入方式。对持有居民身份证之外有效证件的用户,电信企业应在自有营业厅为其办理电话入网手续。

2. 完善证件核验技术手段。2015年9月1日起,电信企业要求各类实体营销渠道全面配备二代身份证识别设备,在为用户办理电话入网手续时,必须使用二代身份证识别设备核验用户本人的居民身份证件,并通过系统自动录入用户身份信息;不得委托未配备二代身份证识别设备的社会营销渠道办理电话用户入网手续。

（三）工业和信息化部《关于进一步防范和打击通讯信息诈骗工作的实施意见》

一、从严从快全面落实电话用户实名制

（四）强化行业卡实名登记管理。一是各基础电信企业和移动转售企业要对已经在网使用的行业卡实名登记情况进行重新核实,对未登记或登记信息错误的用户进行补登记,2016年底前实名率达到100%。二是对新办理使用行业卡的,要从严审核行业用户单位资质、所需行业卡功能、数量及业务量,按照"功能最小化"原则,屏蔽语音、短信功能,并充分利用技术手段对行业卡使用范围（包括可访问IP地址、端口、通话及短信号码等）、使用场景（如设备IMEI与号卡IMSI一一对应）等进行严格限制和绑定。三是原则上新增的行业卡必须使用13位专用号段,并通过专用网络承载相关业务,特殊情况下需使用11位号段且开通无限制的语音功能的,必须按照公众移动电话用户进行实名登记。四是按照"谁发卡、谁负责"原则,各基础电信企业和移动转售企业要加强对行业卡使用情况的监测和管控,严禁二次销售和违规使用行业卡。

对未采取有效监测和管控措施,致使行业卡被倒卖或被用于非行业用户的,从严追究相关企业和负责人的责任。

三、坚决整治网络改号问题

(十一)严格规范号码传送和使用管理。一是严格防范国际改号呼叫。各基础电信企业要对从境外诈骗电话来话高发区输入的国际来话进行重点管理甄别,对"+86"等不规范国际来话,以及公安机关核实通报的伪造国内公检法和党政部门便民电话的虚假主叫号码,在国际通信业务出入口局一律进行拦截。对携带"通用号码"的来话,在国际通信业务出入口局和国内网间互联互通关口局将其"通用号码"信息一律予以删除。二是严格规范主叫号码传送。落实号码传送行业规定和有关行业标准。禁止违规传送主叫号码为空号或设置主叫号码禁显的呼叫。各基础电信企业在网间关口局对不符合号码管理、网间互联规定和标准的违规呼叫、违规号码一律进行拦截。从严管理语音专线呼叫转移业务功能,确需开通的,应当由基础电信企业集团公司统一审核并建立台账;各基础电信企业要在2016年11月底前全面完成已经开通的语音专线呼叫转移功能排查清理。三是严格号码使用管理。号码使用者应当严格遵循号码管理的各项规定,按照通信管理部门批准的地域、用途、位长格式规范使用号码,禁止转让。四是提升网络改号电话发现处置能力。各基础电信企业要会同国家计算机网络与信息安全管理中心等单位,开展网络改号电话检测技术研究,进一步提升对网络改号电话的监测、发现、拦截、处置能力。

第十三条　电信业务经营者应当规范真实主叫号码传送和电信线路出租,对改号电话进行封堵拦截和溯源核查。

电信业务经营者应当严格规范国际通信业务出入口局主叫号码传送,真实、准确向用户提示来电号码所属国家或者地区,对网内和网间虚假主叫、不规范主叫进行识别、拦截。

一、法条主旨

本条是对电信业务经营者号码传送和使用管理的规范。一是严格防范国际改号呼叫,对从境外诈骗电话来话高发区输入的国际来话进行重点管理甄别,对"+86"等不规范国际来话,以及公安机关核实通报的伪造国内公检法和党政部门便民电话的虚假主叫号码,在国际通信业务出入口局一律进行拦截;对携带"通用号码"的来话,在国际通信业务出入口局和国内网间互联互通关口局将其"通用号码"信息一律予以删除。二是严格规范主叫号码传送,落实号码传送行业规定和有关行业标准,禁止违规传送主叫号码为空号或设置主叫号码禁显的呼叫,在网间关口局对不符合号码管理、网间互联规定和标准的违规呼叫、违规号码一律进行拦截。从严管理语音专线呼叫转移业务功能,确需开通的,应当由电信业务经营者统一审核并建立台账。三是严格号码使用管理,号码使用者应当严格遵循号码管理的各项规定,按照通信管理部门批准的地域、用途、位长格式规范使用号码,禁止转让。四是提升网络改号电话发现处置能力,电信业务经营者应会同国家计算机网络与信息安全管理中心等单位,开展网络改号电话检测技术研究,进一步提升对网络改号电话的监测、发现、拦截、处置能力。

二、条文详解

【主叫号码传送】在运营商运营时,主叫号码的传送主要是解决对主叫用户的计费。同时,也为了传送到被叫端,在被叫的用户终端上显示主叫号码的跨网业务的鉴权等。电信业务经营者应全面落实语音专线主叫鉴权机制,对未按规范进行主叫鉴权的呼叫一律拦截。同时,建立主叫呼叫过程的鉴权日志留存和稽核等机制,发现传送非业务合同约定的主叫号码的语音专线一律关停,对存在私自转接国际来话、为非法 VoIP 和改号电话提供语音落地、转租转售等严重问题的专线用户,应全面终止与其合作,并报通信管理部门依法依规处理。

【电信线路出租】电信运营商可将客户站点和服务供应商的广域网之间或者在客户所有(专用线)的两个站点之间永久的或交换的通信电路的线路出租。

【国际通信业务】在中华人民共和国境内从事国际通信业务,必须通过国务院信息产业主管部门批准设立的国际通信出入口局进行。

【虚假主叫】虚假主叫是指在呼叫中的主叫号码为非真实用户号码或伪装成他人号码。虚假主叫可分为"假主叫"和"伪主叫"两类号码。假主叫为不存在的号码,即网内未放出没有用户使用的号码,伪主叫为伪装成已经放号且正常使用的用户号码。

电信业务经营者应建立网络改号呼叫源头倒查和打击机制。严禁违法网络改号电话的运行、经营。对用户举报以及公安机关通报的网络改号电话等，通信管理部门组织基础电信企业联动倒查其话务落地源头，对为改号呼叫落地提供电信线路等资源的单位或个人，立即清理停止相关电信线路接入；涉及电信企业的，依法予以处理，并严肃追究相关部门和人员的管理责任；涉嫌违法犯罪的通报公安机关。电信业务经营者要建立健全内部快速倒查机制，设立专人负责工作对接，并按照通信管理部门规定时限要求留存信令数据。

三、参考案例

案例1：2016年5月25日，王某因突遭冒充公安、检察人员用改号电话实施"剧本式"电信诈骗，经查询021—114核对来电，王某身份信息遭泄露，被恐吓强迫配合调查"重大案件"，"比对清查"资金。受胁迫到金轮、如家宾馆查看"最高检"网站"通缉令、财产冻结令、逮捕令"，有本人身份证照片、案由等，致使被害人极为恐慌。王某无奈被迫到农商银行办理网上银行查验，后得知卡内151720元被诈骗集团通过网银侵占，遂向公安机关报案。联通公司提供来电显示错误，多次传送虚假司法机关电话，王某手机被连续呼叫转移。上述宾馆宽带网络由电信公司、移动公司提供运营。王某认为3被告提供服务存在缺陷和过错，违反消费者权益保护法第18条、第48条等规定，未尽到安全保障义务，造成消费者损害，应当承担赔偿责任。国家工信部命令运营商加强拦截非法改号电话，确保主叫号码合法、真实、安全。但联通公司拒不履行拦截、管控职责，违法超长传输境外诈骗电话，造成原告巨大经济损失难以承受，负有不可推卸的责任。电信公司违反《电信条例》第5条等，提供的网络存在重大安全隐患，放任他人利用网络从事诈骗活动，未履行监管及社会责任，依法应予赔偿。且未采取风险管控及保护措施，致使受害人财产权被严重侵害，应当赔偿损失。

后经法院审理认为，犯罪分子的诈骗行为和原告本人轻信犯罪分子才是造成其财产损失的直接原因和决定性因素。王某提供的证据仅能够证明其损害后果，无法证实被告行为具备承担侵权责任的其他构成要件，因此，3被告不应对王某因受到电话诈骗而遭受的财产损失承担侵权责任。①

案例2:2015年4月7日,深圳市民张女士在"银行""公安"的相继来电下,按照诈骗电话指引开通了网上银行,并告知了对方电子口令卡密码,后张女士被转走存款44万元。张女士起诉称,上述"银行""公安"的来电号码显示的确是真的,这才让她陷入了诈骗陷阱。故其起诉深圳移动收取了来电显示费,却不能提供真实的来电显示号码,应当承担赔偿责任。

2015年11月,深圳市福田区法院作出一审判决,深圳移动因提供服务不准确,且未能进行提示。另外,深圳移动在未取得张女士同意且不知情的情况下,允许他人将其手机号设置为呼叫转移的接收号码,存在重大安全隐患,导致其被诈骗。不仅如此,在电信诈骗日益猖獗的情况下,深圳移动未能与其他运营商协商合理安排互通业务,未能及时弥补传输中的漏洞。因此法院认为深圳移动应对其提供的服务不准确为此事担责20%,赔偿张女士财产损失8.9万元。②

可见,一些受骗者状告通信运营商的案件,在《反电信网络诈骗法》出台前因不同法院基于个案证据的多寡,秉持裁判理念的不同,造成不同的判决结果。《反电信网络诈骗法》明确了电信部门有义务核实主叫号码是否为虚假号码。因此,在判断是否担责前,法院应审核电信部门是否对虚假主叫的识别、拦截尽到了法定义务,若未尽相应义务,将承担相应的民事赔偿责任。

四、参考条文

(一)《中华人民共和国民法典》

第一千一百九十七条　网络服务提供者知道或者应当知道网络用户利用其网络服务侵害他人民事权益,未采取必要措施的,与该网络用户承担连带责任。

---

① 新疆维吾尔自治区昌吉回族自治州中级人民法院(2019)新23民终1707号判决书。

② 参见《"改号"电话诈骗　运营商该担何责?》,载人民日报海外网,http://m.haiwainet.cn/middle/232657/2016/0902/content_30282454_1.html,最后访问日期:2023年2月8日。

（二）《中华人民共和国电信条例》

第六十四条　在中华人民共和国境内从事国际通信业务，必须通过国务院信息产业主管部门批准设立的国际通信出入口局进行。

我国内地与香港特别行政区、澳门特别行政区和台湾地区之间的通信，参照前款规定办理。

第十四条　任何单位和个人不得非法制造、买卖、提供或者使用下列设备、软件：

（一）电话卡批量插入设备；

（二）具有改变主叫号码、虚拟拨号、互联网电话违规接入公用电信网络等功能的设备、软件；

（三）批量账号、网络地址自动切换系统，批量接收提供短信验证、语音验证的平台；

（四）其他用于实施电信网络诈骗等违法犯罪的设备、软件。

电信业务经营者、互联网服务提供者应当采取技术措施，及时识别、阻断前款规定的非法设备、软件接入网络，并向公安机关和相关行业主管部门报告。

一、法条主旨

本条是对非法设备、软件使用的禁止性规定。电信业务经营者应当要求各个环节、各类实体营销渠道全面严禁非法制造、销售、提供或者使用可以实现移动电话卡批量插入设备、改变主叫号码或虚拟拨号或互联网电话违规接入公用电信网络等功能的软件或者设备、批量账号及网络地址自动切换系统、其他专门或者主要用于实施电信网络诈骗等违法犯罪的设备或者软件。网络交易平台经营者要及时清理没有取得电信企业委托销售电话卡的网点，发现网络代理商存在不实名登记、二次转卖移动电话卡等违法违规行为的，要立即制止和纠正其违法违规行为，依照协议进行处理，必要时应停止向其提供网络交易平台服务，并通报相关电信企业。

二、条文详解

【移动电话卡批量插入设备】该类设备可以使 VoIP 通话绕过运营商语音专线接入，直接"落地"进入移动通信网络。诈骗分子可以接入大量手机 SIM 卡，将传统电话信号转化为网络信号，以实现虚拟拨号。同时，该类设备还支持机卡分离、多卡多待、群呼群发、远程控制等功能。

【网络地址自动切换系统】该系统又称"IP 自动切换器"，代理电脑或者手机地址，显示不同地区和城市的 IP。

【技术措施】电信业务经营者及相关互联网企业应通过关键词屏蔽、软件下架、信息删除和账户封停等方式，对网站页面、搜索引擎、手机应用软件商城、电商平台、社交平台上的改号软件信息进行深入清理，切断下载、搜索、传播、兜售改号软件的渠道；强化应用软件监督管理，加大技术检测力度，按照"发现、取证、处置、曝光"工作机制，对应用软件收集、使用用户个人信息情况进行技术检测，对发现的违规应用软件统一下架和公开曝光，及时识别、阻断上述非法设备、软件接入网络，并向公安机关和相关行业主管部门报告。对未采取有效监测和管控措施，致使行业卡被倒卖或被用于非行业用户的，将从严追究相关企业和负责人的责任。

三、参考案例

2020 年 12 月底，被告人宋某在深圳认识了外号叫"老胡"（身份待核实）的人，被告人宋某通过"老胡"知道了一种赚钱的违法设备。该设备名为 Goip（虚拟拨号设备），可用于远程拨打电话，可同时插入 8 张手机卡进行使用。随后，双方约定由被告人宋某购买批量的手机卡及负责设备的运行，由"老胡"联系诈骗团伙的上线和提供设备，每条线路开机一天上线需支付 1000 元给被告人宋某，"老胡"从中抽取 300 元技术费用。

2021 年 1 月 6 日凌晨，被告人宋某回到汝城后，联系被告人曹某帮忙收购手机卡，并商定每张手机卡价格为 200 元。之后，被告人曹某联系好胡某、朱某、何某 2、李某、周某 5 人，通过联通公司员工何某 3 以胡某等 5 人身份办理了 20 张联通手机卡交给了被告人宋某。被告人宋某拿到 20 张联通手机卡后,支付了3000元现金给被告人曹某,并将第一批20张联通手机卡交由"老胡"使用。第二天"老胡"告知被告人宋某这些卡失效了,没有赚到钱,将设备交给被告人宋某使用,并告诉被告人宋某设备已经调试好了,到时候直接插入卡就可以使用,并提醒被告人宋某将设备放在宾馆房间或者接移动电源到处转,以防被侦查机关抓到。

法院认为,被告人宋某、曹某明知他人实施电信网络诈骗犯罪,为了谋取非法利益,仍为其提供手机卡及通讯传输通道,二被告人的行为构成诈骗罪。①

四、参考条文

（一）工业和信息化部《关于进一步防范和打击通讯信息诈骗工作的实施意见》

三、坚决整治网络改号问题

（十一）严格规范号码传送和使用管理。一是严格防范国际改号呼叫。各基础电信企业要对从境外诈骗电话来话高发区输入的国际来话进行重点管理甄别,对"+86"等不规范国际来话,以及公安机关核实通报的伪造国内公检法和党政部门便民电话的虚假主叫号码,在国际通信业务出入口局一律进行拦截。对携带"通用号码"的来话,在国际通信业务出入口局和国内网间互联互通关口局将其"通用号码"信息一律予以删除。二是严格规范主叫号码传送。落实号码传送行业规定和有关行业标准。禁止违规传送主叫号码为空号或设置主叫号码禁显的呼叫。各基础电信企业在网间关口局对不符合号码管理、网间互联规定和标准的违规呼叫、违规号码一律进行拦截。从严管理语音专线呼叫转移业务功能,确需开通的,应当由基础电信企业集团公司统一审核并建立台账;各基础电信企业要在2016年11月底前全面完成已经开通的语音专线呼叫转移功能排查清理。三是严格号码使用管理。号码使用者应当严格遵循号码管理的各项规定,按照通信管理部门批准的地域、用途、位长格式规范使用号码,禁止转让。四是提升网络改号电话发现处置能力。各

---

① 参见湖南省汝城县人民法院（2021）湘1026刑初66号判决书。

基础电信企业要会同国家计算机网络与信息安全管理中心等单位,开展网络改号电话检测技术研究,进一步提升对网络改号电话的监测、发现、拦截、处置能力。

(十二)全面落实语音专线主叫鉴权机制。2016年底前,各基础电信企业语音专线主叫鉴权比例按规范达到100%,对未按规范进行主叫鉴权的呼叫一律拦截。同时,建立主叫呼叫过程的鉴权日志留存和稽核等机制,发现传送非业务合同约定的主叫号码的语音专线一律关停,对存在私自转接国际来话、为非法VoIP和改号电话提供语音落地、转租转售等严重问题的专线用户,应全面终止与其合作,并报通信管理部门依法依规处理。

(十三)建立网络改号呼叫源头倒查和打击机制。严禁违法网络改号电话的运行、经营。对用户举报以及公安机关通报的网络改号电话等,通信管理部门组织基础电信企业联动倒查其话务落地源头,对为改号呼叫落地提供电信线路等资源的单位或个人,立即清理停止相关电信线路接入;涉及电信企业的,依法予以处理,并严肃追究相关部门和人员的管理责任;涉嫌违法犯罪的通报公安机关。各基础电信企业要建立健全内部快速倒查机制,设立专人负责工作对接,并按照通信管理部门规定时限要求留存信令数据。基础电信企业因规定的信令留存时限不满足等自身原因致使倒查工作无法开展的,作为改号电话呼叫来源责任方。

(十四)坚决清理网上改号软件。2016年11月底前,相关互联网企业要通过关键词屏蔽、软件下架、信息删除和账户封停等方式,对网站页面、搜索引擎、手机应用软件商城、电商平台、社交平台上的改号软件信息进行深入清理,切断下载、搜索、传播、兜售改号软件的渠道。

四、不断提升技术防范和打击能力

(十五)抓紧完成企业侧技术手段建设。各基础电信企业要按照部《关于进一步做好防范打击通讯信息诈骗相关工作的通知》(工信部网安函〔2015〕601号)以及《基础电信企业防范打击通讯信息诈骗不良呼叫号码处置技术能力要求》(工信厅网安〔2016〕143号)相关要求,在2016年底前全面建成防范打击通讯信息诈骗业务管理系统和用户终端侧安全提示服务两类技术手段,2017年3月底前全面建成网内和网间不良呼叫号码监测处置系统,综合运用多种技术手段持续提升企业侧技术防范打击能力。

(十六)进一步打击"伪基站"、"黑广播"。各地无线电管理机构要充分发挥技术优势,进一步提升对"伪基站"、"黑广播"的监测定位、逼近查找等技术支持能力,完善与公安、广电、民航、工商等相关部门的重大案件情况通报机制,积极配合做好"伪基站"、"黑广播"查处打击工作。

第三章　金融治理

第十五条　银行业金融机构、非银行支付机构为客户开立银行账户、支付账户及提供支付结算服务，和与客户业务关系存续期间，应当建立客户尽职调查制度，依法识别受益所有人，采取相应风险管理措施，防范银行账户、支付账户等被用于电信网络诈骗活动。

一、法条主旨

本条文明确了银行业金融机构、非银行支付机构在反电信网络诈骗工作中的主体责任：即"识别你的客户"，防范账户被用于电信网络诈骗。本条从法律层面进一步规范金融机构权责，使金融机构能依法更好地履行风险防控职责，践行保护人民财产安全的社会责任。

银行账户、支付账户是资金运转的起点与终点，是单位和个人进行转账结算和现金存取的基础。电信网络诈骗最常见的资金转移手法，就是通过网银转账、B2B 交易、POS 机消费、第三方支付等方式，在短时间内将巨额资金拆分到数个乃至数十上百个二级、三级账户洗走。"资金链"治理一直是打击整治电信网络诈骗犯罪的重要一环，银行业金融机构、非银行支付机构在其中发挥着重要作用。当前，我国电信网诈"资金链"治理已经步入"深水区"，银行业金融机构、非银行支付机构的主体责任也在升级。本条文要求加强银行账户、支付账户管理，有利于断开涉诈资金链条，从源头上打击电信网络诈骗、洗钱等违法犯罪活动，也对上述机构的风险防控能力提出了更高要求。

二、条文详解

【压实银行及支付机构主体责任】人民银行、公安部印发《电信网络诈骗和跨境赌博"资金链"治理工作方案》（银办发〔2021〕163号），明确要求发挥党管金融政治优势，压实主要金融机构责任。各银行、非银行支付机构要把电信网络诈骗"资金链"治理作为政治任务抓好抓实，全面落实方案规定的各项打防管控措施，严格落实"谁的账户谁负责""谁的客户谁负责""谁的商户谁负责""谁的终端谁负责""谁的钱包谁负责"主体责任。对被不法分子利用转移涉诈涉赌资金的账户、商户、产品、渠道、钱包等开展倒查，查补本单位风险防控薄弱环节和管理漏洞，划清前中后台部门、各环节、总分行责任链，严肃追责，完善风险防控体系。

【银行账户全生命周期管理】为有效堵截非法资金转移，银行业金融机构应加强账户事前、事中、事后的全生命周期管理，形成"源头治理""动态管理""应急处置"相结合的风险管控机制，坚持关口前移、打防并重，筑牢反诈防线。近年来，商业银行按照监管要求，持续推进升级管控措施，事前强化尽职调查、事中加强风险监测和银警协作，事后进行客户回访、排查清理存量账户等，在协助公安机关打击治理电信网络诈骗方面取得了明显成效。2021年，电信网络诈骗犯罪分子利用单位银行账户转移资金的账户数量同比下降92%，个人银行卡户均涉案金额下降22%，银行协助公安机关止付、冻结涉诈资金同比增长270%，挽回大量群众损失。

【银行账户实名制演变及内容】2000年，国务院发布《个人存款账户实名制规定》，以行政法规形式明确了个人银行账户实名制。2003年人民银行发布《人民币结算账户管理办法》，以部门规章形式明确单位银行账户实名制。2006年，颁布《中华人民共和国反洗钱法》，以国家法律形式从最高立法层级上确定了银行账户实名制，明确规定银行机构应当按照规定建立客户身份识别制度，不得为身份不明的客户提供服务或与其进行交易，不得为客户开立匿名账户或假名账户；同时，任何单位和个人在与金融机构建立业务关系或者要求金融机构为其提供一次性金融服务时，应当提供真实有效的身份证件或其他身份证明文件。2007年，人民银行会同银监会、证监会、保监会发布《金融机构客户身份识别和客户身份资料及交易记录保存管理办法》，明确要求银行建立客户身份识别及资料保存制度；2022年，人民银行对该办法进行修订，发布《金融机构客户尽职调查和客户身份资料及交易记录保存管理办法》，根据我国金融行业发展现状，明确各金融行业客户尽职调查具体要求，强调基于风险的尽职调查措施，基于客户全生命周期管理的持续尽职调查措施。

【加强非银行支付机构管理】人民银行牵头,推动出台《非银行支付机构条例(征求意见稿)》,加强对非银行支付机构管理,健全支付业务管理制度要求,明确非银行支付机构账户风险主体责任,应当遵循"了解你的客户"原则,按规定识别并核实用户身份,了解用户开户目的和交易背景,建立持续有效安全的身份识别机制,应当自主对客户和所拓展的特约商户采取持续有效的身份识别措施,确保特约商户是依法设立、从事合法经营活动的商户。同时,要承担起支付账户合法合规的主体责任,履行尽职调查义务,防止匿名、假名、冒名开立支付账户,并采取充足、有效的措施防止支付账户被用于出租、出借、出售、洗钱、赌博、诈骗和其他非法活动。对参与电信网络诈骗、为不法分子提供便利的非银行支付机构严肃处罚。

三、参考案例

2021 年 4 月,被告人隆某通过微信与他人联系,明知对方系用于实施信息网络犯罪,仍商定以每张每月 100 元的价格将自己的银行卡出租给对方使用。之后,隆某将其办理的 9 张银行卡的账号、密码等信息提供给对方,其中 6 张银行卡被对方用于接收电信网络诈骗等犯罪资金,非法获利共计 5000 余元。

法院认为,被告人隆某明知他人利用信息网络实施犯罪,为他人提供帮助,其行为已构成帮助信息网络犯罪活动罪。隆某经公安人员电话通知到案,如实供述自己的罪行,构成自首,且自愿认罪认罚并积极退赃,依法予以从轻处罚。根据被告人的犯罪事实、犯罪性质、情节和社会危害程度,以帮助信息网络犯罪活动罪判处被告人隆某有期徒刑 1 年 10 个月,并处罚金人民币 4 千元。①

四、参考条文

(一)《中华人民共和国反洗钱法》

第十六条　金融机构应当按照规定建立客户身份识别制度。

---

① 参见《人民法院依法惩治电信网络诈骗犯罪及其关联犯罪典型案例》,载最高人民法院官网,https://www.court.gov.cn/xinshidai-xiangqing-371131.html,最后访问日期:2022 年 9 月 6 日。

金融机构在与客户建立业务关系或者为客户提供规定金额以上的现金汇款、现钞兑换、票据兑付等一次性金融服务时,应当要求客户出示真实有效的身份证件或者其他身份证明文件,进行核对并登记。

客户由他人代理办理业务的,金融机构应当同时对代理人和被代理人的身份证件或者其他身份证明文件进行核对并登记。

与客户建立人身保险、信托等业务关系,合同的受益人不是客户本人的,金融机构还应当对受益人的身份证件或者其他身份证明文件进行核对并登记。

金融机构不得为身份不明的客户提供服务或者与其进行交易,不得为客户开立匿名账户或者假名账户。

金融机构对先前获得的客户身份资料的真实性、有效性或者完整性有疑问的,应当重新识别客户身份。

任何单位和个人在与金融机构建立业务关系或者要求金融机构为其提供一次性金融服务时,都应当提供真实有效的身份证件或者其他身份证明文件。

(二)《金融机构客户尽职调查和客户身份资料及交易记录保存管理办法》

第三条 金融机构应当勤勉尽责,遵循"了解你的客户"的原则,识别并核实客户及其受益所有人身份,针对具有不同洗钱或者恐怖融资风险特征的客户、业务关系或者交易,采取相应的尽职调查措施。

金融机构在与客户业务存续期间,应当采取持续的尽职调查措施。针对洗钱或者恐怖融资风险较高的情形,金融机构应当采取相应的强化尽职调查措施,必要时应当拒绝建立业务关系或者办理业务,或者终止已经建立的业务关系。

第七条 金融机构在与客户建立业务关系、办理规定金额以上一次性交易和业务关系存续期间,怀疑客户及其交易涉嫌洗钱或恐怖融资的,或者对先前获得的客户身份资料的真实性、有效性或完整性存疑的,应当开展客户尽职调查,采取以下尽职调查措施:

(一)识别客户身份,并通过来源可靠、独立的证明材料、数据或者信息核实客户身份;

(二)了解客户建立业务关系和交易的目的和性质,并根据风险状况获取相关信息；

（三）对于洗钱或者恐怖融资风险较高的情形，了解客户的资金来源和用途，并根据风险状况采取强化的尽职调查措施；

（四）在业务关系存续期间，对客户采取持续的尽职调查措施，审查客户状况及其交易情况，以确认为客户提供的各类服务和交易符合金融机构对客户身份背景、业务需求、风险状况以及对其资金来源和用途等方面的认识；

（五）对于客户为法人或者非法人组织的，识别并采取合理措施核实客户的受益所有人。

金融机构应当根据风险状况差异化确定客户尽职调查措施的程度和具体方式，不应采取与风险状况明显不符的尽职调查措施，把握好防范风险与优化服务的平衡。

（三）《企业银行结算账户管理办法》

第五条 银行应当按规定履行客户身份识别义务，落实账户实名制，不得为企业开立匿名账户或者假名账户，不得为身份不明的企业提供服务或者与其进行交易。

银行应当全面、独立承担企业银行结算账户合法合规主体责任，对企业银行结算账户实施全生命周期管理，防范不法分子利用企业银行结算账户从事违法犯罪活动。

第四十六条 银行开立匿名账户、假名账户，或者与身份不明的企业进行交易的，依据《中华人民共和国反洗钱法》第三十二条规定进行处理。

（四）《个人存款账户实名制规定》

第七条 在金融机构开立个人存款账户的，金融机构应当要求其出示本人身份证件，进行核对，并登记其身份证件上的姓名和号码。代理他人在金融机构开立个人存款账户的，金融机构应当要求其出示被代理人和代理人的身份证件，进行核对，并登记被代理人和代理人的身份证件上的姓名和号码。

不出示本人身份证件或者不使用本人身份证件上的姓名的，金融机构不得为其开立个人存款账户。

（五）《支付机构反洗钱和反恐怖融资管理办法》

第十条　支付机构应当勤勉尽责,建立健全客户身份识别制度,遵循"了解你的客户"原则,针对具有不同洗钱或者恐怖融资风险特征的客户、业务关系或者交易应采取相应的合理措施,了解客户及其交易目的和交易性质,了解实际控制客户的自然人和交易的实际受益人。

（六）《非银行支付机构条例（征求意见稿）》

第三十条　（支付账户管理）非银行支付机构应当建立健全支付账户开立、使用、变更和注销等业务管理制度,按照"谁的客户谁负责"的管理原则,承担支付账户合法合规的主体责任,履行尽职调查义务,防止匿名、假名、冒名开立支付账户,并采取充足、有效的措施防止支付账户被用于出租、出借、出售、洗钱、赌博、诈骗和其他非法活动。

支付账户开户人应当以实名开立支付账户并由本人使用,对提供的开户信息真实性和交易行为后果负责。支付账户开户人不得匿名、假名、冒名开立支付账户,不得出租、出借、出售支付账户,不得为非法活动提供支付账户,并承担包括信用惩戒在内的账户违法违规责任。

第十六条　开立银行账户、支付账户不得超出国家有关规定限制的数量。

对经识别存在异常开户情形的,银行业金融机构、非银行支付机构有权加强核查或者拒绝开户。

中国人民银行、国务院银行业监督管理机构组织有关清算机构建立跨机构开户数量核验机制和风险信息共享机制,并为客户提供查询名下银行账户、支付账户的便捷渠道。银行业金融机构、非银行支付机构应当按照国家有关规定提供开户情况和有关风险信息。相关信息不得用于反电信网络诈骗以外的其他用途。

一、法条主旨

本条文旨在加强金融机构对账户、支付账户开立环节审核,同时要求监管部门牵头建立跨机构开户数量核验机制和风险信息共享机制。当前电信网络违法犯罪活动中，犯罪分子用于转移诈骗资金的银行账户和支付账户主要来源于两个途径：一是不法分子购买个人开立的银行账户和支付账户，包括诱骗群众出售、直接组织个人到银行批量开户后出售等多种方式；二是不法分子冒名或者虚构代理关系开户，利用购买、窃取或伪造的居民身份证，伪装成开户者本人或者以亲戚朋友的名义虚构代理关系，到银行开户或者在网上开立支付账户。把好"开户关"，能够有效遏制买卖账户和假冒开户等行为，从源头上切断资金转移链路，防范电信网络违法犯罪。

与此同时，我国一人多卡、一人数折现象普遍，个人开户数量过多，易导致对账户及资产管理疏忽，为买卖账户、冒名开户和虚构代理关系开户埋下隐患。建立跨机构开户数量核验机制和风险信息共享机制，为客户提供查询名下银行账户、支付账户的便捷渠道，能够有效加强对客户账户的管理与保护。

二、条文详解

【国家对企业银行账户的数量限制】企业只能在银行开立一个基本存款账户，不得开立两个（含）以上基本存款账户。

【国家对个人银行账户的数量限制】同一个人在同一家银行（以法人为单位）只能开立一个Ⅰ类户，已开立Ⅰ类户，再新开户的，应当开立Ⅱ类户或Ⅲ类户。同一银行法人为同一个人开立Ⅱ类户、Ⅲ类户的数量原则上分别不得超过5个。

【国家对个人支付账户的数量限制】同一个人在同一家非银行支付机构只能开立一个Ⅲ类账户。

【银行账户、支付账户数量超出限制的处理】按照中国人民银行《关于加强支付结算管理防范电信网络新型违法犯罪有关事项的通知》要求，银行对同一存款人开户数量较多的情况进行摸排清理，要求存款人作出说明，核实其开户的合理性。对于无法核实开户合理性的，引导存款人撤销或归并账户，或者采取降低账户类别等措施，使存款人运用账户分类机制，合理存放资金，保护资金安全。

非银行支付机构开展存量支付账户清理工作，联系开户人确认需保留的账户，其余账户降低类别管理或予以撤并；开户人未按规定时间确认的，支付机构应当保留其使用频率较高和金额较大的账户，后续可根据其申请进行变更。

【跨行开卡核验机制】根据中国人民银行办公厅、公安部办公厅关于印发《电信网络诈骗和跨境赌博"资金链"治理工作方案》的通知要求,由银联牵头组织建立跨行风险监测及银行卡核验机制,并选取工行、农行等 8 家银行开展试点。目前,跨行风险监测与账户核验平台通过实时汇聚各银行机构报送的数据信息,整合并提供实时服务调用,在试点阶段提供服务包括:数据信息报送服务、跨行账卡数量查验服务、流窜开户风险查验服务等。实现银行在开户等必要环节查询个人在全国范围内的银行账户情况,监测个人跨行大量开户行为。

【风险信息共享机制】2015 年 6 月,首个行业内统一的风险信息管理系统"支付行业风险信息共享系统"正式上线运行,商业银行与支付机构均可通过该系统,共享各自在风险防控工作中发现的风险信息,监管机构与司法机关也将及时通过系统提供风险形势简报或通报提示。系统建设只是初步,更关键的是各主体积极参与行业风险信息共享机制和支付业务风险防范合作,积极推广应用行业风险信息共享系统,这就需要监管部门切实履职,牵头组织全行业风险信息管理系统建设,建立行业黑白名单机制,筹建反欺诈实验室,建立和优化可疑交易模型,为行业提供风险信息和欺诈行为的模型及案例,实现行业风险联防联控。

【客户查卡服务】在人民银行指导下,银联基于银行业统一 APP"云闪付"提供"一键查卡"服务,向公众提供银行卡数量、每张卡的银行名称、借贷记属性、脱敏卡号等信息的查询,在确保信息安全的前提下,支持持卡人查询其名下银行卡信息,强化自身银行卡管理。2021 年 12 月 20 日,在上海、云南两地开展第一批次试点,截至 2022 年 6 月 29 日,该服务面向境内所有省市开放,支持 17 家主要全国性商业银行及 7 家区域性银行的银联卡账户查询。鉴于全国银行数量多、接入调试进度不一,后续将按照"先大后小""验证通过一家、上线一家"的策略逐步接入,先实现全国性商业银行和城市商业银行全覆盖,再逐渐接入农村商业银行、农村信用合作联社、村镇银行。

【浙江省个人"开户码"】人民银行杭州中心支行创新运用大数据技术开发个人"开户码",集合金融、公安、社保等部门的数据,借鉴"健康码"的做法,以"红、黄、绿"三色状态码直观展示客户风险程度,为银行精准识别客户风险提供技术支撑。对于红码客户,严格要求银行机构拒绝开户;对于黄码客户,要求银行机构采取加强型尽职调查措施,加强后续账户使用情况监测;对于绿码客户,要求银行机构按照常规程序和要求进行审核办理。据了解,"开户码"上线以来,浙江省银行机构累计查询 395.3 万次,其中查询结果为绿码的 349.34 万次,黄码的为 45.92 万次,有效提升了流动就业群体等个人账户服务水平,增强了银行机构客户风险识别能力,防控了新开个人银行账户风险,从个人数据共享应用的"小切口"入手,解决银行账户优服务与防风险"两难"问题的"大场景"。

三、参考案例

2020 年 8 月至 2021 年 4 月期间,被告人朱某在明知他人可能利用银行卡从事信息网络犯罪活动的情况下,单独或伙同他人至苏州工业园区等地办理各类银行卡 11 张及 U 盾、手机卡等,或出售或出借给他人,获利人民币 8000 余元,后他人实施网络诈骗,利用上述银行卡中的 6 张银行卡结算诈骗钱款金额达人民币 330064.25 元。

法院认为,被告人朱某明知他人利用信息网络实施犯罪,而仍提供支付结算等帮助,情节严重,其行为已构成帮助信息网络犯罪活动罪。被告人朱某自愿认罪认罚,依法从轻处罚。①

四、参考条文

(一)《中国人民银行关于加强开户管理及可疑交易报告后续控制措施的通知》

一、加强开户管理,有效防范非法开立、买卖银行账户及支付账户行为

(一)切实履行客户身份识别义务,杜绝假名、冒名开户。

各银行业金融机构和支付机构应遵循"了解你的客户"的原则,认真落实账户管理及客户身份识别相关制度规定,区别客户风险程度,有选择地采取联网核查身份证件、人员问询、客户回访、实地查访、公用事业账单(如电费、水

---

① 江苏省苏州工业园区人民法院(2021)苏 0591 刑初 247 号判决书。

费等缴费凭证)验证、网络信息查验等查验方式,识别、核对客户及其代理人真实身份,杜绝不法分子使用假名或冒用他人身份开立账户。

(二)严格审查异常开户情形,必要时应当拒绝开户。

对于不配合客户身份识别、有组织同时或分批开户、开户理由不合理、开立业务与客户身份不相符、有明显理由怀疑客户开立账户存在开卡倒卖或从事违法犯罪活动等情形,各银行业金融机构和支付机构有权拒绝开户。根据客户及其申请业务的风险状况,可采取延长开户审查期限、加大客户尽职调查力度等措施,必要时应当拒绝开户。

(二)《中国人民银行关于进一步加强支付结算管理防范电信网络新型违法犯罪有关事项的通知》

二、加强账户实名制管理

(三)加强单位支付账户开户审核。支付机构为单位开立支付账户应当严格审核单位开户证明文件的真实性、完整性和合规性,开户申请人与开户证明文件所属人的一致性,并向单位法定代表人或负责人核实开户意愿,留存相关工作记录。支付机构可采取面对面、视频等方式向单位法定代表人或负责人核实开户意愿,具体方式由支付机构根据客户风险评级情况确定。

单位存在异常开户情形的,支付机构应当按照反洗钱等规定采取延长开户审核期限、强化客户尽职调查等措施,必要时应当拒绝开户。

(三)《企业银行结算账户管理办法》

第三条　企业开立、变更、撤销基本存款账户、临时存款账户实行备案制。

企业只能在银行开立一个基本存款账户,不得开立两个(含)以上基本存款账户。

第八条　银行应当审核企业开户证明文件的真实性、完整性和合规性,开户申请人与开户证明文件所属人的一致性,以及企业开户意愿的真实性。

第十条　企业申请开立基本存款账户的,银行应当向企业法定代表人或单位负责人核实企业开户意愿,并留存相关工作记录。

银行可采取面对面、视频等方式向企业法定代表人或单位负责人核实开户意愿,具体方式由银行根据客户风险程度选择。

第十一条　企业开立一般存款账户、专用存款账户的,银行应当遵守《人民币银行结算账户管理办法》(中国人民银行令〔2003〕第5号发布)等规定：对企业应当出具的开户证明文件进行严格要求和审查，并判断企业开户合理性，防止企业违规开立或随意开立银行账户。

第十二条 企业存在异常开户情形的，银行应当按照反洗钱等规定采取延长开户审查期限、强化客户尽职调查等措施，必要时应当拒绝开户。

(四)《支付机构反洗钱和反恐怖融资管理办法》

第十一条 网络支付机构在为客户开立支付账户时，应当识别客户身份，登记客户身份基本信息，通过合理手段核对客户基本信息的真实性。

客户为单位客户的，应核对客户有效身份证件，并留存有效身份证件的复印件或者影印件。

客户为个人客户的，出现下列情形时，应核对客户有效身份证件，并留存有效身份证件的复印件或者影印件。

(一)个人客户办理单笔收付金额人民币1万元以上或者外币等值1000美元以上支付业务的；

(二)个人客户全部账户30天内资金双边收付金额累计人民币5万元以上或外币等值1万美元以上的；

(三)个人客户全部账户资金余额连续10天超过人民币5000元或外币等值1000美元的；

(四)通过取得网上金融产品销售资质的网络支付机构买卖金融产品的；

(五)中国人民银行规定的其他情形。

(五)《金融机构客户尽职调查和客户身份资料及交易记录保存管理办法》

第八条 金融机构不得为身份不明的客户提供服务或者与其进行交易，不得为客户开立匿名账户或者假名账户，不得为冒用他人身份的客户开立账户。

第十七条 非银行支付机构在办理以下业务时，应当开展客户尽职调查，并登记客户身份基本信息，留存客户有效身份证件或者其他身份证明文件的复印件或者影印件：

(一)以开立支付账户等方式与客户建立业务关系，以及向客户出售记名

预付卡或者一次性出售不记名预付卡人民币 1 万元以上的;

（二）通过签约或者绑卡等方式为不在本机构开立支付账户的客户提供支付交易处理且交易金额为单笔人民币 1 万元以上或者外币等值 1000 美元以上,或者 30 天内资金双边收付金额累计人民币 5 万元以上或者外币等值 1 万美元以上的;

（三）中国人民银行规定的其他情形。

第十八条 银行、非银行支付机构为特约商户提供收单服务,应当对特约商户开展客户尽职调查,并登记特约商户及其法定代表人或者负责人身份基本信息,留存特约商户及其法定代表人或者负责人有效身份证件或者其他身份证明文件的复印件或者影印件。

第十七条 银行业金融机构、非银行支付机构应当建立开立企业账户异常情形的风险防控机制。金融、电信、市场监管、税务等有关部门建立开立企业账户相关信息共享查询系统,提供联网核查服务。

市场主体登记机关应当依法对企业实名登记履行身份信息核验职责;依照规定对登记事项进行监督检查,对可能存在虚假登记、涉诈异常的企业重点监督检查,依法撤销登记的,依照前款的规定及时共享信息;为银行业金融机构、非银行支付机构进行客户尽职调查和依法识别受益所有人提供便利。

一、法条主旨

本条文旨在建立账户异常的风险防控机制。通过多方联动、信息共享,有效识别企业账户异常,升级企业账户风险防控机制。面对电信网络诈骗"资金链"从个人账户向企业账户转移、涉案企业账户数量大幅增长的趋势,人民银行、工业和信息化部、国家税务总局、国家市场监督管理总局积极推进相关信息共享、核查系统的建设。目前,人民银行牵头建立了企业信息联网核查系统,为银行、非银行支付机构等核实企业相关信息真实性、有效性提供权威、便捷渠道,促进落实企业账户实名制,防范企业预留手机号码被他人操控、空壳公司开户、虚假证明文件开户等异常账户风险。市场监督管理总局建立了全国企业登记身份管理实名验证系统,实现企业实名认证线上线下全覆盖,有效防范冒用身份注册企业的违法行为。

二、条文详解

【涉案企业账户开户异常】电信网络诈骗涉及的企业账户，在开户环节通常呈现以下异常特征：一是注册的企业不进行税务登记；二是法人或负责人多为无固定职业的社会闲散人员；三是预留的联系电话在开户完成后长期无法接通；四是上门核实经营场所多数为虚假地址、无正常营业迹象；五是开户时就申请开通网银功能且要求将网银限额调整至最高；六是存在同一自然人多企多户和短时间内重复开户的情况。

【企业信息联网核查系统】人民银行联合工业和信息化部、国家税务总局、国家市场监督管理总局建设运行企业信息联网核查系统，为银行业金融机构、非银行支付机构、特许清算机构等提供企业相关信息真实性、有效性核查服务，加强企业账户风险监测，2021年核验信息7440万笔。该平台主要提供三项功能：

一是企业法定代表人或单位负责、财务人员手机号码核查功能。银行通过系统可以核实手机号码真实性、手机号码登记身份证号与客户身份证号的对应关系，防范不法分子通过变更手机号码等方式买卖并实际控制企业账户从事违法犯罪活动风险。该功能也是对中国人民银行《关于加强支付结算管理防范电信网络新型违法犯罪有关事项的通知》中"银行和支付机构应当建立联系电话号码与个人身份证件号码的一一对应关系"这一规定的贯彻落实。

二是对企业纳税登记状态信息的核查功能。银行、非银行支付机构通过系统可以核实企业是否纳入税务管理，以及具体纳税人状态（开业、注销、非正常、非正常注销）等，方便银行、非银行支付机构识别企业身份，及时发现企业注销、非正常经营等异常情形。

三是对企业登记注册信息的核查功能。支持银行、非银行支付机构核查企业名称、统一社会信用代码等信息真实性。对核查一致的企业，反馈企业营业执照照面信息、企业股东及出资人信息、是否纳入异常经营名录、是否纳入严重违法失信企业名单等7大类信息，有助于银行、非银行支付机构履行核查客户身份义务，了解企业业务性质、股权或者控制权结构、相关受益所有人等信息。

【全国企业登记身份管理实名验证系统】市场监督管理总局按照国务院办公厅"互联网+政务服务"试点要求，依托国家政务服务平台统一身份认证系统,推进"全国企业登记身份管理实名验证系统"建设,并于2019年3月1日正式上线运行。该系统包括"企业登记相关自然人身份验证APP"和"企业登记注册办理联网查验"两大功能模块,兼顾实名验证和注册便利两个方面,有力完善了线上线下全方位实名验证技术手段,能够更有效地防控冒用身份虚假注册问题。该系统通过国家政务服务平台统一身份认证系统与公安部人口数据库联网,在实行网上全程电子化登记认证的基础上进一步开展线下窗口实名认证,实现"线上线下实名认证全覆盖",破解了各地多头认证标准不一、各省份不能互认等难题,不仅提升了企业注册登记便利化程度,还有效保护了人民群众的合法权益。该系统开通了可免费使用的人脸识别身份验证应用接口,企业通过全程电子化或线下书面提交申办登记业务,均需对法定代表人、股东等相关自然人实行实名验证。此外,该系统还推动身份信息"一经注册验证、全国联网应用",补齐了线下身份验证手段不足的短板。

三、参考案例

2019年12月至2020年4月期间,被告人黄某成明知他人收购对公账户套件用于信息网络犯罪活动,为非法牟利,通过赵某芳(另案处理)收购他人名下的营业执照及相应对公账户套件共12套,后将上述套件贩卖给他人。经查,被告人黄某成所收购贩卖的上述对公账户转入资金共计人民币8483万余元,其中玉环挺咪塑料制品店对公账户(账户号为5503354×××××××)涉网络诈骗案1起,涉案金额人民币11.9万元。2021年6月11日,被告人黄某成在家中被公安民警抓获。①

四、参考条文

(一)《中国人民银行关于进一步加强支付结算管理防范电信网络新型违法犯罪有关事项的通知》

二、加强账户实名制管理

(三)加强单位支付账户开户审核。支付机构为单位开立支付账户应当

---

① 参见浙江省玉环县人民法院(2021)浙1021刑初621号判决书。

严格审核单位开户证明文件的真实性、完整性和合规性,开户申请人与开户证明文件所属人的一致性,并向单位法定代表人或负责人核实开户意愿,留存相关工作记录。支付机构可采取面对面、视频等方式向单位法定代表人或负责人核实开户意愿,具体方式由支付机构根据客户风险评级情况确定。

单位存在异常开户情形的,支付机构应当按照反洗钱等规定采取延长开户审核期限、强化客户尽职调查等措施,必要时应当拒绝开户。

(四)开展存量单位支付账户核实。支付机构应当按照本通知第三项规定的开户审核要求,开展全部存量单位支付账户实名制落实情况核实工作。核实中发现单位支付账户未落实实名制要求或者无法核实实名制落实情况的,应当中止其支付账户所有业务,且不得为其新开立支付账户;发现疑似电信网络新型违法犯罪涉案账户的,应当立即报告公安机关。支付机构应当于2019年4月1日前制定核实计划,于2019年6月30日前完成核实工作。

四、强化特约商户与受理终端管理

(十二)建立特约商户信息共享联防机制。自2019年6月1日起,收单机构拓展特约商户时,应当通过中国支付清算协会或银行卡清算机构的特约商户信息管理系统查询其签约、更换收单机构情况和黑名单信息。对于同一特约商户或者同一个人担任法定代表人(负责人)的特约商户存在频繁更换收单机构、被收单机构多次清退或同时签约多个收单机构等异常情形的,收单机构应当谨慎将其拓展为特约商户。对于黑名单中的单位以及相关个人担任法定代表人或负责人的单位,收单机构不得将其拓展为特约商户;已经拓展为特约商户的,应当自其被列入黑名单之日起10日内予以清退。

(十四)严格受理终端管理。自本通知发布之日起,对于受理终端应当执行下列规定:

1. 收单机构为特约商户安装可移动的银行卡、条码支付受理终端(以下简称移动受理终端)时,应当结合商户经营地址限定受理终端的使用地域范围。收单机构应当对移动受理终端所处位置持续开展实时监测,并逐笔记录交易位置信息,对于无法监测位置或与商户经营地址不符的交易,暂停办理资金结算并立即核实;确认存在移机等违规行为的,应当停止收单服务并收回受理机具。本通知发布前已安装的移动受理终端不符合上述要求的,收单机构应当于2019年6月30日前完成改造;逾期未完成改造的,暂停移动受理终端业务功能。

2. 对于连续3个月内未发生交易的受理终端或收款码,收单机构应当重新核实特约商户身份,无法核实的应当停止为其提供收款服务。对于连续 12 个月内未发生交易的受理终端或收款码,收单机构应当停止为其提供收款服务。

(二)《企业信息联网核查系统管理办法》

第十七条 参与机构在办理企业信息联网核查业务时,发现客户凭虚假证明文件办理相关业务的,应当及时向公安机关报案。

(三)《电信网络诈骗和跨境赌博"资金链"治理工作方案》

四、工作措施

(六)加强科技手段应用,强化联防联控机制。

16. 建立电话卡、银行卡实名信息交叉核验工作机制。支持银行、非银行支付机构在为客户办理账户业务时开展个人手机号码实名登记信息的一致性比对。加强涉诈电话卡、涉诈银行卡等信息共享,强化开卡监测和风险管控,实现"一处涉诈、两卡受限"。

20. 加强对高风险企业信息共享。公安机关将涉诈涉赌企业信息、人民银行将有关企业账户信息、注册地址虚假等可疑企业信息与市场监管部门共享。市场监管部门加强与人民银行、公安机关共享企业登记注册信息。

第十八条 银行业金融机构、非银行支付机构应当对银行账户、支付账户及支付结算服务加强监测,建立完善符合电信网络诈骗活动特征的异常账户和可疑交易监测机制。

中国人民银行统筹建立跨银行业金融机构、非银行支付机构的反洗钱统一监测系统,会同国务院公安部门完善与电信网络诈骗犯罪资金流转特点相适应的反洗钱可疑交易报告制度。

对监测识别的异常账户和可疑交易,银行业金融机构、非银行支付机构应当根据风险情况,采取核实交易情况、重新核验身份、延迟支付结算、限制或者中止有关业务等必要的防范措施。

银行业金融机构、非银行支付机构依照第一款规定开展异常账户和可疑交易监测时,可以收集异常客户互联网协议地址、网卡地址、支付受理终端信息等必要的交易信息、设备位置信息。上述信息未经客户授权,不得用于反电信网络诈骗以外的其他用途。

一、法条主旨

本条文规定金融机构对相关账户加强动态监测的义务。一方面,由于部分公民对账户保护意识不强,将正常开立账户提供给不法分子使用,或主动配合不法分子开立账户,这类情况在开户环节较难识别,因此对账户异常及可疑交易进行持续动态监测有其必然性和必要性。另一方面,电信网络诈骗活动的手法、工具不断翻新,攻防对抗不断升级变化,打击难度加大,如利用地下钱庄、虚拟货币、区块链等渠道想方设法规避监测拦截。在这种形势下,建立完善符合电信网络诈骗活动特征的异常监测机制面临新的压力与挑战,银行及支付机构要在人民银行、公安的指导下,充分发挥大数据、人工智能等技术手段,精准打击各种新型电信网络诈骗。

二、条文详解

【涉诈风险监测】根据《金融机构大额和可疑交易报告管理办法》,金融机构应当制定本机构的交易监测标准,并对其有效性负责,对通过交易监测标准筛选出的交易进行人工分析、识别,判断是否属于可疑交易。

以涉案企业账户为例,资金交易通常有以下异常特征:一是账户开立之初先进行小额测试性交易,账户休眠一段时间后频繁进行大额交易;二是账户使用时间较短,一般持续使用数月即弃用;三是账户交易大多数为网银交易,少量第三方支付交易,交易对手多为异地特定的企业或个人账户;四是账户交易频繁,单日交易数百甚至上千笔,分散转入、集中转出、快进快出、几乎不留余额;五是账户交易流水多为单向资金划转交易,基本没有人员工资及税费支出交易;六是部分涉案账户交易发生在午夜和凌晨,与企业正常经营活动不符。

【异常账户和可疑交易处置】根据本条规定,当识别异常账户和可疑交易后,应采取核实交易情况、重新核验身份、延迟支付结算、限制或者中止有关业务从源头上防止涉诈资金的转移。如支付机构发现单位支付账户存在可疑交易特征的,应当采取面对面、视频等方式重新核实客户身份,甄别可疑交易行为,确属可疑的,应当按照反洗钱有关规定采取相关措施,无法核实的,应当中止该支付账户所有业务;对公安机关移送涉案账户的开户单位法定代表人或负责人、经办人员开立的其他单位支付账户,应当重点核实。若收单机构发现交易金额、时间、频率与特约商户经营范围、规模不相符等异常情形的,根据相关办法规定,应当对特约商户采取延迟资金结算、设置收款限额、暂停银行卡交易、收回受理终端(关闭网络支付接口)等措施;发现涉嫌电信网络新型违法犯罪的,应当立即向公安机关报告。收单机构应当与特约商户签订受理协议时明确上述规定。

2021年,人民银行会同反洗钱、外汇管理部门向公安机关移送涉诈可疑账户430万户、新建监测模型1.3万个,拒绝涉诈可疑交易1.3亿笔。国家反诈中心直接推送全国预警指令4067万条,各地利用公安大数据产出预警线索4170万条,成功避免6178万名群众受骗。

【反洗钱监测系统】目前,全国尚无统一的反洗钱监测系统,由各银行业金融机构、非银行支付机构自主建立交易监测标准及相关系统。虽然人民银行发布了《义务机构反洗钱交易监测标准建设工作指引》,从设计、开发、测试、评估和完善等方面较为系统地对大额交易和可疑交易监测标准建设进行了梳理和提炼,要求银行、支付机构结合自身业务特点、风险状况和管理模式,采取合理措施有效执行相关要求。但各家机构的盈利规模、科技水平、建模能力差异较大,各系统的监测标准不一,监测质量也难免参差不齐。由人民银行统筹建立跨银行业金融机构、非银行支付机构的反洗钱统一监测系统,有利于从整体上提高风险监测质量与效率,同时也能减少各机构多头开发的成本。

【可依法收集必要的交易和设备位置信息】金融机构依法收集必要的交易和交易设备位置信息,依照《个人信息保护法》对个人信息的保护原则,获取这些信息原则上要基于个人同意,但是为履行法定职责或者法定义务所必需的除外,故本法赋予金融机构法定的职责。此前公布并于2022年11月1日实施的《信息安全技术移动互联网应用程序(APP)收集个人信息基本要求》中明确规定,"APP不应收集不可变更的唯一设备识别码",而网卡地址(不可变更MAC地址)显然属于此列。虽然存在合规要求的冲突,但鉴于本法作为法律的更高效力,企业仍可以出于反诈监测的目的收集该类信息。当然,在处理这些信息时,还是要严格遵从个人信息保护法的要求,并应当与处理目的直接相关,并采取必要措施保障所处理的个人信息的安全。故本条也要求上述信息未经客户授权,不得用于反电信网络诈骗以外的其他用途。必要的交易和交易设备位置信息收集,可以有效识别从境外发起的可疑交易,评估账户涉诈风险,为公安机关实施涉案资金止付、查询、冻结争取时间,提升资金拦截时效。

三、参考案例

2019 年 9 月至 2020 年 1 月,被告人陈某以营利为目的,为黄先生推广"黑户流水贷",并组织数十名客户到广州、贵阳以客户名义虚假注册公司,然后以客户虚假注册的公司名义办理对公账户后提供给"黄先生"。在此过程中被告人陈某先后收到客户麦某等人对相关的银行账户涉嫌"洗黑钱""赌博"的预警质疑。但被告人陈某不顾客户提醒,继续组织其他客户前往广州、贵阳虚假注册公司,办理对公账户继续提供给"黄先生",导致以胡某名义注册的广州铭清贸易有限公司的对公账户被人用于诈骗云南云牧王农牧发展有限公司钱款 285.5 万元。被骗的钱款进入到广州铭清贸易有限公司对公账户后,被快速转移、层层稀释、致使上游犯罪无法及时查处,巨额财物无法追回。案发后,被告人陈某主动到案并如实供述主要犯罪事实。①

四、参考条文

(一)《金融机构大额交易和可疑交易报告管理办法》

第三条 金融机构应当履行大额交易和可疑交易报告义务,向中国反洗钱监测分析中心报送大额交易和可疑交易报告,接受中国人民银行及其分支机构的监督、检查。

第十一条 金融机构发现或者有合理理由怀疑客户、客户的资金或者其他资产、客户的交易或者试图进行的交易与洗钱、恐怖融资等犯罪活动相关的,不论所涉资金金额或者资产价值大小,应当提交可疑交易报告。

第十二条 金融机构应当制定本机构的交易监测标准,并对其有效性负责。交易监测标准包括并不限于客户的身份、行为,交易的资金来源、金额、频率、流向、性质等存在异常的情形,并应当参考以下因素:

---

① 参见云南省石林(路南)彝族自治县人民法院(2021)云 0126 刑初 452 号判决书。

（一）中国人民银行及其分支机构发布的反洗钱、反恐怖融资规定及指引、风险提示、洗钱类型分析报告和风险评估报告。

（二）公安机关、司法机关发布的犯罪形势分析、风险提示、犯罪类型报告和工作报告。

（三）本机构的资产规模、地域分布、业务特点、客户群体、交易特征,洗钱和恐怖融资风险评估结论。

（四）中国人民银行及其分支机构出具的反洗钱监管意见。

（五）中国人民银行要求关注的其他因素。

第十三条　金融机构应当定期对交易监测标准进行评估,并根据评估结果完善交易监测标准。如发生突发情况或者应当关注的情况的,金融机构应当及时评估和完善交易监测标准。

第十四条　金融机构应当对通过交易监测标准筛选出的交易进行人工分析、识别,并记录分析过程;不作为可疑交易报告的,应当记录分析排除的合理理由;确认为可疑交易的,应当在可疑交易报告理由中完整记录对客户身份特征、交易特征或行为特征的分析过程。

第二十一条　金融机构应当建立健全大额交易和可疑交易监测系统,以客户为基本单位开展资金交易的监测分析,全面、完整、准确地采集各业务系统的客户身份信息和交易信息,保障大额交易和可疑交易监测分析的数据需求。

第二十三条　金融机构及其工作人员应当对依法履行大额交易和可疑交易报告义务获得的客户身份资料和交易信息,对依法监测、分析、报告可疑交易的有关情况予以保密,不得违反规定向任何单位和个人提供。

第二十五条　非银行支付机构、从事汇兑业务和基金销售业务的机构报告大额交易和可疑交易适用本办法。银行卡清算机构、资金清算中心等从事清算业务的机构应当按照中国人民银行有关规定开展交易监测分析、报告工作。

（二）《金融机构客户尽职调查和客户身份资料及交易记录保存管理办法》

第四十三条　金融机构在开展客户尽职调查时,应当根据风险情形向中国反洗钱监测分析中心和中国人民银行当地分支机构报告以下可疑行为:

（一）客户拒绝提供有效身份证件或者其他身份证明文件的；

（二）有明显理由怀疑客户建立业务关系的目的和性质与洗钱和恐怖融资等违法犯罪活动相关的；

（三）对向境内汇入资金的境外机构提出要求后，仍无法完整获得汇款人姓名或者名称、账号和住所的；

（四）采取必要措施后，仍怀疑先前获得的客户身份资料的真实性、有效性、完整性的；

（五）履行客户尽职调查义务时发现其他可疑行为的。

金融机构报告上述可疑行为按照中国人民银行关于金融机构大额交易和可疑交易报告的相关规定执行。

（三）《企业银行结算账户管理办法》

第三十一条 企业银行账户存续期间，银行应当对企业开户资格和实名制符合性进行动态复核，并根据复核情况作相应处理。

第三十二条 银行应当建立和完善企业银行结算账户行为监测和交易监测方案，加强企业银行结算账户开立、变更、撤销等行为监测和账户交易监测，并按规定提交可疑交易报告。

对涉及可疑交易报告的账户，银行应当按照反洗钱有关规定采取适当后续控制措施。

第四十八条 本办法所称控制账户交易措施，包括暂停账户非柜面业务、限制账户交易规模或频率、对账户采取只收不付控制、对账户采取不收不付控制等措施，涉及签约缴纳税款、社会保险费用以及水、电、燃气、暖气、通信等公共事业费用的除外。

（四）《中国人民银行关于进一步加强支付结算管理防范电信网络新型违法犯罪有关事项的通知》

四、强化特约商户与受理终端管理

（十六）健全特约商户分类巡检机制。收单机构应当根据特约商户风险评级确定其巡检方式和频率。对于具备固定经营场所的实体特约商户，收单机构应当每年独立开展至少一次现场巡检；对于不具备固定经营场所的实体特约商户，收单机构应当定期采集其经营影像或照片、开展受理终端定位监测;对于网络特约商户,收单机构应当定期登录其经营网页查看经营内容、开展网络支付接口技术监测和大数据分析。

(五)《电信网络诈骗和跨境赌博"资金链"治理工作方案》

四、工作措施

(六)加强科技手段应用,强化联防联控机制。

17.加强典型案例分析和信息共享。加强涉诈涉赌典型案例账户和资金交易分析,总结涉案账户特征,组织银行和非银行支付机构进行案例共享和行业交流,提高银行和非银行支付机构风险监测能力。

18.完善风险识别和拦截机制。银行、非银行支付机构、清算机构建立健全涉诈风险监测拦截机制,监测高危交易、高危账户,依法采取管控措施。中国银联、网联清算有限公司牵头研发风险防控模型,推进风险防控模型、高危账户、高危 IP 地址等信息共享。支付清算协会带动中小银行提高反诈反赌风险识别和拦截能力。公安机关会同人民银行建立银行账户和支付账户管控措施申诉机制,受理并认定相关当事人的申诉。进一步细化完善涉诈冻结资金返还工作机制。

第十九条 银行业金融机构、非银行支付机构应当按照国家有关规定,完整、准确传输直接提供商品或者服务的商户名称、收付款客户名称及账号等交易信息,保证交易信息的真实、完整和支付全流程中的一致性。

一、法条主旨

本条规定金融机构完整、准确传输交易信息的义务。银行、非银行支付机构严格落实监管制度,完整、准确提供交易信息,既是最基本的合规要求,也是开展防范电信网络诈骗工作的基础。从一定程度上说,没有高质量的数据就很难保证反诈工作的有效性。数据的缺失、失真,会造成信息反馈失灵,再精确的监测模型也难以发挥作用,甚至还会对工作方向、监测目标、打击对象带来误导。因此,银行、非银行支付机构应当采取必要的管理措施和技术措施,完整、准确保存客户身份资料及交易信息,确保足以重现和追溯每笔交易。既有助于公安部门查清案,也为监管机关建立统一的风险监测系统夯实底层数据基础。

二、条文详解

【保证交易信息质量】根据《金融机构客户尽职调查和客户身份资料及交易记录保存管理办法》规定，金融机构应当按照安全、准确、完整、保密的原则，妥善保存客户身份资料及交易记录，确保足以重现和追溯每笔交易，以提供客户尽职调查、监测分析交易、调查可疑交易活动以及查处洗钱和恐怖融资案件所需的信息。交易记录包括关于每笔交易的数据信息、业务凭证、账簿以及有关规定要求的反映交易真实情况的合同、业务凭证、单据、业务函件和其他资料。

【传输信息】根据中国人民银行《关于进一步加强支付结算管理防范电信网络新型违法犯罪有关事项的通知》要求，自 2019 年 6 月 1 日起，银行业金融机构和非银行支付机构在受理公安机关通过电信网络新型违法犯罪交易风险事件管理平台发起的查询业务，应当按照管理平台报文要求，准确提供业务对应的交易流水号等信息。

三、参考案例

2022 年 2 月 14 日下午，一名青年男子来到工商银行扬州仪征支行营业室，要求办理账户销户业务，在办理过程中，经办柜员发现账户已被锁定，无法正常使用。便通过风控系统进行核实，发现该账户控制名单显示为涉赌涉诈，业务主管按规定查阅了客户近 3 个月交易明细后，发现资金往来有异常情况，依照《关于依法严厉打击惩戒治理非法买卖电话卡银行卡违法犯罪活动的通告》的相关规定，网点立即启动应急预案，与公安机关取得联系，将情况进行了报告。这时客户因等候时间较长已不耐烦准备先行离开，业务主管按照公安机关的协查要求，向该男子解释称需后台进行处理，次日即可来办理后续手续。2 月 15 日上午 10 时许，男子依约而至，等待的反诈中心民警将其控制，进行了身份核查和现场盘问后将其带离作进一步调查。当晚，在该男子所住的宾馆里，搜查到多张银行卡，经审讯确认其涉嫌买卖银行卡行为。此次案件中，仪征支行防范电信网络诈骗风控系统智能精准，网点的工作人员身份识别到位,上下、内外机智配合,为公安机关抓捕嫌疑人提供了宝贵线索和时间。[1]

四、参考条文

(一)《金融机构客户尽职调查和客户身份资料及交易记录保存管理办法》

第四条 金融机构应当按照安全、准确、完整、保密的原则,妥善保存客户身份资料及交易记录,确保足以重现每笔交易,以提供客户尽职调查、监测分析交易、调查可疑交易活动以及查处洗钱和恐怖融资案件所需的信息。

第四十四条 金融机构应当保存的客户身份资料包括记载客户身份信息以及反映金融机构开展客户尽职调查工作情况的各种记录和资料。

金融机构应当保存的交易记录包括关于每笔交易的数据信息、业务凭证、账簿以及有关规定要求的反映交易真实情况的合同、业务凭证、单据、业务函件和其他资料。

第四十五条 金融机构应当采取必要的管理措施和技术措施,逐步实现以电子化方式完整、准确保存客户身份资料及交易信息,依法保护商业秘密和个人信息,防止客户身份资料及交易记录缺失、损毁,防止泄漏客户身份信息及交易信息。

金融机构客户身份资料及交易记录的保存方式和管理机制,应当确保足以重现和追溯每笔交易,便于金融机构反洗钱工作开展,以及反洗钱调查和监督管理。

(二)《中国人民银行关于进一步加强支付结算管理防范电信网络新型违法犯罪有关事项的通知》

一、健全紧急止付和快速冻结机制

(一)准确反馈交易流水号。自 2019 年 6 月 1 日起,银行业金融机构和非银行支付机构在受理公安机关通过电信网络新型违法犯罪交易风险事件管理平台发起的查询业务时,应当执行下列规定:

---

[1] 参见《账户涉赌涉诈被锁定 工行扬州仪征支行 配合公安机关抓获涉案嫌疑人》,载凤凰网江苏,http://js.ifeng.com/c/8E4w0whEjpI,最后访问日期:2022 年 3 月 3 日。

1. 对于支付机构发起涉及银行账户的网络支付业务,银行应当按照管理平台报文要求,准确提供该笔业务对应的由清算机构发送的交易流水号(具体规则见附件)。

2. 支付机构应当支持根据清算机构发送的交易流水号查询对应业务的相关信息,并按照管理平台报文要求反馈。

四、强化特约商户与受理终端管理

(十七)准确展示交易信息。银行、支付机构应当按照清算机构报文规范要求准确、完整报送实际交易的特约商户信息和收款方、付款方信息,并向客户准确展示商户名称或收款方、付款方名称。

(三)《中国人民银行关于非银行支付机构开展大额交易报告工作有关要求的通知》

一、非银行支付机构应当切实履行大额交易报告义务,……非银行支付机构与银行机构应当加强信息传递,为对方履行大额交易报告义务提供完整、准确、及时的客户身份信息和交易信息,持续完善资金上下游链条信息。

(四)《电信网络诈骗和跨境赌博"资金链"治理工作方案》

四、工作措施

(六)加强科技手段应用,强化联防联控机制。

19. 确保交易信息传输真实性、完整性。清算机构应完善成员机构交易信息透明传输规则,加强对成员机构管理。银行、非银行支付机构应严格落实监管制度和清算机构标准,准确、完整向清算机构报送交易信息,确保涉诈涉赌交易全链条可追溯。人民银行分支机构对银行、非银行支付机构交易信息透明传输情况持续跟踪监督。

第二十条 国务院公安部门会同有关部门建立完善电信网络诈骗涉案资金即时查询、紧急止付、快速冻结、及时解冻和资金返还制度,明确有关条件、程序和救济措施。

公安机关依法决定采取上述措施的,银行业金融机构、非银行支付机构应当予以配合。

一、法条主旨

本条规定金融机构配合义务,配合公安机关对涉案资金处置。同时规范权力运行,明确涉案资金处置的条件、程序和救济措施。一方面,金融机构应当积极配合公安机关,坚决追缴返还电信网络诈骗被害人的被骗资金,切实保护人民群众财产安全。另一方面,也要联动公安机关优化工作方法和具体流程,尽量降低"误伤"比例,并在"误伤"之后采取更加人性化和更便利的救济措施。公安部正在研究制定《涉诈资金处置规定》,将进一步明确涉诈资金处置的工作流程和措施。

二、条文详解

【紧急止付、快速冻结】为提高公安机关冻结诈骗资金效率,切实保护社会公众财产安全。早在 2016 年,人民银行就发布了《关于建立电信网络新型违法犯罪涉案账户紧急止付和快速冻结机制的通知》,建立电信网络新型违法犯罪涉案账户紧急止付和快速冻结机制。公安机关、银行、非银行支付机构依托"电信网络新型违法犯罪交易风险事件管理平台"收发电子报文,对涉案账户采取紧急止付、快速冻结措施。

近年来,随着反诈资金链治理不断加压,公安、人民银行等相关部门持续完善工作机制、强化科技应用,金融系统在拦截涉诈资金上取得了较明显效果。人民银行建设了电信网络诈骗资金查控平台,平台接入银行机构 4264 家、非银行支付机构 121 家。2021 年,商业银行根据公安部门指令,查询、止付、冻结涉诈资金 1.5 亿笔,紧急拦截涉诈资金 3291 亿元;向公安机关推送涉诈受骗资金交易预警信息 242.8 万条,避免大量群众向涉诈账户转账。

国家反诈中心会同相关部门加大技术反制力度,升级优化拦截系统,建立快速动态封堵机制,完善止付冻结工作机制,2021 年成功拦截诈骗电话 19.5 亿次、短信 21.4 亿条,封堵涉诈域名网址 210.6 万个,指令商业银行紧急止付涉案资金 3291 亿元。

【及时解冻、资金返还】根据国务院工作部署,中国银行业监督管理机构会同公安部发布《关于印发电信网络新型违法犯罪案件冻结资金返还若干规定的通知》及《实施细则》,明确规定电信网络新型违法犯罪案件冻结资金的返还流程,切实维护人民群众的财产权益。

公安机关负责查清被害人资金流向,及时通知被害人,并作出资金返还决定,实施返还。银行业金融机构依法协助公安机关查清被害人资金流向,将所涉资金返还至公安机关指定的被害人账户。银行业监督管理机构负责督促、检查辖区内银行业金融机构协助查询、冻结、返还工作,并就执行中的问题与公安机关进行协调。

【救济措施】在侦查阶段采取冻结涉及资金的强制措施时,实际控制了当事人的财产,若处置错误,当事人的财产权必然遭受损失。国家赔偿作为对公权力侵权行为的最后一道救济程序,其理想的运作状态应当是既能弥补赔偿请求人遭受的损失,也不能使国家财政额外支出。根据《国家赔偿法》第18条第1项的规定,司法机关违法采取对财产的查封、扣押、冻结、追缴等措施的,被害人有权要求国家赔偿。按照法条规定的字面含义理解,该情形下刑事赔偿的归责原则是违法归责,国家承担赔偿责任的前提是对财产的刑事强制措施违法,这虽然从表面上看似乎没有争议,但在具体的司法实践中,许多实体处理上不合理的赔偿决定,却恰恰是由于对违法归责原则的不当理解造成的。实践中主要有两种错误理解:一种是认为只要司法机关的行为违法,就不再考虑是否可从其他渠道弥补受害人的损失或查封、扣押财物的性质是否属违法所得,一律由国家予以赔偿,从而造成慷国家之慨的后果;另一种是对"违法"作过于严格的理解,使得许多因查封、扣押行为而遭受财产损失的相对人,因无法证明查封、扣押、冻结行为的违法性而难以获得国家赔偿。[1] 事实上,有学者指出刑事诉讼是一种"危险作业",在"危险作业"领域适用结果责任原则是通行做法,应将结果归责原则统一作为刑事赔偿中国家向被害人赔偿的归责原则,只要在刑事追诉过程中行使国家权力侵害了公民、法人和其他组织的合法权益,无论追诉者的行为是否违法以及主观上是否有过错,国家都要承担赔偿责任。[2]

---

[1]　参见李景春:《刑事赔偿中对财产权的实质救济——以刑事查封、扣押、冻结、追缴为视角》,载《山东审判》2013年第2期。

[2]　参见马怀德主编:《完善国家赔偿立法基本问题研究》,北京大学出版社2008年版,第248页。

三、参考案例

2021 年 4 月 25 日,浙江省打防治理电信网络新型违法犯罪工作会议通报了公安机关成功劝阻止付的几起典型案例。

案例 1:杭州市反诈中心成功止付一起案值 300 万元的电信网络诈骗案件。2021 年 4 月 22 日 15 时许,杭州市公安局反诈中心预警发现,某工程局有限公司员工刘某某(女)正在某电竞酒店内,被冒充公检法工作人员的犯罪嫌疑人实施诈骗,已向对方汇款 100 余万元,且还在借款 200 万元。接报后,公安机关立即开展紧急止付工作。经多方工作,共止付资金 300 万余元。

案例 2:湖州市反诈中心止付一起冒充公司老板诈骗案件。2021 年 4 月 12 日,湖州市反诈中心接到湖州银行提供的线索,发现湖州银行一疑似诈骗账户汇入资金 167 万元,经反诈中心研判发现该账户涉及威海市一起冒充公司老板诈骗案件,立即对该账户进行止付操作,成功挽回涉案资金 167 万元。

四、参考条文

(一)《关于建立电信网络新型违法犯罪涉案账户紧急止付和快速冻结机制的通知》

一、开通管理平台紧急止付、快速冻结功能

自 2016 年 6 月 1 日起,各银行业金融机构(以下简称银行)、公安机关通过接口方式与电信网络新型违法犯罪交易风险事件管理平台(以下简称管理平台)连接,实现对涉案账户的紧急止付、快速冻结、信息共享和快速查询功能。

四、相关要求

(一)人民银行、公安机关、电信主管部门、工商行政管理部门和银行、支付机构应加强沟通、密切配合,积极推进信息共享,建立高效运转的紧急止付和快速冻结工作机制,推动紧急止付和快速冻结顺利实施,最大限度挽回社会公众的财产损失。

(二)银行、支付机构和公安机关应根据本通知要求细化并制定本单位紧急止付和快速冻结操作规范,规范电信网络新型违法犯罪报案流程,核实报案人的身份信息,明确相关法律责任……

（三）公安机关应当积极受理电信网络新型违法犯罪报案,核实情况属实后应当立即予以立案,及时向银行、支付机构发送冻结指令并出具冻结法律文书。银行、支付机构应畅通本单位内部紧急止付和快速冻结通道,认真核实涉案账户流转情况,对涉案账户实现业务控制。

（二）《关于印发电信网络新型违法犯罪案件冻结资金返还若干规定的通知》

第三条　公安机关应当依照法律、行政法规和本规定的职责、范围、条件和程序,坚持客观、公正、便民的原则,实施涉案冻结资金返还工作。

银行业金融机构应当依照有关法律、行政法规和本规定,协助公安机关实施涉案冻结资金返还工作。

第五条　被害人在办理被骗（盗）资金返还过程中,应当提供真实有效的信息,配合公安机关和银行业金融机构开展相应的工作。

被害人应当由本人办理冻结资金返还手续。本人不能办理的,可以委托代理人办理;公安机关应当核实委托关系的真实性。

被害人委托代理人办理冻结资金返还手续的,应当出具合法的委托手续。

第六条　对电信网络新型违法犯罪案件,公安机关冻结涉案资金后,应当主动告知被害人。

被害人向冻结公安机关或者受理案件地公安机关提出冻结涉案资金返还请求的,应当填写《电信网络新型违法犯罪涉案资金返还申请表》。

冻结公安机关应当对被害人的申请进行审核,经查明冻结资金确属被害人的合法财产,权属明确无争议的,制作《电信网络新型违法犯罪涉案资金流向表》和《呈请返还资金报告书》,由设区的市一级以上公安机关批准并出具《电信网络新型违法犯罪冻结资金返还决定书》。

受理案件地公安机关与冻结公安机关不是同一机关的,受理案件地公安机关应当及时向冻结公安机关移交受、立案法律手续、询问笔录、被骗盗银行卡账户证明、身份信息证明、《电信网络新型违法犯罪涉案资金返还申请表》等相关材料,冻结公安机关按照前款规定进行审核决定。

冻结资金应当返还至被害人原汇出银行账户,如原银行账户无法接受返还,也可以向被害人提供的其他银行账户返还。

第八条　冻结资金以溯源返还为原则,由公安机关区分不同情况按以下方式返还:

(一)冻结账户内仅有单笔汇(存)款记录,可直接溯源被害人的,直接返还被害人;

(二)冻结账户内有多笔汇(存)款记录,按照时间戳记载可以直接溯源被害人的,直接返还被害人;

(三)冻结账户内有多笔汇(存)款记录,按照时间戳记载无法直接溯源被害人的,按照被害人被骗(盗)金额占冻结在案资金总额的比例返还。

按比例返还的,公安机关应当发出公告,公告期为30日,公告期间内被害人、其他利害关系人可就返还冻结提出异议,公安机关依法进行审核。……

冻结账户返还后剩余资金在原冻结期内继续冻结;公安机关根据办案需要可以在冻结期满前依法办理续冻手续。如查清新的被害人,公安机关可以按照本规定启动新的返还程序。

第十一条　立案地涉及多地,对资金返还存在争议的,应当由共同上级公安机关确定一个公安机关负责返还工作。

第十四条　公安机关违法办理资金返还,造成当事人合法权益损失的,依法承担法律责任。

(三)《关于印发电信网络新型违法犯罪案件冻结资金返还若干规定实施细则的通知》

第八条　《返还规定》第六条第一款中的"应当主动告知被害人",是指受理案件地公安机关应当口头或书面告知被害人,告知应当包括以下内容:

(一)涉案资金的冻结情况;

(二)已冻结资金是否属于被害人,需公安机关进一步查证;

(三)资金返还工作一般在立案3个月后启动。

第十七条　按比例返还的,应当制作《按比例返还资金流向参照表》。冻结公安机关通过其官方网站、微信公众号、官方微博、主流电视、广播、报纸等多种方式发出公告。已明确被害人的,冻结公安机关应当以电话、书面等形式通知所有被害人,并做好记录。

公告期间内被害人、其他利害关系人可就返还被冻结资金提出异议并提供相关证明材料,公安机关应当予以受理,制作书面记录并出具回执。公安机关应当对材料进行审核并作出异议是否成立的决定,同时通知被害人、其他利害关系人。异议成立的,公安机关应当中止冻结资金返还,重新确定返还比例。异议不成立或者公告期内被害人、其他利害关系人未提出异议的,公安机关应当按照原确定的比例返还被冻结资金。

（四）《关于进一步加强支付结算管理防范电信网络新型违法犯罪有关事项的通知》

一、健全紧急止付和快速冻结机制

（二）强化涉案账户查询、止付、冻结管理。对于公安机关通过管理平台发起的涉案账户查询、止付和冻结业务,符合法律法规和相关规定的,银行和支付机构应当立即办理并及时反馈。银行和支付机构应当建立涉案账户查询、止付、冻结7X24小时紧急联系人机制,设置AB角,并于2019年4月1日前将紧急联系人姓名、联系方式等信息报送法人所在地公安机关。紧急联系人发生变更的,应当于变更之日起1个工作日内重新报送。

第四章　互联网治理

第二十一条　电信业务经营者、互联网服务提供者为用户提供下列服务，在与用户签订协议或者确认提供服务时，应当依法要求用户提供真实身份信息，用户不提供真实身份信息的，不得提供服务：

（一）提供互联网接入服务；

（二）提供网络代理等网络地址转换服务；

（三）提供互联网域名注册、服务器托管、空间租用、云服务、内容分发服务；

（四）提供信息、软件发布服务，或者提供即时通讯、网络交易、网络游戏、网络直播发布、广告推广服务。

一、法条主旨

本条文是互联网服务全面实名制的规定。本法出台之前，关于互联网实名制效力最高的规定是《中华人民共和国网络安全法》第 24 条，仅要求网络运营者在提供"网络接入、域名注册服务，办理固定电话、移动电话等入网手续，或者为用户提供信息发布、即时通讯"等服务时，履行用户实名认证义务。

本条文规定需要实名认证的互联网服务涉及 4 大类共 13 项，极大拓宽了需认证范围，基本覆盖目前提供的各项互联网服务，某种程度上标志着我国互联网服务全面实名制的正式确立，有利于维护国家安全和社会公共利益，保护公民、法人及其他组织合法权益，促进互联网服务健康有序发展。

二、条文解析

【网络服务提供者】根据最高人民法院、最高人民检察院《关于办理非法利用信息网络、帮助信息网络犯罪活动等刑事案件适用法律若干问题的解释》，提供下列服务的单位和个人，应当认定为刑法第286条之一第一款规定的"网络服务提供者"：

（一）网络接入、域名注册解析等信息网络接入、计算、存储、传输服务；

（二）信息发布、搜索引擎、即时通讯、网络支付、网络预约、网络购物、网络游戏、网络直播、网站建设、安全防护、广告推广、应用商店等信息网络应用服务；

（三）利用信息网络提供的电子政务、通信、能源、交通、水利、金融、教育、医疗等公共服务。

【用户实名认证】当前，电信网络诈骗犯罪形势依然严峻复杂，利用互联网实施的犯罪逐年攀升，用户实名认证能够从源头上进行打击防范，全面实施互联网服务实名制具有客观必要性和紧迫性。国务院新闻办公室于2022年4月14日发布的"打击治理电信网络诈骗犯罪工作进展情况"显示：近年来，随着信息社会快速发展，犯罪结构发生了重大变化，传统犯罪持续下降，以电信网络诈骗为代表的新型网络犯罪已成为主流犯罪。诈骗集团利用区块链、虚拟货币、AI智能、GOIP、远程操控、共享屏幕等新技术新业态，不断更新升级犯罪工具。从通讯网络通道看，利用虚假APP实施诈骗已占全部发案的60%，开始大量利用秒拨、VPN、云语音呼叫以及国外运营商的电话卡、短信平台、通讯线路实施诈骗；从资金通道看，传统的三方支付、对公账户洗钱占比已减少，大量利用跑分平台加数字货币洗钱，尤其是利用USDT（泰达币）危害最为严重。

近年来，监管部门也在不断加强对互联网行业反诈工作的指导与监督，强化互联网基础资源管理和涉诈互联网账号监测处置。2021年11月23日，工信部官方微博通报：工信部、公安部联合约谈阿里云、百度云两家企业相关负责人，针对防范治理电信网络诈骗工作中存在的接入涉诈网站数量居高不下等问题，要求切实履行网络与信息安全主体责任，对相关问题限期予以整改；拒不整改或整改不到位的，将依法依规从严惩处。两家企业表示将认真落实监管要求，进一步加强网站接入、域名注册、信息服务等管理，切实防范化解电信网络诈骗风险。

【一证通查2.0】为防范用户不知情注册互联网账号等带来的涉诈风险，工信部在全国移动电话卡"一证通查"服务的基础上，联合互联网企业和电信企业,推出全国互联网账号便民查询服务——"一证通查2.0",用户凭借手机号码和身份证号码后六位,便可查询本人名下手机号码关联的互联网账号数量。该服务于2022年7月21日上线,目前支持腾讯、阿里巴巴、支付宝、百度、快手、抖音、京东、美团等8家企业的互联网账号查询,后续将接入更多互联网企业。

三、参考案例

2018年12月至2019年2月,被告人李某受深圳市某公司雇佣,利用公司提供的银行卡和自己的银行卡,通过火币网和"pex"接单平台倒卖USDT币,为他人犯罪转移资金。后被告人李某所使用的数张银行卡陆续被冻结,被告人李某也从该公司离职。在明知上述倒卖USDT币的行为会被冻结银行卡的情况下,被告人李某在离职后仍从事倒卖USDT币的行为,并将倒卖方法传授给被告人蒋某、肖某等。被告人李某、蒋某、肖某等为谋取利益,通过操作数字货币倒卖USDT币,为他人犯罪转移资金,并从中赚取走账资金约千分之二点八的费用作为好处费。

湖南省醴陵市人民法院认为,被告人李某、蒋某、肖某明知他人利用信息网络实施犯罪,仍为其提供支付结算帮助,支付结算金额在20万元以上,情节严重,其行为均已构成帮助信息网络犯罪活动罪。[①]

四、参考条文

(一)《中华人民共和国网络安全法》

第二十四条　网络运营者为用户办理网络接入、域名注册服务,办理固定电话、移动电话等入网手续,或者为用户提供信息发布、即时通讯等服务,在与用户签订协议或者确认提供服务时,应当要求用户提供真实身份信息。用户不提供真实身份信息的,网络运营者不得为其提供相关服务。

国家实施网络可信身份战略,支持研究开发安全、方便的电子身份认证技

---

① 参见湖南省醴陵市中级人民法院(2022)湘02刑终29号判决书。

术,推动不同电子身份认证之间的互认。

第六十一条 网络运营者违反本法第二十四条第一款规定,未要求用户提供真实身份信息,或者对不提供真实身份信息的用户提供相关服务的,由有关主管部门责令改正;拒不改正或者情节严重的,处五万元以上五十万元以下罚款,并可以由有关主管部门责令暂停相关业务、停业整顿、关闭网站、吊销相关业务许可证或者吊销营业执照,对直接负责的主管人员和其他直接责任人员处一万元以上十万元以下罚款。

(二)《中华人民共和国刑法》

第二百八十六条之一第一款 网络服务提供者不履行法律、行政法规规定的信息网络安全管理义务,经监管部门责令采取改正措施而拒不改正,有下列情形之一的,处三年以下有期徒刑、拘役或者管制,并处或者单处罚金:

(一)致使违法信息大量传播的;

(二)致使用户信息泄露,造成严重后果的;

(三)致使刑事案件证据灭失,情节严重的;

(四)有其他严重情节的。

第二百八十七条之一第一款 利用信息网络实施下列行为之一,情节严重的,处三年以下有期徒刑或者拘役,并处或者单处罚金:

(一)设立用于实施诈骗、传授犯罪方法、制作或者销售违禁物品、管制物品等违法犯罪活动的网站、通讯群组的;

(二)发布有关制作或者销售毒品、枪支、淫秽物品等违禁物品、管制物品或者其他违法犯罪信息的;

(三)为实施诈骗等违法犯罪活动发布信息的。

(三)工业和信息化部、公安部《关于依法清理整治涉诈电话卡、物联网卡以及关联互联网账号的通告》

三、电信企业、互联网企业应按照"谁开卡、谁负责,谁接入、谁负责,谁运营、谁负责"的原则,严格落实网络信息安全主体责任,加强电话卡、物联网卡、互联网账号的实名制管理,加强涉诈网络信息监测处置,强化风险防控。

（四）全国人民代表大会常务委员会《关于加强网络信息保护的决定》

六、网络服务提供者为用户办理网站接入服务，办理固定电话、移动电话等入网手续，或者为用户提供信息发布服务，应当在与用户签订协议或者确认提供服务时，要求用户提供真实身份信息。

（五）《互联网用户账号信息管理规定》

第七条　互联网个人用户注册、使用账号信息，含有职业信息的，应当与个人真实职业信息相一致。

互联网机构用户注册、使用账号信息，应当与机构名称、标识等相一致，与机构性质、经营范围和所属行业类型等相符合。

第九条　互联网信息服务提供者为互联网用户提供信息发布、即时通讯等服务的，应当对申请注册相关账号信息的用户进行基于移动电话号码、身份证件号码或者统一社会信用代码等方式的真实身份信息认证。用户不提供真实身份信息，或者冒用组织机构、他人身份信息进行虚假注册的，不得为其提供相关服务。

第二十二条　互联网服务提供者对监测识别的涉诈异常账号应当重新核验，根据国家有关规定采取限制功能、暂停服务等处置措施。

互联网服务提供者应当根据公安机关、电信主管部门要求，对涉案电话卡、涉诈异常电话卡所关联注册的有关互联网账号进行核验，根据风险情况，采取限期改正、限制功能、暂停使用、关闭账号、禁止重新注册等处置措施。

一、法条主旨

本条文规定了互联网服务提供者对账户涉诈异常的监测、识别与处置义务。互联网服务提供者不仅要在用户注册时进行核验，对于存量账号也要开展常态化监测管理。一方面，配备与服务规模相适应的专业人员和技术能力，建立账号信息动态核验制度，自觉履行监测义务；另一方面，公布投诉举报方式，健全受理、甄别、处置、反馈等机制，发动群众共同监督。对于可疑账户应当进行详细复核,对于不能排除风险的,必须严格遵守法律规定,采取警示整改、限制功能、暂停服务等消极措施,不得采取其他积极措施,以防处置错误侵害用户合法权益。同时,要不断提高监测识别精准度,形成明确可行的判断标准、复核制度与救济措施,避免大量"误伤"。

二、条文详解

【互联网用户账号信息】互联网用户在互联网信息服务中注册、使用的名称、头像、封面、简介、签名、认证信息等用于标识用户账号的信息。

【互联网信息服务提供者】向用户提供互联网信息发布和应用平台服务,包括但不限于互联网新闻信息服务、网络出版服务、搜索引擎、即时通讯、交互式信息服务、网络直播、应用软件下载等互联网服务的主体。

【涉诈账户监测、核验及处置】随着互联网迅猛发展,利用网络进行诈骗成为诈骗分子最常用的套路,在刷单返利、"杀猪盘"、贷款/代办信用卡、冒充电商物流客服等高发诈骗类型中,诈骗分子多通过网络媒体、招聘平台、社交工具等渠道发布兼职刷单广告、投资理财信息、办理贷款/信用卡信息、冒充电商客服等方式实施诈骗。面对当前网络诈骗案件高发形势,互联网平台有效监测识别、及时限制涉诈账号,切实"守好第一道关",显得尤为重要。如腾讯对于有异常特征的账号,在社交场景会提示用户注意核实对方身份,注意资金往来风险;在付款场景会根据风险程度或账户恶意程度,对交易进行风险提醒或直接拦截。推出"腾讯卫士"安全服务平台,开通微信/QQ违法账号举报功能,对于查实违法违规账号采取冻结、封号、处罚等措施并进行公示,同时还提供风险账号/网址查询、防骗知识科普、诈骗手法揭秘、反诈安全资讯等服务。

2022年8月1日,中国司法大数据研究院发布的《涉信息网络犯罪特点和趋势(2017.1—2021.12)司法大数据专题报告》显示:2017年至2021年,涉信息网络犯罪案件数量呈逐年上升趋势,其中诈骗罪案件量占比最高,为36.53%;其次为帮助信息网络犯罪活动罪,案件量占比为23.76%。2021年网络诈骗类案件量同比下降17.55%,是近5年来首次下降。上述数据表明,随着网络平台对反诈治理的加强,网络诈骗发案势头得到明显遏制,但仍处于高位运行状态。

与此同时,从2021年的情况来看,网络诈骗模式又出现了一些新变化,反诈工作也随之面临一些新问题。2022 年 2 月,互联网安全与刑事法治高峰论坛发布的《2021 年电信网络诈骗治理研究报告》显示:2021 年的诈骗团伙在技术、引流、话术等方面均进行了产业技术迭代,导致识别、鉴别、拦截难度直线递升。比如,多平台引流难治理,风控能力有壁垒。随着对平台涉诈等违法违规信息的打击清理日益增强,有害信息的传播不再局限于单个平台,而是呈现出利用短视频、二手交易平台、贴吧论坛、社交工具等跨平台引流作恶的链条化特征,引流、传播推广、交易等环节割裂,甚至出现利用 VPN"翻墙"工具,跨境内外平台的作恶情况,手法隐匿多变,给网络空间治理带来新的困难和挑战。诈骗行为的信息传播、沟通联系以及资金支付等不同环节横跨多个不同平台,但不同平台风控业务不互通且风控能力不一致,仅依据诈骗分子在己方平台上的行为特征,往往难以有效识别,导致各大平台的风控策略接连被突破。

面对上述新情况、新问题,互联网企业应当从加快监测技术升级、加强跨机构联动等方面发力,寻求难点突破解决之道。

三、参考案例

2019 年 6 月至 11 月期间,被告人刘某夫妇俩在吉安县和吉安县敦厚镇盛唐酒店 4 楼开设"小牛工作室",招聘罗某 1、罗某 2 等人为员工,为从事涉黄、赌、诈骗等网络违法犯罪活动的"客户"做引流推广。刘某等人使用群控及云控技术到喜翻、灵魂、秀蛋、blued 等小众聊天交友软件登录大量虚假账号,通过特定的话术吸引网络用户,引导网络用户添加"客户"指定的微信、QQ 和指定群。在订单量过多的情况下,刘某夫妇还将订单交由其他从事网络引流推广的人完成订单,从中赚取差价。后来,李某发现该行为是帮助网络犯罪活动做引流推广,便要求被告人退费,最终刘某夫妇退还了 2.5 万元设备费给李某。案发后,被告人刘某主动投案,如实供述自己的犯罪事实,并向吉安市公安局退赃 200000 元。

法院经审理认为,刘某夫妇明知他人利用信息网络实施犯罪,仍为其犯罪提供广告推广、发布信息,并招收下线代理,情节严重,其行为构成帮助信息网络犯罪活动罪,应予惩处。[①]

---

① 江西省吉安市中级人民法院(2020)赣 08 刑终 346 号判决书。

四、参考条文

（一）工业和信息化部、公安部《关于依法清理整治涉诈电话卡、物联网卡以及关联互联网账号的通告》

五、互联网企业应根据公安机关、电信主管部门有关要求，对涉案电话卡、涉诈高风险电话卡所关联注册的微信、QQ、支付宝、淘宝等互联网账号依法依规进行实名核验，对违法违规账号及时采取关停等处置措施。

（二）《互联网用户账号信息管理规定》

第十条　互联网信息服务提供者应当对互联网用户在注册时提交的和使用中拟变更的账号信息进行核验，发现违反本规定第七条、第八条规定的，应当不予注册或者变更账号信息。

……

互联网信息服务提供者应当采取必要措施，防止被依法依约关闭的账号重新注册；对注册与其关联度高的账号信息，应当对相关信息从严核验。

第十四条　互联网信息服务提供者应当履行互联网用户账号信息管理主体责任，配备与服务规模相适应的专业人员和技术能力，建立健全并严格落实真实身份信息认证、账号信息核验、信息内容安全、生态治理、应急处置、个人信息保护等管理制度。

第十五条　互联网信息服务提供者应当建立账号信息动态核验制度，适时核验存量账号信息，发现不符合本规定要求的，应当暂停提供服务并通知用户限期改正；拒不改正的，应当终止提供服务。

第十七条　互联网信息服务提供者发现互联网用户注册、使用账号信息违反法律、行政法规和本规定的，应当依法依约采取警示提醒、限期改正、限制账号功能、暂停使用、关闭账号、禁止重新注册等处置措施，保存有关记录，并及时向网信等有关主管部门报告。

第二十三条　设立移动互联网应用程序应当按照国家有关规定向电信主管部门办理许可或者备案手续。

为应用程序提供封装、分发服务的，应当登记并核验应用程序开发运营者的真实身份信息，核验应用程序的功能、用途。

公安、电信、网信等部门和电信业务经营者、互联网服务提供者应当加强对分发平台以外途径下载传播的涉诈应用程序重点监测、及时处置。

一、法条主旨

本条文是对互联网应用程序加强管理的规定。国家网信办通报信息显示：近年来，利用 App 进行诈骗已成为电信网络诈骗案件的主要犯罪手段之一，约占整体案发量的 6 成。其中，网络兼职刷、快速贷款等诈骗 App 较多，特别是有一些仿冒各大银行和金融平台的 App 具有较大迷惑性和欺骗性。

本条文从 APP 设立许可备案、功能用途实质审核、涉诈 APP 监测等方面，提出了更高的管理要求，各类网站平台及主管部门应当严格落实主体责任，进一步加强防范打击力度。

二、条文详解

【许可或备案手续】本条规定设立 APP 必须取得 ICP 许可或进行 ICP 备案。此前，《移动互联网应用程序信息服务管理规定》主要是从 APP 提供信息类型角度出发，设立 APP 由相应主管部门进行审核：通过应用程序提供互联网新闻信息服务的，应当取得互联网新闻信息服务许可；提供其他互联网信息服务，依法须经有关主管部门审核同意或者取得相关许可。本条文对 APP 设立许可备案提出了更高的要求。

【应用程序分发服务】通过互联网提供应用程序发布、下载、动态加载等服务的活动，包括应用商店、快应用中心、互联网小程序平台、浏览器插件平台等类型。

【应用程序封装、分发审核】依据《移动互联网应用程序信息服务管理规定》要求，应用程序分发平台采取复合验证等措施，对申请上架的应用程序提供者进行基于移动电话号码、身份证件号码或者统一社会信用代码等多种方式相结合的真实身份信息认证。本条文不仅要求核验 APP 开发运营者的真实身份,还要求对 APP 的功能、用途进行实质审查,赋予分发平台更多的责任和义务。

【涉诈 APP 监测处置】本条文特别指出要加强对分发平台以外途径下载传播的涉诈 APP 重点监测、及时处置。近年来,利用虚假 APP 实施网络诈骗的案例不断增加,许多违规涉诈 APP 都是通过"超级签"等方式进行封装分发,规避分发平台审核。近期,国家网信办反诈中心监测发现多起仿冒投资平台进行诈骗的事件。诈骗分子仿冒京东金融、马上金融、360 借条等平台,推出大量"李鬼"式 APP,以相似标志和产品介绍以假乱真,以"小额返利"等诱导网民进行访问下载,进而实施诈骗。部分诈骗平台甚至宣称具有"国企背景",以"国字头"名义吸引用户,以"拉人头"模式发展下线,给一些网民造成巨大财产损失。本条文出台后,将有利于加大对此类活动的监管与打击力度。

2022 年 4 月 14 日,"网信中国"微信公众号发布《国家网信办曝光一批电信网络诈骗典型案例》,内容显示:今年以来,国家网信办反诈中心排查打击涉诈网址 87.8 万个、APP7.3 万个、跨境电话 7.5 万个,并纳入国家涉诈黑样本库。目前,国家涉诈黑样本库已涵盖并处置涉诈网址 318.7 万个、APP46.9 万个、跨境电话 39.7 万个,互联网预警劝阻平台预警超 6 亿人次。

三、参考案例

2021 年 2 月至 5 月期间,被告人李某为获取非法利益,受上家指示,为"花旗盈""伟华国际"等网络赌博、网络诈骗非法 APP 提供苹果手机 IOS 超级签服务,即提供相关 APP 安装下载服务,为上家实施犯罪活动提供互联网接入等技术帮助。李某从中获利人民币 1 万余元。

2021 年 3 月至 5 月期间,被害人施某、羊某、沈某、黄某等人被他人以炒股、理财投资等为由,在被告人李某提供苹果手机 IOS 超级签服务的"花旗盈""伟华国际""海纳亚太""华峰财富"等 APP 内分别被骗走人民币 55 万元、5 万元、4 万元、0.5 万元。2021 年 5 月 12 日,被告人李某被抓获归案。①

――――――――――

① 浙江省磐安县人民法院(2021)浙 0727 刑初 174 号判决书。

四、参考条文

（一）《互联网信息服务管理办法》

第四条 国家对经营性互联网信息服务实行许可制度；对非经营性互联网信息服务实行备案制度。

未取得许可或者未履行备案手续的，不得从事互联网信息服务。

（二）《移动互联网应用程序信息服务管理规定》

第七条 应用程序提供者通过应用程序提供互联网新闻信息服务的，应当取得互联网新闻信息服务许可，禁止未经许可或者超越许可范围开展互联网新闻信息服务活动。

应用程序提供者提供其他互联网信息服务，依法须经有关主管部门审核同意或者取得相关许可的，经有关主管部门审核同意或者取得相关许可后方可提供服务。

第十九条 应用程序分发平台应当采取复合验证等措施，对申请上架的应用程序提供者进行基于移动电话号码、身份证件号码或者统一社会信用代码等多种方式相结合的真实身份信息认证。根据应用程序提供者的不同主体性质，公示提供者名称、统一社会信用代码等信息，方便社会监督查询。

第二十条 应用程序分发平台应当建立健全管理机制和技术手段，建立完善上架审核、日常管理、应急处置等管理措施。

应用程序分发平台应当对申请上架和更新的应用程序进行审核，发现应用程序名称、图标、简介存在违法和不良信息，与注册主体真实身份信息不相符，业务类型存在违法违规等情况的，不得为其提供服务。

……

第二十四条 提供域名解析、域名跳转、网址链接转换服务的，应当按照国家有关规定，核验域名注册、解析信息和互联网协议地址的真实性、准确性，规范域名跳转，记录并留存所提供相应服务的日志信息，支持实现对解析、跳转、转换记录的溯源。

一、法条主旨

本条文是关于互联网域名服务提供者的义务规定,包括核验、记录留存、可溯源三项义务。此前,《互联网域名管理办法》对域名注册核验义务、域名解析记录留存义务及相应法律后果已有明确规定。本条文在这两种义务基础上又增加了可溯源义务,既是对核验及记录留存的质量要求,也是履行司法配合协助义务的根本基础。

二、条文详解

【域名】互联网上识别和定位计算机的层次结构式的字符标识,与该计算机的 IP 地址相对应。

【域名跳转】对某一域名的访问跳转至该域名绑定或者指向的其他域名、IP 地址或者网络信息服务等。

【域名注册核验】域名注册管理机构和域名注册服务机构应当对域名注册信息的真实性、完整性进行核验,对于信息不准确、不完整的,要求域名注册申请者予以补正,申请者不补正或者提供不真实的域名注册信息的,不得为其提供域名注册服务。

【域名解析】提供域名解析服务,应当遵守有关法律、法规、标准,具备相应的技术、服务和网络与信息安全保障能力,落实网络与信息安全保障措施,依法记录并留存域名解析日志、维护日志和变更记录,保障解析服务质量和解析系统安全。提供域名解析服务,不得擅自篡改解析信息,不得恶意将域名解析指向他人的 IP 地址,不得为含有违法违规内容的域名提供域名跳转。域名注册管理机构、域名注册服务机构发现其提供服务的域名发布、传输法律和行政法规禁止发布或者传输的信息的,应当立即采取消除、停止解析等处置措施,防止信息扩散,保存有关记录,并向有关部门报告。

三、参考案例

2020 年 7 月,被告人郭某某通过网络认识了 QQ 名为"张某某"的人,后张某某让郭某某帮忙制作假冒的贷款 APP 并对相关网站进行防红维护。郭某某制作 APP 的方法是用网站源码在服务器上搭建域名解析到服务器上,之后再找些图片进行封装打包,再上传到火火分发网站上,用分发网站生成下载链接到防红网站生成防红短链接,再用短链接生成二维码,之后就可以扫描二维码下载 APP。张某某购买网络服务器后,郭某某遂按照张某某的要求,把网站制作包装成"平安金融""京东金融""人人贷""小米金融""平安新 e 贷""放心借"等不同的 APP,其独自制作了 30 余个假冒的贷款 APP。后郭某某因自己上班忙,遂教朋友郝某某、梁某某(二人另案处理)继续制作假冒的贷款 APP 并进行防红维护。经侦查机关核实,上述假冒的贷款 APP 有被用于实施电信网络诈骗活动,致全国各地多名被害人损失。

　　法院经审理认为,被告人郭某某明知他人利用信息网络实施犯罪,仍为其犯罪提供技术支持,情节严重,其行为已构成帮助信息网络犯罪活动罪。①

四、参考条文

(一)《中华人民共和国网络安全法》

　　第十条　建设、运营网络或者通过网络提供服务,应当依照法律、行政法规的规定和国家标准的强制性要求,采取技术措施和其他必要措施,保障网络安全、稳定运行,有效应对网络安全事件,防范网络违法犯罪活动,维护网络数据的完整性、保密性和可用性。

(二)《互联网域名管理办法》

　　第三十条　域名注册服务机构提供域名注册服务,应当要求域名注册申请者提供域名持有者真实、准确、完整的身份信息等域名注册信息。

　　域名注册管理机构和域名注册服务机构应当对域名注册信息的真实性、完整性进行核验。

　　域名注册申请者提供的域名注册信息不准确、不完整的,域名注册服务机构应当要求其予以补正。申请者不补正或者提供不真实的域名注册信息的,

---

① 广东省深圳市中级人民法院(2021)粤 03 刑终 773 号裁定书。

域名注册服务机构不得为其提供域名注册服务。

第三十六条 提供域名解析服务,应当遵守有关法律、法规、标准,具备相应的技术、服务和网络与信息安全保障能力,落实网络与信息安全保障措施,依法记录并留存域名解析日志、维护日志和变更记录,保障解析服务质量和解析系统安全。涉及经营电信业务的,应当依法取得电信业务经营许可。

第三十七条 提供域名解析服务,不得擅自篡改解析信息。

任何组织或者个人不得恶意将域名解析指向他人的 IP 地址。

第二十五条 任何单位和个人不得为他人实施电信网络诈骗活动提供下列支持或者帮助:

(一)出售、提供个人信息;

(二)帮助他人通过虚拟货币交易等方式洗钱;

(三)其他为电信网络诈骗活动提供支持或者帮助的行为。

电信业务经营者、互联网服务提供者应当依照国家有关规定,履行合理注意义务,对利用下列业务从事涉诈支持、帮助活动进行监测识别和处置:

(一)提供互联网接入、服务器托管、网络存储、通讯传输、线路出租、域名解析等网络资源服务;

(二)提供信息发布或者搜索、广告推广、引流推广等网络推广服务;

(三)提供应用程序、网站等网络技术、产品的制作、维护服务;

(四)提供支付结算服务。

一、法条主旨

本条文第 1 款是对禁止性义务的规定,禁止实施电信网络诈骗帮助行为。近年来,利用通讯工具、互联网等技术手段实施的电信网络诈骗犯罪活动持续高发,并向侵犯公民个人信息、妨害信用卡管理、掩饰、隐瞒犯罪所得等上下游关联犯罪不断蔓延。为有效遏制电信网络诈骗犯罪,必须对其上下游关联犯罪实行全链条打击。

2021 年,检察机关聚焦重点领域、新型手段、特殊对象,依法加大对电信网络诈骗犯罪的打击力度,全年共起诉近 4 万人。依法惩治为诈骗犯罪"输血供粮"的各类网络黑产犯罪,全年共起诉帮助信息网络犯罪活动罪 12.9 万人,同比上升 8.5 倍。起诉掩饰、隐瞒犯罪所得、犯罪所得收益罪 4.3 万余人,同比上升 1 倍。

本条文第 2 款是对电信业务经营者、互联网服务提供者的合理注意义务的规定,即履行对涉诈帮助活动的监测义务。网络服务提供者既是提供服务的经营者,也是网络安全的维护者,应当利用自身的数据优势与技术优势,建立网络诈骗风险数据库及风险预警模型,切实承担反诈方面的异常监测识别责任,对涉诈异常及时采取停止、消除、下架、封停等措施。

二、条文详解

本条第 1 款是对电信网络诈骗帮助行为的禁止性规定,采取"列举+兜底"的立法模式规定了"帮助行为"的情形。

首当其冲的是从"信息链"的角度对出售、提供个人信息行为的规制。电信网络诈骗的实施离不开对被害人个人信息的利用,非法获取公民个人信息往往是电信网络诈骗的基础活动,特别是在投资理财"杀猪盘"案件、冒充领导、快递物流类等诈骗案件中,实现了精准锁定诈骗对象的精准诈骗。因此,从上游阻断为实施电信网络诈骗提供信息源的任务尤为重要。一方面需加强个人信息保护工作,依照《个人信息保护法》及相关法律、法规的规定,严格规范个人信息处理活动,降低侵害公民个人信息犯罪等上游犯罪发生的可能性,从而切断电信网络诈骗犯罪的实施条件;另一方面还要将惩治侵犯公民个人信息纳入打击治理网络犯罪特别是电信网络诈骗犯罪中推进,如本法第 29 条规定了坚持"一案双查",在查办下游网络犯罪的同时溯源上游个人信息泄露的渠道和人员,围绕信息获取、流通、使用等各环节,同步加强全链条打击。这些都是对电信网络诈骗犯罪源头治理的必然要求。

其次,是从"资金链"的角度对电信网络诈骗的最后一步——资金转移行为的规制,尤其列举了虚拟货币交易进行洗钱的方式。虚拟货币是去中心化后的数字化产物。所谓的去中心化,是指虚拟货币的发行与流通以计算机编程为运行基础,通过工作量证明或权益证明机制,由网络节点自动生成虚拟货币奖励,而没有统一的发行机构。这意味着虚拟货币不受市场限制,在任何一台可连接局域网或者互联网的计算机上都可以通过"挖矿"这一形式获得虚拟货币奖励。① 虚拟货币具有与传统货币截然不同的特征,数字便捷性、隐蔽性强、难于监管等特点使其在国际市场上的流通阻碍较小,与电信网络诈骗犯罪等上游犯罪对跨境资金的交易流动、隐秘需求及在深网、暗网中的交易提供了较高的适配性,从而为包括电信网络诈骗犯罪在内的上游犯罪的资金转移拓宽了不同的渠道。② 我国虽然对虚拟货币交易行为明令禁止,但是国内外管控措施的差异,一定时期内涉虚拟货币洗钱风险仍将存在,对公众的合法财产甚至国家的经济稳定产生影响,故有必要引起高度重视。

最后的"兜底条款"主要是为了防止法律的不周延性以及社会情势的变迁性,同时为了保持法的稳定性,将其他类似的帮助电信网络诈骗的行为"一网打尽",比如包括技术开发、硬件储备上的支持等等。

本条第 2 款电信业务经营者、互联网服务提供者合理注意义务的规定,对涉诈帮助行为进行监测和处置,主要列举了网络资源服务、推广、技术、结算等服务。

当下,网络空间被各类平台生态系统再组织化和再中心化,平台生态系统成为数字社会中人类活动的新场域。电信业务经营者、互联网服务提供者作为平台生态系统的创建者和运营者,在互联网平台上获取了巨大的经济利益和海量的数据资源,成长为对用户具有支配地位的"超级权力体"。③ 面对庞大的用户,企业不仅从事经营行为,而且需要进行管理,恰恰是其具有明显的数据优势和技术优势,为其设定安全保护义务和犯罪控制义务的形式,外移原先传统政府的部分治理权力,防范不法分子利用用户身份和平台服务从事网络黑灰产业、传播非法信息、实施网络犯罪等违法活动,保障用户的人身、财产、人格等权益不受犯罪侵害,才有可能且必要。④ 故 2021 年 1 月,国家网信办、工信部及公安部联合起草的《互联网信息服务管理办法(修订草案征求意见稿)》第 21 条分两款规定了互联网服务提供者的犯罪控制义务。其中,第 1 款规定了主动监测、处置义务,"互联网网络接入、互联网信息服务、域名注册和解析等互联网服务提供者,应当采取技术措施和其他必要措施,防范、发现、

---

① 参见张成栋、李民杰:《对虚拟货币的分析与展望》,载《中国总会计师》2021 年第 8 期。
② 参见顾辰欣:《数字经济时代涉虚拟货币洗钱风险研究》,载《开发研究》2022 年第 2 期。
③ 樊鹏:《社会运动中的新技术应用及其政治影响》,载《中央社会主义学院学报》2019 年第 6 期。
④ 参见单勇:《论互联网平台的犯罪控制义务》,载《现代法学》2022 年第 3 期。

制止所提供的服务被用于实施违法犯罪。互联网网络接入、互联网信息服务、域名注册和解析等互联网服务提供者发现网络违法犯罪行为,应当保存有关记录,并向网信部门、电信主管部门、公安机关报告"。第2款规定了监管部门监测、处置义务,"网信部门、电信主管部门、公安机关等有关主管部门发现互联网信息服务提供者存在违反真实身份查验要求的行为或者其他网络违法犯罪行为,应当要求互联网信息服务提供者采取消除、制止等处置措施,停止相关服务,保存有关记录,并向网信部门、电信主管部门、公安机关报告。"通过犯罪控制义务确立了互联网服务提供者作为数字社会"看门人"的主体定位。这与本条款的立法思路存在异曲同工之处。

三、参考案例

案例1:2019年11月至2020年5月,被告人刘某知道或应当知道他人实施网络诈骗,仍从网上获取特定源代码,通过相关软件搭建前述源代码并在其租赁的服务器上运行,同时将特定关键词绑定前述网站,尔后将没有交易功能的虚假游戏交易网站出租给他人并提供防护服务。他人利用被告人刘某搭建并提供的前述虚假游戏交易网站实施网络诈骗犯罪活动。期间,被告人刘某知道或应当知道其搭建的虚假游戏交易网站或关键词会被他人用于诈骗作案,仍向他人出租虚假网站和出售关键词,导致多人被骗,涉案金额58万余元。[①]

案例2:目前,腾讯基于AI、大数据等新技术构建出了一个新型网络安全治理模式,并已取得了显著效果。业内最大的黑灰产知识图谱为底座,腾讯构建出了一套集宣传、拦截、预警、打击于一体的全链条式反诈治理方案,该方案能够支持用户通过私有化、SaaS、API等多种部署方式完成全方位反诈部署,快速将反诈能力开放给行业用户。依托全链条式反诈治理方案能力,腾讯先后帮助婚恋交友平台珍爱网在5个月内即将"杀猪盘"的案发率降低了50%;助力江苏省通信管理局实现了1—2万的被害人日均检出量;而在与中国联通的技术合作中,从2015年至今累计识别恶意号码超过960万个,准确率98%,并实现了12321投诉和电诈警情恶意号码量的超五成"双降",为高效缓解行

[①] 参见重庆市第二中级人民法院(2021)渝02刑终98号裁定书。

业因电信网络诈骗带来的发展痛点和阻力,提供了重要技术支撑。①

四、参考条文

(一)《中华人民共和国刑法》

第二百五十三条之一　违反国家有关规定,向他人出售或者提供公民个人信息,情节严重的,处三年以下有期徒刑或者拘役,并处或者单处罚金;情节特别严重的,处三年以上七年以下有期徒刑,并处罚金。

违反国家有关规定,将在履行职责或者提供服务过程中获得的公民个人信息,出售或者提供给他人的,依照前款的规定从重处罚。

窃取或者以其他方法非法获取公民个人信息的,依照第一款的规定处罚。

单位犯前三款罪的,对单位判处罚金,并对其直接负责的主管人员和其他直接责任人员,依照各该款的规定处罚。

第二百八十六条之一　网络服务提供者不履行法律、行政法规规定的信息网络安全管理义务,经监管部门责令采取改正措施而拒不改正,有下列情形之一的,处三年以下有期徒刑、拘役或者管制,并处或者单处罚金:

(一)致使违法信息大量传播的;

(二)致使用户信息泄露,造成严重后果的;

(三)致使刑事案件证据灭失,情节严重的;

(四)有其他严重情节的。

单位犯前款罪的,对单位判处罚金,并对其直接负责的主管人员和其他直接责任人员,依照前款的规定处罚。

有前两款行为,同时构成其他犯罪的,依照处罚较重的规定定罪处罚。

第二百八十七条之二　明知他人利用信息网络实施犯罪,为其犯罪提供互联网接入、服务器托管、网络存储、通讯传输等技术支持,或者提供广告推广、支付结算等帮助,情节严重的,处三年以下有期徒刑或者拘役,并处或者单处罚金。

---

①　参见《助力打击电信网络诈骗犯罪　腾讯累计识别骚扰诈骗电话逾995万》,载深圳商报,https://baijiahao.baidu.com/s? id = 1698165538961421818&wfr = spider&for = pc,最后访问日期:2021年4月27日。

单位犯前款罪的,对单位判处罚金,并对其直接负责的主管人员和其他直接责任人员,依照前款的规定处罚。

有前两款行为,同时构成其他犯罪的,依照处罚较重的规定定罪处罚。

第三百一十二条　明知是犯罪所得及其产生的收益而予以窝藏、转移、收购、代为销售或者以其他方法掩饰、隐瞒的,处三年以下有期徒刑、拘役或者管制,并处或者单处罚金;情节严重的,处三年以上七年以下有期徒刑,并处罚金。

单位犯前款罪的,对单位判处罚金,并对其直接负责的主管人员和其他直接责任人员,依照前款的规定处罚。

（二）《中华人民共和国网络安全法》

第二十二条　网络产品、服务应当符合相关国家标准的强制性要求。网络产品、服务的提供者不得设置恶意程序;发现其网络产品、服务存在安全缺陷、漏洞等风险时,应当立即采取补救措施,按照规定及时告知用户并向有关主管部门报告。

……

网络产品、服务具有收集用户信息功能的,其提供者应当向用户明示并取得同意;涉及用户个人信息的,还应当遵守本法和有关法律、行政法规关于个人信息保护的规定。

第二十七条　任何个人和组织不得从事非法侵入他人网络、干扰他人网络正常功能、窃取网络数据等危害网络安全的活动;不得提供专门用于从事侵入网络、干扰网络正常功能及防护措施、窃取网络数据等危害网络安全活动的程序、工具;明知他人从事危害网络安全的活动的,不得为其提供技术支持、广告推广、支付结算等帮助。

第四十二条　网络运营者不得泄露、篡改、毁损其收集的个人信息;未经被收集者同意,不得向他人提供个人信息。但是,经过处理无法识别特定个人且不能复原的除外。

网络运营者应当采取技术措施和其他必要措施,确保其收集的个人信息安全,防止信息泄露、毁损、丢失。在发生或者可能发生个人信息泄露、毁损、丢失的情况时,应当立即采取补救措施,按照规定及时告知用户并向有关主管部门报告。

　　第四十四条　任何个人和组织不得窃取或者以其他非法方式获取个人信息,不得非法出售或者非法向他人提供个人信息。

　　第四十五条　依法负有网络安全监督管理职责的部门及其工作人员,必须对在履行职责中知悉的个人信息、隐私和商业秘密严格保密,不得泄露、出售或者非法向他人提供。

　　第四十六条　任何个人和组织应当对其使用网络的行为负责,不得设立用于实施诈骗,传授犯罪方法,制作或者销售违禁物品、管制物品等违法犯罪活动的网站、通讯群组,不得利用网络发布涉及实施诈骗,制作或者销售违禁物品、管制物品以及其他违法犯罪活动的信息。

　　第四十八条　任何个人和组织发送的电子信息、提供的应用软件,不得设置恶意程序,不得含有法律、行政法规禁止发布或者传输的信息。

　　电子信息发送服务提供者和应用软件下载服务提供者,应当履行安全管理义务,知道其用户有前款规定行为的,应当停止提供服务,采取消除等处置措施,保存有关记录,并向有关主管部门报告。

　　第五十条　国家网信部门和有关部门依法履行网络信息安全监督管理职责,发现法律、行政法规禁止发布或者传输的信息的,应当要求网络运营者停止传输,采取消除等处置措施,保存有关记录;对来源于中华人民共和国境外的上述信息,应当通知有关机构采取技术措施和其他必要措施阻断传播。

(三)《移动互联网应用程序信息服务管理规定》

　　第二十条第四款　应用程序分发平台应当加强对在架应用程序的日常管理,对含有违法和不良信息,下载量、评价指标等数据造假,存在数据安全风险隐患,违法违规收集使用个人信息,损害他人合法权益等的,不得为其提供服务。

　　第二十一条第二款　对违反本规定及相关法律法规及服务协议的应用程序,应用程序分发平台应当依法依约采取警示、暂停服务、下架等处置措施,保存记录并向有关主管部门报告。

(四)《互联网域名管理办法》

　　第四十条　域名注册管理机构、域名注册服务机构应当配合国家有关部门依法开展的检查工作,并按照电信管理机构的要求对存在违法行为的域名采取停止解析等处置措施。

域名注册管理机构、域名注册服务机构发现其提供服务的域名发布、传输法律和行政法规禁止发布或者传输的信息的,应当立即采取消除、停止解析等处置措施,防止信息扩散,保存有关记录,并向有关部门报告。

第二十六条　公安机关办理电信网络诈骗案件依法调取证据的,互联网服务提供者应当及时提供技术支持和协助。

互联网服务提供者依照本法规定对有关涉诈信息、活动进行监测时,发现涉诈违法犯罪线索、风险信息的,应当依照国家有关规定,根据涉诈风险类型、程度情况移送公安、金融、电信、网信等部门。有关部门应当建立完善反馈机制,将相关情况及时告知移送单位。

一、法条主旨

本条文规定了互联网服务提供者的司法配合协助义务及风险线索报告义务。打击治理电信网络诈骗,互联网服务提供者不仅有监测处置责任,还有信息共享和协同责任,该条文的执行有利于打破各平台之间的信息壁垒,建设跨平台的反诈数据监测预警平台,提升对网络诈骗的跨平台打击能力。

二、条文详解

本条第 1 款是注意性规定,根据《警察法》等相关法律规定,配合公安机关调查、给予支持和协助本就是每个公民应尽的义务。

值得注意的是第 2 款。当互联网企业发现涉诈违法犯罪线索或风险,应当向有关行政监管部门汇报。此种义务类似于未成年人保护制度中的"强制报告义务",互联网企业发现涉诈风险或线索时,除了应当履行本法第 22 条、第 25 条规定的对涉诈账号本身及其上下游帮助行为的监测、识别与处置义务外,还应当同时进行报告。主要是当前电信网络诈骗呈现出多平台引流、跨平台实施的特点,诈骗团伙不在某一个平台完整实施诈骗,而是会流转两三个乃至更多平台、工具完成犯罪。各平台分而治之留下的空隙被诈骗团伙猖獗利用,单一互联网企业平台的治理打击难度非常大。互联网平台除了对涉诈平台采取封停等措施外,还应向有关行政部门报告,使这些信息发挥更大的作用。公安机关应与互联网企业平台、运营商、相关行政部门加强多方协同合作，牵头完善信息报告共享机制，建设统一的涉诈监测预警平台。

三、参考案例

自 2020 年 1 月 27 日以来，腾讯守护者计划安全团队每日向国家反诈中心推送疫情类诈骗线索，累计推送近万条，协助公安机关在全国发起利用疫情实施电信网络诈骗专项打击行动。截至当年 3 月 24 日 16 时，腾讯守护者安全团队共计协助全国公安机关抓获涉案嫌疑人 4 千余名，破获案件上万起，腾讯 110 平台和腾讯举报中心共计处理涉疫情相关违规账号 96429 例。

腾讯守护者计划整合腾讯 20 多年黑灰产对抗经验、黑灰产大数据及 AI 能力，推出守护者智能反诈中枢，致力于帮助用户有效识诈、防诈，协助警方对电信网络诈骗犯罪开展全链条打击治理，打造全方位反诈体系。

首先，守护者智能反诈中枢通过对腾讯自有平台、警方及合作伙伴所提供的用户投诉、举报、异常信息等数据进行 AI 智能分析比对，筛查其中所包含的黑产、欺诈信息，再经由反诈骗专家进行最终研判。分析确定线索后，一方面，智能反诈中枢通过腾讯 6 大自研反诈系统联动警方，对诈骗团伙、链条进行打击治理。另一方面，积极将诈骗手段和防范要点反馈给用户，对用户进行立体化提醒、教育，提升用户防范诈骗意识。①

四、参考条文

（一）《中华人民共和国网络安全法》

第二十五条 网络运营者应当制定网络安全事件应急预案，及时处置系统漏洞、计算机病毒、网络攻击、网络侵入等安全风险；在发生危害网络安全的事件时，立即启动应急预案，采取相应的补救措施，并按照规定向有关主管部门报告。

---

① 参见《协助警方破获诈骗案万起 腾讯智能反诈中枢全链条打击网络黑产》，载中国新闻网，https://baijiahao.baidu.com/s? id = 1662571079487076931&wfr = spider&for = pc，最后访问日期：2020 年 3 月 30 日。

第二十八条　网络运营者应当为公安机关、国家安全机关依法维护国家安全和侦查犯罪的活动提供技术支持和协助。

(二)《互联网域名管理办法》

第四十一条　域名根服务器运行机构、域名注册管理机构和域名注册服务机构应当遵守国家相关法律、法规和标准,落实网络与信息安全保障措施,配置必要的网络通信应急设备,建立健全网络与信息安全监测技术手段和应急制度。域名系统出现网络与信息安全事件时,应当在 24 小时内向电信管理机构报告。

因国家安全和处置紧急事件的需要,域名根服务器运行机构、域名注册管理机构和域名注册服务机构应当服从电信管理机构的统一指挥与协调,遵守电信管理机构的管理要求。

(三)《移动互联网应用程序信息服务管理规定》

第十六条　应用程序提供者应当依据法律法规和国家有关规定,制定并公开管理规则,与注册用户签订服务协议,明确双方相关权利义务。

对违反本规定及相关法律法规及服务协议的注册用户,应用程序提供者应当依法依约采取警示、限制功能、关闭账号等处置措施,保存记录并向有关主管部门报告。

第二十一条第二款　对违反本规定及相关法律法规及服务协议的应用程序,应用程序分发平台应当依法依约采取警示、暂停服务、下架等处置措施,保存记录并向有关主管部门报告。

第五章　综合措施

第二十七条　公安机关应当建立完善打击治理电信网络诈骗工作机制，加强专门队伍和专业技术建设，各警种、各地公安机关应当密切配合，依法有效惩处电信网络诈骗活动。

公安机关接到电信网络诈骗活动的报案或者发现电信网络诈骗活动，应当依照《中华人民共和国刑事诉讼法》的规定立案侦查。

一、法条主旨

本条是对公安机关打击治理电信网络诈骗的要求。近年来，电信网络诈骗犯罪形势十分严峻，已成为发案最多、上升最快、涉及面最广、人民群众反映最强烈的犯罪类型。同时，打击治理电信网络诈骗违法犯罪是一个复杂的社会治理问题，公安机关作为打击治理电信网络诈骗的主力军，亟需在全面总结近年来打击治理工作成功经验的基础上做好顶层设计，加强队伍及专业技术建设，加强各警种、各地公安之间协作，坚决遏制电信网络诈骗违法犯罪多发高发态势。

二、条文详解

本条第1款要求公安机关构建完善打击治理的工作机制。首先要强化技术反制，紧盯犯罪手法新变化，不断升级完善反制措施，提高感知、预警、截断水平，全链条技术追踪溯源和侦破追赃能力，建立对涉诈网站、App及诈骗电话、诈骗短消息处置等机制，与电信部门共同改进完善识别拦截模型，提高即时通讯工具违规行为的技术应对能力；与金融部门共同提升资金流的反制措施,做好开展异常账户识别模型并实时监管等等。同时,加强专业化打击机制建设,建强做实省市县三级反诈中心,发挥好反诈中心的龙头牵引作用,做到用专业队伍、专业手段、专业资源,更加有力打击电信网络诈骗犯罪。其次,针对电信网络诈骗非接触性、远程作案以及广撒网的特点,打击治理工作也需要做到全国"一盘棋",对外需要多部门联动,对内需要多警种协同,加强情报交流,发挥整体作战优势,形成工作合力。针对犯罪行为超越物理空间的限制,公安机关还应开展跨行政区划、跨行政级别的协调办案,实施专案侦查及并案侦查,进一步实现打击治理提质增效。

本条第2款要求公安机关对电信网络诈骗活动按照《刑事诉讼法》第112条的规定,对于报案、控告、举报和自首的材料,应当按照管辖范围,迅速进行审查,认为有犯罪事实需要追究刑事责任的,应当立案;认为没有犯罪事实,或者犯罪事实显著轻微、不需要追究刑事责任的,不予立案,并且将不立案的原因通知控告人。控告人如果不服,可以申请复议。

三、参考案例

2019年,吉林省各级公安机关创新战法、强化合成作战,共侦破各类电信网络诈骗案件1532起,抓获犯罪嫌疑人1756人,同比分别上升11.2%和96.5%,避免经济损失6.11亿元,阻断拦截诈骗电话1085万次,整治违规银行卡128.9万张。该省市县三级公安机关密切联动,多警种协同作战,侦破了一批群众反映强烈的电信网络诈骗案件。针对伪基站、制作木马病毒、侵犯公民个人信息、贩卖银行卡、电话卡等上下游关联犯罪,持续开展专项打击整治行动,发起集群战役,取得较好成效。

吉林省公安机关还进一步加强国际警务执法合作,对具备抓捕条件的案件及时向公安部申报出境打击,先后派出7组人员前往缅甸、菲律宾、印尼等国家,成功打掉7个境外诈骗窝点,抓获犯罪嫌疑人163名,打掉了一批危害严重的诈骗团伙,重创了不法分子的嚣张气焰。[1]

---

[1] 参见《吉林打击电信网络诈骗 避免经济损失6.11亿元》,载新华网,https://news.sina.com.cn/o/2019-12-12/doc-iihnzhfz5399586.shtml,最后访问日期:2023年2月8日。

四、参考条文

(一)《中华人民共和国刑事诉讼法》

第一百一十二条　人民法院、人民检察院或者公安机关对于报案、控告、举报和自首的材料,应当按照管辖范围,迅速进行审查,认为有犯罪事实需要追究刑事责任的时候,应当立案;认为没有犯罪事实,或者犯罪事实显著轻微,不需要追究刑事责任的时候,不予立案,并且将不立案的原因通知控告人。控告人如果不服,可以申请复议。

(二)《中华人民共和国人民警察法》

第二条第一款　人民警察的任务是维护国家安全,维护社会治安秩序,保护公民的人身安全、人身自由和合法财产,保护公共财产,预防、制止和惩治违法犯罪活动。

(三)《关于加强打击治理电信网络诈骗违法犯罪工作的意见》

《意见》要求,要依法严厉打击电信网络诈骗违法犯罪。坚持依法从严惩处,形成打击合力,提升打击效能;坚持全链条纵深打击,依法打击电信网络诈骗以及上下游关联违法犯罪;健全涉诈资金查处机制,最大限度追赃挽损;进一步强化法律支撑,为实现全链条打击、一体化治理提供法治保障;加强国际执法司法合作,积极推动涉诈在逃人员通缉、引渡、遣返工作。

第二十八条　金融、电信、网信部门依照职责对银行业金融机构、非银行支付机构、电信业务经营者、互联网服务提供者落实本法规定情况进行监督检查。有关监督检查活动应当依法规范开展。

一、法条主旨

本条是对金融、电信、网信监管部门对被监管的机构提出的监督检查要求。通过监管部门强化监督检查,压实银行业金融机构、非银行支付机构、电信业务经营者、互联网服务提供者对电信网络诈骗的风险防范,更有助于相关领域的规范和治理,从而达到降低犯罪发生的可能性。

二、条文详解

【金融部门监督】金融监督管理部门包括"一行一局一会",指中国人民银行、国家金融监督管理总局、中国证券监督管理委员会。根据本法第3章的规定,对于反电信网络诈骗,金融监管的主要内容包括:一是监督银行和非银行支付机构的账户管理中实名制的落实情况,检查对客户识别是否开展了尽职调查;二是对账户异常及可疑交易是否进行持续动态监测并进行有效拦截;三是是否妥善保存客户身份资料及交易资料,确保可以追溯;四是负责督促检查协助查询、冻结、返还工作,并就执行中的问题与公安机关进行协调。

【电信部门监督】我国电信行业的主管部门是工信部和各省、自治区、直辖市设立的通信管理局,实行以工业和信息化部为主的部省双重管理体制,工业和信息化部对各省、自治区、直辖市设立的通信管理局进行垂直管理。根据本法第2章的规定,关于反电信网络诈骗,其监督的主要内容包括:一是监督检查电话用户真实身份信息登记制度;二是对办理电话卡数量的限制以及异常开卡的处置情况是否落实;三是对涉诈异常电话卡用户是否落实"二次认证",对未按规定核验或者核验未通过的,是否落实限制、暂停有关电话卡功能的措施;四是对物联网卡用户是否建立风险评估制度,是否严格登记物联网卡用户身份信息,采取有效技术措施限定物联网卡开通功能、使用场景和适用设备;五是对电信业务经营者号码传送和使用管理是否规范,特别是国际通信业务出入口局主叫号码传送是否规范,对改号电话、网内和网间虚假主叫、不规范主叫是否建立封堵拦截和溯源核查机制。

【网信部门监督】指国家互联网信息办公室和地方互联网信息办公室。根据本法第4章的规定,其对电信业务经营者、互联网服务提供者关于反电信网络诈骗,其监督的主要内容包括:一是是否落实全面实名制;二是对涉诈异常账户是否建立识别、监测与处置机制,包括在用户注册时以及存量账户的常态化监测管理;三是对移动互联网应用程序是否按国家有关规定管理;四是对域名注册、域名解析、域名跳转是否履行了记录留存以及可溯源义务。

三、参考案例

据工业和信息化部官网消息，为进一步规范电信网码号资源使用行为，加强事中事后监管，工业和信息化部于 2021 年初组织天津、山西、吉林、上海、江苏、山东、湖南、广东、广西等多地通信管理局对涉嫌违规使用电信网码号资源的线索进行调查处理，依法约谈方正宽带网络服务有限公司等涉事单位和相关基础电信企业，关停相应违规使用的 95 号码、106 短信端口，并依法对上海玄武信息科技有限公司进行了行政处罚。

2021 年 1—4 月，工业和信息化部进一步加大电信网码号资源监管力度，已收回电信网码号资源 754 个，切实规范电信网码号资源使用行为，提高电信网码号资源利用率。①

四、参考条文

（一）《中华人民共和国网络安全法》

第八条第一款 国家网信部门负责统筹协调网络安全工作和相关监督管理工作。国务院电信主管部门、公安部门和其他有关机关依照本法和有关法律、行政法规的规定，在各自职责范围内负责网络安全保护和监督管理工作。

（二）《通信网络安全防护管理办法》

第四条 中华人民共和国工业和信息化部负责全国通信网络安全防护工作的统一指导、协调和检查，组织建立健全通信网络安全防护体系，制定通信行业相关标准。

各省、自治区、直辖市通信管理局依据本办法的规定，对本行政区域内的通信网络安全防护工作进行指导、协调和检查。

工业和信息化部与通信管理局统称"电信管理机构"。

---

① 参见《工信部：加大电信网码号资源监管力度　约谈涉事单位及相关企业》，载海外网，https://www.360kuai.com/pc/9f30d651b3f36060c？cota＝3&kuai_so＝1&tj_url＝so_vip&sign＝360_7bc3b157，最后访问日期：2021 年 4 月 20 日。

(三)《中华人民共和国中国人民银行法》

第三十二条　中国人民银行有权对金融机构以及其他单位和个人的下列行为进行检查监督：

……

(九)执行有关反洗钱规定的行为。

第二十九条　个人信息处理者应当依照《中华人民共和国个人信息保护法》等法律规定,规范个人信息处理,加强个人信息保护,建立个人信息被用于电信网络诈骗的防范机制。

履行个人信息保护职责的部门、单位对可能被电信网络诈骗利用的物流信息、交易信息、贷款信息、医疗信息、婚介信息等实施重点保护。公安机关办理电信网络诈骗案件,应当同时查证犯罪所利用的个人信息来源,依法追究相关人员和单位责任。

一、法条主旨

本条规定个人信息处理者要建立个人信息被用于电信网络诈骗的防范机制,同时规定公安机关在办理电信网络诈骗案件时要"一案双查",对犯罪所利用的个人信息的来源进行查证溯源,并依法予以追责。随着互联网时代的发展,个人信息泄露越来越成为违法犯罪的"帮凶",个人信息的泄露,为实施电信网络诈骗提供了"牵线搭桥"的便利,特别是在投资理财"杀猪盘"案件、冒充领导、快递物流类等诈骗案件中,实现了精准锁定诈骗对象的精准诈骗。[1] 建立个人信息被用于电信网络诈骗的防范机制,通过降低个人信息被盗用、冒用的风险,使不法分子难以通过非法买卖、交易等方式获取公民个人信息,实施电信网络诈骗活动,同时进一步推动《个人信息保护法》的普及和落地实施。

---

[1] 参见《中国立法机构谈反电诈法："双重发力"保护个人信息》,载北京青年报,https://finance.sina.com.cn/jjxw/2022-09-05/doc-imqmmtha6085601.shtml? finpagefr=p_115,最后访问日期:2022年9月5日。

二、条文详解

本条第 1 款规定个人信息处理者要建立个人信息被用于电信网络诈骗的防范机制。根据《个人信息保护法》，个人信息处理者在治理层面至少要建立起三道防线：第一道防线主要是业务层面和操作层面的个人信息保护，个人信息处理者承担在实际工作中践行和落实个人信息全生命周期保护要求的职责，如开展个人信息安全影响评估、收集个人信息前获得用户授权等；第二道防线是个人信息保护风险管理，由个人信息处理者承担整体个人信息风险管理工作，如制定企业整体个人信息保护策略、开展整体个人信息风险评估、提供合规建议等；第三道防线主要职责是对个人信息保护的审计，审查访问流程和程序、个人信息保护框架验证等。个人信息处理者在策略层面至少要建立三方面机制：一是对个人信息实行分类管理，确保各类个人信息在任何时候都得到适当的保护；二是个人信息的最小化管理，数据的收集、权限控制、存储时间均应遵循"最小化"原则进行；三是明确个人信息处理者在"发生或者可能发生"个人信息"泄露、篡改、丢失"时，应当立即采取补救措施，并通知履行个人信息保护职责的部门和个人。个人信息处理者在技术层面则要采取相应的加密、去标识化等安全技术措施保障个人信息安全。①

本条第 2 款包含两层意思。首先，履行个人信息保护职责的部门、单位要对重要信息进行重点保护，包括物流信息、交易信息、贷款信息、医疗信息、婚介信息等，这些领域往往是主要的信息泄露源。为此，一方面要加强信息系统安全建设，另一方面，要加强员工安全意识教育，严格权限管理策略和日志审计策略，用机制来限制和约束内部违规行为；其次，要求公安机关在侦办电信网络诈骗案时要"一案双查"，查证犯罪所利用的个人信息来源，若涉诈活动所使用的个人信息来源不合法，则上游信息供应方明知他人利用信息网络实施诈骗，为其犯罪行为提供非法获取的个人信息的，同时涉及帮助信息网络犯罪活动罪和侵害公民个人信息罪；而涉诈犯罪人员使用非法获取的公民个人信息实施电信网络诈骗犯罪，依据《关于办理电信网络诈骗等刑事案件适用

---

① 参见高轶峰、张楠驰：《个人信息保护法解读：企业合规要求与义务履行》，载《信息安全与通信保密》2021 年第 11 期。

法律若干问题的意见》,依法数罪并罚。

三、参考案例

2016 年 4 月初,杜某通过植入木马程序的方式,非法侵入山东省 2016 年普通高等学校招生考试信息平台网站,取得该网站管理权,非法获取 2016 年山东省高考考生个人信息 64 万余条,并向另案被告人陈某出售上述信息 10 万余条,非法获利 14100 元,陈某利用从杜某处购得的上述信息,组织多人实施电信诈骗犯罪,拨打诈骗电话共计 1 万余次,骗取他人钱款 20 余万元,并因此造成高考考生徐某玉死亡。

法院认为,杜某违反国家有关规定,非法获取公民个人信息 64 万余条,出售公民个人信息 10 万余条,其行为已构成侵犯公民个人信息罪。被告人杜某作为从事信息技术的专业人员,应当知道维护信息网络安全和保护公民个人信息的重要性,但却利用技术专长,非法侵入高等学校招生考试信息平台的网站,窃取考生个人信息并出卖牟利,严重危害网络安全,对他人的人身财产安全造成重大隐患。据此,以侵犯公民个人信息罪判处被告人杜某有期徒刑 6 年,并处罚金人民币 6 万元。①

四、参考条文

(一)《中华人民共和国个人信息保护法》

第五十一条　个人信息处理者应当根据个人信息的处理目的、处理方式、个人信息的种类以及对个人权益的影响、可能存在的安全风险等,采取下列措施确保个人信息处理活动符合法律、行政法规的规定,并防止未经授权的访问以及个人信息泄露、篡改、丢失:

(一)制定内部管理制度和操作规程;

(二)对个人信息实行分类管理;

(三)采取相应的加密、去标识化等安全技术措施;

---

① 山东省临沂市罗庄区人民法院(2017)鲁 1311 刑初 332 号判决书。

（四）合理确定个人信息处理的操作权限，并定期对从业人员进行安全教育和培训；

（五）制定并组织实施个人信息安全事件应急预案；

（六）法律、行政法规规定的其他措施。

第五十四条 个人信息处理者应当定期对其处理个人信息遵守法律、行政法规的情况进行合规审计。

第五十七条 发生或者可能发生个人信息泄露、篡改、丢失的，个人信息处理者应当立即采取补救措施，并通知履行个人信息保护职责的部门和个人。通知应当包括下列事项：

（一）发生或者可能发生个人信息泄露、篡改、丢失的信息种类、原因和可能造成的危害；

（二）个人信息处理者采取的补救措施和个人可以采取的减轻危害的措施；

（三）个人信息处理者的联系方式。

个人信息处理者采取措施能够有效避免信息泄露、篡改、丢失造成危害的，个人信息处理者可以不通知个人；履行个人信息保护职责的部门认为可能造成危害的，有权要求个人信息处理者通知个人。

第六十条 国家网信部门负责统筹协调个人信息保护工作和相关监督管理工作。国务院有关部门依照本法和有关法律、行政法规的规定，在各自职责范围内负责个人信息保护和监督管理工作。

县级以上地方人民政府有关部门的个人信息保护和监督管理职责，按照国家有关规定确定。

前两款规定的部门统称为履行个人信息保护职责的部门。

第七十三条 本法下列用语的含义：

（一）个人信息处理者，是指在个人信息处理活动中自主决定处理目的、处理方式的组织、个人。

（二）自动化决策，是指通过计算机程序自动分析、评估个人的行为习惯、兴趣爱好或者经济、健康、信用状况等，并进行决策的活动。

（三）去标识化，是指个人信息经过处理，使其在不借助额外信息的情况下无法识别特定自然人的过程。

（四）匿名化，是指个人信息经过处理无法识别特定自然人且不能复原的过程。

第三十条　电信业务经营者、银行业金融机构、非银行支付机构、互联网服务提供者应当对从业人员和用户开展反电信网络诈骗宣传,在有关业务活动中对防范电信网络诈骗作出提示,对本领域新出现的电信网络诈骗手段及时向用户作出提醒,对非法买卖、出租、出借本人有关卡、账户、账号等被用于电信网络诈骗的法律责任作出警示。

新闻、广播、电视、文化、互联网信息服务等单位,应当面向社会有针对性地开展反电信网络诈骗宣传教育。

任何单位和个人有权举报电信网络诈骗活动,有关部门应当依法及时处理,对提供有效信息的举报人依照规定给予奖励和保护。

一、法条主旨

本条是对于各类主体反电信网络诈骗宣传义务以及举报权利的规定。第1款规定了电信业务经营者、银行业金融机构、非银行支付机构、互联网服务提供者应当对电信网络诈骗进行宣传和防范提示。第2款规定新闻、广播、电视、文化、互联网信息服务等单位应当有针对地对反电信网络诈骗进行宣传教育。第3款规定举报者将获得的奖励和保护。

二、条文详解

防范电信网络诈骗违法犯罪宣传教育,既要通过进社区、进农村、进家庭、进学校、进企业,构建全方位、广覆盖的反诈宣传体系,又要针对犯罪新手段、易被骗人群开展精准防范宣传。

本条第1款规定了电信业务经营者、银行业金融机构、非银行支付机构、互联网服务提供者的宣教义务。要注意三方面:一是对象要全面,对内部从业人员宣教以及利用业务关系对所服务地进行电信网络诈骗手段、特点、防范要点等常规宣教,切实营造人人参与、积极防范的良好氛围;二是时效要及时,对本领域新出现的犯罪手段要及时做好提示、提醒,以最快速度落实防范措施;三是内容要突出,从与电信诈骗最密切相关的资金流、信息流入手,揭示非法买卖、出租、出借本人有关卡、账户、账号可能造成的后果以及法律责任,从源头上遏制为电信网络诈骗提供"犯罪工具"。

本条第 2 款规定了新闻媒体等单位的宣教义务。新闻媒体的宣传目前大多还停留在"以案说法"的说教上，本文认为提高其宣教的针对性还可以从以下三方面入手。其一，投放要精准。减少一部分大水漫灌式的投放，拓展新的平台和路径。利用平台算法和标签，采用流媒体精准推送给目标用户，使得宣传内容的多样性与受众分化的差异性之间精准匹配。其二，形式要多样，大众对于放置在公共场所的静态宣传物料，敏感度和关注度较低，少数用户还会产生感官疲劳，因此采用短视频、漫画、直播等载体抢占各大新平台的流量通道，用常态化视频输出，满足用户习惯；其三，紧跟社会热点，发布贴近人民生活的防骗反诈内容产生情绪共鸣，从而更有效地传递防骗预警信息。①

本条第 3 款规定对电信网络诈骗活动的举报权以及奖励制度。充分动员人民群众参与打击治理电信网络诈骗违法犯罪活动的积极性，鼓励举报违法犯罪线索、提供违法犯罪证据，最大限度减少电信网络违法犯罪活动的社会危害。

三、参考案例

案例 1：5 月 18 日，在湖南卫视 & 芒果 TV 双平台招商会上，官宣了 2022 年最新综艺片单。其中，全民反诈教育特别节目《反诈军师联盟》赫然在列。据悉，这是全国第一档全民反诈教育特别节目，有 5 位艺人入驻反诈中心，助力反诈第一线，还原真实的诈骗过程，剖析诈骗犯罪心理，直击反诈抓捕现场，与反诈民警一起揭开网络黑手背后的真面目。②

案例 2：为激励市民群众加入"全民反诈无锡无诈"活动，无锡市公安局、市见义勇为基金会联合发出《关于对在打击治理电信网络诈骗违法犯罪专项行动中涌现的见义勇为人员予以奖励的通知》。阻止诈骗或协助破案的群众，将获得最高 5 万元奖励。

据悉，凡群众成功阻止电信网络诈骗，举报线索、协助警方破获电信网络诈骗案件或抓获电信网络诈骗违法犯罪嫌疑人的，将给予 500 元至 5 万元不

---

① 参见张怡婷：《政务新媒体的宣传策略研究——以 @ 国家反诈中心为例》，载《传媒论坛》2022 年第 6 期。

② 参见《媒体"反诈宣传"太拼了　芒果台又走在了卫视前列》，载腾讯网，https://new.qq.com/rain/a/20220609A04QJ700，最后访问日期：2022 年 6 月 9 日。

等的见义勇为奖励。《通知》共设置了6个具体的奖励标准:对于主动发现并及时劝阻、制止他人向电信网络诈骗犯罪嫌疑人转账汇款,成功阻止电信网络诈骗案件发生的,奖励500元至5000元。提供线索协助警方破案或抓获电信网络诈骗犯罪嫌疑人的,奖励1000元至3000元;挖出重大犯罪团伙的予以重奖,最高奖励3万元。提供线索协助警方抓获电信网络诈骗网上在逃人员的,奖励2000元至5000元。提供线索、举报从事"两卡"(手机卡、银行卡)收购、贩卖人员,协助警方破案的,奖励1000元至5000元。提供线索协助警方摧毁电信网络诈骗犯罪窝点的,奖励2000元至3万元。直接抓获电信网络诈骗犯罪嫌疑人的,奖励5000元至2万元;直接抓获重特大电信网络诈骗犯罪嫌疑人或重大犯罪团伙的,最高奖励5万元。[①]

第三十一条　任何单位和个人不得非法买卖、出租、出借电话卡、物联网卡、电信线路、短信端口、银行账户、支付账户、互联网账号等,不得提供实名核验帮助;不得假冒他人身份或者虚构代理关系开立上述卡、账户、账号等。

对经设区的市级以上公安机关认定的实施前款行为的单位、个人和相关组织者,以及因从事电信网络诈骗活动或者关联犯罪受过刑事处罚的人员,可以按照国家有关规定记入信用记录,采取限制其有关卡、账户、账号等功能和停止非柜面业务、暂停新业务、限制入网等措施。对上述认定和措施有异议的,可以提出申诉,有关部门应当建立健全申诉渠道、信用修复和救济制度。具体办法由国务院公安部门会同有关主管部门规定。

一、法条主旨

本条第1款从行政规范上禁止任何单位和个人买卖、出租、出借"两卡",同时对虚假办理"两卡",包括假冒他人身份或者虚构代理关系办理也予以禁止。所谓"两卡",是指电话卡和银行卡,电话卡包括平时所用的三大运营商的手机卡、虚拟运营商的电话卡,同时还包括物联网卡;银行卡既包括个人银行卡,也包括对公账户及结算卡,同时还包括非银行支付机构账户。

[①]　参见《参与"全民反诈"　最高奖励5万元》,载中国江苏网,http://jsnews.jschina.com.cn/wx/a/202106/t20210623_2804421.shtml,最后访问日期:2021年6月23日。

本条第 2 款对从事过电信网络诈骗犯罪及关联犯罪的人员,可以按照国家有关规定记入信用记录,并采取相应的惩戒措施。确立了违法犯罪记录与信用、市场准入等挂钩制度,强化对守信者的鼓励和对失信者的惩戒。同时,也规定要有一定的救济渠道,建立健全申诉渠道、信用修复和救济制度。

二、条文详解

本条第 1 款是将司法实践中"断卡"政策法律化的规定。司法实务中,非法贩卖、租借电话卡、银行卡是电信网络诈骗犯罪持续高发的重要根源,并且衍生出其他违法犯罪行为,"实名不实人"的电话卡、银行卡还会被用来进行网络贩毒、网络赌博等,许多黑灰产业也应运而生。从犯罪预防的角度,为斩断犯罪分子的信息流和资金流,2020 年 10 月 10 日,国务院召开会议,决定在全国范围内开展"断卡行动"。但是,一般预防理论要求被禁止行为尽可能准确地在法律中加以规定,才能鼓励国民在内心中产生一种与这些被禁止的特定行为保持距离的动机。另外,刑法作为保障法,在犯罪圈的划定上,既要遵循形式上受制于其保障的前置法之保护性规范的规定,也要在实质上受制于其与前置法之保护性规范共同保障的调整性规范的规定。[①] 由此,本条第 1 款规定买卖、出租、出借"两卡"以及冒用他人身份信息或帮助他人进行实名核验的行为为行政禁止性行为,并在本法第 44 条增加行政处罚措施,意味着只有当行政法难以有效保障被严重侵犯的调整性法律关系恢复正常的情况下,才启动刑事责任的追究。这不仅仅是对传统电信诈骗犯罪规定的有效补充,也是对新型犯罪规制的规范回应。

本条第 2 款规定了对从事电信网络诈骗活动或者关联犯罪受过刑事处罚的人员的"失信惩戒"以及相应的救济途径。"失信惩戒"是一国信用体系建设关键要件。2014 年 3 月 20 日,我国着手建立健全褒扬诚信、惩戒失信的机制,并出台相应的《"构建诚信惩戒失信"合作备忘录》,其中"失信惩戒"机制主要根据民事诉讼法相关规定,仅对民事被执行人未履行人民法院生效法律

① 参见田宏杰:《前置法定性与刑事法定量:规范关系中的刑法属性和定罪机制》,载《法学家》2013 年第 3 期。

文书确定的义务,并有最高人民法院《关于公布失信被执行人名单信息的若干规定》第 1 条规定的情形之一的,执行法院将根据申请执行人的申请或依职权,决定将该被执行人纳入失信被执行人名单,并予以惩戒。2018 年 7 月 31 日,中央文明委印发《关于集中治理诚信缺失突出问题　提升全社会诚信水平的工作方案》,首次明确要将最突出的"电信网络诈骗犯罪"纳入"信用惩戒"机制,从人民法院执行端扩展至违法犯罪行为端,建成覆盖全社会的征信系统,实现社会成员信用彻底有效记录。① 本条款设置了针对电信网络诈骗的"信用惩戒"机制,参照《刑法修正案(九)》"从业禁止"的规定,适用信用惩戒的人员自"刑罚执行完毕之日"或"假释之日"起开始接受 3 至 5 年的信用惩戒,将其作为诈骗类犯罪需要承担的非刑罚法律后果,对刑罚起到重要补充作用,并达到预防犯罪的效果。

"失信惩戒"对当事人的权益会造成一定的限制或损害,需要有救济途径防止相关部门滥用,防止出现标准不统一、过罚不相当、信用修复难等问题。因此,本条也规定了有关部门应当建立健全申诉渠道、信用修复和救济制度。首先是设立预防性法律救济制度,其次是要完善异议停止执行程序,最后是要完善信用修复程序,就信用修复的申请程序、考核程序、异议申诉程序等作出明确具体的规定,使失信主体能够通过更加主动的自我完善来修复被破坏的信用环境,大力促进失信主体通过纠错步入诚信守约的轨道,持续推动信用体系的有效建立。

三、参考案例

2020 年 2 月下旬,荀某通过之前兼职的微信群与微信昵称为中国姐的杨某(另案处理)联系后商定,荀某以每张 30 元的价格出售其本人实名制电话卡,杨某遂将其上家李某(另案处理)微信推送给荀某。同年 3 月 8 日,荀某在河东区大直沽润盛科技中国电信营业厅使用本人身份证件办理了 3 张手机卡,并将该 3 张手机卡交予李某,后杨某向荀某支付人民币 90 元。经他人通知,荀某玲为电话卡办理拆机手续。同年 3 月 28 日,荀某在本市河西区汇鹏达中国联通合作营业厅使用其本人身份证办理了 2 张手机卡,并在河西区大

---

① 参见胡冰:《信用惩戒:电信网络诈骗社会治理新路》,载《中国外资》2021 年第 9 期。

沾南路下瓦房附近将该 2 张手机卡交予李某,后杨某向茍某支付人民币 60 元。经他人通知,茍某于同年 4 月 7 日将该两个手机号码办理拆机手续,申请销号,且立即生效。

2020 年 5 月,岳某在本市南开区宾水道云华里家中接到陌生电话,对方称是北京通讯管理局工作人员,岳某涉嫌犯罪,后有人假冒警察要求岳某证明财产正常。同年 5 月 11 日 10 时许,岳某按对方要求,在西青区秀川路与外环线交口附近的格林豪泰酒店开房入住,后通过注册易信软件与对方视频通话。对方易信账号其中之一是以茍某出售的手机号 176××××2816 注册,视频通话期间,岳某打开自己手机多个银行网银让对方查看。后岳某又按对方要求将本人存款及借款分别转入自己名下大连银行和中国银行账户内。同年 6 月 4 日,岳某发现自己名下的大连银行和中国银行账户内钱被转走,共计被骗人民币 310 万元。

法院认为,茍某明知他人利用信息网络实施犯罪,而为其犯罪提供帮助,情节严重,其行为已经构成帮助信息网络犯罪活动罪。①

四、参考条文

(一)《银行卡业务管理办法》

第二十八条第三款 银行卡及其账户只限经发卡银行批准的持卡人本人使用,不得出租和转借。

(二)《人民币银行结算账户管理办法》

第六十五条 存款人使用银行结算账户,不得有下列行为:

……

(四)出租、出借银行结算账户。

……

非经营性的存款人有上述所列一至五项行为的,给予警告并处以 1000 元罚款;……

---

① 案号:(2020)津 0104 刑初 682 号。

（三）中国人民银行《关于加强支付结算管理防范电信网络新型违法犯罪有关事项的通知》

一、加强账户实名制管理

（三）建立对买卖银行账户和支付账户、冒名开户的惩戒机制。自 2017 年 1 月 1 日起,银行和支付为机构对经设区的市级及以上公安机关认定的出租、出借、出售、购买银行账户（含银行卡,下同）或者支付账户的单位和个人及相关组织者,假冒他人身份或者虚构代理关系开立银行账户或者支付账户的单位和个人,5 年内暂停其银行账户非柜面业务、支付账户所有业务,3 年内不得为其新开立账户。人民银行将上述单位和个人信息移送金融信用信息基础数据库并向社会公布。

（四）《中华人民共和国刑法》

第三十七条之一第一款　因利用职业便利实施犯罪,或者实施违背职业要求的特定义务的犯罪被判处刑罚的,人民法院可以根据犯罪情况和预防再犯罪的需要,禁止其自刑罚执行完毕之日或者假释之日起从事相关职业,期限为三年至五年。

（五）《市场监督管理信用修复管理办法》

第二条　本办法所称信用修复管理,是指市场监督管理部门按照规定的程序,将符合条件的当事人依法移出经营异常名录、恢复个体工商户正常记载状态、提前移出严重违法失信名单、提前停止通过国家企业信用信息公示系统（以下简称公示系统）公示行政处罚等相关信息,并依法解除相关管理措施,按照规定及时将信用修复信息与有关部门共享。

第三条　国家市场监督管理总局负责组织、指导全国的信用修复管理工作。

县级以上地方市场监督管理部门依据本办法规定负责信用修复管理工作。

第四条　经营异常名录、严重违法失信名单信用修复管理工作由作出列入决定的市场监督管理部门负责。

个体工商户经营异常状态信用修复管理工作由作出标记的市场监督管理

部门负责。

行政处罚信息信用修复管理工作由作出行政处罚决定的市场监督管理部门负责。

作出决定或者标记的市场监督管理部门和当事人登记地(住所地)不属于同一省、自治区、直辖市的,应当自作出决定之日起三个工作日内,将相关信息交换至登记地(住所地)市场监督管理部门,由其协助停止公示相关信息。

第十一条 市场监督管理部门应当自移出经营异常名录、严重违法失信名单,恢复个体工商户正常记载状态,或者停止公示行政处罚等相关信息后三个工作日内,将相关信息推送至其他部门。

第十二条 按照"谁认定、谁修复"原则,登记地(住所地)市场监督管理部门应当自收到其他部门提供的信用修复信息之日起五个工作日内,配合在公示系统中停止公示、标注失信信息。

第三十二条 国家支持电信业务经营者、银行业金融机构、非银行支付机构、互联网服务提供者研究开发有关电信网络诈骗反制技术,用于监测识别、动态封堵和处置涉诈异常信息、活动。

国务院公安部门、金融管理部门、电信主管部门和国家网信部门等应当统筹负责本行业领域反制技术措施建设,推进涉电信网络诈骗样本信息数据共享,加强涉诈用户信息交叉核验,建立有关涉诈异常信息、活动的监测识别、动态封堵和处置机制。

依据本法第十一条、第十二条、第十八条、第二十二条和前款规定,对涉诈异常情形采取限制、暂停服务等处置措施的,应当告知处置原因、救济渠道及需要提交的资料等事项,被处置对象可以向作出决定或者采取措施的部门、单位提出申诉。作出决定的部门、单位应当建立完善申诉渠道,及时受理申诉并核查,核查通过的,应当即时解除有关措施。

一、法条主旨

本条规定建立电信网络诈骗反制技术措施,统筹推进跨行业、企业统一监测系统建设,加大惩处力度。同时,规定了对采取限制措施必须建立救济渠道。

在建立电信网络诈骗反制技术过程中，因职能上的差异和分工的不同，各个部门之间存在信息沟通不及时、资源难以共享的情形。因此，由国务院公安部门、金融管理部门、电信主管部门和国家网信部门来负责反制技术建设的统筹，更有助于加强技术建设，强化对电信诈骗犯罪活动监管。

此外，该条第 3 款还规定了一个申诉的渠道。相关部门可能会对涉诈异常情形采取限制、暂停服务等处置措施，在此过程中有可能会侵害当事人的合法权益。所以当事人被采取上述措施的，可以进行申诉，相关部门也会进行核查并及时解除有关措施。

二、条文详解

网络通讯产业的发展为滋生电信网络诈骗提供"温床"，当前电信网络诈骗作案手段技术多样化的特征非常明显。而现有技术在识别预警电信网络诈骗上有三个难题：首先，现有技术识别预警潜在受害人员有待提升。电信网络诈骗上游以非法技术获取电话号、银行卡号、户籍信息等公民个人信息，是实施电信网络诈骗的关键环节，犯罪分子通过上游所收集的信息、中游的技术支持实施电信网络诈骗。因此，寻找被害人和定位潜在高风险被害人群是反诈面临的庞大系统工程。而且网络电话、电信运营商的骨干 IP 网络传输语音、通过宽带或专用的 IP 网络所进行的通话仍处在法律的"灰色地带"，为电信网络诈骗犯罪嫌疑人隐匿身份提供可能，这导致信息分析受阻，存在技术对抗的现实困境。其次，现有技术识别预警资金流有待优化。随着电子技术和金融行业的发展，信息化的电子支付方式广泛传播，资金流本质代表着资金运动路径，是电信网络诈骗犯罪侦办的关键"密钥"。当前，多数资金流转是通过新兴的融合支付方式进行的，网络黑灰产业链条日益成熟，对可能存在被电信网络诈骗风险的资金进行预警的技术仍需探索。再次，现有技术识别预警信息流有待革新。在电信网络诈骗中，犯罪手段、方法的不断改变不利于分析研判，信息要素的变动，尤其是对犯罪嫌疑人或电信网络诈骗被害人以及高风险受害人群等的异常行为识别不到位，往往无法实现电信网络诈骗犯罪的预警拦截。[①]

---

①　参见于龙：《电信网络诈骗犯罪预警拦截的技术路径探索》，载《中国安全防范技术与应用》2022 年第 1 期。

因此,针对实施电信网络诈骗的违法犯罪行为开展异常行为监测具有现实必要性。本条第 1 款基于技术反制的现状提出国家支持相关企业研究开发反制技术,企业能够充分利用自身技术优势,在支付、社交、电商等领域开发先进防诈技术,形成群防群控的反诈格局,必将使诈骗分子寸步难行。

本条第 2 款规定公安部门及其他监管部门应当统筹负责本行业领域反制技术措施建设。构建以技防为核心的反诈防护网,以专业化技术治理职业化、产业化的网络犯罪,以技术之善对抗技术之恶,也是强化源头治理、综合治理的必然要求。这就要求相关部门进行统筹谋划,动态优化电信网络诈骗预警模型、常态完善资金流水分析预警方法、监测异常行为实现预警拦截具有紧迫的现实意义。

本条第 3 款规定了对涉诈异常情形采取限制、暂停服务等处置措施后相关当事人的救济权利。充分利用大数据智能化精准施策,是推动社会治理现代化的必备手段,但也应当看到,在精准施策的过程中,重点在精准二字,必须摒弃"宁可错杀,不能放过"的不端正心态,严格划定执法边界,审慎用权。从现实意义看,对公民权利侵害的救济是维护社会秩序的根本保证,也是公民幸福和社会和谐的保障。任何侵害不管是否存在损害后果都是对个人尊严和价值的贬损,都必须采取救济手段加以救济。本条款本质上采用的是行政司法救济,虽然有的限制措施是企业所采取,但其限制措施基于行政法规所授权。从现代法治的发展来看,行政管理对象的复杂性不仅仅指纠纷在数量上的增多,而且纠纷在性质上的专业性和技术性也越来越强。为简便、及时、有效地解决纠纷,就需要由具有一定法律知识、具有相关知识和技能以及行政管理经验的人员不同程度地参照司法的程序化要求并体现行政效率的原则,从而保证提供公正、合法、效率的救济。同时,这种救济方法与司法救济适当衔接,保证了办案的质量和法律效力。

三、参考案例

2019 年 6 月,彭某某在上海市开网约车时认识了两名台湾人,台湾人答应给彭某某高额回报,让彭某某到边境省份租房子安装电子发射设备,用于群发广告等电信网络违法犯罪活动,同时台湾人还提供了汤某的身份证件给彭某某使用。随后,彭某某来到广西南宁市找到被告人颜某某,颜某某明知租房安装及维护电子发射设备可能用于电信网络违法犯罪活动,但为了高额回报,依然积极参加。彭某某、颜某某通过中介公司以汤某的假名,利用台湾人提供的资金先后承租了南宁市塘区友爱南路南棉小区 19 栋 1 单元 301 号房、南宁市青秀区民主路富港商厦 6E1 号房、南宁市兴宁区振宁翠峰小区 23 栋 1 单元 104 号房、南宁市高新区西湖东郡小区 3 栋 1 单元 304 号房等四处房屋。接着由颜某某在上述房屋按照台湾人的指导下安装好台湾人寄来的设备,并进行维护。至 2019 年 7 月,颜某某因与台湾人闹矛盾而退出,彭某某找到被告人杨某,让其对电子发射设备进行维护。杨某明知维护电子发射设备可能用于电信网络违法犯罪活动,但为了回报,依然加入,按照要求重新安装宽带,对电子发射设备进行管理维护。2019 年 8 月 15 日、8 月 19 日,公安机关分别在南宁市青秀区查获路由器、网关设备、电脑等物品。2019 年 9 月 5 日,公安机关在南宁市高新区隆源国际花园 6 栋 2 单元 802 号房间将杨某抓获,并查获了路由器、网关设备、电脑等物品。

本案是公安部通过技术反制预警系统,发现广西区内有人利用 GOIP 设备拨打诈骗电话,并根据嫌疑人使用的手机号码,利用反制系统核实出号码的基站位置,并对 GOIP 设备进行数据恢复、分析、提取,出具检测报告。本案根据公安部下发的核查线索发现,广西区内利用 GOIP 设备冒充公检法实施诈骗的被告人使用手机号码的落地地址分别为南宁市塘区、南宁市青秀区民主路 13 号–青秀区富港商厦。上述窝点通过利用 GOIP 设备远程遥控群拨电话的方式多次冒充公检法实施诈骗,并频繁切换手机号码。其中被告人利用 134×××××××、152×××××××× 手机号码实施诈骗既遂。关联案件则有辽宁营口市徐某被诈骗案、北京市延庆区孙立被诈骗案。公安部落地核查的窝点与杨某、彭某某、颜某某等人帮助信息网络犯罪活动提供租赁用房、服务器托管、网络接入的地点一致。①

四、参考条文

(一)《中华人民共和国网络安全法》

第三条　国家坚持网络安全与信息化发展并重,遵循积极利用、科学发

---

① 参见广西壮族自治区宾阳县人民法院(2020)桂 0126 刑初 232 号判决书。

展、依法管理、确保安全的方针,推进网络基础设施建设和互联互通,鼓励网络技术创新和应用,支持培养网络安全人才,建立健全网络安全保障体系,提高网络安全保护能力。

第七条　国家积极开展网络空间治理、网络技术研发和标准制定、打击网络违法犯罪等方面的国际交流与合作,推动构建和平、安全、开放、合作的网络空间,建立多边、民主、透明的网络治理体系。

第十八条　国家鼓励开发网络数据安全保护和利用技术,促进公共数据资源开放,推动技术创新和经济社会发展。

国家支持创新网络安全管理方式,运用网络新技术,提升网络安全保护水平。

第四十二条　网络运营者不得泄露、篡改、毁损其收集的个人信息;未经被收集者同意,不得向他人提供个人信息。但是,经过处理无理无法识别特定个人且不能复原的除外。

网络运营者应当采取技术措施和其他必要措施,确保其收集的个人信息安全,防止信息泄露、毁损、丢失。在发生或者可能发生个人信息泄露、毁损、丢失的情况时,应当立即采取补救措施,按照规定及时告知用户并向有关主管部门报告。

第三十三条　国家推进网络身份认证公共服务建设,支持个人、企业自愿使用,电信业务经营者、银行业金融机构、非银行支付机构、互联网服务提供者对存在涉诈异常的电话卡、银行账户、支付账户、互联网账号,可以通过国家网络身份认证公共服务对用户身份重新进行核验。

一、法条主旨

本条规定了推进国家网络身份认证公共服务建设,旨在建设可信数字身份管理服务体系,构建多方参与的中国特色可信数字身份服务生态环境,为政务、金融、互联网及社会生产生活各行业提供网络身份认证公共服务,切实保护个人隐私身份信息,实现对个人身份信息等国家重要战略资源的全面、彻底保护,促进网络空间诚信体系建设。[①]

---

① 参见曹蕊:《可信数字身份发展现状与趋势》,载《新视线》2022 年第 8 期。

二、条文详解

《国民经济和社会发展第十四个五年规划和 2035 年远景目标纲要》提出,要加快数字经济、数字社会、数字政府建设,提升公共服务、社会治理等数字化、智能化水平,并要求把安全发展贯穿国家发展各领域和全过程,筑牢国家安全屏障,建立完善的网络身份认证生态体系作为建立和传递信任的基石,是维护现实世界和网络空间秩序、保障数字经济繁荣和社会稳定的基础性、关键性环节。

我国公民网络身份认证管理是以 eID 作为技术支撑的管理机制。我国的 eID 技术体系充分借鉴了国际主流的技术方法,并结合我国的实际情况,在技术上做了相应修改和创新,在遵从"对抗否认"和"保护身份信息"两大原则的前提下,还具有三个基本的功能:第一,在远程识别个人身份信息时,有效保护公民信息安全不被窃取和泄露;第二,我国的 eID 技术借鉴了比利时的双证书电子身份卡,采用了数字签名的功能,这一项功能在法律层面上,使得签名者具有不可抵赖的法律责任;第三,eID 用户能够对加载了 eID 功能的载体在网络上随时进行挂失,让用户在遗失了 eID 卡的情况下能第一时间弥补损失。①公民网络身份认证管理最为关键的还是公民的隐私和数据方面的保护,技术上确保身份认证能够实现自主可控,安全可靠的性能。

我国的网络社会治理也迫切需要公民网络身份认证系统来维护虚拟社会的安全。因此,本条也规定电信业务经营者、银行业金融机构、非银行支付机构、互联网服务提供者对存在涉诈异常"两卡"可以通过国家网络身份认证公共服务对用户身份重新进行核验。这些都需要强大的科学技术作为支撑。一旦大规模数据处理机制能够建成,我国将面临一个更加安全和高速发展的景象。

三、参考案例

根据中国互联网络信息中心发布的《第 34 次中国互联网络发展状况统

---

① 参见范月、许晋、高宇童:《eID 移动身份认证系统的研究与实现》,载《信息网络安全》2015 年第 3 期。

计报告》,截至2014年6月,中国网民规模达到6.32亿,网络空间已经成为日常生活的重要载体。但是由于网络空间中身份的虚拟性和不确定性,使得网络空间中的各种虚拟实体和角色缺乏有效管理,带来网民隐私信息泄露、黑客偷盗、商业欺诈和虚假信息等问题,对电子交易、公民财产安全及社会安定造成了巨大的危害。

因此,网络的虚拟身份管理应运而生。据介绍,美国已经启动了网络身份证,并已经在两个州开始试点。欧盟的"欧洲数字议程"中,明确要求"加强信任、安全和保护充值卡人资料,建立强大的身份验证"。目前,欧盟十国已开始了网络身份认证。在我国,包括银行和一些机构在内共上百家可以进行虚拟身份认证,但是各搞各的,无法互联互通。因此,统一网络身份认证迫在眉睫。

我国的eID定义为公民网络电子身份标识,是对现有第二代身份证体系在网络应用上的补充,eID由"公安部公民网络身份识别系统"统一签发,并提交全国人口库进行严格的身份审核,确保eID的真实性、有效性,并且每个公民只能有一个与其真实身份对应的eID。eID的芯片信息采用密码算法生成,不含任何个人身份信息,有效保护了公民个人身份信息。

据悉,我国已经启动建立网络空间身份管理服务平台,并将在社会上建立一系列认证平台。需要认证时,上传eID信息,到后台比对发放密钥。目前与工商银行合作,年底前与中行、建行等银行合作,搭载银行卡免费发放。今后可用于电子商务、政务民生、社交网络、移动互联等应用。

至于网络虚拟身份管理的实施步骤,一般先是个人虚拟身份,再是组织、软件、硬件、服务等,今后可以推广到互联网环境下的网络空间虚拟身份的统一管理,把人、组织、机构、网络设备、终端设备、物品、车辆等互联互通。当然这涉及芯片安全、操作系统环境安全、大数据安全、云平台安全等多个方面。①

四、参考条文

(一)《中华人民共和国个人信息保护法》

第六十二条 国家网信部门统筹协调有关部门依据本法推进下列个人信

---

① 《我国启动虚拟身份管理 已发700万张网络身份证》,载中国青年报,http://tech.sina.com.cn/i/2014-10-30/doc-iawzunex4381665.shtml,最后访问日期:2023年2月8日。

息保护工作:

(一)制定个人信息保护具体规则、标准;

(二)针对小型个人信息处理者、处理敏感个人信息以及人脸识别、人工智能等新技术、新应用,制定专门的个人信息保护规则、标准;

(三)支持研究开发和推广应用安全、方便的电子身份认证技术,推进网络身份认证公共服务建设;

(四)推进个人信息保护社会化服务体系建设,支持有关机构开展个人信息保护评估、认证服务;

(五)完善个人信息保护投诉、举报工作机制。

(二)《中华人民共和国电子签名法》

第十三条 电子签名同时符合下列条件的,视为可靠的电子签名:

(一)电子签名制作数据用于电子签名时,属于电子签名人专有;

(二)签署时电子签名制作数据仅由电子签名人控制;

(三)签署后对电子签名的任何改动能够被发现;

(四)签署后对数据电文内容和形式的任何改动能够被发现。

当事人也可以选择使用符合其约定的可靠条件的电子签名。

(三)《中华人民共和国居民身份证法》

第十六条 有下列行为之一的,由公安机关给予警告,并处二百元以下罚款,有违法所得的,没收违法所得:

(一)使用虚假证明材料骗领居民身份证的;

(二)出租、出借、转让居民身份证的;

(三)非法扣押他人居民身份证的。

第十七条 有下列行为之一的,由公安机关处二百元以上一千元以下罚款,或者处十日以下拘留,有违法所得的,没收违法所得:

(一)冒用他人居民身份证或者使用骗领的居民身份证的;

(二)购买、出售、使用伪造、变造的居民身份证的。

伪造、变造的居民身份证和骗领的居民身份证,由公安机关予以收缴。

第十八条 伪造、变造居民身份证的,依法追究刑事责任。

有本法第十六条、第十七条所到行为之一,从事犯罪活动的,依法追究刑事责任。

第三十四条 公安机关应当会同金融、电信、网信部门组织银行业金融机构、非银行支付机构、电信业务经营者、互联网服务提供者等建立预警劝阻系统,对预警发现的潜在被害人,根据情况及时采取相应劝阻措施。对电信网络诈骗案件应当加强追赃挽损,完善涉案资金处置制度,及时返还被害人的合法财产。对遭受重大生活困难的被害人,符合国家有关救助条件的,有关方面依照规定给予救助。

一、法条主旨

本条是对预警劝阻以及被害人救助的规定,要求公安机关会同相关部门建立预警劝阻系统,同时加强追赃挽损,及时返回合法财产,对有困难被害人依照规定予以救助。

二、条文详解

【预警劝阻系统】工业和信息化部于 2021 年 7 月 14 日联合公安部启动12381 涉诈预警劝阻短信系统,对于遭遇潜在电信网络诈骗的用户,以发短信的方式提示风险。12381 涉诈预警劝阻短信系统支持对全国范围内潜在受害用户进行预警,可以根据公安机关提供的涉案号码、域名、网址、IP、互联网账号进行快速处置,基于大数据能力,几秒钟时间就可以锁定号码归属,识别潜在被害用户,包括诈骗分子曾经或正在联系的用户,第一时间通过 12381 短信端口向用户推送预警短信,提示用户可能面临贷款、刷单返利、冒充"公检法""杀猪盘"、冒充客服、冒充领导或熟人、虚假中奖、虚假征信等 9 类诈骗。

【被害人救助】防范利用金融协同非法转移资金是反电信网络诈骗工作的重要环节。根据中国人民银行披露的电信网络诈骗犯罪涉案资金转移模式,主要分为三个环节——收款、转移和变现。在收款环节,犯罪分子常常通过买卖、租借银行卡收取诈骗资金;转移环节,当前存在由"传统洗钱团伙通过洗钱产业链洗白"向"跑分平台拆分交易"以及"虚拟货币转移赃款"扩展变化的趋势;而在变现环节,包括出境刷卡取现、构造虚假交易以及地下钱庄的跨境"对敲"等最终实现账款在境外转移。

为此,本法第3章进一步拓展完善涉电信网络诈骗"资金链"治理。第16条第3款规定中国人民银行等部门组织建立为客户提供查询名下银行账户、支付账户的便捷渠道;第18条第1款明确涉诈监测治理对象的范围包括银行账户、支付账户扩展到支付结算服务支付工具和支付服务;为保障监测识别异常账户、可疑交易的有效性,第18条第4款明确金融机构可依法收集必要的交易和设备位置信息;第19条规定支付机构应当依照规定完整、准确传输有关交易信息,防范电信网络诈骗分子借此洗钱。法条的完善将有利于防止多元化的金融账户构成电信网络诈骗犯罪洗钱通道,及时发现被骗资金的转账轨迹,并采取有效的技术措施予以拦截,为被害人追赃挽损。

本法第20条规定国务院公安部门会同有关部门建立完善电信网络诈骗涉案资金即时查询、紧急止付、快速冻结、及时解冻和资金返还制度,明确有关条件、程序和救济措施。紧急止付、快速冻结、资金返还由公安机关决定,银行业金融机构、非银行支付机构应当予以配合。资金返还既是刑事诉讼活动中的一项重要工作,也是案件审查办理的一项重要内容。除由公安机关决定外,根据刑事诉讼法等法律规定,在法庭审理阶段,也可以由人民法院通过判决来决定资金返还。电信网络诈骗犯罪资金有的流向清晰,有的流向复杂,链条长、涉及面广,在公安侦查、检察起诉甚至法院审判环节,不仅可能出现资金增加或减少的情况,可能出现难以查证被害人的情况,甚至可能出现对资金来源、数额、权属的质疑,有的确需人民法院在审判环节依法判决。

对财产不能追回,因电信网络诈骗遭受重大生活困难的被害人,符合国家有关救助条件的,有关方面依照规定给予救助。该规定对被害人来说非常必要,可以与正在制定的社会救助法进行衔接。目前公安机关在打击治理电信网络诈骗工作中,冻结了大量的涉诈资金,这些资金有的找不到犯罪嫌疑人,所以被害人也长期找不到,属于"无主资金",是否可以对这部分资金依法作出处置,建立专项救助基金,还需进一步明确。

三、参考案例

芦溪县公安局率先引进了奇安信网络诈骗预警系统,调配优势警力组建电信网络诈骗预警专班,建立联动预警劝阻机制,分类分级细化劝阻措施,构建预警下达、落地劝阻、反馈落实、督导问效的工作闭环模式,展开电话＋短信＋上门劝阻的精准预警工作。

2021年10月中旬,宣风派出所接到预警信息,辖区一女子疑似遇上"冒充公检法"诈骗的不法分子。民警立即与其联系,但电话一直无人接听。民警迅速分头出动,最终在某银行找到正准备转账的这名女子,确认她还未将钱转出,民警这才松了口气。

自2021年10月中旬系统上线以来,全县累计精准预警约1782人次,日均推送预警数据70余条,上门劝阻群众600余人,累计止损300余万元,连续6个月实现发案、损失同比"双降",有效避免了群众财产安全遭受损失。①

四、参考条文

(一)《中华人民共和国刑法》

第六十四条 犯罪分子违法所得的一切财物,应当予以追缴或者责令退赔;对被害人的合法财产,应当及时返还;违禁品和供犯罪所用的本人财物,应当予以没收。没收的财物和罚金,一律上缴国库,不得挪用和自行处理。

(二)《中华人民共和国刑事诉讼法》

第二百四十五条第一款 公安机关、人民检察院和人民法院对查封、扣押、冻结的犯罪嫌疑人、被告人的财物及其孳息,应当妥善保管,以供核查,并制作清单,随案移送。任何单位和个人不得挪用或者自行处理。对被害人的合法财产,应当及时返还。对违禁品或者不宜长期保存的物品,应当依照国家有关规定处理。

(三)《中华人民共和国社会救助法(草案征求意见稿)》(2020年)

第十四条 社会救助对象包括下列家庭或者人员:

(一)最低生活保障家庭;

(二)特困人员;

---

① 参见《引进预警系统劝阻600余人》,载法制现场,https://baijiahao.baidu.com/s? id＝1742461481054103376&wfr＝spider&for＝pc,最后访问日期:2022年8月29日。

（三）低收入家庭；

（四）支出型贫困家庭；

（五）受灾人员；

（六）生活无着的流浪乞讨人员；

（七）临时遇困家庭或者人员；

（八）需要急救，但身份不明或者无力支付费用的人员；

（九）省、自治区、直辖市人民政府确定的其他特殊困难家庭或者人员。

第二十六条　国家建立并实施以下社会救助制度，对符合本法第十四条规定的社会救助对象范围的家庭或者人员，根据其家庭经济状况或者实际困难，分类给予相应的社会救助：

（一）最低生活保障；

（二）特困人员救助供养；

（三）医疗救助；

（四）疾病应急救助；

（五）教育救助；

（六）住房救助；

（七）就业救助；

（八）受灾人员救助；

（九）生活无着的流浪乞讨人员救助；

（十）临时救助；

（十一）法律法规规定的其他社会救助制度。

根据本法规定，上述社会救助制度可以单项实施，也可以多项综合实施。

县级以上地方人民政府可以在本条第一款规定的救助制度基础上，补充确定本行政区域内的其他救助措施。

第二十七条　实施社会救助，可以通过发放救助金、配发实物等方式，也可以通过提供服务的方式。

第三十五条　经国务院反电信网络诈骗工作机制决定或者批准，公安、金融、电信等部门对电信网络诈骗活动严重的特定地区，可以依照国家有关规定采取必要的临时风险防范措施。

一、法条主旨

本条是对司法实践中针对电信网络诈骗活动严重的地区运动式治理予以法治化的规定。临时性、运动式风险防范虽然是非常规的，但是在社会治理中却频繁出现，是具有中国特色的实践。其与常规社会治理相互配合、协同才能够实现有效的治理预期。司法实务中，地域性犯罪是近年来国内出现的一种特殊的犯罪现象，与之相关的地域概念，被称为犯罪重点整治地区。治理过程中，国务院有关部门挂牌了一批电信网络诈骗犯罪重点整治地区，督促上述地区所在的省、市、区（县）加大整治力度。此举反映出国内已形成一批犯罪人员较为集中的犯罪源头地，并成为犯罪治理的重要战场。最高人民法院等六部门在2016年9月发布的《关于防范和打击电信网络诈骗犯罪的通告》中提到："……整治一批重点地区，坚决拔掉一批地域性职业电信网络诈骗犯罪'钉子'。"

二、条文详解

由于大多数电信网络诈骗犯罪具有一定的"技术性"，或有专门话术培训，或是有电信网络诈骗犯罪所需的上下游产业链支持，体现出明显的专业化特征，往往需要熟悉犯罪的人员进行犯罪方法传授才可能实施。农村的宗族关系、熟人社会和小圈子特征无疑满足了这种人际关系条件，一旦有一小部分人从事犯罪并未被及时打击，就容易在人际关系圈被效仿，从而形成一批从事类犯罪的人群，具有地域性职业特征。传统接触式犯罪视域下，犯罪实施地与犯罪结果地重合，犯罪人在户籍地犯罪。在非接触式、远程式犯罪模式下，逐渐形成犯罪实施地、犯罪结果地和犯罪人户籍地三者在物理空间上完全分离的新样态。①

2015年10月，国务院打击治理电信网络新型违法犯罪工作部际联席会议第一次会议要求，集中侦破一批案件、打掉一批犯罪活动、尽快整治一批重点地区；11月，部署开展专项行动并确定7个电信网络新型违法犯罪重点地

---

① 参见庄华：《犯罪重点整治地区的治理路径重构》，载《山东警察学院学报》2021年第11期。

区。2016 年,公安部又对全国 17 个电信网络诈骗和传统盗抢骗犯罪突出地区进行挂牌整治,轰动全国的"徐某玉案"的主犯陈某辉所在的福建安溪县,正是公安部挂牌督办的重点地区。2017 年 11 月,第一轮的 10 个重点整治地区被摘牌,同时第二轮 9 个重点整治地区被挂牌。

　　这种运动式的挂牌整治,能解决常规治理的空间错位与高成本。常规治理下,源头地公安部门往往不是电信网络诈骗的治理责任主体,因此缺少治理的动力,而运动式治理实践中虽然是在县级层面展开,但是治理压力却来自公安部的重点督办,因此从全国层面来看,各重点县的运动式治理实际上是公安部对重点县的运动式治理。通过确立犯罪人户籍属地管理的原则,落实源头地地方政府的治理责任,实现治理主体与治理对象的对位治理。具体而言,运动式治理的对位治理的有效性体现在以下两个方面:一是对位治理与存量治理效率的提高。对于存量的电信网络诈骗案件,前期由各地的公安机关根据辖区属地原则负责侦办,在侦办到追捕逃犯环节之后,因为地域协同成本高而治理效率较低。而电信网络诈骗重点县的对位治理由本地公安部门对本地户籍逃犯进行追逃,在追逃成功后移交给各地公安机关,解决了常规治理的地域协同问题。更重要的是,电信网络诈骗重点县的对位治理还能够通过群众动员劝说在逃人员自首,大大降低了逃犯追捕的成本。二是对位治理与增量治理总量的减少。由于电信网络诈骗犯罪具有"案小面广"的特征,发案数量较大且分布非常分散,因此治理总量非常大。而电信网络诈骗重点区域的对位治理是从源头地展开治理,能够通过深度的社会动员,对电信网络诈骗犯罪传播的深层社会土壤进行清理,从源头上减少电信网络诈骗案件的增量,减轻政府的治理压力。村庄熟人社会是电信网络诈骗重点区域传播的一个重要场域,电信网络诈骗治理的核心在于消除区域内部对于电信网络诈骗犯罪的去污名化认知,利用熟人社会口口相传的信息传播方式,将政策压力转变为区域舆论,政府出手打击电信网络诈骗,能够迎合处于多数本分劳动群众的心理,获得舆论支持。因此运动式、临时性的治理能够针对常规治理过滤出的不规则事务特征,灵活地进行适应性治理,具有补充治理的特征,两者形成了双层治理的有机整体。①

---

① 　参见安永军:《常规治理与运动式治理的纵向协同机制》,载《北京社会科学》2022 年第 2 期。

三、参考案例

2019 年 2 月 19 日,海南省公安厅发布消息称,东方市在打击电信网络诈骗"摘帽 4"收网行动后,警方的一则通告促使 299 名在逃嫌疑人"排队自首"。调查发现,此次自首事件中,涉案人员多为未成年人,他们在网络游戏中发布虚假信息售卖游戏币实施诈骗,在"圈内"被称为"枪手"。

实际上,游戏币诈骗在东方市由来已久,早在 2007 年前后便有人陆续参与其中,并很快盛行起来。东方市公安局相关负责人介绍,2013 年全国十多个省份的公安民警陆续来东方市抓捕电信网络诈骗嫌犯,此后东方市的游戏币诈骗犯罪引发各方关注。2017 年 11 月,国务院联席办将东方市列为电信网络诈骗犯罪重点整治区域。

2018 年初,东方市成立打击治理电信网络新型违法犯罪领导小组,公安、教育、工商等 44 个部门均参与其中,市委书记铁钢在此后召开的誓师大会中要求,一年内摘掉电信网络诈骗重点整治区域的"帽子"。东方市公安局全面落实公安部"1+8+32"的打击工作机制,经研判发现,聚集在东方的"枪手"大多是未成年人,因为没有考上高中或大学,年龄太小无法外出打工,终日泡在网吧里,耳濡目染学会了游戏币诈骗,为挣零花钱而走入歧途。"基于这个原因,我们形成了民警、村干部和嫌疑人点对点的专管机制,各乡镇和嫌疑人家属都很配合,帮助我们劝投了一批又一批在逃嫌疑人。"相关负责人介绍,打掉许多隐藏在村子里专门用以从事网络诈骗的黑网吧后,"摘帽"行动进展得比较顺利。

经过 4 次"摘帽"行动,东方市共查处电信网络诈骗团伙 37 个,抓获嫌疑人 626 人,使游戏币诈骗日均发案数从 4.32 起下降到不足一起。①

第三十六条　对前往电信网络诈骗活动严重地区的人员,出境活动存在重大涉电信网络诈骗活动嫌疑的,移民管理机构可以决定不准其出境。

因从事电信网络诈骗活动受过刑事处罚的人员,设区的市级以上公安机关可以根据犯罪情况和预防再犯罪的需要,决定自处罚完毕之日起 6 个月至

---

① 参见《海南东方"摘帽"电诈重灾区:44 部门齐治理,家长携子自首》,载澎湃新闻,https://www.thepaper.cn/newsDetail_forward_3109993,最后访问日期:2019 年 3 月 7 日。

3年以内不准其出境,并通知移民管理机构执行。

一、法条主旨

本条是对涉嫌电信网络诈骗活动重大嫌疑的人员以及从事电信网络诈骗活动受过刑事处罚的人限制出境的规定。

二、条文详解

限制出境,是出于维护国家安全和利益,维持社会公共秩序等需要,在特定情况下,要求公民在一定时间内不准出境的措施。本条规定了两种限制出境的情形:一是对前往电信网络诈骗活动严重地区的人员,出境活动存在重大涉电信网络诈骗活动嫌疑的,移民管理机构可以决定不准其出境;二是因从事电信网络诈骗活动受过刑事处罚的人员,可以自处罚完毕之日起六个月至三年以内不准其出境。

从本条限制出境的类型来看,应属于具体行政行为。限制出境的对象,既有外籍人士以及无国籍人士,也有我国港澳台地区居民,但数量最大的,还是我国内地公民。限制出境又可以分为"不批准出境"和"控制出境(边控)"。"不批准出境"一般只针对中国公民。根据出境时是否已经取得出境证照,如果公民有出境的需要,应向其本人户口所在地的市和县级公安机关提出申请,要求其颁发护照,公安机关出入境管理机关审查后如果认为其符合条件,将颁发护照或者其他旅行证件,如果审查后认为其不符合颁发护照的条件,依法不应当出境,一般公民在申请出境时因为被"不批准出境"而被限制出境的,则应当属于行政法上的"行政许可"。"控制出境"的对象既包括我国公民,也包括他国公民。已经获得颁发护照或者其他旅行证件的人出境,必须经过边防检查机关的查验并获得许可,如果经过我国边防检查机关的查验,属于法定不能出境的人员,则阻止其离开我国边境。此时该行为仅行政机关单方即可决定,且决定并送达相对人后即发生法律效力,其内容对公民的权利义务即产生重要的影响,应属于行政强制措施。①

---

① 　参见陈庆安:《我国限制出境措施问题研究》,载《政治与法律》2018年第9期。

从限制的程序和时间来看,做出限制出境的决定后,应当填写《法定不批准出境人员报备案通知书》,报备公安机关。在本省辖区口岸阻止出境的,应当向本省公安厅报备;出境口岸超出本省辖区范围的,应向出境口岸省公安厅报备。限制出境的期限,实践中大多是根据公安部门的内部规定执行。未规定的,一般为 1 年,像第一种情形,特殊情况下不得超过 5 年。① 针对第二种情形,因从事电信网络诈骗活动受过刑事处罚的人员,因本法明确规定,故只能是 6 个月以上 3 年以下不批准出境的决定。

"无救济则无权利",有效救济渠道的阙如实际上剥夺了相关人群的自由出入境权利,这违反了法治的基本精神。依照本法第 48 条规定,有关单位和个人对依照本法作出的行政处罚和行政强制措施决定不服的,可以依法申请行政复议或者提起行政诉讼。限制出境措施,无论其具体法律性质是行政强制措施还是行政许可,均属于具体行政行为,都是可以申请复议和提起行政诉讼的。

三、参考案例

2022 年 9 月 12 日下午记者从公安部获悉,电信网络诈骗犯罪是典型的跨国有组织犯罪,诈骗窝点往往设在他国和地区,针对受害国公民实施诈骗。为此,公安机关通过国际执法合作,与多国警方联手开展打击行动,取得了十分明显成效。2019 年与西班牙警方联合开展的"长城行动",成为跨国执法合作的典范。今年 3 月至 6 月,我公安机关在国际刑警组织框架下,与 76 个成员国警方共同参与的反诈"曙光行动",捣毁设在多国的诈骗窝点 1770 个,逮捕犯罪嫌疑人 2000 余名,拦截非法资金 5000 余万美元。

针对我国在境外从事诈骗活动人员,特别是被欺骗裹挟偷渡出境、在犯罪窝点遭受拘禁、殴打等人员,公安机关积极会同有关部门通过国际执法合作对他们开展解救和教育劝返,并全力做好他们回国后的救助帮扶和就业安置工作。移民管理部门根据《出境入境管理法》明确规定,依法对从事电信网络诈

---

① 参见 1998 年公安部《关于实行对法定不批准出境人员通报备案制度的规定》(公通字[1998]33 号)。

骗活动的人员采取限制出境等措施。①

四、参考条文

(一)《中华人民共和国出入境管理法》

第十二条 中国公民有下列情形之一的,不准出境:

(一)未持有效出境入境证件或者拒绝、逃避接受边防检查的;

(二)被判处刑罚尚未执行完毕或者属于刑事案件被告人、犯罪嫌疑人的;

(三)有未了结的民事案件,人民法院决定不准出境的;

(四)因妨害国(边)境管理受到刑事处罚或者因非法出境、非法居留、非法就业被其他国家或者地区遣返,未满不准出境规定年限的;

(五)可能危害国家安全和利益,国务院有关主管部门决定不准出境的;

(六)法律、行政法规规定不准出境的其他情形。

第二十一条 外国人有下列情形之一的,不予签发签证:

……

(三)可能危害中国国家安全和利益、破坏社会公共秩序或者从事其他违法犯罪活动的;……

(二)《关于办理电信网络诈骗等刑事案件适用法律若干问题的意见(二)》

三、有证据证实行为人参加境外诈骗犯罪集团或犯罪团伙,在境外针对境内居民实施电信网络诈骗犯罪行为,诈骗数额难以查证,但一年内出境赴境外诈骗犯罪窝点累计时间 30 日以上或多次出境赴境外诈骗犯罪窝点的,应当认定为刑法第二百六十六条规定的"其他严重情节",以诈骗罪依法追究刑事责任。有证据证明其出境从事正当活动的除外。

---

① 参见《中国公安部:依法对从事电诈人员采取限制出境等措施》,载西南丝绸路,https://mp.weixin.qq.com/s?__biz=MzU1MTcxMDI0Nw==&mid=2247525474&idx=1&sn=f0e0bfc36852e84594ea07bd0ffc40c3&chksm=fb8f1f2accf8963c3ea5c2219ac549748bc52653edc-03ba7913774a58b1de9a717bb619c2642&scene=27,最后访问日期:2022 年 9 月 16 日。

第三十七条　国务院公安部门等会同外交部门加强国际执法司法合作，与有关国家、地区、国际组织建立有效合作机制，通过开展国际警务合作等方式，提升在信息交流、调查取证、侦查抓捕、追赃挽损等方面的合作水平，有效打击遏制跨境电信网络诈骗活动。

一、法条主旨

本条是关于国际执法司法合作的规定。当前严重的网络犯罪多是跨国跨境的，因而国际合作的议题也被前所未有地提上了议事日程。开展国际执法司法合作，应以法治思维和法治方式开展国际合作，这是根本遵循；国际条约和国内法律是开展国际刑事司法合作的国际法基础和国内法基础，两个基础应当配套实施，一体推进。

二、条文详解

随着国内对电信网络诈骗犯罪的打击力度不断加大，电信网络诈骗在国内的生存空间不断减缩，一些电信网络诈骗行为人将设备、人员均安置在境外，借助先进的科技手段和便捷的移动支付手段，对境内人员实施诈骗。电信网络诈骗犯罪打击必然涉及不同法域的跨境执法问题。

首先，《联合国打击跨国有组织犯罪公约》签署国家的广泛性、打击跨国犯罪内容的全面性，为打击涉及缔约国的跨境电信网络诈骗犯罪提供了法律保障。2000年12月12日至15日，《联合国打击跨国有组织犯罪公约》签署会议在罗马举行，118个国家和地区签署了该公约。如我国与《联合国打击跨国有组织犯罪公约》缔约国没有签订《刑事司法协助条约》、警务合作协议等合作文件，我国可依据《联合国打击跨国有组织犯罪公约》要求赃款转移国履行相关义务，提供刑事司法协助。在与相关《联合国打击跨国有组织犯罪公约》缔约国签订的刑事司法合作文书中没有规定的合作内容，同样可以依据《联合国打击跨国有组织犯罪公约》，在对方法律允许的范围内，要求对方提供刑事司法协助。

其次，我国与相关国家签订的《刑事司法协助条约》《执法备忘录》等刑事司法合作文件，系立足于两国实际，内容具体、明确，可执行性、可操作性强，是进行刑事司法协作的重要合作基础,但要适应时代特点、犯罪形势发展等情况,对相关协议的内容及时进行完善、更新,如将协助追缴犯罪所得或收益的路径、可具体实施的侦查手段等内容适时纳入司法合作范围之内。

再次,运用联合侦查机制,强化侦查合力。所谓联合侦查,是指两个以上国家的主管机关,为打击涉及它们各自刑事司法管辖的跨国犯罪,组建联合侦查机构共同开展侦查取证活动、缉捕犯罪嫌疑人的一种国际刑事司法合作形式。在具体刑事司法合作实践中,中国与菲律宾、泰国、老挝、越南、柬埔寨等东南亚国家通过实施联合侦查,成功破获了多起跨国贩毒案件。

此外,还应注重与反洗钱机构的合作,全面、及时获得诈骗集团洗钱信息情报,以最快的速度查清赃款去向。充分利用反洗钱国际合作行为规则,深度参与有关反洗钱国际组织、区域组织重大决策的制定;利用国际金融情报交流平台,拓展反洗钱情报渠道,进一步提高我国反洗钱监测分析中心的运行效率,实现与国外反洗钱机构的无缝对接。①

最后,为鼓励国家间司法协助,资产分享逐步被提上了国际司法执法合作的议程,逐渐成为国际社会较为成熟的关于犯罪资产处置的方案。② 资产分享,是指对于通过刑事司法国际合作没收的犯罪所得或收益,请求国与被请求国通过协商或订立协议等方式,在扣除应当返还被害人的收益以及提供司法协助的必要开支后,就剩余被没收的犯罪所得或收益,按双方协商的比例,或者根据合作贡献的大小进行分享。③ 随着跨国犯罪日趋严重,涉案赃款日益巨大,拒绝资产分享往往不利于推动国家间资产追回的司法协助,甚至会影响资产流出国与资产流入国建立在互惠和互信基础上的司法合作关系。

三、参考案例

2018 年 7 月至 2019 年 12 月期间,卢某伙同林某(在逃)在延吉市和沈阳市多处地点设立作案窝点,先后纠集朱某等 26 人,以非法占有为目的,有组织

---

① 参见郝家英:《电信网络诈骗犯罪跨境追赃与国际刑事司法合作》,载《北京警察学院学报》2021 年第 2 期。

② 参见解彬:《境外追赃刑事法律问题研究》,中国政法大学出版社 2016 年版,第 178 页。

③ 参见赵阳:《外逃贪官"最钟情"国多"分成"处理赃款》,载《法制日报》2012 年 12 月 6 日第 5 版。

地针对韩国公民实施电信网络诈骗,逐步形成以卢某、林某为首的诈骗犯罪集团。卢某为实施电信网络诈骗租用房屋,购买电脑、网络电话等犯罪工具提供给各被告人,策划、组织各被告人实施电信网络诈骗,并根据各被告人的业绩给予诈骗所得10%的提成。韩某、朱某、朴某根据卢某的指使向负责一线的被告人提供被害人的信息,管理成员日常生活,支付各被告人的工资、提成;被告人 TEAHWANPARK、SOMINCHOI 等负责一线,冒充检察厅侦查官给被害人打电话,谎称其名下银行账户涉及洗钱等违法犯罪,需要核实相关信息,确保账户安全,套取被害人银行账户信息,并诱使被害人在手机上下载病毒软件,后将被害人信息转交给二线;被告人 JEONGSIKNOH 等负责二线,根据一线人员所提供信息,冒充韩国检察官,谎称以需继续调查被害人银行账户内的钱是否涉及犯罪,确保资金安全为由,诱使被害人将钱款转交给金融监督员;被告人金某等明知被告人卢某实施电信网络诈骗,通过指使冒充金融监督员的同案犯去被害人处收取钱款、联系韩国的换钱所、提供无卡存款账号等方式,帮助卢某转移诈骗所得。期间,该诈骗集团通过上述手段骗取韩国籍被害人朴某乙、文某甲、赵某甲、朱某甲、崔某甲、崔某乙、安某甲、朴某甲、徐某甲钱款共计216259610万元韩币(折合人民币1284281.13余元)。

2019年12月19日,延吉市公安局在办理该案过程中,为核实韩籍被害人被骗事实,向延边州公安局国际合作局联络办呈请关于韩国江原道警察厅提供韩某被害人笔录及相关证据的请示;韩国国家警察局刑警组织首尔国家中心局通过中国国际合作局发送至延边州公安局出入境管理支队国际合作局联络办转发至延吉市公安局。[①]

四、参考条文

(一)《联合国打击跨国有组织犯罪公约》

第二条 术语的使用在本公约中:

(一)"有组织犯罪集团"系指由三人或多人所组成的、在一定时期内存在的、为了实施一项或多项严重犯罪或根据本公约确立的犯罪以直接或间接获

---

① 参见吉林省延吉市人民法院(2020)吉2401刑初650号判决书。

得金钱或其他物质利益而一致行动的有组织结构的集团；

（二）"严重犯罪"系指构成可受到最高刑至少四年的剥夺自由或更严厉处罚的犯罪的行为；

（三）"有组织结构的集团"系指并非为了立即实施一项犯罪而随意组成的集团，但不必要求确定成员职责，也不必要求成员的连续性或完善的组织结构；

（四）"财产"系指各种资产，不论其为物质的或非物质的、动产或不动产、有形的或无形的，以及证明对这些资产所有权或权益的法律文件或文书；

第三条 适用范围

一、本公约除非另有规定，应适用于对下述跨国的且涉及有组织犯罪集团的犯罪的预防、侦查和起诉：

（一）依照本公约第五条、第六条、第八条和第二十三条确立的犯罪；

（二）本公约第二条所界定的严重犯罪。

二、就本条第一款而言，有下列情形之一的犯罪属跨国犯罪：

（一）在一个以上国家实施的犯罪；

（二）虽在一国实施，但其准备、筹划、指挥或控制的实质性部分发生在另一国的犯罪；

（三）犯罪在一国实施，但涉及在一个以上国家从事犯罪活动的有组织犯罪集团；

（四）犯罪在一国实施，但对于另一国有重大影响。

第五条 参加有组织犯罪集团行为的刑事定罪

一、各缔约国均应采取必要的立法和其他措施，将下列故意行为规定为刑事犯罪：

（一）下列任何一种或两种有别于未遂或既遂的犯罪的行为：

1. 为直接或间接获得金钱或其他物质利益而与一人或多人约定实施严重犯罪，如果本国法律要求，还须有其中一名参与者为促进上述约定的实施的行为或涉及有组织犯罪集团；

2. 明知有组织犯罪集团的目标和一般犯罪活动或其实施有关犯罪的目的而积极参与下述活动的行为：

（1）有组织犯罪集团的犯罪活动；

（2）明知其本人的参与将有助于实现上述犯罪目标的该有组织犯罪集团

的其他活动；

（二）组织、指挥、协助、教唆、促使或参谋实施涉及有组织犯罪集团的严重犯罪。

第六条 洗钱行为的刑事定罪

一、各缔约国均应依照其本国法律基本原则采取必要的立法及其他措施，将下列故意行为规定为刑事犯罪：

（一）1. 明知财产为犯罪所得，为隐瞒或掩饰该财产的非法来源，或为协助任何参与实施上游犯罪者逃避其行为的法律后果而转换或转让财产；

2. 明知财产为犯罪所得而隐瞒或掩饰该财产的真实性质来源、所在地、处置、转移、所有权或有关的权利；

……

（二）《中华人民共和国刑事诉讼法》

第十八条 根据中华人民共和国缔结或者参加的国际条约，或者按照互惠原则，我国司法机关和外国司法机关可以相互请求刑事司法协助。

（三）《中华人民共和国引渡法》

第三十九条 对于根据本法第三十八条的规定执行引渡的，公安机关应当根据人民法院的裁定，向请求国移交与案件有关的财物。

因被请求引渡人死亡、逃脱或者其他原因而无法执行引渡时，也可以向请求国移交上述财物。

第五十一条 公安机关负责接收外国准予引渡的人以及与案件有关的财物。

对于其他部门提出引渡请求的，公安机关在接收被引渡人以及与案件有关的财物后，应当及时转交提出引渡请求的部门；也可以会同有关部门共同接收被引渡人以及与案件有关的财物。

（四）《中华人民共和国国际刑事司法协助法》

第一条 为了保障国际刑事司法协助的正常进行，加强刑事司法领域的国际合作，有效惩治犯罪，保护个人和组织的合法权益，维护国家利益和社会秩序，制定本法。

第二条　本法所称国际刑事司法协助，是指中华人民共和国和外国在刑事案件调查、侦查、起诉、审判和执行等活动中相互提供协助，包括送达文书，调查取证，安排证人作证或者协助调查，查封、扣押、冻结涉案财物，没收、返还违法所得及其他涉案财物，移管被判刑人以及其他协助。

（五）《公安机关办理刑事案件程序规定》（第十三章对刑事司法协助和警务合作作出专门规定）

第三百七十五条　公安机关进行刑事司法协助和警务合作的范围，主要包括犯罪情报信息的交流与合作，调查取证，安排证人作证或者协助调查，查封、扣押、冻结涉案财物，没收、返还违法所得及其他涉案财物，送达刑事诉讼文书，引渡、缉捕和递解犯罪嫌疑人、被告人或者罪犯，以及国际条约、协议规定的其他刑事司法协助和警务合作事宜。

第六章　法律责任

第三十八条　组织、策划、实施、参与电信网络诈骗活动或者为电信网络诈骗活动提供帮助,构成犯罪的,依法追究刑事责任。

前款行为尚不构成犯罪的,由公安机关处十日以上十五日以下拘留;没收违法所得,处违法所得一倍以上十倍以下罚款,没有违法所得或者违法所得不足一万元的,处十万元以下罚款。

一、法条主旨

本条是对电信网络诈骗实行行为以及帮助行为刑事责任和行政责任的规定。

第 1 款强调电信网络诈骗实行行为和帮助行为的刑事责任,即"任何个人、单位实施电信网络诈骗活动,或者帮助他人实施电信网络诈骗活动的,依法追究刑事责任。"通过设定禁止性行为规范,阻断犯罪实行行为,同时遏制针对电信网络诈骗的信息支持、技术支持和支付结算支持等帮助行为。

第 2 款规定了主体违反不作为义务时的行政责任,与第 1 款之间是刑事责任和行政责任的衔接规定,进一步凸显法律责任的二元分层。同时,规定了具体的惩戒措施,即"由公安机关处十日以上十五日以下拘留;没收违法所得,处违法所得一倍以上十倍以下罚款,没有违法所得或者违法所得不足一万元的,处十万元以下罚款。"

二、条文详解

【刑事责任】第 1 款规定了一般主体负有不得实施或帮助实施电信网络诈骗活动的禁止性义务。前半部分是关于电信网络诈骗实行行为的描述,包括"组织、策划、实施、参与"行为,后半部分是关于电信网络诈骗帮助行为的描述。"构成犯罪的,依法追究刑事责任"的规定,是诸多行政法律规范采取的立法技术,并不具有独立设立刑事责任的功能,只是起到宣示和指引作用,即对具有严重社会危害性的行为的处罚并不能直接在行政法规、地方性法规和规章中找到适用依据,只能依照或者比照刑法典、单行刑法的规定追究刑事责任,解决了相关法律与现行刑法的衔接问题。前半部分的指引应引用《刑法》第 266 条关于诈骗罪的规定。对此,最高人民法院、最高人民检察院《关于办理诈骗刑事案件具体应用法律若干问题的解释》第 1 条规定,利用电信网络技术手段实施诈骗,诈骗公私财物价值 3 千元至 1 万元以上、3 万元至 10 万元以上、50 万元以上的,应当分别认定为《刑法》第 266 条规定的"数额较大""数额巨大""数额特别巨大"。后半部分是关于帮助行为的认定指引,电信网络诈骗帮助行为呈现链条化特征,各链条节点具有功能的独立性,根据其构成要件,有可能涉及《刑法》第 124 条破坏广播电视设施、公用电信设施罪、第 177 条之一妨害信用卡管理罪、第 253 条之一侵犯公民个人信息罪、第 285 条提供侵入、非法控制计算机信息系统程序、工具罪、第 286 条破坏计算机信息系统罪、第 286 条之一拒不履行信息网络安全管理义务罪、第 287 条之一非法利用信息网络罪、第 287 条之二帮助信息网络犯罪活动罪、第 288 条扰乱无线电通讯管理秩序罪、第 312 条掩饰、隐瞒犯罪所得、犯罪所得收益罪等。当然,帮助犯的成立需满足"实质参与性"标准,亦即主观犯意联络和客观行为与危害后果因果关系作用力的紧密程度,是衡量帮助犯成立的规范标准,具体可从行为人对于正犯实行的帮助方式和作用程度等方面加以把握。如在行为人同时为电信网络诈骗提供支付结算和掩饰、隐瞒服务时,可分别构成帮助信息网络犯罪活动罪和掩饰、隐瞒犯罪所得、犯罪所得收益罪,鉴于其侵犯的法益存在交叉重叠,可将其整体视为一行为,处断时宜从一重论处。①

【行政责任】第 2 款是对违反禁止性义务的行政责任的规定。行政处罚是反电信网络诈骗实践理性的产物。刑事追诉固然具有威慑效力,但定罪量刑受到"事实清楚、证据确实、充分"和"排除一切合理怀疑"的刑事证明标准制约,且入罪门槛的把握应兼顾法益保护和经济社会发展。行政责任的追究

---

① 参见阴建峰、张印:《电信网络诈骗帮助行为行刑责任体系之衔接——兼评〈反电信网络诈骗法(草案)〉第 37 条》,载《山东警察学院学报》2021 年第 11 期。

遵循"效率优先，兼顾公平"原则，行政处罚的证明责任标准无需达到"排除一切合理怀疑"程度，责任追究程序更具便利性、灵活性。基于上述考量，反电信网络诈骗行政制裁的引入和完善，客观上能够有效落实"打早打小"理念，切断电信网络诈骗链条，遏制其高发态势。比如，行为人仅非法制造、提供设备或软件，对于下游电信网络诈骗犯罪分子实施的行为"漠不关心"，客观上其获利也与诈骗所得缺乏紧密关联性，则难以认定共犯或其他帮助犯正犯的成立。而行政责任的设定具有弥补部分电信网络诈骗帮助行为法律规制空白的功能，没收违法所得、罚款、行政拘留等行政处罚措施的设定，能够有效弥补相关行为人不构成犯罪时法律责任的缺失，为有效切断电信网络诈骗工具链提供保障。

在具体惩戒措施上，将电信网络诈骗行为或帮助行为视为《治安管理处罚法》规定的严重违法行为，与《治安管理处罚法》第 72 条规定的非法持有鸦片、海洛因或者甲基苯丙胺、向他人提供毒品、或吸食、注射毒品等类似，处以10 日以上 15 日以下治安拘留。同时，还加大了对其经济惩罚，与窃取或者以其他非法方式获取、非法出售或者非法向他人提供个人信息的处罚相当，规定由公安机关没收违法所得，并处违法所得 1 倍以上 10 倍以下罚款。同时，对情节相对较轻，比如，没有违法所得或者违法所得不足 1 万元的，处 10 万元以下罚款。

三、参考案例

案例 1：江苏连云港公安机关侦破梅某等人侵犯公民个人信息案。2019年年初，江苏连云港公安机关侦破一起搭建虚假炒股平台实施诈骗案。连云港市公安局网安部门随后顺线追踪，发现一条以证券公司内部人员范某等人为源头，层层倒卖股民信息至境内外网络炒股诈骗团伙的跨境侵犯公民个人信息犯罪链条，下游诈骗分子使用股民信息实施诈骗，涉案金额高达 2220 余万元。连云港公安机关据此先后抓获犯罪嫌疑人 53 名，包括某证券公司内部员工 2 名，查获股民信息 300 余万条。[1]

---

[1] 参见《公安部公布十起侵犯公民个人信息违法犯罪典型案件》，载公安部官网，http://www.gov.cn/xinwen/2020-04/16/content_5502912.htm，最后访问日期：2020 年 4 月 16 日。

案例2：2022年4月份古某某在明知他人向其收集银行卡、电话卡系用于违法犯罪等行为，仍将其实名认证办理的银行卡、手机卡提供他人用于从事违法犯罪活动支付结算并从中非法获利。5月初，鹅公派出所将古某某抓获。由于古某某的行为尚不构成犯罪，5月10日定南县公安局依据《中华人民共和国网络安全法》相关规定对古某某给予行政拘留3日，并处罚款5万元的处罚。①

四、参考条文

（一）《中华人民共和国刑法》

第一百二十四条 破坏广播电视设施、公用电信设施，危害公共安全的，处三年以上七年以下有期徒刑；造成严重后果的，处七年以上有期徒刑。

过失犯前款罪的，处三年以上七年以下有期徒刑；情节较轻的，处三年以下有期徒刑或者拘役。

第一百七十七条之一 有下列情形之一，妨害信用卡管理的，处三年以下有期徒刑或者拘役，并处或者单处一万元以上十万元以下罚金；数量巨大或者有其他严重情节的，处三年以上十年以下有期徒刑，并处二万元以上二十万元以下罚金：

（一）明知是伪造的信用卡而持有、运输的，或者明知是伪造的空白信用卡而持有、运输，数量较大的；

（二）非法持有他人信用卡，数量较大的；

（三）使用虚假的身份证明骗领信用卡的；

（四）出售、购买、为他人提供伪造的信用卡或者以虚假的身份证明骗领的信用卡的。

窃取、收买或者非法提供他人信用卡信息资料的，依照前款规定处罚。

银行或者其他金融机构的工作人员利用职务上的便利，犯第二款罪的，从重处罚。

---

① 参见《卖自己银行卡，定南一男子换来5万元罚款和3日治安拘留!》，载定南在线，https://www.163.com/dy/article/H76K84U40545HLK1.html，最后访问日期：2022年5月12日。

第二百五十三条之一　违反国家有关规定,向他人出售或者提供公民个人信息,情节严重的,处三年以下有期徒刑或者拘役,并处或者单处罚金;情节特别严重的,处三年以上七年以下有期徒刑,并处罚金。

违反国家有关规定,将在履行职责或者提供服务过程中获得的公民个人信息,出售或者提供给他人的,依照前款的规定从重处罚。

窃取或者以其他方法非法获取公民个人信息的,依照第一款的规定处罚。

……

第二百六十六条　诈骗公私财物,数额较大的,处三年以下有期徒刑、拘役或者管制,并处或者单处罚金;数额巨大或者有其他严重情节的,处三年以上十年以下有期徒刑,并处罚金;数额特别巨大或者有其他特别严重情节的,处十年以上有期徒刑或者无期徒刑,并处罚金或者没收财产。本法另有规定的,依照规定。

第二百八十五条　违反国家规定,侵入国家事务、国防建设、尖端科学技术领域的计算机信息系统的,处三年以下有期徒刑或者拘役。

违反国家规定,侵入前款规定以外的计算机信息系统或者采用其他技术手段,获取该计算机信息系统中存储、处理或者传输的数据,或者对该计算机信息系统实施非法控制,情节严重的,处三年以下有期徒刑或者拘役,并处或者单处罚金;情节特别严重的,处三年以上七年以下有期徒刑,并处罚金。

提供专门用于侵入、非法控制计算机信息系统的程序、工具,或者明知他人实施侵入、非法控制计算机信息系统的违法犯罪行为而为其提供程序、工具,情节严重的,依照前款的规定处罚。

……

第二百八十六条　违反国家规定,对计算机信息系统功能进行删除、修改、增加、干扰,造成计算机信息系统不能正常运行,后果严重的,处五年以下有期徒刑或者拘役;后果特别严重的,处五年以上有期徒刑。

违反国家规定,对计算机信息系统中存储、处理或者传输的数据和应用程序进行删除、修改、增加的操作,后果严重的,依照前款的规定处罚。

故意制作、传播计算机病毒等破坏性程序,影响计算机系统正常运行,后果严重的,依照第一款的规定处罚。

第二百八十六条之一第一款　网络服务提供者不履行法律、行政法规规定的信息网络安全管理义务,经监管部门责令采取改正措施而拒不改正,有下

列情形之一的,处三年以下有期徒刑、拘役或者管制,并处或者单处罚金:

（一）致使违法信息大量传播的;

（二）致使用户信息泄露,造成严重后果的;

（三）致使刑事案件证据灭失,情节严重的;

（四）有其他严重情节的。

第二百八十七条之一第一款 利用信息网络实施下列行为之一,情节严重的,处三年以下有期徒刑或者拘役,并处或者单处罚金:

（一）设立用于实施诈骗、传授犯罪方法、制作或者销售违禁物品、管制物品等违法犯罪活动的网站、通讯群组的;

（二）发布有关制作或者销售毒品、枪支、淫秽物品等违禁物品、管制物品或者其他违法犯罪信息的;

（三）为实施诈骗等违法犯罪活动发布信息的。

第二百八十七条之二第一款 明知他人利用信息网络实施犯罪,为其犯罪提供互联网接入、服务器托管、网络存储、通讯传输等技术支持,或者提供广告推广、支付结算等帮助,情节严重的,处三年以下有期徒刑或者拘役,并处或者单处罚金。

第二百八十八条第一款 违反国家规定,擅自设置、使用无线电台（站）,或者擅自使用无线电频率,干扰无线电通讯秩序,情节严重的,处三年以下有期徒刑、拘役或者管制,并处或者单处罚金;情节特别严重的,处三年以上七年以下有期徒刑,并处罚金。

第三百一十二条第一款 明知是犯罪所得及其产生的收益而予以窝藏、转移、收购、代为销售或者以其他方法掩饰、隐瞒的,处三年以下有期徒刑、拘役或者管制,并处或者单处罚金;情节严重的,处三年以上七年以下有期徒刑,并处罚金。

（二）最高人民法院、最高人民检察院《关于办理诈骗刑事案件具体应用法律若干问题的解释》

第一条第一款 诈骗公私财物价值三千元至一万元以上、三万元至十万元以上、五十万元以上的,应当分别认定为刑法第二百六十六条规定的"数额较大"、"数额巨大"、"数额特别巨大"。

第二条第一款 诈骗公私财物达到本解释第一条规定的数额标准,具有

下列情形之一的,可以依照刑法第二百六十六条的规定酌情从严惩处:

(一)通过发送短信、拨打电话或者利用互联网、广播电视、报刊杂志等发布虚假信息,对不特定多数人实施诈骗的;

(二)诈骗救灾、抢险、防汛、优抚、扶贫、移民、救济、医疗款物的;

(三)以赈灾募捐名义实施诈骗的;

(四)诈骗残疾人、老年人或者丧失劳动能力人的财物的;

(五)造成被害人自杀、精神失常或者其他严重后果的。

(三)《中华人民共和国治安管理处罚法》

第二条 扰乱公共秩序,妨害公共安全,侵犯人身权利、财产权利,妨害社会管理,具有社会危害性,依照《中华人民共和国刑法》的规定构成犯罪的,依法追究刑事责任;尚不够刑事处罚的,由公安机关依照本法给予治安管理处罚。

第二十八条 违反国家规定,故意干扰无线电业务正常进行的,或者对正常运行的无线电台(站)产生有害干扰,经有关主管部门指出后,拒不采取有效措施消除的,处五日以上十日以下拘留;情节严重的,处十日以上十五日以下拘留。

第二十九条 有下列行为之一的,处五日以下拘留;情节较重的,处五日以上十日以下拘留:

(一)违反国家规定,侵入计算机信息系统,造成危害的;

(二)违反国家规定,对计算机信息系统功能进行删除、修改、增加、干扰,造成计算机信息系统不能正常运行的;

(三)违反国家规定,对计算机信息系统中存储、处理、传输的数据和应用程序进行删除、修改、增加的;

(四)故意制作、传播计算机病毒等破坏性程序,影响计算机信息系统正常运行的。

第四十九条 盗窃、诈骗、哄抢、抢夺、敲诈勒索或者故意损毁公私财物的,处五日以上十日以下拘留,可以并处五百元以下罚款;情节较重的,处十日以上十五日以下拘留,可以并处一千元以下罚款。

(四)《中华人民共和国网络安全法》

第六十三条 违反本法第二十七条规定,从事危害网络安全的活动,或者提供专门用于从事危害网络安全活动的程序、工具,或者为他人从事危害网络安全的活动提供技术支持、广告推广、支付结算等帮助,尚不构成犯罪的,由公安机关没收违法所得,处五日以下拘留,可以并处五万元以上五十万元以下罚款;情节较重的,处五日以上十五日以下拘留,可以并处十万元以上一百万元以下罚款。

违反本法第二十七条规定,受到治安管理处罚的人员,五年内不得从事网络安全管理和网络运营关键岗位的工作;受到刑事处罚的人员,终身不得从事网络安全管理和网络运营关键岗位的工作。

第六十七条第一款　违反本法第四十六条规定,设立用于实施违法犯罪活动的网站、通讯群组,或者利用网络发布涉及实施违法犯罪活动的信息,尚不构成犯罪的,由公安机关处五日以下拘留,可以并处一万元以上十万元以下罚款;情节较重的,处五日以上十五日以下拘留,可以并处五万元以上五十万元以下罚款。关闭用于实施违法犯罪活动的网站、通讯群组。

第三十九条　电信业务经营者违反本法规定,有下列情形之一的,由有关主管部门责令改正,情节较轻的,给予警告、通报批评,或者处五万元以上五十万元以下罚款;情节严重的,处五十万元以上五百万元以下罚款,并可以由有关主管部门责令暂停相关业务、停业整顿、吊销相关业务许可证或者吊销营业执照,对其直接负责的主管人员和其他直接责任人员,处一万元以上二十万元以下罚款:

(一)未落实国家有关规定确定的反电信网络诈骗内部控制机制的;

(二)未履行电话卡、物联网卡实名制登记职责的;

(三)未履行对电话卡、物联网卡的监测识别、监测预警和相关处置职责的;

(四)未对物联网卡用户进行风险评估,或者未限定物联网卡的开通功能、使用场景和适用设备的;

(五)未采取措施对改号电话、虚假主叫或者具有相应功能的非法设备进行监测处置的。

一、法条主旨

本法条规定了对电信业务经营者违反安全保障义务所需承担的行政

责任。

本法第 2 章明确了电信业务经营者的主体责任，以实现反电诈的入口控制。包括重申电信企业对电话卡用户实名制的落实；要求电信企业为用户办理电话卡不得超过规定数量以及异常办卡的处置；对涉诈高风险电话卡的"二次实名"核验、完善了物联网卡的销售和再销售制度；要求电信企业建立物联网卡用户的风险评估制度和监测预警机制；采取技术措施限定物联网卡的开通功能、使用场景和适用设备；要求电信企业打击改号软件，对改号电话封堵拦截和溯源核查；要求电信企业和互联网企业采取技术反制措施，以防范涉诈非法设备、软件接入网络。本条是对电信业务经营者违反上述义务的具体行政处罚的规定。

二、条文详解

【处罚种类】根据《中华人民共和国行政处罚法》第 9 条的规定，行政处罚有以下 6 种：警告、通报批评；罚款、没收违法所得、没收非法财物；暂扣许可证件、降低资质等级、吊销许可证件；限制开展生产经营活动、责令停产停业、责令关闭、限制从业；行政拘留；法律、行政法规规定的其他行政处罚。与之相比，本条规定了电信业务经营者违反安全保障义务后可能面临的 6 种处罚措施：由有关主管部门责令改正、警告、通报批评、罚款、暂停相关业务、停业整顿、吊销相关业务许可证或者吊销营业执照，其中，多了由有关主管部门责令改正，少了行政拘留。

特别强调的是，"责令改正"是行政执法过程中最常见的执法方式之一，目前学界对于责令改正行为的法律性质认识并不统一，归纳起来主要有行政处罚说①、行政命令说②和独立行为说③。笔者认为，行政处罚是要求行政违法者承担破坏秩序带来的后果，并承担额外的负担，以警告或通报、罚款、拘留等方式威慑行政违法者和其他潜在的违法者；而行政命令是一种仅向相对人作出的具体行政行为，不像"责令改正"还包括行政主体，且行政命令并不以

① 参见冯军：《行政处罚法新论》，中国检察出版社 2003 年版，第 119 页；叶晓川：《"责令改正"的规范性研究》，载《河北法学》2017 年第 8 期。

② 参见胡建淼：《行政法学（第四版）》，法律出版社 2015 年版，第 383 页。

③ 参见李孝猛：《责令改正的法律属性及其适用》，载《法学》2005 年第 2 期。

相对人违法为必要前提,比如根据公共利益而作出的命令。"责令改正"则是行政执法者针对行政违法者做出的一种意思表示,要求行政违法者实际履行该法律义务,其目的在于消除影响或恢复被破坏的理想法秩序,它不是负担性的行政行为,而是一种独立的、与行政处罚、行政强制、行政命令等行政行为并列的具体行政行为。

【行政双罚】本条不仅规定了电信业务经营者违反安全保障义务后对其单位的处罚,而且明确了对直接负责的主管人员和其他直接责任人员,处 1 万元以上 20 万元以下罚款。这种将负有责任的单位成员一并纳入处罚范围,理论上被称为"双罚制"①。我国行政处罚法尚未对单位违法的处罚制度作出统一规定,但之前诸如生态环境、食品药品、公共安全等一些特别法领域已经引入双罚制来提升行政处罚的威慑力度。实行双罚制的正当理由应定位于法益侵害的严重性,亦即对于像电信网络诈骗中部分社会危害程度极高的单位违法行为,才有必要通过双罚制强化威慑;否则,单独处罚单位即可。

其构造的架构是追究成员责任须以电信业务经营单位责任的成立为前提。在电信业务经营单位违法的场合,双罚制的成立包含单位和成员两个层面的构成要件。其中,单位应受处罚行为的构成要件属于一般要件,成员应受处罚行为的构成要件属于特殊要件,即为直接负责的主管人员和其他直接责任人员,成员应受处罚行为的构成要件是单位构成要件的逻辑延伸。

【处罚力度】对于情节较轻的,采取的是单处罚款或警告或通报批评立法模式;对于情节严重的,须处以 50 万元以上 500 万元以下的罚款,同时可以实施暂停相关业务、停业整顿、吊销相关业务许可证或者吊销营业执照等资格罚以及对直接负责的主管人员和其他直接责任人员处以罚款的立法模式,充分体现了从严从重治理电信网络诈骗的立法态度。

三、参考案例

案例 1:2020 年 4 月 14 日,从工业和信息化部了解到,2020 年一季度,依据《中华人民共和国电信条例》《电信业务经营许可管理办法》等相关规定,24

---

① 参见喻少如:《论单位违法责任的处罚模式及其〈行政处罚法〉的完善》,载《南京社会科学》2017 年第 4 期。

家企业因无正当理由中止对电信用户的电信服务、接入未备案网站、违反实名制规定、不配合调查等违法违规行为,受到电信管理机构行政处罚并被纳入电信业务经营不良名单。中国联合网络通信有限公司岳阳市分公司、海南海航信息技术有限公司等在列。①

案例 2:2016 年 11—12 月,工业和信息化部网络安全管理局结合防范和打击通讯信息诈骗工作安排,组织对虚拟运营商新入网电话用户实名登记工作进行抽查暗访。本次抽查共暗访 31 家转售企业营销网点总计 186 个,发现存在违规行为的网点 22 个,违规比为 11.8%,较 2016 年 7 月暗访检查下降了22.1 个百分点。其中,暗访实体营销网点 39 个,发现违规网点 12 个,违规比为 30.8%;暗访网络营销网点 147 个,发现违规网点 10 个,违规比为 6.8%。远特通信、天音通信、蜗牛移动、爱施德、海航通信、京东通信、联想调频、中期集团、话机世界、民生通讯、鹏博士、乐语通信、星美圣典、中邮世纪等 14 家转售企业被暗访网点存在违规行为;阿里通信、贵阳朗玛、小米科技、巴士在线、红豆集团、中兴视通、华翔联信、迪信通、国美极信、恒大和通信、连连科技、凤凰资产、日日顺、苏宁云商、银盛通信、青牛科技、三五互联等 17 家转售企业未发现违规行为。

针对抽查暗访中发现的问题,工业和信息化部电话用户真实身份信息登记工作领导小组办公室下发了整改通知,对存在违规行为的虚拟运营商进行了通报批评,并组织对违规行为严重的远特通信、天音通信进行了约谈,要求相关企业立即进行整改,并要求对相关责任部门、责任人、违规网点进行严肃处理。②

四、参考条文

(一)《中华人民共和国行政处罚法》

第九条 行政处罚的种类:

---

① 参见《违反实名制规定等 24 家企业被工信部列入电信业务经营不良名单》,载封面新闻,https://www.360kuai.com/pc/9eadcc6753c8f5e84? cota = 3&kuai _ so = 1&sign = 360 _ 57c3bbd1&refer_scene=so_1,最后访问日期:2020 年 4 月 14 日。

② 参见《工信部:鹏博士等 14 家虚拟运营商存违规行为》,载网易财经,https://www.163.com/money/article/CCFEGKKQ00258169.html,最后访问日期:2023 年 2 月 8 日。

（一）警告、通报批评；

（二）罚款、没收违法所得、没收非法财物；

（三）暂扣许可证件、降低资质等级、吊销许可证件；

（四）限制开展生产经营活动、责令停产停业、责令关闭、限制从业；

（五）行政拘留；

（六）法律、行政法规规定的其他行政处罚。

第十九条　法律、法规授权的具有管理公共事务职能的组织可以在法定授权范围内实施行政处罚。

（二）《中华人民共和国电信条例》

第四条　电信监督管理遵循政企分开、破除垄断、鼓励竞争、促进发展和公开、公平、公正的原则。

电信业务经营者应当依法经营，遵守商业道德，接受依法实施的监督检查。

第五十九条　电信业务经营者应当按照国家有关电信安全的规定，建立健全内部安全保障制度，实行安全保障责任制。

（三）《电信业务经营许可管理办法》

第二十二条　为增值电信业务经营者提供网络接入、代理收费和业务合作的基础电信业务经营者，应当对相应增值电信业务的内容、收费、合作行为等进行规范、管理，并建立相应的发现、监督和处置制度及措施。

第二十四条　提供接入服务的增值电信业务经营者应当遵守下列规定：

（一）应当租用取得相应经营许可证的基础电信业务经营者提供的电信服务或者电信资源从事业务经营活动，不得向其他从事接入服务的增值电信业务经营者转租所获得的电信服务或者电信资源；

（二）为用户办理接入服务手续时，应当要求用户提供真实身份信息并予以查验；

……

第二十六条　电信业务经营者应当按照国家和电信管理机构的规定，明确相应的网络与信息安全管理机构和专职网络与信息安全管理人员，建立网络与信息安全保障、网络安全防护、违法信息监测处置、新业务安全评估、网络安全监测预警、突发事件应急处置、用户信息安全保护等制度,并具备相应的技术保障措施。

第四十条　银行业金融机构、非银行支付机构违反本法规定,有下列情形之一的,由有关主管部门责令改正,情节较轻的,给予警告、通报批评,或者处五万元以上五十万元以下罚款;情节严重的,处五十万元以上五百万元以下罚款,并可以由有关主管部门责令停止新增业务、缩减业务类型或者业务范围、暂停相关业务、停业整顿、吊销相关业务许可证或者吊销营业执照,对其直接负责的主管人员和其他直接责任人员,处一万元以上二十万元以下罚款:

（一）未落实国家有关规定确定的反电信网络诈骗内部控制机制的;

（二）未履行尽职调查义务和有关风险管理措施的;

（三）未履行对异常账户、可疑交易的风险监测和相关处置义务的;

（四）未按照规定完整、准确传输有关交易信息的。

一、法条主旨

本法条是对银行业金融机构、非银行支付机构违反安全保障义务所需承担的行政责任的规定。

本法第 3 章明确了银行业金融机构、非银行支付机构在反电信网络诈骗中的金融主体的安全保障义务。本条是对银行业金融机构、非银行支付机构违反上述义务的具体行政处罚的规定,包括未建立反电信网络诈骗内部控制机制、未履行尽职调查义务和有关风险管理措施、未履行对异常账户、可疑交易的风险监测和相关处置未按照规定完整、准确传输有关交易信息。

二、条文详解

【处罚种类】本条与本法第 39 条类似,规定了银行业金融机构、非银行支付机构违反安全保障义务后可能面临的 7 种处罚措施:由有关主管部门责令改正、警告、通报批评、罚款、责令停止新增业务、缩减业务类型或者业务范围、暂停相关业务、停业整顿、吊销相关业务许可证或者吊销营业执照,其中新增了"由有关部门责令停止新增业务、缩减业务类型或者业务范围"的表述。

如前所述,责令改正是一种独立的具体行政行为,与行政处罚、行政强制、行政命令等行政行为并列,在银行业金融机构、非银行支付机构未履行法定义务的前提下,要求其实际履行该法律义务。警告则一般适用于违法行为轻微、对于社会危害程度不大的违法行为。通报批评则是行政机关对银行业金融机构、非银行支付机构通过发布公告、发文件通报、会议通报等方式提出批评,使其认识错误,积极整改,教育违法者,同时广泛教育他人的处罚措施。罚款则是为了惩戒违法行为人的违法行为,责令违法行为人在一定期限内缴纳一定数额的货币。责令停止新增业务、缩减业务类型或者业务范围是根据行政处罚法"限制生产经营活动"措施演变而来,要求银行业金融机构、非银行支付机构在原经营范围、规模基础上加以控制或缩减,但并不停产停业,使违法行为人业务受限。暂停相关业务是暂时停止某项具体业务的经营,而停业整顿是要求银行业金融机构、非银行支付机构全面停产停业,全面整顿。吊销相关业务许可证或者吊销营业执照则是行政机关根据有关法律、法规的规定,对有严重违法违规行为的银行业金融机构、非银行支付机构依法做出的最严厉的行政处罚。吊销相关业务许可证意味着剥夺违法行为人从事某项具体的需许可的经营或执业活动,吊销营业执照就意味着法人资格被强行剥夺,其民事主体资格、经营资格随之消亡,企业不得继续从事市场经营活动。

【行政双罚】本条同本法第 39 条一样,同样规定了银行业金融机构、非银行支付机构违反安全保障义务后对其单位的处罚,而且明确了对直接负责的主管人员和其他直接责任人员,处 1 万元以上 20 万元以下罚款。其构造的架构也是在银行业金融机构、非银行支付机构严重违法、情节严重的情况下,对单位直接负责的主管人员和其他直接责任人员可以处罚。其中,单位应受处罚行为的构成要件属于一般要件,成员应受处罚行为的构成要件属于特殊要件,即为直接负责的主管人员和其他直接责任人员,成员应受处罚行为的构成要件是单位构成要件的逻辑延伸。

【处罚力度】同本法第 39 条规制一样,对于情节较轻的,采取的是单处罚款或警告或通报批评立法模式;对于情节严重的,处以 50 万元以上 500 万元以下的罚款,同时可以采取责令停止新增业务、缩减业务类型或者业务范围、暂停相关业务、停业整顿、吊销相关业务许可证或者吊销营业执照等资格罚,也可以同时对直接负责的主管人员和其他直接责任人员处以罚款的立法模式,充分体现了从严从重从源头治理电信网络诈骗的立法态度。

三、参考案例

案例1：2021年商业银行、支付机构根据公安部门指令，查询、止付、冻结涉诈资金1.5亿笔，紧急拦截涉诈资金3291亿元；月均涉诈单位银行账户数量降幅92%，个人银行账户户均涉诈金额下降了21.7%。2021年11月，人民银行曾公布一组数据，在"断卡"行动中，已对130余家商业银行和支付机构开展专项检查，暂停了620家银行网点1至6个月开户业务。而根据前述发布会公安部披露的数据，2021年因反诈惩处的营业网点、机构共计达4.1万个。①

案例2：中国人民银行福州中心支行网站2019年8月6日公布的福州中支行政处罚信息公示表（福银罚字〔2019〕32号）显示，中国农业发展银行福建省分行营业部存在未按规定开展客户身份识别工作的违法违规行为。中国人民银行福州中心支行对其处以人民币35万元罚款，对2名相关责任人员共处以人民币6万元罚款。②

四、参考条文

（一）《中华人民共和国反洗钱法》

第十六条 金融机构应当按照规定建立客户身份识别制度。

……

金融机构不得为身份不明的客户提供服务或者与其进行交易，不得为客户开立匿名账户或者假名账户。

金融机构对先前获得的客户身份资料的真实性、有效性或者完整性有疑问的，应当重新识别客户身份。

任何单位和个人在与金融机构建立业务关系或者要求金融机构为其提

① 参见《阻断涉诈"资金链"金融机构反诈攻防战再升级》，载新浪财经，https://finance.sina.com.cn/jjxw/2022-05-02/doc-imcwipii7646422.shtml? cref=cj https://finance.sina.com.cn/roll/2019-08-06/doc-ihytcitm7279190.shtml，最后访问日期：2022年5月2日。

② 参见《农业发展银行福建违法遭罚35万客户身份识别现漏洞》，载新浪财经，https://finance.sina.com.cn/roll/2019-08-06/doc-ihytcitm7279190.shtml，最后访问日期：2023年2月8日。

供一次性金融服务时,都应当提供真实有效的身份证件或者其他身份证明文件。

第三十二条 金融机构有下列行为之一的,由国务院反洗钱行政主管部门或者其授权的设区的市一级以上派出机构责令限期改正;情节严重的,处二十万元以上五十万元以下罚款,并对直接负责的董事、高级管理人员和其他直接责任人员,处一万元以上五万元以下罚款:

（一）未按照规定履行客户身份识别义务的;

（二）未按照规定保存客户身份资料和交易记录的;

（三）未按照规定报送大额交易报告或者可疑交易报告的;

（四）与身份不明的客户进行交易或者为客户开立匿名账户、假名帐户的。

......

（二）《非金融机构支付服务管理办法》

第三十一条 支付机构应当按规定核对客户的有效身份证件或其他有效身份证明文件,并登记客户身份基本信息。

支付机构明知或应知客户利用其支付业务实施违法犯罪活动的,应当停止为其办理支付业务。

第三十二条 支付机构应当具备必要的技术手段,确保支付指令的完整性、一致性和不可抵赖性,支付业务处理的及时性、准确性和支付业务的安全性;具备灾难恢复处理能力和应急处理能力,确保支付业务的连续性。

第四十一条 电信业务经营者、互联网服务提供者违反本法规定,有下列情形之一的,由有关主管部门责令改正,情节较轻的,给予警告、通报批评,或者处五万元以上五十万元以下罚款;情节严重的,处五十万元以上五百万元以下罚款,并可以由有关主管部门责令暂停相关业务、停业整顿、关闭网站或者应用程序、吊销相关业务许可证或者吊销营业执照,对其直接负责的主管人员和其他直接责任人员,处一万元以上二十万元以下罚款:

（一）未落实国家有关规定确定的反电信网络诈骗内部控制机制的;

（二）未履行网络服务实名制职责,或者未对涉案、涉诈电话卡关联注册互联网账号进行核验的;

（三）未按照国家有关规定，核验域名注册、解析信息和互联网协议地址的真实性、准确性，规范域名跳转，或者记录并留存所提供相应服务的日志信息的；

（四）未登记核验移动互联网应用程序开发运营者的真实身份信息或者未核验应用程序的功能、用途，为其提供应用程序封装、分发服务的；

（五）未履行对涉诈互联网账号和应用程序，以及其他电信网络诈骗信息、活动的监测识别和处置义务的；

（六）拒不依法为查处电信网络诈骗犯罪提供技术支持和协助，或者未按规定移送有关违法犯罪线索、风险信息的。

一、法条主旨

本法条是对电信业务经营者、互联网服务提供者违反本法第四章关于互联网安全保障义务所需承担的行政责任的规定。

本法第四章明确了电信业务经营者、互联网服务提供者在反电信网络诈骗时在互联网治理上的安全保障义务。本条以行政处罚作为后盾保障上述义务的履行。包括对电信业务经营者、互联网服务提供者未落实反电信网络诈骗内部控制机制、未履行网络服务实名制职责及对涉案电话卡和涉诈电话卡所关联注册的互联网账号的处置义务、未履行核验、记录留存、溯源三项义务完善域名管理的、未检验应用程序开发运营者的真实身份以及未核验应用程序的功能用途、未履行监测和处置异常账号的风险控制义务、未履行协同、配合司法机关的协助执法义务等六项义务，设定行政处罚。

从立法定位上看，该法是一部面向电诈犯罪治理的预防性法律制度。这一预防性法律制度实现的关键在于通过市场主体在通信治理、金融治理和互联网治理三个层面上开展前端防范。在传统上，犯罪控制义务专属于国家治理主体，但随着社会治理和犯罪治理的复杂性加剧，一些拥有信息整合优势和社会动员能力的社会力量、市场主体逐渐承担起部分社会治理职能。从类型上看，犯罪控制义务既包括要求包括电信业务经营者、互联网服务提供者在内的市场主体建立反电诈内部风险防控机制和安全责任制度等原则性义务，也包括在反诈关键环节的具体性义务。

二、条文详解

【处罚种类】本条与本法第39条、第40条类似，规定了电信业务经营者、互联网服务提供者违反安全保障义务后可能面临的处罚措施：由有关主管部门责令改正、警告、通报批评、罚款、暂停相关业务、停业整顿、关闭网站或者应用程序、吊销相关业务许可证或者吊销营业执照，其中变化在于增加了"关闭网站或者应用程序"的表述。

针对违法行为作出的责令关闭网站或应用程序的决定具有制裁性，属于行政处罚。责令关闭网站或者应用程序是比责令停产停业更严厉的行政处罚措施。责令停产停业是在保留当事人生产、营业资格的前提下，在一定时间内限制其生产经营权，暂时停止某一段时间的生产或营业。责令停产停业通常附有期限要求，在一定期限内纠正违法行为，可以恢复生产和经营；如果违法行为持续得不到纠正，则可能责令关闭或者吊销许可证件。责令关闭是永久性限制当事人生产经营，并无期限限制。责令关闭网站的行政处罚措施可以由电信管理机构单独实施，或者由电信管理机构与其他有关部门联合实施。

【行政双罚】本条同本法第39条、第40条一样，同样规定了电信业务经营者、互联网服务提供者违反安全保障义务后对其单位的处罚，而且明确了对直接负责的主管人员和其他直接责任人员，可以处1万元以上20万元以下罚款。其构造的架构也是在电信业务经营者、互联网服务提供者单位严重违法、情节严重的情况下，对单位直接负责的主管人员和其他直接责任人员可以处罚。其中，单位应受处罚行为的构成要件属于一般要件，成员应受处罚行为的构成要件属于特殊要件，即为直接负责的主管人员和其他直接责任人员，成员应受处罚行为的构成要件是单位构成要件的逻辑延伸。

【处罚力度】同本法第39条、第40条规制一样，对于情节较轻的，采取的是单处罚款或警告或通报批评立法模式；对于情节严重的，处以50万元以上500万元以下的罚款，同时可以采取责令暂停相关业务、停业整顿、关闭网站或者应用程序、吊销相关业务许可证或者吊销营业执照等资格罚，也可以同时对直接负责的主管人员和其他直接责任人员处以罚款的立法模式，充分体现了从严从重从源头治理电信网络诈骗的立法态度。

三、参考案例

"查扣机房服务器 46 台,关闭'僵尸网站'1008 个,清理备案资料不准确、实名制落实不到位网站百余个,关停涉嫌网络赌博、游戏私服等违法游戏 59 款,企业法人代表和直接责任人分别受到相应处罚……"2018 年 6 月 21 日,江苏网警依据《网络安全法》办理了全国首例互联网数据中心未落实实名备案义务的一般程序行政案件。

为全面整治网上违法犯罪乱象,规范网上秩序,维护人民群众合法权益,按照公安部部署,江苏警方在全省范围内组织开展"净网 2018"专项行动。互联网数据中心主要为企业、媒体和各类网站提供服务器托管、空间租用等业务。部分中小网站通过租用互联网数据中心服务器开办违法网站,发布违法有害信息,从事网上违法活动,侵害人民群众利益。警方依据《网络安全法》第 24 条第 1 款、第 61 条的规定,依法对该互联网数据中心给予罚款 10 万元、暂停部分业务 1 个月,对该公司法人代表和直接责任人分别给予罚款 2 万元的行政处罚。①

四、参考条文

(一)《中华人民共和国网络安全法》

第六十一条 网络运营者违反本法第二十四条第一款规定,未要求用户提供真实身份信息,或者对不提供真实身份信息的用户提供相关服务的,由有关主管部门责令改正;拒不改正或者情节严重的,处五万元以上五十万元以下罚款,并可以由有关主管部门责令暂停相关业务、停业整顿、关闭网站、吊销相关业务许可证或者吊销营业执照,对直接负责的主管人员和其他直接责任人员处一万元以上十万元以下罚款。

第六十二条 违反本法第二十六条规定,开展网络安全认证、检测、风险评估等活动,或者向社会发布系统漏洞、计算机病毒、网络攻击、网络侵入等网

---

① 参见《未落实实名备案江苏一互联网数据中心遭处罚》,载现代快报,http://news.idcquan.com/news/146022.shtml,最后访问日期:2018 年 6 月 22 日。

络安全信息的,由有关主管部门责令改正,给予警告;拒不改正或者情节严重的,处一万元以上十万元以下罚款,并可以由有关主管部门责令暂停相关业务、停业整顿、关闭网站、吊销相关业务许可证或者吊销营业执照,对直接负责的主管人员和其他直接责任人员处五千元以上五万元以下罚款。

第六十四条第一款　网络运营者、网络产品或者服务的提供者违反本法第二十二条第三款、第四十一条至第四十三条规定,侵害个人信息依法得到保护的权利的,由有关主管部门责令改正,可以根据情节单处或者并处警告、没收违法所得、处违法所得一倍以上十倍以下罚款,没有违法所得的,处一百万元以下罚款,对直接负责的主管人员和其他直接责任人员处一万元以上十万元以下罚款;情节严重的,并可以责令暂停相关业务、停业整顿、关闭网站、吊销相关业务许可证或者吊销营业执照。

第六十七条　违反本法第四十六条规定,设立用于实施违法犯罪活动的网站、通讯群组,或者利用网络发布涉及实施违法犯罪活动的信息,尚不构成犯罪的,由公安机关处五日以下拘留,可以并处一万元以上十万元以下罚款;情节较重的,处五日以上十五日以下拘留,可以并处五万元以上五十万元以下罚款。关闭用于实施违法犯罪活动的网站、通讯群组。

单位有前款行为的,由公安机关处十万元以上五十万元以下罚款,并对直接负责的主管人员和其他直接责任人员依照前款规定处罚。

第六十九条　网络运营者违反本法规定,有下列行为之一的,由有关主管部门责令改正;拒不改正或者情节严重的,处五万元以上五十万元以下罚款,对直接负责的主管人员和其他直接责任人员,处一万元以上十万元以下罚款:

(一)不按照有关部门的要求对法律、行政法规禁止发布或者传输的信息,采取停止传输、消除等处置措施的;

(二)拒绝、阻碍有关部门依法实施的监督检查的;

(三)拒不向公安机关、国家安全机关提供技术支持和协助的。

(二)《中华人民共和国电信条例》

第五十九条　电信业务经营者应当按照国家有关电信安全的规定,建立健全内部安全保障制度,实行安全保障责任制。

第四十二条　违反本法第十四条、第二十五条第一款规定的,没收违法所得,由公安机关或者有关主管部门处违法所得一倍以上十倍以下罚款,没有违法所得或者违法所得不足五万元的,处五十万元以下罚款;情节严重的,由公安机关并处十五日以下拘留。

一、法条主旨

本条明确了单位和个人从事涉及电信网络诈骗"产业"的行政处罚措施。本法第 14 条第 1 款系禁止任何单位和个人非法制造、买卖、提供或者使用用于实施电信网络诈骗等违法犯罪的设备、软件,第 25 条第 1 款系禁止任何单位和个人为电信网络诈骗活动提供支持或者帮助行为的条款,所以,本条款是对违反上述不作为义务时所需承担的行政责任的规定,旨在遏制涉及电信网络诈骗相关"黑产",即作为行为提升不特定公众遭受电信网络诈骗的被害风险,故应予以法律规制。

其与本法第 38 条不同,第 38 条是对电信网络诈骗帮助行为的行政责任的规定,而本条是对未必与实施电信网络诈骗行为人有共同意思表示、但实际上为电信网络诈骗行为产生帮助作用的行为的行政责任的设定。

二、条文详解

随着新的技术成果、通讯网络工具和互联网业务不断被吸纳到电信网络诈骗犯罪中,由此催生了为诈骗犯罪提供帮助和支持的黑灰产业:包括以"信息支撑"为主要特点,通过非法技术获取公民个人信息、网络账号信息、通讯信息、银行账户信息等的上游产业;以"通讯连接"为主要特点,提供通讯线路、网络服务、桥接设备、应用程序等通讯连接渠道的中游产业;以及以"资金结算"为主要特点,通过非法渠道对涉案钱款进行转存、支付、结算、取现等处理的下游产业,进而形成了分工明确、彼此依赖、利益共享又彼此分离的产业链条。① 因此,全链条打击,切断该类犯罪的根源,达到司法工作效益与社会

---

① 秦帅、钟政、漆晨航:《电信网络诈骗犯罪产业化现象与侦查对策》,载《政法学刊》2022 年第 6 期。

治理效益相统一也是本法体现的理念。

对黑灰产业,不仅要刑事规制,还要打早打小,以行政处罚为主形成打击治理的闭环。本条规定对违反第 14 条第 1 款禁止任何单位和个人非法制造、买卖、提供或者使用用于实施电信网络诈骗等违法犯罪的设备、软件,以及第 25 条第 1 款禁止任何单位和个人为电信网络诈骗活动提供支持或者帮助行为的,没收违法所得,由公安机关或者有关主管部门处违法所得 1 倍以上 10 倍以下罚款,没有违法所得或者违法所得不足 5 万元的,处 50 万元以下罚款。没收违法所得是我国《行政处罚法》所规定的处罚种类之一,其功能在于剥夺非法收益。本条构建了以罚款为主的行政处罚制度。对于情节严重的,本条还规定了在没收违法所得并施加罚款的基础上,由公安机关并处 15 日以下拘留,这里被执行的对象应该仅限于个人,对单位直接负责的主管人员和其他直接责任人员因未作规定,不宜采取行政拘留。对黑灰产业行为以违法所得为依据施以高额罚款,对情节严重的并处拘留,可以在一定程度上解决侵害人违法与侵权的低成本问题,形成更强的威慑力。

三、参考案例

案例 1:2020 年以来,通过虚假 APP 实施的电信网络诈骗案件高发多发,严重危害人民群众财产安全和社会经济秩序。公安部对此高度重视,深入研判该类案件规律特点,对涉电信网络诈骗 APP 的开发、封装、应用各个环节开展分析研究,部署开展专案侦办,要求全链条打击相关黑灰产业。经专案组缜密侦查,公安机关梳理出一批违法犯罪线索,涉及全国 28 个省区市,并初步掌握了大量犯罪事实和证据。在此基础上,公安部部署对从事涉电信网络诈骗 APP 技术开发的违法犯罪团伙开展集中抓捕行动,严打团伙,捣毁窝点,斩断链条,切实从源头上遏制电信网络诈骗犯罪的高发态势。据了解,诈骗团伙利用虚假 APP 实施的电信网络诈骗案件占该类案件约 60%,虚假 APP 已成为整个犯罪链条中不可或缺的关键环节,并由此催生出一个庞大的技术开发灰色产业链,大量违法犯罪人员参与其中。相关技术开发人员分工明确、团伙作案,围绕电信网络诈骗犯罪团伙的具体需求"量身定制"APP 各种诈骗功能,有的负责编写程序代码,有的负责购买域名和租用服务器,有的负责 APP 的封装和分发。经各环节层层运作,最终将虚假 APP 贩卖给诈骗团伙。随后,诈骗团伙根据其不法目的和 APP 功能特点,将其包装成极具迷惑性的"正规"应用平台,诱骗受害人点击链接或扫描二维码下载 APP,进而实施诈骗。①

案例2:2021 年 9 月以来,济南市公安局钢城区分局民警在工作中发现,辖区内有群众涉嫌非法出售公民个人信息。经查,2021 年 5 月至 7 月,违法行为人刘某、张某某分别利用其办理手机通讯业务的便利,在客户不知情、未许可的情况下,将客户手机号及验证码发到非法微信群中供他人注册账号,从中非法获利。截至案发,违法行为人刘某、张某某分别通过微信群向他人非法出售用户个人信息 80 余条、60 余条,获利 662 元、627 元。据此,济南市公安局钢城区分局对两名违法行为人作出没收违法所得并处 1000 元罚款的处罚决定。②

四、参考条文

(一)《中华人民共和国网络安全法》

第六十三条第一款　违反本法第二十七条规定,从事危害网络安全的活动,或者提供专门用于从事危害网络安全活动的程序、工具,或者为他人从事危害网络安全的活动提供技术支持、广告推广、支付结算等帮助,尚不构成犯罪的,由公安机关没收违法所得,处五日以下拘留,可以并处五万元以上五十万元以下罚款;情节较重的,处五日以上十五日以下拘留,可以并处十万元以上一百万元以下罚款。

第六十四条第二款　违反本法第四十四条规定,窃取或者以其他非法方式获取、非法出售或者非法向他人提供个人信息,尚不构成犯罪的,由公安机关没收违法所得,并处违法所得一倍以上十倍以下罚款,没有违法所得的,处一百万元以下罚款。

---

① 参见《全国公安机关严打电信网络诈骗及其背后黑灰产业链取得显著成效》,载《全国防伪报道》2021 年第 1 期。

② 参见《非法出售客户个人信息 140 余条,两名嫌疑人被行政处罚》,载新浪网,http://k.sina.com.cn/article_5328858693_13d9fee4502001ai8g.html,最后访问日期:2021 年 9 月 14 日。

第六十八条第二款 电子信息发送服务提供者、应用软件下载服务提供者,不履行本法第四十八条第二款规定的安全管理义务的,依照前款规定处罚。

(二)《中华人民共和国个人信息保护法》

第十条 任何组织、个人不得非法收集、使用、加工、传输他人个人信息,不得非法买卖、提供或者公开他人个人信息;不得从事危害国家安全、公共利益的个人信息处理活动。

第六十六条第一款 违反本法规定处理个人信息,或者处理个人信息未履行本法规定的个人信息保护义务的,由履行个人信息保护职责的部门责令改正,给予警告,没收违法所得,对违法处理个人信息的应用程序,责令暂停或者终止提供服务;拒不改正的,并处一百万元以下罚款;对直接负责的主管人员和其他直接责任人员处一万元以上十万元以下罚款。

(三)《中华人民共和国反洗钱法》

第十六条 金融机构应当按照规定建立客户身份识别制度。

……

任何单位和个人在与金融机构建立业务关系或者要求金融机构为其提供一次性金融服务时,都应当提供真实有效的身份证件或者其他身份证明文件。

(四)《中华人民共和国电信条例》

第七条 国家对电信业务经营按照电信业务分类,实行许可制度。

经营电信业务,必须依照本条例的规定取得国务院信息产业主管部门或者省、自治区、直辖市电信管理机构颁发的电信业务经营许可证。

未取得电信业务经营许可证,任何组织或者个人不得从事电信业务经营活动。

第四十三条 违反本法第二十五条第二款规定,由有关主管部门责令改正,情节较轻的,给予警告、通报批评,或者处五万元以上五十万元以下罚款;情节严重的,处五十万元以上五百万元以下罚款,并可以由有关主管部门责令暂停相关业务、停业整顿、关闭网站或者应用程序,对其直接负责的主管人员和其他直接责任人员,处一万元以上二十万元以下罚款。

一、法条主旨

本法第 25 条第 2 款规定了电信业务经营者、互联网服务提供者应当对从事涉诈支持、帮助活动进行监测识别和处置的作为义务。本条是对违反该合理注意义务的行政规制。其与本法第 41 条的差异在于:第 41 条规定了电信业务经营者、互联网服务提供者对电信网络诈骗的安全保障义务,即对电信网络诈骗中各重要环节如实名登记制等进行控制;而本条重点是对与电信网络诈骗有关的涉诈支持、帮助活动,诸如网络资源服务、网络推广服务,制作、维护服务、支付结算服务等进行监测识别和处置的要求,属于对履行合理注意义务的行政规制。虽然两者都是以犯罪控制为前端防范的实现路径,但显然对前者的要求会更高。这从其与第 41 条电信业务经营者、互联网服务提供者违反安全保障义务的处罚大致相当,唯一的区别是本条没有最严厉的吊销相关业务许可证或者吊销营业执照处罚。

二、条文详解

本法第 25 条第 2 款规定了电信业务经营者、互联网服务提供者监测识别和处置对涉诈支持、帮助活动的合理注意义务。本法在第 2、3、4 章中赋予与涉及电信网络诈骗产业相关的电信业务经营者、银行业金融机构和非银行支付机构、互联网服务提供者等市场主体以"反诈看门人"的结构性角色。"看门人是指控制移动互联网生态关键环节、有资源或有能力影响其他个人信息处理者处理个人信息能力的互联网营运者。"[①] 在传统上,犯罪控制义务专属于国家治理主体,但随着社会治理和犯罪治理的复杂性加剧,某些拥有信息整合优势和社会动员能力的"看门人"逐渐承担起部分社会治理责任,尤其是数字技术变革,赋予电信业务经营者、互联网服务提供者等市场主体管控亿万用

---

① 张新宝:《互联网生态"守门人"个人信息保护特别义务设置研究》,载《比较法研究》2021 年第 3 期。

户的社会权力,同时也应承担起体系化的犯罪控制义务。具体而言,电信业务经营者所经营的电话卡和物联网卡是电信网络诈骗犯罪实施的必备工具;互联网服务提供者所经营的平台生态系统及网络空间构成了电信网络诈骗犯罪的发生空间和具体情境。① 电信业务经营者、互联网服务提供者作为不法分子和被害人之外的第三人,发现和阻却不法行为是第三方义务的核心内容。

第41条规定了直接阻却电信网络诈骗犯罪的安全保障义务,本条则进一步要求电信业务经营者、互联网服务提供者对涉诈支持、帮助活动的合理注意义务。注意义务之本质为法律对社会交往中不同类型的人所设立的行为规范,电信业务经营者、网络服务提供者的注意义务意味着在其能够和应当发现在网络资源服务、网络推广服务,网络技术、产品的制作、维护服务以及支付结算服务中有涉诈支持、帮助活动的风险,应当及时地发现、处置电信网络诈骗的支持、帮助行为。这是因为电信业务经营者、网络服务提供者相较于其他人更具有相关技术条件优势,其作为监督者对危险源拥有控制能力,对于信息的内容的控制程度越强,其注意义务越高。同时电信业务经营者、网络服务提供者自身也属于利益环节的一方,该种行为的收益越高,则其越应承担更高程度的注意义务。是故,对基础网络服务注意义务不能要求太高,而对上述诸如存储、信息发布、网络技术制作、支付结算等服务,因行为与电信网络诈骗行为结合的紧密程度高,其注意义务也与之正相关。

从该条的处罚措施来看,先由相关机关责令改正。对于情节较轻的,采取的是单处罚款或警告或通报批评立法模式;对于情节严重的,处以50万元以上500万元以下的罚款,同时可以采取责令暂停相关业务、停业整顿、关闭网站或者应用程序,也可以同时对直接负责的主管人员和其他直接责任人员处以罚款的立法模式,其与第41条电信业务经营者、互联网服务提供者违反安全保障义务的处罚大致相当,唯一有区别的是本条没有最严厉的吊销相关业务许可证或者吊销营业执照处罚,这也说明了对注意义务的要求也要科学合理地设定,电信业务经营者、网络服务提供者的相应注意义务也受技术等外部影响,不能苛责。

---

① 参见单勇:《数字社会走向前端防范的犯罪治理转型——以〈中华人民共和国反电信网络诈骗法(草案)〉为中心》,载《上海师范大学学报(哲学社会科学版)》2022年第3期。

三、参考案例

2018 年 5 月 15 日下午 4 时许,中国人民银行通告了一起对第三方支付机构智付电子合计罚没 4200 万余元的"天价罚单"。通告显示,智付公司违法违规行为主要有以下三方面:1. 为境外多家非法黄金、炒汇类互联网交易平台提供支付服务,通过虚构货物贸易,办理无真实贸易背景跨境外汇支付业务;2. 未能采取有效措施、技术手段对境内网络特约商户的交易情况进行检查,未能发现数家商户私自将支付接口转交给现货交易等非法互联网平台使用,客观上为非法交易、虚假交易提供了网络支付服务;3. 未严格落实商户实名制、未持续识别特约商户身份、违规为商户提供 T+0 结算服务、违规设置商户结算账户等违法违规行为。综合考虑智付公司违法违规行为的事实、性质、情节以及社会危害程度,中国人民银行深圳市中心支行对智付公司给予警告,没收违法所得人民币 11078964.39 元,并处罚款人民币 14534813.47 元,合计罚没人民币 25613777.86 元;对该公司相关责任人员给予警告并处合计罚款80 万元。①

四、参考条文

(一)《中华人民共和国民法典》

第一千一百九十四条 网络用户、网络服务提供者利用网络侵害他人民事权益的,应当承担侵权责任。法律另有规定的,依照其规定。

第一千一百九十五条 网络用户利用网络服务实施侵权行为的,权利人有权通知网络服务提供者采取删除、屏蔽、断开链接等必要措施。通知应当包括构成侵权的初步证据及权利人的真实身份信息。

网络服务提供者接到通知后,应当及时将该通知转送相关网络用户,并根据构成侵权的初步证据和服务类型采取必要措施;未及时采取必要措施的,对

---

① 参见《央行:严惩支付机构为非法平台提供资金清算服务的行为》,载证券之星 https://baiji-ahao.baidu.com/s? id=1600541447021369274&wfr=spider&for=pc,最后访问日期:2023 年 2 月 8 日。

损害的扩大部分与该网络用户承担连带责任。

权利人因错误通知造成网络用户或者网络服务提供者损害的,应当承担侵权责任。法律另有规定的,依照其规定。

第一千一百九十七条 网络服务提供者知道或者应当知道网络用户利用其网络服务侵害他人民事权益,未采取必要措施的,与该网络用户承担连带责任。

(二)《中华人民共和国网络安全法》

第四十八条 任何个人和组织发送的电子信息、提供的应用软件,不得设置恶意程序,不得含有法律、行政法规禁止发布或者传输的信息。

电子信息发送服务提供者和应用软件下载服务提供者,应当履行安全管理义务,知道其用户有前款规定行为的,应当停止提供服务,采取消除等处置措施,保存有关记录,并向有关主管部门报告。

第六十三条 违反本法第二十七条规定,从事危害网络安全的活动,或者提供专门用于从事危害网络安全活动的程序、工具,或者为他人从事危害网络安全的活动提供技术支持、广告推广、支付结算等帮助,尚不构成犯罪的,由公安机关没收违法所得,处五日以下拘留,可以并处五万元以上五十万元以下罚款;情节较重的,处五日以上十五日以下拘留,可以并处十万元以上一百万元以下罚款。

……

违反本法第二十七条规定,受到治安管理处罚的人员,五年内不得从事网络安全管理和网络运营关键岗位的工作;受到刑事处罚的人员,终身不得从事网络安全管理和网络运营关键岗位的工作。

(三)《非银行支付机构网络支付业务管理办法》

第四十二条 支付机构从事网络支付业务有下列情形之一的,中国人民银行及其分支机构依据《非金融机构支付服务管理办法》第四十三条的规定进行处理;情节严重的,中国人民银行及其分支机构依据《中华人民共和国中国人民银行法》第四十六条的规定进行处理:

……

(三)为非法交易、虚假交易提供支付服务,发现客户疑似或者涉嫌违法违规行为未按规定采取有效措施的;……

第四十四条　违反本法第三十一条第一款规定的,没收违法所得,由公安机关处违法所得一倍以上十倍以下罚款,没有违法所得或者违法所得不足二万元的,处二十万元以下罚款;情节严重的,并处十五日以下拘留。

一、法条主旨

非法出租、出售、购买"两卡"(包括电话卡、物联网卡、个人银行卡、银行账户及支付账户等)用于电信网络诈骗及其他相关违法犯罪活动问题日益凸显。2020年10月10日,国务院打击治理电信网络新型违法犯罪工作部际联席会议部署在全国范围内开展"断卡"行动,严厉打击整治非法买卖"两卡"违法犯罪活动,全力斩断非法买卖"两卡"的黑灰产业链。本法第31条是将司法实践中"断卡"政策法律化,本条则是对违反买卖"两卡"禁止性义务设定行政责任。与第38条不同,本条并非是对电信网络诈骗实行行为或帮助行为的惩戒,而是针对与电信网络诈骗关联度极高的非法出售、出借"两卡"行为进行规制。

最初,对"断卡"的惩戒措施停留在金融惩戒措施,如《中国人民银行公安部对买卖银行卡或账户的个人实施惩戒的通知》要求,银行和支付机构对买卖银行卡或账户个人实施5年内暂停其银行账户非柜面业务、支付账户所有业务,银行和支付机构不得为买卖银行卡或账户个人新开立账户。《反电信网络诈骗法(草案)》第26条、第36条除规定上述惩戒措施外,还要求对尚不构成犯罪的,予以没收违法所得,由公安机关处5千元以下罚款;情节较重的,处5日以下拘留,可以并处5千元以上5万元以下罚款的治安处罚措施。

本法对非法出售、出借"两卡"行为进一步加大了惩处和行政处罚力度。在本法第31条新增"可以按照国家有关规定记入信用记录",意味着在原有金融业务限制的基础上增加了"失信惩戒",对行为人的出行、消费、市场准入等都加大了限制力度。同时,本条在《草案》的基础上,加大了罚款数额,以违法所得为基准,除没收外,还处以违法所得1倍以上10倍以下罚款,没有违法所得或者违法所得不足2万元的,处20万元以下罚款。对情节严重的,还并处15日以下拘留。

二、条文详解

国务院打击治理电信网络新型违法犯罪工作部际联席会议在全国部署开展"断卡"行动时,就要求打击、整治、惩戒多管齐下,严厉打击整治非法开办、贩卖电话卡、银行卡违法犯罪。"两卡"是犯罪分子实施电信网络诈骗犯罪的重要工具,这无疑抓住了打击整治电信网络诈骗犯罪的要害,为从源头治理电信网络诈骗犯罪提供了指引和思路。随着实名制要求的落实,办理银行卡、注册网络账号等基本都需要绑定实名制手机卡。司法实践中,犯罪分子为逃避打击,往往非法收购他人手机卡来实施电信网络诈骗,绕过实名制监管要求,成为网络黑灰产业链条上的重要一环。对于明知他人利用信息网络实施犯罪,仍然收购、贩卖他人手机卡的"卡头""卡商",构成犯罪的,依法追究刑事责任没多大争议。但是对于主观上不明知他人利用信息网络实施犯罪,仅出售、租借自己手机卡、银行卡的,一般不应作为犯罪处理。因为对法益的保护只有当其他手段的力量不充分时,才有用刑法手段予以补充保护的必要。而在本法之前,尚无行政法规对出售、租借自己手机卡、银行卡进行行政处罚。为此,立法机关应充分发挥法律对社会生活的规范、指导作用,被禁止的对象必须准确地在法律中加以规定,由此才能鼓励国民在内心中产生一种与这些被禁止的特定行为保持距离的动机。因而在进行信用惩戒、强化教育管理的同时,对于涉案情节较轻不追究刑事责任的,增加规制此类行为的行政处罚措施势在必行,相关行政执法部门对此行为依法及时给予惩戒,既让违法者承担应有的法律责任,受到警示教育;也向社会传递依法从严惩治涉"两卡"违法犯罪、坚决遏制电信网络诈骗犯罪高发多发势头的立场,推动社会共治。

在处罚力度上,本条与第 42 条对涉诈"黑产"的处罚方式基本一致,处罚力度略轻于对涉诈"黑产"的处罚。同样构建了以罚款为主的行政处罚制度,处以违法所得 1 倍以上 10 倍以下罚款,而将没收违法所得作为行政处罚上的补充。只是降低了没有违法所得或违法所得不足 2 万的罚款数额,处 20 万元以下罚款。对于情节严重的,本条还规定了在没收违法所得并施加罚款的基础上,由公安机关并处 15 日以下拘留。

三、参考案例

案例1:2018年12月,贾某某在微信兼职群里认识了收购银行卡的上家,根据上家的要求,办理了4张手机卡以及相应的银行卡、U盾,成套卖给上家。经查,4张银行卡合计支付结算金额达303320元人民币,其中一张卡被诈骗团伙用来转移资金,被害人损失30万元人民币。辩护人认为:贾某某犯罪情节轻微,依照刑法规定不需要判处刑罚,可以作出不起诉决定。理由是:贾某某主观上并不明知他人收购银行卡用于电信网络诈骗等违法犯罪活动。而帮助信息网络犯罪活动罪是指,行为人明知他人利用信息网络实施犯罪,仍为其犯罪提供互联网接入、服务器托管、网络存储、通讯传输等技术支持,或者提供广告推广、支付结算等帮助,且情节严重的行为。在虎检〔2019〕26号不起诉决定书中,江苏省苏州市虎丘区人民检察院认为,帮助信息网络犯罪活动罪中的明知不应被解释为泛化的可能性认知,而应当限制为相对具体的认知。根据贾某某提供的其与上家的聊天记录,上家告知贾某某用于刷单,但是刷单行为本身可能是经营行为,并不能推定贾某某明知上家收购银行卡是用于实施信息网络犯罪活动,既不具有帮助信息网络犯罪活动的故意,也不属于事先通谋的共同犯罪。贾某某将银行卡和电话卡一并交给上家后,根本不会接收到异常大额转账提醒,贾某某亦不属于事中承继的帮助犯。因此,检察机关采纳了律师意见,决定对贾某不予起诉。①

案例2:2020年以来,违法行为人王某涛、李某均因贪图小利,以几百元的价格将个人银行卡、U盾等非法出售给他人,被他人利用其银行卡实施诈骗;而男子周某却出于朋友义气,将个人银行卡、U盾等非法出借给朋友,朋友利用其银行卡实施诈骗。公安机关对非法提供个人银行卡、支付账户的王某涛、李某、周某依法给予了行政拘留和罚款的处罚。②

---

① 参见《在校生买卖银行卡被拘留,流转诈骗款22万元,检察院不起诉》,载搜狐新闻,ht-tps://www.sohu.com/a/461571688_100108574,最后访问日期:2021年4月19日。
② 参见《出售自己的银行卡!祁阳三男子被行政拘留》,载红网 https://yz.rednet.cn/content/2020/12/29/8798620.html,最后访问日期:2020年12月29日。

四、参考条文

(一)《银行卡业务管理办法》

第二十八条 个人申领银行卡(储值卡除外),应当向发卡银行提供公安部门规定的本人有效身份证件,经发卡银行审查合格后,为其开立记名账户;

凡在中国境内金融机构开立基本存款账户的单位,应当凭中国人民银行核发的开户许可证申领单位卡;

银行卡及其账户只限经发卡银行批准的持卡人本人使用,不得出租和转借。

(二)《中华人民共和国电信条例》

第五十八条 任何组织或者个人不得有下列扰乱电信市场秩序的行为:

……

(四)以虚假、冒用的身份证件办理入网手续并使用移动电话。

(三)《中国人民银行 公安部对买卖银行卡或账户的个人实施惩戒的通知》

一、依法对买卖银行卡或账户的个人实施惩戒

……对相关个人实施 5 年内暂停其银行账户非柜面业务、支付账户所有业务,并不得为其新开立账户的惩戒措施。……

第四十五条 反电信网络诈骗工作有关部门、单位的工作人员滥用职权、玩忽职守、徇私舞弊,或者有其他违反本法规定行为,构成犯罪的,依法追究刑事责任。

一、法条主旨

本条是对反电信网络诈骗工作人员渎职犯罪以及违反本法构成犯罪进行刑事追责的规定。在立法形式上属于指引性条款,没有对刑法作出解释、补

充、修改等实质性规定,只是概括性地重申了渎职犯罪的相关内容,以及使用"其他违反本法规定行为"的兜底条款,包括违反本法规定在工作中泄露国家秘密、商业秘密、个人隐私和个人信息的保密的规定等等。

二、条文详解

在我国刑法分则条文中,基于明确性的不同,分别存在"概括""列举""概括+列举"的行为立法模式。本条采用"概括"的行为立法模式,前半段"反电信网络诈骗工作有关部门、单位的工作人员滥用职权、玩忽职守、徇私舞弊",与《刑法》第397条滥用职权罪和玩忽职守罪的规定一致。滥用职权是指故意超过职权范围行使职权或者不适当地使用职权,致使公共财产、国家和人民利益遭受损失的行为。玩忽职守是指严重不负责任,不履行或者不正确地履行职责,致使公共财产、国家和人民利益受到损失的行为。徇私舞弊是指为徇个人私利、私情,违反国家法律、法规的规定,破坏工作秩序,使国家和人民利益受到损失的行为。其主体从原来的纯国家机关工作人员向"职务论"转变,2013年1月9日起施行的最高人民法院、最高人民检察院《关于办理渎职刑事案件适用法律若干问题的解释(一)》第7条对该观点进行了确认:依法或者受委托行使国家行政管理职权的公司、企业、事业单位的工作人员,在行使行政管理职权时滥用职权或者玩忽职守,构成犯罪的,应当依照《全国人民代表大会常务委员会关于〈中华人民共和国刑法〉第九章渎职罪主体适用问题的解释》的规定,适用渎职罪追究刑事责任。因此,依本法行使反电信网络诈骗工作的金融、电信、互联网公司的工作人员,在行使本法赋予的管理职权时滥用职权或者玩忽职守,也适用渎职罪追究刑事责任。而徇私舞弊的主体根据刑法规定只能是司法工作人员或行政执法人员。

在客观行为的构成要件上,首先,本条并未像《刑法修正案(十一)》对于食品药品监管渎职罪的修订一样,采取"概括+列举"的立法模式,没有明确反电信网络诈骗滥用职权、玩忽职守、徇私舞弊的具体行为方式;其次,滥用职权、玩忽职守、徇私舞弊行为需具备造成"严重后果"或者有"其他严重情节"才成立犯罪,以区分行政责任与刑事责任。依目前情形看,除了依据最高人民法院、最高人民检察院《关于办理渎职刑事案件适用法律若干问题的解释(一)》来确定,笔者认为基于电信网络诈骗风险控制的需求,对电信网络诈骗的监管渎职犯罪在立法上进行适度扩张是必要的。当然,电信网络诈骗监管渎职罪的扩张并非毫无限制,应在至少具备抽象危险的基础上再予以明确化、类型化设置,并且罪量要素同样需要在行刑衔接基础上进行规范化表达。希望最高司法机关能够尽快出台司法解释,对此类犯罪的定罪标准、证据认定、量刑标准进一步细化;同时辅之以指导性案例的发布,统一司法适用尺度。

另外,兜底性条款"其他违反本法规定行为,构成犯罪的",穷尽了违反本法规定的义务并可能构成犯罪的情形。例如,违反本法第 5 条第 2 款,在反电信网络诈骗工作过程中违反保密规定,将在履行职责中获得的公民个人信息,出售或者提供给他人的行为,情节严重的有可能构成侵犯公民个人信息罪。

三、参考案例

2020 年 1 月 14 日,武汉市委、市政府对打击治理电信网络新型违法犯罪行动再作部署,市际联席会强化追责机制部署会上要求全市各联席会单位务必正视问题,集中攻坚;坚持情报主导,精准干防;强化防范措施,减少发案;落实相关机制,清剿窝点;实施联合倒查,严肃追责。市际联席会明确治理电信网络诈骗新型犯罪要做到"四个不放过":对预警劝阻拦截不及时的不放过,第一时间追责问责;对查处的重大电信网络诈骗案件和清剿的大型窝点不放过,严格落实"一案双查",既深挖犯罪,又倒查行业管理漏洞;对重点地区、重点行业不放过,定期曝光高发案社区或重点单位、重点行业;对因工作失职渎职导致重大电信网络诈骗案件发生的不放过,一律追究相关单位和人员责任。①

四、参考条文

(一)《中华人民共和国刑法》

第二百一十九条 有下列侵犯商业秘密行为之一,情节严重的,处三年以

---

① 参见《武汉市反电诈行动强化追责机制工作失职一律追责》,载凤凰新闻,https://ishare.ifeng.com/c/s/7tEekVkLxvH,最后访问日期:2020 年 1 月 15 日。

下有期徒刑,并处或者单处罚金;情节特别严重的,处三年以上十年以下有期徒刑,并处罚金:

……

(三)违反保密义务或者违反权利人有关保守商业秘密的要求,披露、使用或者允许他人使用其所掌握的商业秘密的。

明知前款所列行为,获取、披露、使用或者允许他人使用该商业秘密的,以侵犯商业秘密论。

……

第二百五十三条之一第一款 违反国家有关规定,向他人出售或者提供公民个人信息,情节严重的,处三年以下有期徒刑或者拘役,并处或者单处罚金;情节特别严重的,处三年以上七年以下有期徒刑,并处罚金。

第三百九十七条 国家机关工作人员滥用职权或者玩忽职守,致使公共财产、国家和人民利益遭受重大损失的,处三年以下有期徒刑或者拘役;情节特别严重的,处三年以上七年以下有期徒刑。本法另有规定的,依照规定。

国家机关工作人员徇私舞弊,犯前款罪的,处五年以下有期徒刑或者拘役;情节特别严重的,处五年以上十年以下有期徒刑。本法另有规定的,依照规定。

第三百九十八条 国家机关工作人员违反保守国家秘密法的规定,故意或者过失泄露国家秘密,情节严重的,处三年以下有期徒刑或者拘役;情节特别严重的,处三年以上七年以下有期徒刑。

非国家机关工作人员犯前款罪的,依照前款的规定酌情处罚。

第三百九十九条 司法工作人员徇私枉法、徇情枉法,对明知是无罪的人而使他受追诉、对明知是有罪的人而故意包庇不使他受追诉,或者在刑事审判活动中故意违背事实和法律作枉法裁判的,处五年以下有期徒刑或者拘役;情节严重的,处五年以上十年以下有期徒刑;情节特别严重的,处十年以上有期徒刑。

在民事、行政审判活动中故意违背事实和法律作枉法裁判,情节严重的,处五年以下有期徒刑或者拘役;情节特别严重的,处五年以上十年以下有期徒刑。

在执行判决、裁定活动中,严重不负责任或者滥用职权,不依法采取诉讼保全措施、不履行法定执行职责,或者违法采取诉讼保全措施、强制执行措施,致使当事人或者其他人的利益遭受重大损失的,处五年以下有期徒刑或者拘役;致使当事人或者其他人的利益遭受特别重大损失的,处五年以上十年以下有期徒刑。

……

第四百零二条　行政执法人员徇私舞弊,对依法应当移交司法机关追究刑事责任的不移交,情节严重的,处三年以下有期徒刑或者拘役;造成严重后果的,处三年以上七年以下有期徒刑。

（二）最高人民法院、最高人民检察院《关于办理渎职刑事案件适用法律若干问题的解释(一)》

第一条　国家机关工作人员滥用职权或者玩忽职守,具有下列情形之一的,应当认定为刑法第三百九十七条规定的"致使公共财产、国家和人民利益遭受重大损失":

（一）造成死亡 1 人以上,或者重伤 3 人以上,或者轻伤 9 人以上,或者重伤 2 人、轻伤 3 人以上,或者重伤 1 人、轻伤 6 人以上的;

（二）造成经济损失 30 万元以上的;

（三）造成恶劣社会影响的;

（四）其他致使公共财产、国家和人民利益遭受重大损失的情形。

具有下列情形之一的,应当认定为刑法第三百九十七条规定的"情节特别严重":

（一）造成伤亡达到前款第（一）项规定人数 3 倍以上的;

（二）造成经济损失 150 万元以上的;

（三）造成前款规定的损失后果,不报、迟报、谎报或者授意、指使、强令他人不报、迟报、谎报事故情况,致使损失后果持续、扩大或者抢救工作延误的;

（四）造成特别恶劣社会影响的;

（五）其他特别严重的情节。

第七条　依法或者受委托行使国家行政管理职权的公司、企业、事业单位的工作人员,在行使行政管理职权时滥用职权或者玩忽职守,构成犯罪的,应当依照《全国人民代表大会常务委员会关于〈中华人民共和国刑法〉第九章渎职罪主体适用问题的解释》的规定,适用渎职罪的规定追究刑事责任。

第四十六条　组织、策划、实施、参与电信网络诈骗活动或者为电信网络诈骗活动提供相关帮助的违法犯罪人员，除依法承担刑事责任、行政责任以外，造成他人损害的，依照《中华人民共和国民法典》等法律的规定承担民事责任。

电信业务经营者、银行业金融机构、非银行支付机构、互联网服务提供者等违反本法规定，造成他人损害的，依照《中华人民共和国民法典》等法律的规定承担民事责任。

一、法条宗旨

本条第1款规定电信网络诈骗活动实行行为或帮助行为的违法犯罪人员，除了依法承担刑事责任、行政责任外，造成他人损害的，还应承担民事责任。

第2款规定电信业务经营者、银行业金融机构、非银行支付机构、互联网服务提供者违反本法规定，造成他人损害的，应承担民事责任。

电信网络诈骗行为能在极短的时间内转移财产且不受地域限制，对受害者的财产造成侵害。在对草案二次审议稿向社会公众公开征求意见期间，其中意见较为集中的一点就是建立电信网络诈骗受害者群体的帮扶救助制度和措施，尽量为受害者多挽回财产损失。在民事侵权损害赔偿责任成立的前提下，有利于被侵权人得到及时的救济与赔偿。且电信、金融、互联网服务业务大多具有一定的垄断市场，实有必要促使"看门人"比其他行业主体承担起更多的社会治理责任，以使电信网络诈骗行为能够得到有效遏制。

二、条文详解

【实行行为或帮助行为的违法犯罪人员】首先，实施电信网络诈骗的实行行为的违法犯罪分子是直接针对被害人实施侵权行为的人，其行为侵害了被害人的财产权益，他们是直接侵权人，当然也是返还财产、赔偿损失等侵权责任的首要承担者。有观点认为，电信网络诈骗行为往往构成犯罪行为，在构成犯罪的情形下只能通过涉案财物处理来解决对被害人财产的返还，故此，不应当允许电信网络诈骗的受害人提起民事诉讼。笔者以为，这种观点值得商榷。

我国《民法典》第 187 条明确规定:"民事主体因同一行为应当承担民事责任、行政责任和刑事责任的,承担行政责任或者刑事责任不影响承担民事责任;民事主体的财产不足以支付的,优先用于承担民事责任。"《刑事诉讼法》第 101 条第 1 款也规定:"被害人由于被告人的犯罪行为而遭受物质损失的,在刑事诉讼过程中,有权提起附带民事诉讼。被害人死亡或者丧失行为能力的,被害人的法定代理人、近亲属有权提起附带民事诉讼。"既然电信诈骗行为构成侵权行为,行为人应当承担民事责任,那么就不能认为因构成了犯罪,被害人就丧失了提起民事诉讼的权利,只能坐等公安机关追赃后返还被骗资金。同样,对帮助实施侵权行为的人员,《民法典》第 1169 条规定,教唆、帮助他人实施侵权行为的,应当与行为人承担连带责任。若实行行为或帮助行为的人员构成犯罪的,被害人有权在刑事诉讼过程中提起附带民事诉讼;被害人死亡或者丧失行为能力的,其法定代理人、近亲属有权提起附带民事诉讼;在实行行为或帮助行为尚不构成犯罪,只能追究行为人行政责任时,被害人还可以另行提起民事诉讼。

【电信业务经营者、银行业金融机构、非银行支付机构、互联网服务提供者】虽然电信网络诈骗违法犯罪分子及其帮助行为人是首要的侵权责任承担者,但这些犯罪分子往往不容易抓获,被害人甚至连诈骗分子是谁都不清楚,遑论提起民事诉讼。这种情形下,被害人可以以电信业务经营者、银行业金融机构、非银行支付机构、互联网服务提供者对于其遭受电信网络诈骗行为具有过错,存在原因力为由,起诉这些单位,要求他们承担民事责任。最高人民法院、最高人民检察院、公安部《关于办理电信网络诈骗等刑事案件适用法律若干问题的意见》第 3 条第 8 项规定:"金融机构、网络服务提供者、电信业务经营者等在经营活动中,违反国家有关规定,被电信网络诈骗犯罪分子利用,使他人遭受财产损失的,依法承担相应责任。"我国《民法典》第 1165 条第 1 款亦规定:"行为人因过错侵害他人民事权益造成损害的,应当承担侵权责任。"除非法律特别规定适用过错推定责任或者无过错责任,否则侵权赔偿责任适用过错责任原则,以过错作为承担侵权赔偿责任的归责事由。因此,提供相关产品服务的电信业务经营者、银行业金融机构、非银行支付机构、互联网服务提供者就电信网络诈骗给被害人造成的损害,如果具有过错的,也应当承担侵权赔偿责任,除非法律规定了过错推定责任或无过错责任。例如,电信企业或金融机构在处理用户个人信息时,因未采取相应的安全保护措施致个人信息泄露、被他人非法窃取，从而使得犯罪分子利用获取的个人信息实施电信诈骗。此时，作为个人信息处理者的电信企业或金融机构要承担的是过错推定责任。这些提供产品或者服务的经营者所具有的过错无非两类。一类是诈骗分子和电信业务经营者、金融机构等单位的内部人员里外勾结、合谋串通，共同实施电信网络诈骗活动。这种情形下，诈骗分子和电信业务经营者等机构之间就存在共同故意，有意思联络，他们对受害人构成了共同加害行为，应与该诈骗分子承担连带责任。另一类情形不是电信业务经营者、金融机构、互联网服务提供者与诈骗分子共同实施电信网络诈骗行为，而是这些单位没有履行法定义务，尤其是违反了以保护民事主体免受电信网络诈骗为目的的保护性法律的规定，从而使得电信网络诈骗分子得以实施侵权行为并给被害人造成损害。在这种情形中，由于电信业务经营者、金融机构、互联网服务提供者不仅存在过错行为，而且该过错行为既与被害人的财产权益被侵害有责任成立上的因果关系，也与被害人的损失之间存在责任范围上的因果关系。故此，电信业务经营者、金融机构、互联网服务提供者应当按照过错、原因力来承担相应的侵权赔偿责任。[1]

三、参考案例

2015年1月30日、4月13日、4月15日、4月16日、4月17日，李某事先明知是他人在网络上利用QQ聊天冒充公司老总让公司财务人员往指定账户打款的方式骗来的违法所得，指示曾某在网上进行转账，并为曾某提供转账时所用的笔记本电脑、无线网卡、银行卡、网银U盾等，当诈骗款到账后，李某某通知曾某有钱到账，并告知到钱的卡号，曾某将钱通过网上银行转到事先准备好的银行卡中，在取款之前李某某将银行卡发给取款人苏某等人，然后指派苏某等人用银行卡在ATM机取款，取款人按照要求取完款后将银行卡以及取到的现金一并交给李某某，最终造成隆峰公司遭受损失493.3万元。后李某某、曾某、苏某等13名被告人被黑龙江省依安县人民法院以犯掩饰、隐瞒犯罪所得罪判处刑罚。该损失在李某某等刑事案件中未处理。2017年11月14日，

---

[1] 参见程啸：《"数字经济中的民事权益保护"系列之十二：个人信息权益的内容与救济程序》，载《法治日报》2022年7月20日第9版。

隆峰公司向合肥市公安局刑事警察支队提交资金返还申请,收到回复:因隆峰公司不符合资金返还条件,隆峰公司遭受 493.3 万元损失无法得到返还或赔偿,隆峰公司遂诉至法院。

法院认为,李某某明知涉案款项系他人在网络上利用 QQ 聊天冒充公司老总让公司财务人员往指定账户打款方式骗来的违法所得,还指使他人进行网上银行迂回、交叉转账,最终取出现金,主观上存在侵害财产的故意,客观上造成了原告财产损失的发生,应当承担侵权赔偿责任。即 4 名被告出借银行账户行为违法,主观上存在过错,客观上即使不知晓出借自己账号替他人转移款项系诈骗款,但对原告被骗资金的转移、支取起到协助作用。正是以上五被告行为的直接结合、共同作用,致使原告遭受损失,故五被告构成共同侵权应依法承担连带赔偿责任。据此,判决被告李某某等 5 人赔偿原告安徽省隆峰建设工程有限公司 493.3 万元及自 2015 年 4 月 17 日起至实际赔偿之日止的利息(按银行同期贷款利率计算),五被告相互承担连带责任。①

四、参考条文

(一)《中华人民共和国民法典》

第一百八十七条 民事主体因同一行为应当承担民事责任、行政责任和刑事责任的,承担行政责任或者刑事责任不影响承担民事责任;民事主体的财产不足以支付的,优先用于承担民事责任。

第一千一百六十五条 行为人因过错侵害他人民事权益造成损害的,应当承担侵权责任。

依照法律规定推定行为人有过错,其不能证明自己没有过错的,应当承担侵权责任。

第一千一百六十八条 二人以上共同实施侵权行为,造成他人损害的,应当承担连带责任。

第一千一百六十九条第一款 教唆、帮助他人实施侵权行为的,应当与行为人承担连带责任。

———————————

① 参见安徽省无为县人民法院(2018)皖 0225 民初 355 号判决书。

（二）《中华人民共和国刑事诉讼法》

第一百零一条第一款 被害人由于被告人的犯罪行为而遭受物质损失的,在刑事诉讼过程中,有权提起附带民事诉讼。被害人死亡或者丧失行为能力的,被害人的法定代理人、近亲属有权提起附带民事诉讼。

（三）最高人民法院、最高人民检察院、公安部《关于办理电信网络诈骗等刑事案件适用法律若干问题的意见》

三、全面惩处关联犯罪

（八）金融机构、网络服务提供者、电信业务经营者等在经营活动中,违反国家有关规定,被电信网络诈骗犯罪分子利用,使他人遭受财产损失的,依法承担相应责任。构成犯罪的,依法追究刑事责任。

第四十七条 人民检察院在履行反电信网络诈骗职责中,对于侵害国家利益和社会公共利益的行为,可以依法向人民法院提起公益诉讼。

一、法条宗旨

本条是对人民检察院在反电信网络诈骗中增加公益诉讼的规定。《草案》征求意见后,其中有意见认为电信网络诈骗严重侵害国家利益、社会公共利益,有必要增加规定检察机关可以依法提起公益诉讼,本法予以了采纳。检察机关实施公益诉讼有助于监督反电信网络诈骗协同共治,落实源头治理、系统治理。其内容包括行政公益诉讼和民事公益诉讼,通过行政公益诉讼,检察机关依本法督促各级政府及公安、金融、电信、网信、市场监管等有关部门加强监管,督促相关职能部门履职尽责;通过民事公益诉讼,检察机关监督电信业务经营者、银行业金融机构、非银行支付机构、互联网服务提供者依本法落实预防为主、风险防控的主体责任,依法保护众多消费者的合法权益。

二、条文详解

【行政公益诉讼】本法第28条规定,"金融、电信、网信部门依照职责对银行业金融机构、非银行支付机构、电信业务经营者、互联网服务提供者落实本法规定情况进行监督检查。有关监督检查活动应当依法规范开展"。第29条第2款规定:"履行个人信息保护职责的部门、单位对可能被电信网络诈骗利用的物流信息、交易信息、贷款信息、医疗信息、婚介信息等实施重点保护。公安机关办理电信网络诈骗案件,应当同时查证犯罪所利用的个人信息来源,依法追究相关人员和单位责任。"据此,检察机关可以通过行政公益诉讼,督促相关职能部门履职尽责。当然,围绕反电信网络诈骗的行政活动复杂化、行政工具多样化、技术化,传统以行政结果为导向的行政行为合法性评价的司法审查方法已难以把握行政法律关系的全貌。因此有必要建立预防型行政公益诉讼,①对侵害公益结果尚未发生的行政行为提起公益诉讼,实现对行政行为的过程控制,从而最大限度地保护公共利益。例如,最高人民检察院2022年4月21日发布的罗某杰诈骗案——利用虚拟货币为境外电信网络诈骗团伙跨境转移资金案中,检察机关与外汇监管部门等金融监管机构召开座谈会,建议相关单位加强反洗钱监管和金融情报分析,构建信息共享和监测封堵机制,提前做好预防。今后类似社会治理检察建议将升级为行政公益诉讼诉前检察建议,强调相关行政行为的违法性、可诉性,监督更具刚性。② 当然,检察机关在此过程中应保持司法谦抑性,除了判断公共利益的受侵害状态,还应对行政机关履职行为本身予以审查,查明是否存在行政不能和其他客观情况。

【民事公益诉讼】依据本法第6条规定,"电信业务经营者、银行业金融机构、非银行支付机构、互联网服务提供者承担风险防控责任,建立反电信网络诈骗内部控制机制和安全责任制度,加强新业务涉诈风险安全评估"以及第29条第1款的规定,"个人信息处理者应当依照《中华人民共和国个人信息保护法》等法律规定,规范个人信息处理,加强个人信息保护,建立个人信息被用于电信网络诈骗的防范机制",检察机关可以通过民事公益诉讼,推进源头治理、综合治理的责任主体落实预防为主、风险防控的主体责任。同时,紧紧抓住公民个人信息是犯罪分子实施电信网络诈骗犯罪的核心,坚持行业内部源头治理,全链条打击,注重发挥刑事检察和公益诉讼检察双向合力,加

---

① 参见王春业:《论检察机关提起"预防性"行政公益诉讼制度》,载《浙江社会科学》2018年第1期。
② 参见《反电信网络诈骗,检察公益诉讼大有可为》,载检察日报,https://www.spp.gov.cn/spp/zdgz/202209/t20220915_577348.shtml,最后访问日期:2022年9月15日。

强对公民个人信息的全面司法保护。可以预见,《反电信网络诈骗法》实施后,电信业务经营者、银行业金融机构、非银行支付机构、互联网服务提供者涉诈风险安全评估情况将成为民事公益诉讼审查起诉的重要内容,与承担社会"看门人"角色的电信、金融、互联网等企业在诉讼中形成真正的对抗,有助于更进一步合理确定这些企业在防范电信诈骗方面应该承担的社会责任。

三、参考案例

案例1:2016年至2018年期间,温州某儿童摄影公司员工张某某、某儿童培训公司员工卢某某等人,为公司商业营销需要,采用购买、交换等方式从温州多家医院非法获取1万余条孕产妇个人信息,期间,张某某等人还向他人出售、提供孕产妇个人信息。涉案两家公司对员工非法收集、使用、泄露孕产妇个人信息用于商业营销的违法行为未尽到个人信息保护义务,严重侵害就诊者合法权益。

浙江省温州市鹿城区人民检察院在刑事检察部门办理侵犯公民个人信息案件中发现本案公益损害线索后,于2019年7月31日成立专案组立案调查。专案组通过调阅刑事卷宗、检索监管依据、搜集处罚案例、走访职能部门等方式,查明公益损害事实,明确监督对象,找准监督依据,即:《消费者权益保护法》规定,消费者个人信息享有依法得到保护的权利,经营者收集、使用消费者个人信息应当遵循合法、正当、必要原则,并采取必要措施防止消费者个人信息泄露。市场监督管理部门对侵害消费者个人信息的行为负有监管职责。张某某等人因涉嫌刑事犯罪,依法被追究刑事责任,但涉案公司未因张某某、卢某某利用非法获取的孕产妇等个人信息进行商业营销受到相应处罚。2019年8月29日,鹿城区检察院向鹿城区市场监督管理局发出诉前检察建议,督促其对涉案公司违法行为予以查处,并采取有效措施加大对辖区内侵害消费者个人信息违法行为的打击力度。2020年7月,区市监局对摄影公司作出责令改正、没收违法所得4000元、罚款34000元的行政处罚,对培训公司作出责令改正、罚款30000元的行政处罚。与此同时,区市监局开展全区侵害消费者个人信息违法行为专项行动,查处违法公司4家,罚没款16.8万元。办案过程中,鹿城区检察院针对就诊者个人信息主要从温州两家医院泄露这一情况,分别向两家医院发出社会治理检察建议,建议加强就诊者个人信息保护。两家医院通过案例开展警示教育,采取了加强信息查询权限分级管理、重要岗位人员定期轮岗、工作电脑加密等措施积极落实整改,完善个人信息安全源头管理。同时,鹿城区检察院结合办案,联合区公安分局、区市监局等部门在全省率先出台《关于加强消费领域个人信息保护执法司法协作的若干意见(试行)》,形成消费领域个人信息保护执法司法合力。①

案例2:2017年以来,李某非法获取包含姓名、电话、住址等公民个人信息共计1290万余条,并伙同他人将其中1.9万余条个人信息非法出售获利。2018年1月至2019年4月,李某利用非法获取的公民个人信息,雇佣电话客服批量、随机拨打营销骚扰电话,并以收藏品公司名义,采用夸大收藏品价值和升值空间等方式,诱骗消费者购买肾宝片、纪念册、纪念币等商品,销售价款共计人民币55.4605万元。

河北省保定市人民检察院在审查郭某某侵犯公民个人信息刑事附带民事公益诉讼请示案件时发现,李某在实施侵犯公民个人信息犯罪的同时,存在利用非法获取的公民个人信息进行消费欺诈的行为。经河北省人民检察院批准,保定市人民检察院于2019年11月8日立案调查。调查期间,保定市人民检察院通过调取刑事侦查卷宗、审查电子数据、询问被调查人和证人,查清李某非法获取、出售公民个人信息事实;通过委托公安机关依托异地协查平台调取46名消费者陈述,审查电话客服证言、话术音频、商品检测报告,证实李某利用公民个人信息批量、随机进行电话滋扰和欺诈的事实;通过调取快递公司快递收发记录、资金结算书证和李某银行账户流水资料,并委托出具会计专业分析报告,查清李某消费欺诈金额。同时,保定市人民检察院邀请河北大学公益诉讼研究基地的专家对该案进行论证并开展问卷调查,专家论证和调查结果均支持检察机关对李某的侵权行为提起民事公益诉讼并提出惩罚性赔偿诉讼请求。2020年7月20日,保定市人民检察院向保定市中级人民法院提起民事公益诉讼,请求依法判令被告李某支付3倍惩罚性赔偿金共计人民币166.3815万元;采取有效措施删除所有非法持有的公民个人信息数据;在国

---

① 参见《最高检发布检察机关个人信息保护公益诉讼典型案例》,载最高人民检察院百家号,https://baijiahao.baidu.com/s? id=1697719692887005658&wfr=spider&for=pc,最后访问日期:2022年4月22日。

家级媒体上公开赔礼道歉。①

四、参考条文

（一）《中华人民共和国行政诉讼法》

第二十五条第四款　人民检察院在履行职责中发现生态环境和资源保护、食品药品安全、国有财产保护、国有土地使用权出让等领域负有监督管理职责的行政机关违法行使职权或者不作为，致使国家利益或者社会公共利益受到侵害的，应当向行政机关提出检察建议，督促其依法履行职责。行政机关不依法履行职责的，人民检察院依法向人民法院提起诉讼。

（二）《中华人民共和国民事诉讼法》

第五十八条　对污染环境、侵害众多消费者合法权益等损害社会公共利益的行为，法律规定的机关和有关组织可以向人民法院提起诉讼。

人民检察院在履行职责中发现破坏生态环境和资源保护、食品药品安全领域侵害众多消费者合法权益等损害社会公共利益的行为，在没有前款规定的机关和组织或者前款规定的机关和组织不提起诉讼的情况下，可以向人民法院提起诉讼。前款规定的机关或者组织提起诉讼的，人民检察院可以支持起诉。

（三）《中华人民共和国个人信息保护法》

第七十条　个人信息处理者违反本法规定处理个人信息，侵害众多个人的权益的，人民检察院、法律规定的消费者组织和由国家网信部门确定的组织可以依法向人民法院提起诉讼。

第四十八条　有关单位和个人对依照本法作出的行政处罚和行政强制措施决定不服的，可以依法申请行政复议或者提起行政诉讼。

---

① 参见《最高检发布检察机关个人信息保护公益诉讼典型案例》，载最高人民检察院百家号，https://baijiahao.baidu.com/s？id＝1697719692887005658&wfr＝spider&for＝pc，最后访问日期：2022 年 4 月 22 日。

一、法条宗旨

本条规定的是承担行政责任的主体的救济途径,公民、法人或者其他组织认为具体行政行为侵犯其合法权益,可向行政机关提出行政复议申请或向人民法院提起诉讼。

二、法条详解

【行政处罚】行政处罚是指行政机关依法对违反行政管理秩序的公民、法人或者其他组织,以减损权益或者增加义务的方式予以惩戒的行为,这是首次行政处罚法以立法的形式明确"行政处罚"的定义。作为最常见的侵害性行政行为,有可能侵犯行政相对人的权利,为防止行政主体滥用行政处罚权力,保障相对人的合法利益,有必要设定对行政处罚的救济手段。本法所称的行政处罚种类包括本章所涉及的警告、通报批评;罚款、没收违法所得;责令停止新增业务、缩减业务类型或者业务范围、暂停相关业务、停业整顿、关闭网站或者应用程序;吊销相关业务许可证或者吊销营业执照;行政拘留。

【行政强制】行政强制是指行政机关在行政管理过程中,为制止违法行为、防止证据损毁、避免危害发生、控制危险扩大等,依法对公民的人身自由实施暂时性限制,或者对公民、法人或者其他组织的财物实施暂时性控制的行为。其种类在我国行政强制法规定有5类:限制公民人身自由;查封场所、设施或者财物;扣押财物;冻结存款、汇款;其他行政强制措施。具体就本法而言,主要体现在第20条国务院公安部门会同有关部门建立紧急止付、快速冻结制度;第36条移民管理机构对存在重大涉电信网络诈骗活动嫌疑,或因从事电信网络诈骗活动受过刑事处罚的人员自处罚完毕之日起6个月至3年以内,可以采取措施限制其出境。

这里需强调的是,对于限制出境到底属于什么性质,学术界一直有争论。限制出境措施散见于我国各类法律、法规、司法解释甚至规范性文件中。我国限制出境措施主要有三大类,第一类规定在我国《刑事诉讼法》中,第二类规定在我国《民事诉讼法》中,第三类则规定在各类行政法律、法规中。法律渊源不同,法律性质自然各异。刑事诉讼中的限制出境,是为了保证取保候审和监视居住的顺利执行,应属于刑事诉讼强制措施;民事诉讼中的限制出境,属于人民法院的执行机构在依法强制执行生效法律文书时所采取的具体方法,其实施源于被执行人怠于实施执行的给付义务,主要依申请执行人的申请而启动,申请人同意解除的也可解除,应属于保障性的执行措施;各类行政法律、法规之中作为行政行为的限制出境措施,尽管其法律性质各异,但都是国家行政机关依据法律、法规的规定遵循特定的程序,针对特定的公民,就是否允许其出境做出的行为。该行为像前文所述,若申请出境时因为被"不批准出境"而被限制出境的,则应当属于行政法上的行政许可行为;若已经获得颁发护照或者其他旅行证件的人出境被"控制出境"而被限制出境的,应属行政强制措施。两者都属于具体行政行为,行政相对人可以申请复议,也可以提起行政诉讼。①

【救济途径】现代法治国家要求赋予行政主体行政处罚权的同时要设定对行政相对人予以救济的手段,体现"有权利,必有救济"的思想。故本法规定当事人对行政处罚决定不服,可向上一级行政机关或者法律、法规规定的其他机关或组织依法对该具体行政行为进行审查并做出裁决的活动。申请行政复议或者提起行政诉讼的,根据《行政处罚法》规定,行政处罚不停止执行;当事人对限制人身自由的行政处罚决定不服,申请行政复议或者提起行政诉讼的,可以向作出决定的机关提出暂缓执行申请。符合法律规定情形的,应当暂缓执行。行政复议是一种"准司法"的行政行为,具有监控行政权的功能,是行政机关系统内部的一种纠错机制。行政相对人对复议决定不服可以提起行政诉讼。行政诉讼既可以是对行政处罚决定不服直接提起的诉讼,也可以是经复议后不服而提起的诉讼。只要相对人认为行政主体的行政处罚侵犯了其合法权益,就有权向法院提起诉讼。对行政主体的不当处罚提起诉讼是行政相对人的一项基本权利。

这里需要说明的是,如前文所述,本章多次出现的"责令改正"的本意是要求违法行为人有错必纠,本质上是教育性的,而不是惩罚性的,不属于行政处罚,也不是对公民、法人或者其他组织的人身自由或财物实施暂时性控制的行政强制行为,是一种独立的行政行为。因此,各地法院对于"责令改正"态度不一,有的认为其是行政处罚的前置程序,对原告的实体权利义务不产生强

---

① 参见陈庆安:《我国限制出境措施问题研究》,载《政治与法律》2018 年第 9 期。

制力的影响,所以不属于人民法院受案范围。但有的法院认为责令改正行为是一种惩罚措施,影响当事人实体权利,属于行政受案范围,具有可诉性。[①]笔者认为,"责令改正"是实施行政处罚程序中的行政行为,可作为行政处罚前置行为或者是与行政处罚并行的程序,其一经作出便为相对人设定了义务,若相对人不按规定履行义务,将会受到行政处罚或行政强制执行的后果,"责令改正"行为实质上会对相对人权利义务产生影响。因此,根据行政复议法、行政诉讼法相关规定,"责令改正"并没有突破法律规定的行政复议、行政受案的范围的界限。

三、参考案例

2015年10月14日,上海市工商检查总队向信和财富上海公司作出并当日送达沪工商检处字〔2015〕第××号行政处罚决定,认定自2014年12月起,信和财富上海公司在日常经营活动中,为拓展业务,发展客户,由其团队经理等相关人员从房产、银行等行业处收集消费者个人信息,统一管理并组织从业人员按名单信息逐一电话推销其P2P理财产品。信和财富上海公司在收集、使用个人信息的过程中,均未取得消费者同意。经统计,纸质资料涉及的个人信息共有3万8千余人次,以电子数据形式保存的120M(兆)个人信息名单涉及100万余人次。信和财富上海公司上述行为违反了《消费者权益保护法》第29条第1款"经营者收集、使用消费者个人信息,应当遵循合法、正当、必要的原则,明示收集、使用信息的目的、方式和范围,并经消费者同意。经营者收集、使用消费者个人信息,应当公开其收集、使用规则,不得违反法律、法规的规定和双方的约定收集、使用信息。"鉴于涉案的个人信息数量极为庞大,根据《消费者权益保护法》相关规定,决定处罚如下:(一)责令改正;(二)罚款人民币40万元。信和财富上海公司对此行政处罚决定不服,于12月2日向上海市工商行政管理局申请行政复议。市工商局经审查,于2016年1月21日作出沪工商复字〔2015〕第151号行政复议决定,维持市工商检查总队的被诉处罚决定。信和财富上海公司仍然不服,遂提起行政诉讼,请求判令撤销

① 参见龚李雪:《论"责令改正"的可诉性》,载《政法与经济》2018年第6期。

市工商检查总队作出的被诉处罚决定及市工商局作出的被诉复议决定。①

四、参考条文

（一）《中华人民共和国行政复议法》

第二条 公民、法人或者其他组织认为具体行政行为侵犯其合法权益，向行政机关提出行政复议申请，行政机关受理行政复议申请、作出行政复议决定，适用本法。

第六条 有下列情形之一的，公民、法人或者其他组织可以依照本法申请行政复议：

（一）对行政机关作出的警告、罚款、没收违法所得、没收非法财物、责令停产停业、暂扣或者吊销许可证、暂扣或者吊销执照、行政拘留等行政处罚决定不服的；

（二）对行政机关作出的限制人身自由或者查封、扣押、冻结财产等行政强制措施决定不服的；

（三）对行政机关作出的有关许可证、执照、资质证、资格证等证书变更、中止、撤销的决定不服的；

……

第九条第一款 公民、法人或者其他组织认为具体行政行为侵犯其合法权益的，可以自知道该具体行政行为之日起六十日内提出行政复议申请；但是法律规定的申请期限超过六十日的除外。

（二）《中华人民共和国行政诉讼法》

第二条第一款 公民、法人或者其他组织认为行政机关和行政机关工作人员的行政行为侵犯其合法权益，有权依照本法向人民法院提起诉讼。

第十二条 人民法院受理公民、法人或者其他组织提起的下列诉讼：

（一）对行政拘留、暂扣或者吊销许可证和执照、责令停产停业、没收违法所得、没收非法财物、罚款、警告等行政处罚不服的；

---

① 参见上海市第三中级人民法院(2016)沪03行终514号判决书。

（二）对限制人身自由或者对财产的查封、扣押、冻结等行政强制措施和行政强制执行不服的；

……

第四十四条第一款 对属于人民法院受案范围的行政案件，公民、法人或者其他组织可以先向行政机关申请复议，对复议决定不服的，再向人民法院提起诉讼；也可以直接向人民法院提起诉讼。

第四十五条 公民、法人或者其他组织不服复议决定的，可以在收到复议决定书之日起十五日内向人民法院提起诉讼。复议机关逾期不作决定的，申请人可以在复议期满之日起十五日内向人民法院提起诉讼。法律另有规定的除外。

第四十六条第一款 公民、法人或者其他组织直接向人民法院提起诉讼的，应当自知道或者应当知道作出行政行为之日起六个月内提出。法律另有规定的除外。

第七章　附　　则

　　第四十九条　反电信网络诈骗工作涉及的有关管理和责任制度,本法没有规定的,适用《中华人民共和国网络安全法》、《中华人民共和国个人信息保护法》、《中华人民共和国反洗钱法》等相关法律规定。

　　本法条是对法律适用原则的规定。采取列举模式,意指没有规定的情况下,反电信网络诈骗工作有关管理和责任制度适用最密切联系原则,适用与本法密切相关的《中华人民共和国网络安全法》《中华人民共和国个人信息保护法》《中华人民共和国反洗钱法》等法律规定。

　　本法是一部比较特殊的法律。它坚持以人民为中心,统筹发展和安全,集预防、遏制、惩治功能为一身,从人员链、信息链、技术链、资金链等进行全链条治理;从前端宣传预防、中端监测处置、后端惩治进行全流程治理。该法立足关键环节,对地方政府的属地责任、部门的监管主体责任、政法部门的惩治责任、企业的防范责任、公民提高防范意识等作出全面规定,同时,还规定了未落实责任所相应承担的法律责任。另外,还强调了政府部门间打击治理电信网络诈骗的协同配合和联动机制。因此,该法涉及通信、金融、互联网领域,也包括覆盖到个人信息保护等等这些方面,与《中华人民共和国网络安全法》、《中华人民共和国个人信息保护法》、《中华人民共和国反洗钱法》等法律密切相关,该条规定旨在发挥法律选择上拾遗补阙的作用,旨在补足已有立法缺漏。这亦是由法的滞后性所决定,"本法"对新出现的新类型的有关管理和责任制度适用确实没有规定时,应适用最密切联系原则解决法律适用。

　　第五十条　本法自 2022 年 12 月 1 日起施行。

　　本条是对法律生效时间的规定。明确规定法律的生效时间一般涉及到法律有无溯及力的问题。所谓法律的溯及力,即是法律溯及既往的效力。简言之,就是新的法律施行后,对它生效前发生的事件和行为是否适用新法的问题。关于溯及力的原则一般是采用"从旧兼从轻"的原则。即新的法律施行以前的行为,该行为实施时的法律不认为是违法的,适用当时的法律;当时的法律认为是违法的,依照当时的法律给予处罚;但是若新的法律不认为是违法,或者处罚较轻的,则适用新法。

附录：

中华人民共和国反电信网络诈骗法

（2022年9月2日第十三届全国人民代表大会
常务委员会第三十六次会议通过）

目　录

第一章　总　则

第一条　为了预防、遏制和惩治电信网络诈骗活动，加强反电信网络诈骗工作，保护公民和组织的合法权益，维护社会稳定和国家安全，根据宪法，制定本法。

第二条　本法所称电信网络诈骗，是指以非法占有为目的，利用电信网络技术手段，通过远程、非接触等方式，诈骗公私财物的行为。

第三条　打击治理在中华人民共和国境内实施的电信网络诈骗活动或者中华人民共和国公民在境外实施的电信网络诈骗活动，适用本法。

境外的组织、个人针对中华人民共和国境内实施电信网络诈骗活动的，或者为他人针对境内实施电信网络诈骗活动提供产品、服务等帮助的，依照本法有关规定处理和追究责任。

第四条 反电信网络诈骗工作坚持以人民为中心,统筹发展和安全;坚持系统观念、法治思维,注重源头治理、综合治理;坚持齐抓共管、群防群治,全面落实打防管控各项措施,加强社会宣传教育防范;坚持精准防治,保障正常生产经营活动和群众生活便利。

第五条 反电信网络诈骗工作应当依法进行,维护公民和组织的合法权益。

有关部门和单位、个人应当对在反电信网络诈骗工作过程中知悉的国家秘密、商业秘密和个人隐私、个人信息予以保密。

第六条 国务院建立反电信网络诈骗工作机制,统筹协调打击治理工作。

地方各级人民政府组织领导本行政区域内反电信网络诈骗工作,确定反电信网络诈骗目标任务和工作机制,开展综合治理。

公安机关牵头负责反电信网络诈骗工作,金融、电信、网信、市场监管等有关部门依照职责履行监管主体责任,负责本行业领域反电信网络诈骗工作。

人民法院、人民检察院发挥审判、检察职能作用,依法防范、惩治电信网络诈骗活动。

电信业务经营者、银行业金融机构、非银行支付机构、互联网服务提供者承担风险防控责任,建立反电信网络诈骗内部控制机制和安全责任制度,加强新业务涉诈风险安全评估。

第七条 有关部门、单位在反电信网络诈骗工作中应当密切协作,实现跨行业、跨地域协同配合、快速联动,加强专业队伍建设,有效打击治理电信网络诈骗活动。

第八条 各级人民政府和有关部门应当加强反电信网络诈骗宣传,普及相关法律和知识,提高公众对各类电信网络诈骗方式的防骗意识和识骗能力。

教育行政、市场监管、民政等有关部门和村民委员会、居民委员会,应当结合电信网络诈骗受害群体的分布等特征,加强对老年人、青少年等群体的宣传教育,增强反电信网络诈骗宣传教育的针对性、精准性,开展反电信网络诈骗宣传教育进学校、进企业、进社区、进农村、进家庭等活动。

各单位应当加强内部防范电信网络诈骗工作,对工作人员开展防范电信网络诈骗教育;个人应当加强电信网络诈骗防范意识。单位、个人应当协助、配合有关部门依照本法规定开展反电信网络诈骗工作。

第二章　电信治理

第九条　电信业务经营者应当依法全面落实电话用户真实身份信息登记制度。

基础电信企业和移动通信转售企业应当承担对代理商落实电话用户实名制管理责任,在协议中明确代理商实名制登记的责任和有关违约处置措施。

第十条　办理电话卡不得超出国家有关规定限制的数量。

对经识别存在异常办卡情形的,电信业务经营者有权加强核查或者拒绝办卡。具体识别办法由国务院电信主管部门制定。

国务院电信主管部门组织建立电话用户开卡数量核验机制和风险信息共享机制,并为用户查询名下电话卡信息提供便捷渠道。

第十一条　电信业务经营者对监测识别的涉诈异常电话卡用户应当重新进行实名核验,根据风险等级采取有区别的、相应的核验措施。对未按规定核验或者核验未通过的,电信业务经营者可以限制、暂停有关电话卡功能。

第十二条　电信业务经营者建立物联网卡用户风险评估制度,评估未通过的,不得向其销售物联网卡;严格登记物联网卡用户身份信息;采取有效技术措施限定物联网卡开通功能、使用场景和适用设备。

单位用户从电信业务经营者购买物联网卡再将载有物联网卡的设备销售给其他用户的,应当核验和登记用户身份信息,并将销量、存量及用户实名信息传送给号码归属的电信业务经营者。

电信业务经营者对物联网卡的使用建立监测预警机制。对存在异常使用情形的,应当采取暂停服务、重新核验身份和使用场景或者其他合同约定的处置措施。

第十三条　电信业务经营者应当规范真实主叫号码传送和电信线路出租,对改号电话进行封堵拦截和溯源核查。

电信业务经营者应当严格规范国际通信业务出入口局主叫号码传送,真实、准确向用户提示来电号码所属国家或者地区,对网内和网间虚假主叫、不规范主叫进行识别、拦截。

第十四条　任何单位和个人不得非法制造、买卖、提供或者使用下列设备、软件:

（一）电话卡批量插入设备；

（二）具有改变主叫号码、虚拟拨号、互联网电话违规接入公用电信网络等功能的设备、软件；

（三）批量账号、网络地址自动切换系统，批量接收提供短信验证、语音验证的平台；

（四）其他用于实施电信网络诈骗等违法犯罪的设备、软件。

电信业务经营者、互联网服务提供者应当采取技术措施，及时识别、阻断前款规定的非法设备、软件接入网络，并向公安机关和相关行业主管部门报告。

第三章　金融治理

第十五条　银行业金融机构、非银行支付机构为客户开立银行账户、支付账户及提供支付结算服务，和与客户业务关系存续期间，应当建立客户尽职调查制度，依法识别受益所有人，采取相应风险管理措施，防范银行账户、支付账户等被用于电信网络诈骗活动。

第十六条　开立银行账户、支付账户不得超出国家有关规定限制的数量。

对经识别存在异常开户情形的，银行业金融机构、非银行支付机构有权加强核查或者拒绝开户。

中国人民银行、国务院银行业监督管理机构组织有关清算机构建立跨机构开户数量核验机制和风险信息共享机制，并为客户提供查询名下银行账户、支付账户的便捷渠道。银行业金融机构、非银行支付机构应当按照国家有关规定提供开户情况和有关风险信息。相关信息不得用于反电信网络诈骗以外的其他用途。

第十七条　银行业金融机构、非银行支付机构应当建立开立企业账户异常情形的风险防控机制。金融、电信、市场监管、税务等有关部门建立开立企业账户相关信息共享查询系统，提供联网核查服务。

市场主体登记机关应当依法对企业实名登记履行身份信息核验职责；依照规定对登记事项进行监督检查，对可能存在虚假登记、涉诈异常的企业重点监督检查，依法撤销登记的，依照前款的规定及时共享信息；为银行业金融机构、非银行支付机构进行客户尽职调查和依法识别受益所有人提供便利。

第十八条 银行业金融机构、非银行支付机构应当对银行账户、支付账户及支付结算服务加强监测,建立完善符合电信网络诈骗活动特征的异常账户和可疑交易监测机制。

中国人民银行统筹建立跨银行业金融机构、非银行支付机构的反洗钱统一监测系统,会同国务院公安部门完善与电信网络诈骗犯罪资金流转特点相适应的反洗钱可疑交易报告制度。

对监测识别的异常账户和可疑交易,银行业金融机构、非银行支付机构应当根据风险情况,采取核实交易情况、重新核验身份、延迟支付结算、限制或者中止有关业务等必要的防范措施。

银行业金融机构、非银行支付机构依照第一款规定开展异常账户和可疑交易监测时,可以收集异常客户互联网协议地址、网卡地址、支付受理终端信息等必要的交易信息、设备位置信息。上述信息未经客户授权,不得用于反电信网络诈骗以外的其他用途。

第十九条 银行业金融机构、非银行支付机构应当按照国家有关规定,完整、准确传输直接提供商品或者服务的商户名称、收付款客户名称及账号等交易信息,保证交易信息的真实、完整和支付全流程中的一致性。

第二十条 国务院公安部门会同有关部门建立完善电信网络诈骗涉案资金即时查询、紧急止付、快速冻结、及时解冻和资金返还制度,明确有关条件、程序和救济措施。

公安机关依法决定采取上述措施的,银行业金融机构、非银行支付机构应当予以配合。

第四章 互联网治理

第二十一条 电信业务经营者、互联网服务提供者为用户提供下列服务,在与用户签订协议或者确认提供服务时,应当依法要求用户提供真实身份信息,用户不提供真实身份信息的,不得提供服务:

(一)提供互联网接入服务;

(二)提供网络代理等网络地址转换服务;

(三)提供互联网域名注册、服务器托管、空间租用、云服务、内容分发服务;

（四）提供信息、软件发布服务，或者提供即时通讯、网络交易、网络游戏、网络直播发布、广告推广服务。

第二十二条 互联网服务提供者对监测识别的涉诈异常账号应当重新核验，根据国家有关规定采取限制功能、暂停服务等处置措施。

互联网服务提供者应当根据公安机关、电信主管部门要求，对涉案电话卡、涉诈异常电话卡所关联注册的有关互联网账号进行核验，根据风险情况，采取限期改正、限制功能、暂停使用、关闭账号、禁止重新注册等处置措施。

第二十三条 设立移动互联网应用程序应当按照国家有关规定向电信主管部门办理许可或者备案手续。

为应用程序提供封装、分发服务的，应当登记并核验应用程序开发运营者的真实身份信息，核验应用程序的功能、用途。

公安、电信、网信等部门和电信业务经营者、互联网服务提供者应当加强对分发平台以外途径下载传播的涉诈应用程序重点监测、及时处置。

第二十四条 提供域名解析、域名跳转、网址链接转换服务的，应当按照国家有关规定，核验域名注册、解析信息和互联网协议地址的真实性、准确性，规范域名跳转，记录并留存所提供相应服务的日志信息，支持实现对解析、跳转、转换记录的溯源。

第二十五条 任何单位和个人不得为他人实施电信网络诈骗活动提供下列支持或者帮助：

（一）出售、提供个人信息；

（二）帮助他人通过虚拟货币交易等方式洗钱；

（三）其他为电信网络诈骗活动提供支持或者帮助的行为。

电信业务经营者、互联网服务提供者应当依照国家有关规定，履行合理注意义务，对利用下列业务从事涉诈支持、帮助活动进行监测识别和处置：

（一）提供互联网接入、服务器托管、网络存储、通讯传输、线路出租、域名解析等网络资源服务；

（二）提供信息发布或者搜索、广告推广、引流推广等网络推广服务；

（三）提供应用程序、网站等网络技术、产品的制作、维护服务；

（四）提供支付结算服务。

第二十六条 公安机关办理电信网络诈骗案件依法调取证据的，互联网服务提供者应当及时提供技术支持和协助。

互联网服务提供者依照本法规定对有关涉诈信息、活动进行监测时,发现涉诈违法犯罪线索、风险信息的,应当依照国家有关规定,根据涉诈风险类型、程度情况移送公安、金融、电信、网信等部门。有关部门应当建立完善反馈机制,将相关情况及时告知移送单位。

第五章 综合措施

第二十七条 公安机关应当建立完善打击治理电信网络诈骗工作机制,加强专门队伍和专业技术建设,各警种、各地公安机关应当密切配合,依法有效惩处电信网络诈骗活动。

公安机关接到电信网络诈骗活动的报案或者发现电信网络诈骗活动,应当依照《中华人民共和国刑事诉讼法》的规定立案侦查。

第二十八条 金融、电信、网信部门依照职责对银行业金融机构、非银行支付机构、电信业务经营者、互联网服务提供者落实本法规定情况进行监督检查。有关监督检查活动应当依法规范开展。

第二十九条 个人信息处理者应当依照《中华人民共和国个人信息保护法》等法律规定,规范个人信息处理,加强个人信息保护,建立个人信息被用于电信网络诈骗的防范机制。

履行个人信息保护职责的部门、单位对可能被电信网络诈骗利用的物流信息、交易信息、贷款信息、医疗信息、婚介信息等实施重点保护。公安机关办理电信网络诈骗案件,应当同时查证犯罪所利用的个人信息来源,依法追究相关人员和单位责任。

第三十条 电信业务经营者、银行业金融机构、非银行支付机构、互联网服务提供者应当对从业人员和用户开展反电信网络诈骗宣传,在有关业务活动中对防范电信网络诈骗作出提示,对本领域新出现的电信网络诈骗手段及时向用户作出提醒,对非法买卖、出租、出借本人有关卡、账户、账号等被用于电信网络诈骗的法律责任作出警示。

新闻、广播、电视、文化、互联网信息服务等单位,应当面向社会有针对性地开展反电信网络诈骗宣传教育。

任何单位和个人有权举报电信网络诈骗活动,有关部门应当依法及时处理,对提供有效信息的举报人依照规定给予奖励和保护。

第三十一条　任何单位和个人不得非法买卖、出租、出借电话卡、物联网卡、电信线路、短信端口、银行账户、支付账户、互联网账号等，不得提供实名核验帮助；不得假冒他人身份或者虚构代理关系开立上述卡、账户、账号等。

对经设区的市级以上公安机关认定的实施前款行为的单位、个人和相关组织者，以及因从事电信网络诈骗活动或者关联犯罪受过刑事处罚的人员，可以按照国家有关规定记入信用记录，采取限制其有关卡、账户、账号等功能和停止非柜面业务、暂停新业务、限制入网等措施。对上述认定和措施有异议的，可以提出申诉，有关部门应当建立健全申诉渠道、信用修复和救济制度。具体办法由国务院公安部门会同有关主管部门规定。

第三十二条　国家支持电信业务经营者、银行业金融机构、非银行支付机构、互联网服务提供者研究开发有关电信网络诈骗反制技术，用于监测识别、动态封堵和处置涉诈异常信息、活动。

国务院公安部门、金融管理部门、电信主管部门和国家网信部门等应当统筹负责本行业领域反制技术措施建设，推进涉电信网络诈骗样本信息数据共享，加强涉诈用户信息交叉核验，建立有关涉诈异常信息、活动的监测识别、动态封堵和处置机制。

依据本法第十一条、第十二条、第十八条、第二十二条和前款规定，对涉诈异常情形采取限制、暂停服务等处置措施的，应当告知处置原因、救济渠道及需要提交的资料等事项，被处置对象可以向作出决定或者采取措施的部门、单位提出申诉。作出决定的部门、单位应当建立完善申诉渠道，及时受理申诉并核查，核查通过的，应当即时解除有关措施。

第三十三条　国家推进网络身份认证公共服务建设，支持个人、企业自愿使用，电信业务经营者、银行业金融机构、非银行支付机构、互联网服务提供者对存在涉诈异常的电话卡、银行账户、支付账户、互联网账号，可以通过国家网络身份认证公共服务对用户身份重新进行核验。

第三十四条　公安机关应当会同金融、电信、网信部门组织银行业金融机构、非银行支付机构、电信业务经营者、互联网服务提供者等建立预警劝阻系统，对预警发现的潜在被害人，根据情况及时采取相应劝阻措施。对电信网络诈骗案件应当加强追赃挽损，完善涉案资金处置制度，及时返还被害人的合法财产。对遭受重大生活困难的被害人，符合国家有关救助条件的，有关方面依照规定给予救助。

第三十五条 经国务院反电信网络诈骗工作机制决定或者批准，公安、金融、电信等部门对电信网络诈骗活动严重的特定地区，可以依照国家有关规定采取必要的临时风险防范措施。

第三十六条 对前往电信网络诈骗活动严重地区的人员，出境活动存在重大涉电信网络诈骗活动嫌疑的，移民管理机构可以决定不准其出境。

因从事电信网络诈骗活动受过刑事处罚的人员，设区的市级以上公安机关可以根据犯罪情况和预防再犯罪的需要，决定自处罚完毕之日起六个月至三年以内不准其出境，并通知移民管理机构执行。

第三十七条 国务院公安部门等会同外交部门加强国际执法司法合作，与有关国家、地区、国际组织建立有效合作机制，通过开展国际警务合作等方式，提升在信息交流、调查取证、侦查抓捕、追赃挽损等方面的合作水平，有效打击遏制跨境电信网络诈骗活动。

第六章　法律责任

第三十八条 组织、策划、实施、参与电信网络诈骗活动或者为电信网络诈骗活动提供帮助，构成犯罪的，依法追究刑事责任。

前款行为尚不构成犯罪的，由公安机关处十日以上十五日以下拘留；没收违法所得，处违法所得一倍以上十倍以下罚款，没有违法所得或者违法所得不足一万元的，处十万元以下罚款。

第三十九条 电信业务经营者违反本法规定，有下列情形之一的，由有关主管部门责令改正，情节较轻的，给予警告、通报批评，或者处五万元以上五十万元以下罚款；情节严重的，处五十万元以上五百万元以下罚款，并可以由有关主管部门责令暂停相关业务、停业整顿、吊销相关业务许可证或者吊销营业执照，对其直接负责的主管人员和其他直接责任人员，处一万元以上二十万元以下罚款：

（一）未落实国家有关规定确定的反电信网络诈骗内部控制机制的；

（二）未履行电话卡、物联网卡实名制登记职责的；

（三）未履行对电话卡、物联网卡的监测识别、监测预警和相关处置职责的；

（四）未对物联网卡用户进行风险评估，或者未限定物联网卡的开通功能、使用场景和适用设备的；

（五）未采取措施对改号电话、虚假主叫或者具有相应功能的非法设备进行监测处置的。

第四十条 银行业金融机构、非银行支付机构违反本法规定，有下列情形之一的，由有关主管部门责令改正，情节较轻的，给予警告、通报批评，或者处五万元以上五十万元以下罚款；情节严重的，处五十万元以上五百万元以下罚款，并可以由有关主管部门责令停止新增业务、缩减业务类型或者业务范围、暂停相关业务、停业整顿、吊销相关业务许可证或者吊销营业执照，对其直接负责的主管人员和其他直接责任人员，处一万元以上二十万元以下罚款：

（一）未落实国家有关规定确定的反电信网络诈骗内部控制机制的；

（二）未履行尽职调查义务和有关风险管理措施的；

（三）未履行对异常账户、可疑交易的风险监测和相关处置义务的；

（四）未按照规定完整、准确传输有关交易信息的。

第四十一条 电信业务经营者、互联网服务提供者违反本法规定，有下列情形之一的，由有关主管部门责令改正，情节较轻的，给予警告、通报批评，或者处五万元以上五十万元以下罚款；情节严重的，处五十万元以上五百万元以下罚款，并可以由有关主管部门责令暂停相关业务、停业整顿、关闭网站或者应用程序、吊销相关业务许可证或者吊销营业执照，对其直接负责的主管人员和其他直接责任人员，处一万元以上二十万元以下罚款：

（一）未落实国家有关规定确定的反电信网络诈骗内部控制机制的；

（二）未履行网络服务实名制职责，或者未对涉案、涉诈电话卡关联注册互联网账号进行核验的；

（三）未按照国家有关规定，核验域名注册、解析信息和互联网协议地址的真实性、准确性，规范域名跳转，或者记录并留存所提供相应服务的日志信息的；

（四）未登记核验移动互联网应用程序开发运营者的真实身份信息或者未核验应用程序的功能、用途，为其提供应用程序封装、分发服务的；

（五）未履行对涉诈互联网账号和应用程序，以及其他电信网络诈骗信息、活动的监测识别和处置义务的；

（六）拒不依法为查处电信网络诈骗犯罪提供技术支持和协助，或者未按规定移送有关违法犯罪线索、风险信息的。

第四十二条　违反本法第十四条、第二十五条第一款规定的，没收违法所得，由公安机关或者有关主管部门处违法所得一倍以上十倍以下罚款，没有违法所得或者违法所得不足五万元的，处五十万元以下罚款；情节严重的，由公安机关并处十五日以下拘留。

第四十三条　违反本法第二十五条第二款规定，由有关主管部门责令改正，情节较轻的，给予警告、通报批评，或者处五万元以上五十万元以下罚款；情节严重的，处五十万元以上五百万元以下罚款，并可以由有关主管部门责令暂停相关业务、停业整顿、关闭网站或者应用程序，对其直接负责的主管人员和其他直接责任人员，处一万元以上二十万元以下罚款。

第四十四条　违反本法第三十一条第一款规定的，没收违法所得，由公安机关处违法所得一倍以上十倍以下罚款，没有违法所得或者违法所得不足二万元的，处二十万元以下罚款；情节严重的，并处十五日以下拘留。

第四十五条　反电信网络诈骗工作有关部门、单位的工作人员滥用职权、玩忽职守、徇私舞弊，或者有其他违反本法规定行为，构成犯罪的，依法追究刑事责任。

第四十六条　组织、策划、实施、参与电信网络诈骗活动或者为电信网络诈骗活动提供相关帮助的违法犯罪人员，除依法承担刑事责任、行政责任以外，造成他人损害的，依照《中华人民共和国民法典》等法律的规定承担民事责任。

电信业务经营者、银行业金融机构、非银行支付机构、互联网服务提供者等违反本法规定，造成他人损害的，依照《中华人民共和国民法典》等法律的规定承担民事责任。

第四十七条　人民检察院在履行反电信网络诈骗职责中，对于侵害国家利益和社会公共利益的行为，可以依法向人民法院提起公益诉讼。

第四十八条　有关单位和个人对依照本法作出的行政处罚和行政强制措施决定不服的，可以依法申请行政复议或者提起行政诉讼。

第七章　附　　则

第四十九条　反电信网络诈骗工作涉及的有关管理和责任制度，本法没有规定的,适用《中华人民共和国网络安全法》、《中华人民共和国个人信息保护法》、《中华人民共和国反洗钱法》等相关法律规定。

第五十条 本法自 2022 年 12 月 1 日起施行。

责任编辑：洪　琼

图书在版编目（CIP）数据

常见电信网络诈骗与防范/田宏杰,阮柏云,孙利国 编著. —北京:人民出版社,
　2023.6
ISBN 978－7－01－025482－1

I.①常… 　II.①田… ②阮…③孙… 　III.①电信-诈骗-预防犯罪-基本知识-
中国②互联网络-诈骗-预防犯罪-基本知识-中国 　IV.①D924.334

中国图家版本馆 CIP 数据核字（2023）第 058179 号

常见电信网络诈骗与防范

CHANGJIAN DIANXIN WANGLUO ZHAPIAN YU FANGFAN

田宏杰　阮柏云　孙利国　编著

人民出版社 出版发行
（100706　北京市东城区隆福寺街 99 号）

北京中科印刷有限公司印刷　新华书店经销

2023 年 6 月第 1 版　2023 年 6 月北京第 1 次印刷
开本:710 毫米×1000 毫米 1/16　印张:22.5
字数:360 千字

ISBN 978－7－01－025482－1　定价:69.80 元

邮购地址 100706　北京市东城区隆福寺街 99 号
人民东方图书销售中心　电话（010）65250042　65289539